Anspruch auf polizeiliches Einschreiten oder Angriff gegen eine polizeiliche Erlaubnis

Europäische Hochschulschriften
Publications Universitaires Européennes
European University Studies

Reihe II
Rechtswissenschaft

Série II Series II
Droit
Law

Bd./Vol. 4315

PETER LANG
Frankfurt am Main · Berlin · Bern · Bruxelles · New York · Oxford · Wien

Florian Schell

Anspruch auf polizeiliches Einschreiten oder Angriff gegen eine polizeiliche Erlaubnis

Die prozessuale und materielle Rechtsstellung des Dritten

PETER LANG
Europäischer Verlag der Wissenschaften

Bibliografische Information Der Deutschen Bibliothek
Die Deutsche Bibliothek verzeichnet diese Publikation in der Deutschen Nationalbibliografie; detaillierte bibliografische Daten sind im Internet über <http://dnb.ddb.de> abrufbar.

Zugl.: Trier, Univ., Diss., 2005

D 385
ISSN 0531-7312
ISBN 3-631-54821-4

www.peterlang.de

Meinen Eltern

Vorwort

Die vorliegende Arbeit wurde im Wintersemester 2005/2006 vom Fachbereich Rechtswissenschaft der Universität Trier als Dissertation angenommen.

Mein herzlicher Dank gebührt zunächst meinem Doktorvater, Herrn Prof. Dr. Peter Krause, der durch sein außerordentliches persönliches Engagement, seine immerwährende Begeisterung für das Thema der vorliegenden Arbeit und die mir gewährte Betreuung ganz maßgeblich zum Gelingen der Arbeit beigetragen hat. Herzlich danke ich auch Herrn Prof. Dr. Meinhard Schröder für die freundliche Übernahme der Zweitberichterstattung.

Von ganzem Herzen und mit besonderer Verbundenheit danke ich meinen Eltern, ohne deren unbegrenzte Unterstützung und nie endenden Zuspruch und ohne deren Vertrauen ich die vorliegende Arbeit wahrscheinlich nicht beendet hätte.

Ein herzlicher Dank gilt allen Partnern und Kollegen der Sozietät Schleifenbaum & Adler in Siegen - namentlich Herrn Rechtsanwalt und Notar Dr. Henrich Schleifenbaum -, die mich in der entscheidenden Phase der Promotion über alle Maßen unterstützt und mir den für die Fertigstellung der Arbeit erforderlichen Freiraum gewährt haben.

Mein Dank gilt schließlich vielen an dieser Stelle aus Platzgründen leider ungenannten Freunden und geduldigen Zuhörern, die bereit waren mich während des Entstehens der Arbeit zu begleiten und zu unterstützen und die zum Gelingen der Arbeit auf vielfältige Weise beigetragen haben.

Kirchen, im April 2006 | Dr. Florian Schell

Inhaltsverzeichnis

Literaturverzeichnis

v. Arnstedt „Das preußische Polizeirecht I“, 1905

Bachof „Verfassungsrecht, Verwaltungsrecht, Verfahrensrecht in der Rechtsprechung des Bundesverwaltungsgerichtes“, Band I, 3. Auflage, 1966

Bachof „Verfassungsrecht, Verwaltungsrecht, Verfahrensrecht in der Rechtsprechung des Bundesverwaltungsgerichtes“, Band II, 3. Auflage, 1967

Bachof in DVBl. 1961, 125, 128 (Anmerkung zum Urteil des BVerwG v. 18. August 1960)

Badura in Badura / Ehlers / Erichsen / Ossenbühl / Papier / Rudolf / Rüfner „Allgemeines Verwaltungsrecht“, 11. Auflage, 1998

Badura in Erichsen „Allgemeines Verwaltungsrecht“, 1995

Bartelsperger in VerwArch Bd. 60 (1969/70), S. 36, „Das Dilemma des baulichen Nachbarrechts“

Bartelsperger in DVBl. 1971, S. 723, „Subjektives öffentliches Recht und störungspräventive Baunachbarklage“

Battis „Allgemeines Verwaltungsrecht“, 3. Auflage, 2002

Bender / Dohle „Nachbarschutz im Zivil- und Verwaltungsrecht“,1972

Bernhardt in JZ 1963, S. 302, „Zur Anfechtung von Verwaltungsakten durch Dritte“

Blümel in „Fünftes deutsches Atomrechts-Symposium“, 1976

Bonk in Stelkens / Bonk / Sachs „Verwaltungsverfahrensgesetz“, 5. Auflage, 1998

Bornhak „Preußisches Staatsrecht, Bd.I“, 2. Auflage, 1911

Bothe in JZ 1975, S. 399, „Die Entscheidungen zwischen öffentlich-rechtlich geschützten Positionen Privater durch Verwaltung und Gerichte“

Breuer in DVBl. 1983, S. 431, „Baurechtlicher Nachbarschutz“

Brohm „Öffentliches Baurecht“, 2. Auflage, 1999

Bender / Sparwasser / Engel „Umweltrecht“, 4.Auflage, 2000

Bidinger „Personenbeförderungsrecht-Kommentar-“, Band 1, Std. Februar 2002

Breuer in NJW 1977, S. 1025, „Die Entwicklung des Immissionsschutzrechts 1974-1976“

Broß in VerwArch. 76 (1985), S. 337, „Zum Anspruch auf Durchführung eines Planfeststellungsverfahrens“

Bull „Allgemeines Verwaltungsrecht“, 1997

Cahn in Giese / Neuwiem / Cahn „Deutsches Verwaltungsrecht“, 1930

Czychowski „Kommentar zum Wasserhaushaltsgesetz“, 7. Auflage, 1998

Degenhardt in NJW 1996, 1433, „Genehmigungsfreies Bauen und Rechtsschutz des Nachbarn“

Detterbeck „Allgemeines Verwaltungsrecht“, 2002

Dickersbach in Friauf (Hrsg.), „Kommentar zur GewO (§ 1-34c GewO)“, Stand Oktober 2001

Di Fabio in VerwArch 1996, 214, „Die Ermessensreduzierung –Fallgruppen, Systemüberlegungen und Prüfprogramme -“

Dörr in Ule / Laubinger „ BImSchG-Kommentar, §§ 1-21“, Stand März 2002

Drews / Wacke „Allgemeines Polizeirecht“, 7. Auflage, 1961

Drews / Wacke / Vogel / Martens „Gefahrenabwehr“, 9. Auflage, 1986

Dürr in Knack „Verwaltungsverfahrensgesetz“, 8. Auflage, 2003

v. Ebner in GewArch 1975, S. 108, „Kein Anspruch des Nachbarn auf Versagung der Gaststättenerlaubnis“

Ehlers / Pünder in Achterberg/Würtenberger „Besonderes Verwaltungsrecht, Band 1“, 2. Auflage, 2000

Ehmann in Ehmann / Sutschet „Modernisiertes Schuldrecht“, 2002

Faber, „Verwaltungsrecht“ 3. Auflage 1992

Feldhaus, „Kommentar zum BImSchG“ Band 1, 2001

Fielitz / Meier / Montigel / Müller „PBefG-Kommentar“, Std. März 2002

Finkelnburg / Ortloff „ Öffentliches Baurecht, Band II“, 4. Auflage, 1998

Fischerhoff „Deutsches Atomgesetz und Strahlenschutzrecht - Kommentar -“, Band 1, 2. Auflage

Fleiner „Institutionen des Deutschen Verwaltungsrechts“, 8. Auflage, 1928

Friauf in JuS 1962, „Das Verbot mit Erlaubnisvorbehalt“

Friauf in Badura / Breuer / von Danwitz / Friauf / Krebs / Kunig / Ruland / Schmidt-Aßmann „Besonderes Verwaltungsrecht“, 11. Auflage, 1999

Friedrichs „Polizeiverwaltungsgesetz“, 1932

Friesecke „Bundeswasserstraßengesetz-Kommentar“, 4. Auflage, 1999

Gansfort in Giemulla / Schmid „Frankfurter Kommentar zum Luftverkehrsrecht“, Stand Mai 2000

Gerke in Hofmann/Gerke „Allgemeines Verwaltungsrecht“, 8. Auflage, 2002

Giemulla in Giemulla / Schmid „Frankfurter Kommentar zum Luftverkehrsrecht“, Stand Mai 2000

Gromitsaris in DÖV 1997, S. 401: „Die Unterscheidung zwischen präventivem Verbot mit Erlaubnisvorbehalt und repressivem Verbot mit Befreiungsvorbehalt“

Grotefels in Hoppe / Grotefels „Öffentliches Baurecht“, 1995

Gusy in JA 1981, „Verbot mit Erlaubnisvorbehalt-Verbot mit Dispensvorbehalt“, S. 81

Gusy „Polizeirecht“, 4. Auflage, 2000

Haedrich „Atomgesetz mit Pariser Atomhaftungs-Übereinkommen“, 1986

Hahn in Friauf (Hrsg.) „Kommentar zur GewO (§ 1-34c GewO)", Stand Oktober 2001

Hansmann in Landmann / Rohmer „Umweltrecht-Kommentar, Bd. 1", Stand Oktober 2001

Happ in Eyermann "Verwaltungsgerichtsordnung-Kommentar" 11. Auflage, 2000

Hein / Eichhof / Pukall / Krien „Güterkraftverkehrsrecht, 3. Bd.", 4. Auflage, Stand März 2000

Heintz in Rabe / Steinfort / Heintz „Bau- und Planungsrecht", 4. Auflage, 1997

Heintz in Rabe / Heintz „Bau- und Planungsrecht", 5. Auflage, 2002

Hellmann-Sieg in Brandt / Ruchay / Weidemann „Kreislauf-wirtschafts- und Abfallgesetz-Kommentar-", Band II, Stand August 2000

Hendler in Koch / Hendler "Baurecht, Raumordnungs- und Landesrecht", 3. Auflage, 2001

Henke „Das subjektive öffentliche Recht", 1968

Henke in DVBl. 1964, 649, „ Das subjektive öffentliche Recht auf Eingreifen der Polizei"

Herrnritt „Grundlehren des Verwaltungsrechts", 1921

Hesse in EuGRZ 1978, S. 427, „Bestand und Bedeutung der Grundrechte in der Bundesrepublik Deutschland"

Hirsch / Schmidt-Didczuhn „GenTG-Kommentar", 1991

Hofmann / Grabherr „LuftVG-Kommentar", Stand Februar 1997

Hofmann / Grabherr „LuftVG-Kommentar", Stand März 2002

Hofmann in v. Lersner / Berendes „Handbuch des Deutschen Wasserrechts", Stand November 2001, Bd. 1

Hoppe / Beckmann / Kauch „Umweltrecht", 2. Auflage, 2000

Huber „Wirtschaftsverwaltungsrecht", Erster Band, 2. Auflage, 1953

Huber „Konkurrenzschutz im Verwaltungsrecht. Schutzanspruch und Rechtsschutz bei Lenkungs- und Verwaltungsentscheidungen der öffentlichen Verwaltung", 1991

Hufen „Fehler im Verwaltungsverfahren", 1986

Ipsen „Allgemeines Verwaltungsrecht", 2. Auflage, 2001

Jankowski in Koch „Umweltrecht", 2002

Jarass „Kommentar zum BImSchG", 5. Auflage, 2002

Jarass „Kommentar zum BImSchG", 3. Auflage, 1995

Jarass „Kommentar zum BImSchG", 2. Auflage, 1993

Jarass in Jarass / Pieroth „Grundgesetz", 6. Auflage, 2002

Jellinek „Gesetz, Gesetzanwendung und Zweckmäßigkeitserwägung", 1913

Jellinek „Verwaltungsrecht", 3. Auflage, 1950

Jeromin in Jeromin / Schmid / Lang „Kommentar zur LBauO, Bd. 1", Stand April 2002 (EGL. Juli 2000)

Kimminich in „Fünftes deutsches Atomrechts-Symposium", 1976, S. 266

Klausner / Kerstins / Kempner „Das Polizeiverwaltungsgesetz", 2. Auflage, 1932

Kloepfer in Achterberg / Pütter „Besonderes Verwaltungsrecht-Bd. II"

Kloepfer „Umweltrecht", 2. Auflage, 1998,

Knopp in Sieder / Zeitler / Dahme „Wasserhaushaltsgesetz und Abwasserabgabengesetz-Kommentar", Stand April 1997

Krause in DÖV 1980, 522 (Besprechung Beschluss des BVerwG v. 22.11.1979, DÖV 1980, 178)

Krause „Vortrag bei der „Europäischen-Rechtsakademie-Trier" vom 29.10.2001, „Geschichtliche Einführung in das deutsche Verwaltungsrecht"

Krebs in Badura / Breuer / von Danwitz / Friauf / Krebs / Kunig / Ruland / Schmidt-Aßmann „Besonderes Verwaltungsrecht", 1. Auflage, 1999

Kübler / Speidel „Handbuch des Baunachbarrechts", 1970

Kutscheidt in Landmann / Rohmer „Umweltrecht-Kommentar, Bd. 1", Stand Oktober 2001

Laskowski / Ziehm in Koch „Umweltrecht", 2002

Mampel in UPR 1997, 267, „Baurechtlicher Drittschutz nach der Deregulierung"

Manssen in NVwZ 1996, S. 144, „Die Genehmigungspflicht für Wohngebäude in der Landesbauordnung Mecklenburg-Vorpommern";

Marcks in Landmann / Rohmer „GewO-Kommentar, Band 1", Stand Januar 2001 (Fundstelle 34. EGL)

Martens in JuS 1962, 245, „Zum Rechtsanspruch auf polizeiliches Handeln"

Martens in Fluck „KrW-/AbfG-Kommentar, Bd. 2", Stand Dezember 2001

Maurer „Allgemeines Verwaltungsrecht", 11. Auflage, 1997

Maurer „Allgemeines Verwaltungsrecht", 14. Auflage, 2002

Mayer „Deutsches Verwaltungsrecht", Erster Band, 1895

Metzner „GastG-Kommentar", 5. Auflage, 1995

Meyerholt „Allgemeines Verwaltungsrecht", 2002

Müller / Heidelberg / Clauss „Das niedersächsische Gesetz über die öffentliche Sicherheit und Ordnung", 2. Auflage, 1956

Mussgnug „Der Dispens von gesetzlichen Vorschriften", 1964

Oeter in DVBl. 1999, S. 189, „Baurechtsvereinfachung, Drittschutz und die Erfordernisse wirksamen Rechtsschutzes"

Ortloff in NvwZ 1996, 647, „Die Entwicklung des Bauordnungsrechts"

Ortloff in NVwZ 1998, S. 932 , „Verwaltungsrechtsschutz zwischen Privaten ? Zu den Genehmigungsfreistellungen im öffentlichen Baurecht"

Paetow in Kunig / Paetow / Versteyl „KrW-/AbfG-Kommentar", 1998

Paetow in Kunig / Paetow / Versteyl „Kreislaufwirtschafts- Abfallgesetz“, 2003

Pauly in Michel / Kienzle „Das GastG-Kommentar“, 13. Auflage, 1999

Pfaff in VBlBW 1996, S. 281, „Die neue Landesbauordnung für Baden-Württemberg – Ein Fehlgriff des Gesetzgebers ? (in Bezug auf den einstweiligen Rechtsschutz)“

Pieroth / Schlink „Grundrechte-Staatsrecht II“, 17. Auflage, 2001

Pieroth / Schlink „Grundrechte-Staatsrecht II“, 20. Auflage, 2004

Pieroth / Schlink /Kniesel „Polizei- und Ordnungsrecht“, 2002

Preschel in DÖV 1998, 45, „Abbau der präventiven bauaufsichtlichen Prüfung und Rechtsschutz“

Rachor in Lisken / Denninger „Handbuch des Polizeirechts“, 3. Auflage, 2001

Ramsauer in Kopp „Verwaltungsverfahrensgesetz“, 7. Auflage, 2000

Redeker in DVBl. 1968, S. 7, „Von der Nachbarklage zum Planbefolgungsanspruch (Plangewährleistungsanspruch)“

Redeker in der „Festgabe zum 25-jährigen Bestehen des BVerwG“ 1978, S. 520

Redeker / v. Oertzen „Verwaltungsgerichtsordnung-Kommentar“, 13. Auflage, 2000

Ronellenfitsch „Das atomrechtliche Genehmigungsverfahren“, 1983

Rossnagel in Koch / Scheuing „Gemeinschaftskommentar zum BImSchG“, Stand Oktober 2001

Sacksofsky in DÖV 1999, 946, „Privatisierung des baurechtlichen Nachbarschutzes bei genehmigungsfreien Vorhaben“

Sarnighausen in UPR 1998, 329, „Behördliche Ermessensbindung zum Schutz des Nachbarn gegen genehmigungsfreie Wohnbauten“

Schenke in Kopp / Schenke „VwGO-Kommentar“, 12. Auflage, 2000

Schmatz / Nöthlichs „Immissionsschutz-Kommentar“, Stand Januar 1998

Schmidt in JuS 1999, S. 1107, „Die Stellung des Konkurrenten im Verwaltungsprozess“

Schmidt-Aßmann in Maunz / Dürig „Grundgesetz“, Band II, Stand Februar 2003

Schmidt-Preuß „Kollidierende Privatinteressen im Verwaltungsrecht. Das subjektive öffentliche Recht im multipolaren Verwaltungsrechtsverhältnis“, 1992

Schmidt / Seidel „ Besonderes Verwaltungsrecht“, 4. Auflage, 2000

Schmidt / Seidel „ Besonderes Verwaltungsrecht“, 5. Auflage, 2001

Schoch in NVwZ 1999, S. 457, „Individualrechtsschutz im deutschen Umweltrecht unter dem Einfluss des Gemeinschaftsrechts“

Schoch in Schoch /Schmidt-Aßmann / Pietzner „Verwaltungsgerichtsordnung“, Band 1, Stand Januar 2003

Schuppert „Verwaltungswissenschaft - Verwaltung, Verwaltungsrecht, Verwaltungslehre“, 2000

Schwabe in JuS 1973, S. 134, „Das Verbot mit Erlaubnisvorbehalt“

Schwenk „Handbuch des Luftverkehrsrechts“, 2. Auflage, 1996

Seitter „Gaststättenrecht“

Simon „BayBauO-Kommentar“, 1994, Stand Mai 1996 (54. EGL)

Spindler in Feldhaus „Kommentar zum BImSchG“, Band 1, Stand März 1999

Spoerr in Brandt / Ruchay / Weidemann „Kreislauf-wirtschafts- und Abfallgesetz-Kommentar-“, Band II, Stand August 2000

Spoerr in Jarass / Ruchay / Weidemann „KrW-/AbfG-Kommentar“, Stand September 2001

Stich / Porger „Kommentar zum BImSchG“, Stand Januar 1976, Bd. 1

Stober „Besonderes Wirtschaftsverwaltungsrecht“, 12. Auflage, 2001

Tettinger in Tettinger / Wank „Gewerbeordnung –Kommentar-“, 6. Auflage, 1999

Tünnesen / Harmes in Jarass „Wirtschaftverwaltungsrecht", 3. Auflage, 1997

Uechtritz in BauR 1998, S. 719, „Vorläufiger Rechtsschutz eines Nachbarn bei genehmigungsfreigestellten Bauvorhaben - Konkurrenz zwischen Zivil- und Verwaltungsprozeß ?"

Uechtritz in NVwZ 1996, S. 640, „Nachbarrechtsschutz bei der Errichtung von Wohngebäuden im Freistellungs- Anzeige- und vereinfachten Verfahren"

Versteyl in Kunig / Paetow / Versteyl „Kreislauf-wirtschafts- und Abfallgesetz-Kommentar-", 1998

Wahl in NVwZ 1990, S. 426, „Entwicklung des Fachplanungsrechts"

Wahl in DVBl. 1996, S. 641, „Die doppelte Abhängigkeit des subjektiven öffentlichen Rechts"

Wahl in Landmann / Rohmer „Kommentar zum Umweltrecht -Sonstiges Umweltrecht", Bd. IV, Stand März 2001

Wendenburg in v. Lersner / Wendenburg „Recht der Abfallbeseitigung, Kommentar zum KrW-/AbfG" , Bd.1, Stand November 2001

Winter in NVwZ 1999, S. 467, „Individualrechtsschutz im deutschen Umweltrecht unter dem Einfluss des Gemeinschaftsrechts"

Winters, „Atom- und Strahlenschutzrecht", 1978

Zuleeg in DVBl. 1976, S. 509, „ Hat das subjektive öffentliche Recht noch eine Daseinsberechtigung ?"

I. Einleitung

Fast alle Handlungen des täglichen Lebens betreffen nicht nur die jeweils unmittelbar Handelnden, sondern haben - direkt oder indirekt, beabsichtigt oder unbeabsichtigt - mehr oder minder starke Auswirkungen auf sog. Dritte[1], d.h. auf andere, von diesen Handlungen lediglich mittelbar betroffene Personen. Dabei entspricht die Bandbreite und die Intensität dieser Auswirkungen auf die Dritten dem jeweiligen Erscheinungsbild der konkreten Handlungsform und stellt sich daher als äußerst variantenreich dar. Sowohl der Erwerb einer Schusswaffe, der Betrieb einer Mülldeponie, die Errichtung eines Gebäudes, das Führen eines Kraftfahrzeuges im öffentlichen Straßenverkehr, aber gerade auch das Rasenmähen, das Veranstalten von Hausmusik oder das Fahrradfahren sind zumindest potentiell immer geeignet, sich auch auf die Interessen Dritter auszuwirken bzw. diese zu beeinträchtigen.

Die vorliegende Arbeit dient der Untersuchung, unter welchen Voraussetzungen den Dritten - auf Grundlage des öffentlichen Rechts - die Möglichkeit eröffnet ist, den Schutz ihrer individuellen Interessen durchzusetzen, d.h. insbesondere die öffentliche Verwaltung im Einzelfall gegen den anderen zu instrumentalisieren. Dabei wird sich zeigen, dass die Möglichkeiten in starkem Maß davon abhängen, ob es sich um ein erlaubnisfreies Vorhaben handelt oder ob das Vorhaben der vorherigen Erlaubnis bedarf, d.h. einem generellen Erlaubnisvorbehalt unterliegt.

Zunächst gilt es die Möglichkeiten zu analysieren, die sich dem Dritten bieten, wenn er die öffentliche Verwaltung gegen das ihn störende Vorhaben eines anderen instrumentalisieren will, je nachdem ob es einem Verbot mit Erlaubnisvorbehalt unterliegt oder ob es ohne Erlaubnis verwirklicht werden kann. Ansprüche von Verbänden, d.h. insbesondere Fragen der Verbandsklage sowie Ansprüche von Gemeinden werden dabei nicht behandelt.

Ein besonderer Schwerpunkt soll der Frage zukommen, wie die durch eine generelle Erlaubnispflicht, d.h. durch ein Verbot mit Erlaubnisvorbehalt im Einzelfall ausgelösten Folgewirkungen für den Dritten dogmatisch begründet werden und ob sie in Übereinstimmung mit den Überlegungen und Grundsätzen stehen, die dem Rechtsinstitut des Verbotes mit Erlaubnisvorbehalt ursprünglich zu Grunde gelegen haben.

Ziel dieser Arbeit ist es dabei nicht, endgültige und allgemeinverbindliche Lösungsansätze zu entwickeln, sondern die in diesem Zusammenhang bestehenden Strukturen aufzuzeigen, um die diesbezügliche Wahrnehmung und das Problembewusstsein zu stärken.

---

[1] Zum Begriff des Dritten vgl. unten Ziff. IV.

Im Hinblick auf diese Zielsetzung wird es auch erforderlich, sich vor Augen zu führen, worin Sinn und Zweck des Rechtsinstituts des Verbotes mit Erlaubnisvorbehalt liegen und unter welchen Vorzeichen und Rahmenbedingungen es sich historisch gesehen entwickelt hat.

Der Grundgedanke des Verbotes mit Erlaubnisvorbehalt liegt in dem Willen des Gesetzgebers, dem regelnden und verwaltenden Staat ein Regelungs- und Überwachungsinstrumentarium in die Hand zu geben, durch das es ihm ermöglicht wird, Gefahren in bestmöglicher Form von der Allgemeinheit abzuwehren bzw. ihrer Entstehung frühzeitig vorzubeugen und sie zu verhindern. Das Verbot mit Erlaubnisvorbehalt stellt sich als Vorschaltinstrument der Verwaltungsrechtssphäre dar, durch das der Verwaltung ein Einschreiten gegen mögliche Gefährdungen schon im Vorfeld ihrer Entstehung ermöglicht werden soll. Um dieses Ziel zu erreichen, wird ein bestimmtes Vorhaben einem generellen Erlaubnisvorbehalt unterstellt, d.h. mit einem grundsätzlichen Verbot belegt. Dieses Verbot steht jedoch unter dem Vorbehalt, dass es unter bestimmten Voraussetzungen aufgehoben und die grundsätzlich verbotene Handlung somit zu einer erlaubten werden kann. Darin liegt der Grundgedanke des Verbotes mit Erlaubnisvorbehalt. Es dient der Erleichterung polizeilicher Aufsicht, da diese bereits frühzeitig in bestimmte objektiv gefahrträchtige bzw. allgemeinwohlrelevante Prozesse mit einbezogen wird.

Die praktizierte Rechtsordnung stellt dem Einzelnen zahlreiche, höchst unterschiedliche Instrumente zur Verfügung, um sich gegen ein bevorstehendes oder bereits in Gang gesetztes Vorhaben eines Anderen, das ihm missbehagt, zur Wehr zu setzen. Er kann - sofern ihm das Zivilrecht einen entsprechenden Unterlassungsanspruch gibt - den Anderen vor den Zivilgerichten auf Unterlassung verklagen. Er kann aber auch versuchen, die Verwaltung zu instrumentalisieren und zu einem Einschreiten gegen den Dritten zu veranlassen. Das setzt zunächst voraus, dass das öffentliche Recht die Verwaltung ausdrücklich zu einem derartigen Eingriff ermächtigt.
Dass die Verwaltung seinem Ansinnen nachkommt, ist dadurch noch nicht gesichert. Es hängt davon ab, ob er seinerseits einen entsprechenden Anspruch gegen die Verwaltung erfolgreich dartun kann. Das ist nur selten der Fall. Selbst wenn die Rechtsnorm, die die Verwaltung zum Einschreiten ermächtigt, erkennbar auch seinem Schutz dienen soll, bestehen jedenfalls erhebliche Schwierigkeiten aus ihnen einen Anspruch herzuleiten und selbst wenn das gelungen ist, steht das Einschreiten regelmäßig noch im Ermessen der Verwaltung. Aus diesem Grunde bestand für die Rechtspraxis und Rechtswissenschaft wenig Anlass, sich um die Frage zu bemühen, ob und wieweit sich aus den öffentlich-rechtlichen Ermächtigungsnormen, die auch dem Schutz eines Einzelnen dienen, ein subjektives-öffentliches Recht, sei es auf Einschreiten oder auf ermessensfehlerfreier Entscheidung über das Einschreiten herleiten lässt.

Es gibt nun aber zahlreiche Fälle, in denen das Öffentliche Recht das private Handeln von einer vorherigen Erlaubnis abhängig macht. Dann bietet es sich für den Einzelnen, der dieses Handeln verhindern will an, gegen die Erlaubnis vorzugehen. Gelingt es ihm darzutun, dass die Erlaubnis des Vorhabens des Dritten einen Eingriff in seine Rechte einschließt, steht ihm der Grundsatz des Gesetzesvorbehaltes zur Seite. Jeder Fehler, den die Verwaltung bei der Erteilung der Erlaubnis gemacht hat, begründet dann einen Anspruch auf deren Beseitigung oder Wegfall. Daher muss die Rechtslehre und Rechtspraxis bei jeder Erlaubnis vorab die Frage klären, ob die Erlaubnis gegen ein subjektives Recht des Widersprechenden verstößt. Dies wird regelmäßig bejaht, wenn die normativen Voraussetzungen der Erteilungserlaubnis dem Schutz des Dritten dienen und deshalb subjektive Rechte begründen.

Es ist offensichtlich, dass sich unter diesen Umständen eine Diskussion darüber eröffnen muss, ob und wann die Voraussetzungen einer Erlaubnis dem Schutz Dritter dienen und ob und wann sich deshalb aus ihnen subjektive öffentliche Rechte des Dritten ableiten lassen. Das ist zunächst ein bloßes Faktum oder eine historische Erklärung, aber keine dogmatische Begründung für eine unterschiedliche Behandlung. Es besteht zumindest der Verdacht, dass der Gesetzgeber bei der Einführung eines Erlaubnisvorbehaltes von der drohenden Gefahr ausgeht, aber schlechterdings nicht daran denkt, dass er damit einen unterschiedlichen indirekten Rechtsschutz für dem Vorhaben widersprechende Dritte eröffnet. Umgekehrt dürfte er, wo er eine bestehende Erlaubnispflicht beseitigt, auch nicht an die Verschlechterung des indirekten Rechtsschutzes der Dritten denken.

Betrachtet man die Rechtsschutzmöglichkeiten des Dritten konkret, zeigen sich zunächst deutliche Differenzen.

Grundsätzlich stellt das Privatrecht dem Einzelnen ein gesetzliches Regelungssystem zur Verfügung, in dessen Rahmen Schutzpflichten zu Gunsten der Einzelnen begründet werden, deren Verletzung unmittelbar aus diesen Schutzpflichten folgende „Ansprüche" des Einzelnen (Primär- und Sekundäransprüche) zur Folge haben. Wird beim Bau eines Hauses die Grenzlinie zum Nachbargrundstück nicht beachtet, steht dem davon betroffenen Nachbarn ein privatrechtlicher, unmittelbar gegen den „störenden" Nachbarn gerichteter Anspruch auf Beseitigung des Überbaus bzw. auf Leistung einer Bodenrente zu. Der Schutz der individuellen Rechtspositionen wird somit im Bereich des Privatrechts durch unmittelbare gegen den Störer gerichtete Ansprüche gewährleistet. Der Staat garantiert entsprechende Rechte des Einzelnen, in dem er ein, den Rechtsschutzbedürfnissen entsprechendes Justizsystem zur Verfügung stellt, in dessen Rahmen der Einzelne die ihm durch die Privatrechtsordnung zugebilligten subjektiven (privaten) Rechte durchsetzten kann.

Anders verhält es sich im Bereich des öffentlichen Rechts. Das öffentliche Recht definiert Ziele und Zwecke, deren Umsetzung und Einhaltung durch einen staatlichen, an diese gesetzlichen Vorgaben streng gebundenen Verwaltungsapparat überwacht und gesteuert werden. Erst relativ spät eröffnete das öffentliche Recht dem Einzelnen auch die Möglichkeit, die Einhaltung der ihm zustehenden Rechtspositionen notfalls im Klageweg durchzusetzen und stellt zu diesem Zweck ein gesetzlich normiertes Klagesystem zur Verfügung (vgl. §§ 40 ff, 113 VwGO). Es räumt jedoch dem Einzelnen keinen generellen Anspruch auf Einhaltung des Gesetzes oder auf allgemeine Nachteilsfreiheit ein[2], sondern gewährt prinzipiell nur den Rechtsschutz zur Sicherung eines öffentlich rechtlichen Anspruchs, der wiederum eine Norm voraussetzt, die dem individuellen Schutz dient (vgl. § 113 Abs.1 S.1 VwGO). Wann sich aus den, die öffentliche Verwaltung bindenden gesetzlichen Vorgaben im Einzelfall subjektive (öffentliche) Rechte des (drittbetroffenen) Einzelnen ergeben, auf Grundlage derer sich dieser - vergleichbar der Situation im Bereich des Privatrechts - gegen die Verletzung einer öffentlich rechtlichen Vorgabe des Gesetzgebers durch einen anderen oder durch die öffentliche Verwaltung zur Wehr setzen kann, ist jedoch regelmäßig nicht ausdrücklich bestimmt, sondern erst durch Interpretation und Analyse der Norm zu ermitteln, da es dem öffentlichen Recht primär um die Begründung öffentlich-rechtlicher Schutzpflichten geht, nicht um die Ausformung subjektiv-rechtlicher Rechtspositionen des Einzelnen.

Während im Privatrecht die Pflichten von den gegenüberstehenden Rechten abgeleitet werden, so dass Ihnen regelmäßig ein Anspruch gegenübersteht[3] - bei reinen Schutzpflichten wie Verkehrssicherungspflichten wenigstens in Gestalt eines Schadensersatzanspruchs[4] - mussten Rechtsprechung und Literatur zunächst Prinzipien entwickeln, die es erlaubten den zunächst selbständig begründeten öffentlich-rechtlichen Pflichten - ausnahmsweise - subjektiv öffentliche Rechte zuzuordnen. Diese knüpfen die Entscheidung, ob ein subjektives öffentliches Recht des Dritten besteht daran, ob die konkret als verletzt gerügte Norm im konkreten Einzelfall dem Schutz des Dritten zu dienen bestimmt ist oder ob die in dieser Norm enthaltenen öffentlich-rechtlichen Vorgaben alleine dem Schutz der Allgemeinheit zu dienen bestimmt sind. Ob subjektiv-öffentliche Rechte des Dritten bestehen, ist im Wege der Interpretation der konkret als verletzt gerügten Norm zu ermitteln. Nur dann, wenn die für das subjektive (öffentliche) Recht des Dritten erforderliche „subjektiv-rechtliche Verdichtung" der konkreten Norm durch Interpretation festgestellt werden kann, besteht grundsätzlich die Möglichkeit für den Dritten, sich, unter Berufung auf die als verletzt gerügte öffentlich-rechtliche Norm, gegen eine bestimmte Handlung oder ein bestimmtes Vorhaben zur Wehr zu setzen. Solche öffentlich-rechtlichen Schutznormen zugunsten des Dritten können sich im konkreten Einzelfall sowohl aus verfahrens-, als auch aus materiellrechtlichen Normen des öffentlichen Rechts ergeben, sofern diese dem Schutz des Dritten zu dienen bestimmt sind.

---

[2] vgl. Schmidt-Aßmann in Maunz/Dürig „Grundgesetz", Art. 19 Abs. 4 Rn. 122
[3] vgl. Maurer „Allgemeines Verwaltungsrecht", § 8 Rn.7; vgl. auch unten Zif. IV. 2. b.
[4] vgl. in Bezug auf die zivilrechtlichen Schutzpflichten Ehmann in Ehmann/Sutschet „Modernisiertes Schuldrecht", 2002, S. 69 f., 87 f. und 111

Zur Veranschaulichung können zwei Beispiele dienen:

In einem Wohnhaus befindet sich eine Treppe, die baurechtlichen Vorschriften widerspricht, weil es auf ihr zu Unfällen kommen kann. Das ist der Bauaufsichtsbehörde bekannt, diese hat für die Einhaltung baurechtlicher Bestimmungen Sorge zu tragen. Ein häufiger Benutzer der Treppe begehrt deren Einschreiten (Nachbar, Arbeitnehmer, Besucher).

Gewiss wird man den baurechtlichen Normen zur Verhinderung von Unfällen den Charakter von Schutznormen nicht absprechen können. So wird man dem Benutzer der Treppe, der einen Unfall erleidet, einen Schadensersatzanspruch gegen den Träger der Bauaufsichtsbehörde zubilligen, die ihren Aufgaben nicht nachgekommen ist, zumindest über § 839 BGB in Verbindung mit Art. 34 GG. Ob der potentielle Treppenbenutzer auch einen Anspruch auf Einschreiten der Bauaufsichtsbehörde hat, d.h. ob er durch die Genehmigung der Treppe in seinen Rechten verletzt ist, bleibt indessen zweifelhaft. Tatsächlich wird man dies grundsätzlich verneinen.

Anders verhält es sich aber dann, wenn ein Bauherr beispielsweise in unmittelbarer Nähe zur Grenze des Nachbargrundstückes eine übel riechende Jauchegrube anlegt und der Nachbar dadurch gestört ist. Auch hier sind öffentlich-rechtliche Schutznormen verletzt, doch wird man dem Nachbarn in diesem Fall eher einen Anspruch gegen die zuständige Ordnungsbehörde auf Erfüllung dieser Schutzpflichten, d.h. im Ergebnis, auf Einschreiten gegen den Nachbarn zubilligen. Allerdings kommt in diesem Fall auch ein unmittelbarer zivilrechtlicher Anspruch, sei es aus dem Nachbarrecht oder aus § 1004 BGB, in Betracht, der im Zivilrechtsweg zu verfolgen wäre.

Damit stellt sich die Frage, ob und unter welchen Voraussetzungen die Konkurrenz zwischen dem Verwaltungs- und dem ordentlichen Rechtsweg offengehalten werden soll. Grundsätzlich ist dem Einzelnen zuzumuten, seine Rechte vor den ordentlichen Gerichten gegenüber einem privaten Bauherrn, d.h. im Rahmen eines Gleichordnungsverhältnisses, zu wahren. Daher ist es in der Regel der Verwaltungsbehörde verboten, zum Schutz von privaten Rechten einzugreifen. Ein entsprechender Antrag ist zurückzuweisen.

Noch einmal anders stellt sich die rechtliche Situation des Dritten dar, wenn das beeinträchtigende Vorhaben einer öffentlich-rechtlichen Genehmigung bedarf. Hier ist zunächst zu fragen, ob bei der Genehmigung auch über etwa entgegenstehende private Rechte entschieden wird oder ob sie unbeschadet der Rechte Dritter erteilt wird. Im ersten Fall hat sie privatrechtsgestaltende Wirkung und muss von demjenigen angefochten werden können, über dessen Rechte mitentschieden worden ist, im anderen Fall muss über die entgegenstehenden privaten Rechte gegebenenfalls in einem zweiten zivilrechtlichen Verfahren entscheiden werden. Dem letzteren folgt etwa

§ 70 Abs.1 S.2 LBauO Rheinland-Pfalz, wonach die Baugenehmigung ausdrücklich unbeschadet privater Rechte Dritter erteilt wird.

Eine andere Frage ist, wann und unter welchen Voraussetzungen ein öffentlich-rechtlicher Anspruch auf Unterlassung oder Aufhebung der Genehmigung besteht, der auf dem Verwaltungsrechtsweg zu verfolgen wäre. Das hängt wiederum davon ab, ob der Genehmigung entsprechende Schutznormen entgegenstehen.

Solange der Gesetzgeber sich des öffentlichen Rechts bediente, um in Form genereller Anweisungen, durch Normierung klarer Zielvorgaben für die Beamten und Behörden, die "immer bestehende Gefahr" der Beamten- und Behördenwillkür so weit wie möglich auszuschließen[5], stellte sich für ihn die Frage nicht, ob sich aus diesem staatlich normierten Anweisungssystem unter bestimmten Umständen auch individuelle und damit auch individuell durchsetzbare, d.h. im Ergebnis einklagbare Rechte des Einzelnen auf Einhaltung dieser Schutzpflichten ableiten lassen, weil es ursprünglich generell keine Möglichkeit des verwaltungsgerichtlichen Rechtsschutzes gab. Das änderte sich erst, als sich in Deutschland nach und nach ab der zweiten Hälfte des 19. Jahrhunderts eine Verwaltungsgerichtsbarkeit entwickelte[6].

Bis dahin erschien es ausreichend, dem Einzelnen die Möglichkeit zu geben, die Verwaltung im Zusammenhang mit bestimmten Maßnahmen und Tätigkeiten auf ihre gesetzlich bestimmten Verpflichtungen hinzuweisen und aufmerksam zu machen, da die gesetzestreue Verwaltung einer solchen Verpflichtung, wenn sie denn tatsächlich bestehen sollte, in jedem Fall nachkommen werde[7].

Obwohl nach der Einführung der deutschen Verwaltungsgerichtsbarkeit die Zulässigkeit und der Erfolg der verwaltungsgerichtlichen Klage von dem Bestehen eines subjektiven öffentlichen Rechts abhängig war, änderte sich die Gesetzgebungstechnik kaum. Weiterhin billigten die Verwaltungsgesetze dem Einzelnen kaum ausdrücklich Rechte und Ansprüche zu, Ausnahmen bildeten allenfalls spezielle Leistungsgesetze, sondern überließen es weiterhin weitgehend der Interpretation der jeweiligen Einzelnormen, das Vorliegen und die Grenzen derartiger subjektiver Rechte zu bestimmen.

Die Anerkennung von subjektiven Rechten Dritter im Bereich des öffentlichen Rechts ist etwa bis Mitte des 20. Jahrhunderts äußerst zurückhaltend, grundsätzlich kritisch

---

[5] vgl. den Vortrag von Krause bei der Europäischen-Rechtsakademie-Trier v. 29.10.2001

[6] Einführung der Verwaltungsgerichtsbarkeit in Deutschland: Baden 1863, Preußen 1872/75, Württemberg 1876, Bayern 1878, Anhalt 1888, Braunschweig 1895, Sachsen-Meiningen 1897, Lippe, 1898, Sachsen-Coburg-Gotha 1899, Sachsen 1900, Oldenburg 1906, andere thüringische Staaten 1919/12, Lübeck 1916, Mecklenburg in der Weimarer Zeit, in Bremen und Hamburg war der Rechtsschutz an die ordentlichen Gerichte delegiert (vgl. in diesem Zusammenhang auch den Vortrag von Krause bei der Europäischen-Rechtsakademie-Trier v. 29.10.2001)

[7] vgl. insofern PrOVGE 2, 351, 353 ff. (Urteil v. 30.04.1877 - Rep. C. 83/77 -)

und kontrovers diskutiert worden, insbesondere das Preußische Obererwaltungsgericht wollte die Rechte Dritter auf die Möglichkeit von Hinweisen, Anregungen etc. gegenüber der Verwaltung beschränken. Erst später verstärkten sich Tendenzen, die sich unmissverständlich für die Anerkennung subjektiver Rechte und daraus folgender subjektiver Ansprüche des Einzelnen gerade auch im Bereich des öffentlichen Rechts aussprachen und es nicht mehr allein auf die Sicherung des Allgemeinwohls bezogen[8].

Zumindest seit Inkrafttreten der VwGO im Jahre 1960 hat der Gesetzgeber die Möglichkeit eines Dritten, einen Verwaltungsakt erfolgreich anzufechten ins Auge gefasst und zwar in dem seither unverändert gebliebenen § 80 Abs. 2 Nr. 4 VwGO, der die Möglichkeit der Anordnung der sofortigen Vollziehung im überwiegenden Interesse „eines Beteiligten" schafft. Auch die Vorschriften über die notwendige Beiladung zeigen, dass der Gesetzgeber der VwGO von vornherein damit gerechnet hat, dass vor den Verwaltungsgerichten Private indirekt um entgegenstehende Rechtspositionen kämpfen, also Fälle eintreten, in denen die Behörde als Puffer dient, sei es im Streit um eine von dieser erteilte Genehmigung - diesen Fall hat ohne Zweifel § 80 Abs. 2 Nr. 4 VwGO im Auge gehabt - oder um das Einschreiten gegen den anderen Verfahrensbeteiligten.

Während im Privatrecht der Einzelne, dessen Rechtsposition ein Anderer stört oder beeinträchtigt, unmittelbar gegen diesen zu klagen hat, ist jedoch der private Störer hier nicht direkter Adressat des prozessualen Abwehranspruchs, sondern die öffentliche Verwaltung als Hüterin der öffentlich-rechtlich normierten Schutzpflichten. Folgt aus ihnen ein subjektives Recht des Einzelnen, wird es zur Grundlage des gegen die öffentliche Verwaltung gerichteten subjektiv-öffentlich-rechtlichen Anspruchs des Einzelnen, zum Zwecke der Beseitigung der Rechtsverletzung, d.h. in seinem „individuellen" Interesse „einzuschreiten" oder zur Grundlage für den Anspruch auf Aufhebung einer entsprechenden Genehmigung. Dabei wird die im übrigen bestehende zivilrechtliche Ordnung hinsichtlich des Schutzes der subjektiven Rechte durch die öffentlich-rechtliche Ordnung dahingehend überlagert, dass der Einzelne auf die Geltendmachung der entsprechenden Schutzansprüche gegenüber dem Staat verwiesen ist. Forderungen, die dem Dritten in einer solchen Situation einen eigenen öffentlich-rechtlichen, unmittelbar gegen den „privaten" Störer gerichteten Anspruch zusprechen wollen, haben sich nicht durchgesetzt.

Wie schon angedeutet, scheint die Entscheidung, ob ein subjektiv-öffentlich-rechtlicher Anspruch des Dritten gegenüber der öffentlichen Verwaltung im konkreten Einzelfall besteht oder nicht, offenbar nicht nur vom subjektiv-rechtlichen Gehalt, d.h. von der Interpretation der als verletzt gerügten Einzelnorm und damit von der Verletzung eines subjektiven öffentlichen Rechts des Dritten abzuhängen. Vielmehr steigt,

---

[8] vgl. insofern auch die ausführliche Darstellung unter Zif. III.

wo das angegriffene Verhalten des anderen einer Erlaubnispflicht unterliegt, die Bereitschaft die Schutzwürdigkeit subjektiver öffentlicher Rechte anzuerkennen. Dem Dritten wird die Möglichkeit, die einem anderen erteilte Erlaubnis anzufechten, um auf diesem Wege die das Handeln bzw. das Vorhaben öffentlich-rechtlich legitimierende Erlaubnis zu beseitigen und damit im Ergebnis mit hoher Wahrscheinlichkeit auch die gerügte subjektive Rechtsverletzung zu beseitigen, relativ leicht eingeräumt.

Handelt es sich hingegen um ein erlaubnisfreies Vorhaben und richtet sich der von Seiten des Dritten geltend gemachte Anspruch daher - mangels Vorliegens einer anfechtbaren Erlaubnis - allein auf ein „Einschreiten" der zuständigen Behörde gegen die betreffende Handlung bzw. das betreffende Vorhaben, so wird die Anerkennung eines subjektiv-öffentlich-rechtlichen Anspruchs allgemein von deutlich höheren Voraussetzungen abhängig gemacht. Dadurch entsteht der Eindruck, dass die Schutzwürdigkeit subjektiv-öffentlicher Rechte des Dritten maßgeblich davon abhängt, ob die konkret als störend empfundene Handlung einer Erlaubnispflicht, d.h. einem Verbot mit Erlaubnisvorbehalt unterliegt oder nicht.

Dies verwundert, da das Bestehen einer Erlaubnispflicht im Einzelfall höchst unterschiedlichen Zielsetzungen dienen kann. So kann es sich um eine ausschließlich der Gefahrenvermeidung dienende Präventivkontrolle eines privaten Vorhabens handeln. Darüber hinaus kann die Erlaubnispflicht - insbesondere im Bereich begrenzter „Ressourcen" oder „begrenzter Kontingente" - aber auch der „Verteilung" bzw. der optimalen Nutzung vorhandener Ressourcen und damit im Ergebnis einem Bewirtschaftungsinteresse dienen. Selten, so scheint es zumindest bei erster Betrachtung, ist primäres Regelungsziel einer öffentlichen Erlaubnispflicht hingegen die Normierung subjektiv-rechtlicher Positionen des Einzelnen.

Die Auswirkungen des Bestehens oder des Nichtbestehens eines Verbotes mit Erlaubnisvorbehalt auf die Rechtsstellung und die Rechtsschutzmöglichkeiten des Dritten, lassen sich besonders anschaulich am Beispiel des öffentlichen Baurechts aufzeigen, da in diesem Bereich erlaubnispflichtige und erlaubnisfreie Vorhaben unmittelbar nebeneinander stehen und mithin die bestehenden Unterschiede besonders deutlich hervortreten.

Handelt es sich um ein erlaubnispflichtiges Vorhaben, so darf mit seiner Realisierung erst nach Erteilung der Baugenehmigung begonnen werden. Die Erlaubnispflicht dient dabei zum einen der Gefahrenvermeidung (Bauordnungsrecht), zum anderen aber auch der Steuerung der Bewirtschaftung des für das Vorhaben benötigten Bodens (Bauplanungsrecht). Die Behörde ist in den Stand gesetzt - auf Grund des Bauantrages - die Einhaltung der Vorschriften noch vor der Ausführung vollständig zu prüfen und - wo der Bauantrag unvollständig ist - die Genehmigung zurückzuhalten, d.h. dem Bauherren kommt eine weitgehende Last bei der Ermittlung der Voraussetzungen zu.

Ein Dritter kann die Baugenehmigung gegebenenfalls - vorbehaltlich der entgegenstehenden subjektiven Rechte - anfechten. Die zuständige Behörde kann die Ausführung eines ungenehmigten genehmigungspflichtigen Bauvorhabens auch ohne den Nachweis eines materiell-rechtlichen Verstoßes im Wege der sog. Baustilllegungsverfügung zumindest vorerst unterbinden.

Bei einem erlaubnisfreien Vorhaben besteht dagegen für die zuständige Behörde lediglich die Möglichkeit, die Realisierung des Vorhabens auf Grund materiellrechtlicher Verstöße zu unterbinden. Dazu muss sie - unter Umständen ganz von sich aus - die Verstöße nachweisen. Selbst wenn alle Voraussetzungen dafür vorliegen, dass die Verwaltung gegen ein konkretes erlaubnisfreies Vorhaben einschreitet, folgt daraus regelmäßig nicht, dass sie einschreiten muss. Der Dritte kann dann - je nachdem - gegen die Bauaufsichtsbehörde vorbehaltlich entsprechender subjektiver Rechte ein Verpflichtungs- oder Bescheidungsurteil erwirken. Nach den in allen Landesbauordnungen enthaltenen Generalklauseln ist die zuständige Behörde verpflichtet, nach pflichtgemäßem Ermessen die Maßnahmen zu treffen, die erforderlich sind, um bei baulichen Vorhaben die Einhaltung der bau- und sonstigen öffentlichrechtlichen Vorschriften sicherzustellen. Dieser grundsätzlichen Verpflichtung der Verwaltung entspricht nicht automatisch ein Anspruch jedes Einzelnen, der an der entsprechenden Maßnahme ein Interesse hat. Dies ergibt sich nicht allein daraus, dass ein Anspruch auf öffentlich-rechtliches Einschreiten daran scheitert, dass das Ermessen nicht auf Null reduziert war. Dies entscheidet nur darüber, ob ein Verpflichtungs- oder ein Bescheidungsurteil in Betracht kommt. Entscheidend ist vielmehr die Frage danach, ob die Norm, deren konkrete Verletzung das Einschreiten der Behörde begründen soll, eine Schutznorm ist, aus der sich etwaige Ansprüche des Dritten herleiten lassen. Es kommt dabei nicht auf die Norm, auf deren Grundlage die Verwaltung im Einzelfall zum Einschreiten ermächtigt ist an, sondern ausschließlich auf die konkret „verletzte" Einzelnorm. Sofern sich diese Norm als drittschützend erweist, d.h. dem Schutz des Dritten zu dienen bestimmt ist, können sich hieraus subjektiv-öffentlich-rechtliche Ansprüche des Dritten ergeben. Steht dies aber fest, hat der Dritte zumindest den Anspruch auf ermessensfehlerfreie Entscheidung, der sich zum Anspruch auf öffentliches Einschreiten der Verwaltung dann verdichtet sofern eine „Ermessensreduktion auf Null" vorliegt. Besteht ein solcher Anspruch des Dritten nicht, verstößt die Verwaltung aber gleichwohl gegen eine ihr obliegende Schutzpflicht, kann dem Dritten zwar ein gegen die Verwaltung gerichteter Amtshaftungsanspruchs zustehen, die Einhaltung seiner subjektiven Rechte kann er dann aber nicht durchsetzen.

Daher ist der Rechtsschutz des Dritten, d.h. die Anerkennung eines diesbezüglich erforderlichen subjektiv-öffentlich-rechtlichen Anspruchs, in den erlaubnisfreien Konstellationen, über das Vorliegen der Verletzung in einem subjektiven öffentlichen Rechten hinaus von weiteren, den Rechtsschutz des Dritten erheblich einschränkenden Voraussetzungen abhängig.

II. Folgewirkungen öffentlich-rechtlicher Erlaubnispflichten für die Wahl des Rechtsweges

Die grundsätzliche Entscheidung des Gesetzgebers, die Zulässigkeit einer bestimmten Tätigkeit oder eines bestimmtes Vorhabens von der vorherigen Erteilung einer öffentlichen Erlaubnis abhängig zu machen, d.h. einem Verbot mit Erlaubnisvorbehalt zu unterwerfen, wirkt sich in erheblichem Umfang auf die Rechte Dritter und damit auf die diesen zur Verfügung stehenden Rechtsschutzmöglichkeiten aus.

Sie eröffnet für den Dritten einerseits die grundsätzliche Möglichkeit, im Falle der Erteilung einer solchen Erlaubnis, öffentlich-rechtlich gegen diese vorzugehen. Andererseits besteht für den Dritten, je nach Art der Erlaubnis, d.h. insbesondere abhängig von der Frage, ob die Erlaubnis sich auf die private Rechtssphäre des Dritten auswirkt oder „unbeschadet der privaten Rechte Dritter ergeht“[9], die Möglichkeit, privatrechtlich die Unterlassung des „erlaubten“ Vorhabens zu verlangen. Ist eine Erlaubnis hingegen nicht erforderlich, kann der betroffene Dritte, neben der Möglichkeit privatrechtlich die Unterlassung des Vorhabens zu verlangen, öffentlich-rechtlich „lediglich“ einen Anspruch auf öffentliches, d.h. polizeiliches Einschreiten gegen das seine subjektiven Rechte verletzende Vorhaben geltend machen. Eine „anfechtbare“ Erlaubnis existiert nicht.

Unmittelbar abhängig von dieser Entscheidung zwischen privat-rechtlichen oder öffentlich-rechtlichen Ansprüchen sind die Möglichkeiten Dritter, einstweiligen Rechtsschutz in Bezug auf ein bestimmtes Vorhaben eines anderen zu erlangen und somit frühzeitig eine effektive Sicherung ihrer Rechte herbeiführen zu können.

Handelt es sich um ein erlaubnisfreies Vorhaben, so kommen theoretisch, wie zuvor ausgeführt, sowohl privat- als auch öffentlich-rechtliche Ansprüche eines Dritten in Betracht, wobei die konkrete Entscheidung von den Erfolgsaussichten der jeweiligen Ansprüche abhängig ist.

Bestehen zugunsten des Drittbetroffenen in der Hauptsache mehrheitlich privatrechtliche Ansprüche in Bezug auf das konkrete Vorhaben, d.h. insbesondere privatrechtliche, direkt gegen den Vorhabensträger gerichtete Unterlassungsansprüche, so bietet sich für den Rechtsschutz des Drittbetroffenen in erster Linie der Privatrechtsweg an. Er kann dann im Wege einer privatrechtlichen Unterlassungsklage gegen den Vorhabensträger vorgehen und Unterlassung der Störungen durch das Vorhaben beantragen. Dieser Anspruch kann im Fall einer besonderen Dringlichkeit auch im Wege des zivilprozessualen einstweiligen Rechtsschutzes vorläufig gesichert werden.

---

[9] vgl. insofern auch unten Ziff. IV. 2. b., VI. 2. e. gg.

Von besonderer Bedeutung im Rahmen des einstweiligen Rechtsschutzes ist die potentiell bestehende Gefahr einer Schadensersatzverpflichtung gem. § 945 ZPO. Diese greift immer dann ein, wenn der einstweilige Rechtsschutz zwar zunächst Erfolg hat und daher beispielsweise eine einstweilige Anordnung ergeht, die Klage in der Hauptsache jedoch verloren geht. In diesen Fällen steht dem Antragsgegner des einstweiligen Rechtsschutzantrages ein Anspruch gegen den Antragssteller auf Ersatz des ihm durch den Erlass der einstweiligen Anordnung entstandenen Schadens zu.

Zwar findet die Bestimmung des § 945 ZPO auch im Bereich des verwaltungsrechtlichen einstweiligen Rechtsschutzes gem. § 123 VwGO oder gem. § 80 Abs. 5 bzw. § 80 a VwGO Anwendung[10]. Doch erweist sich der vom Gesetzeswortlaut her auch im Bereich des verwaltungsrechtlichen einstweiligen Rechtsschutzes bestehende Schadensersatzanspruch als nicht hilfreich. Denn der Schadensersatzanspruch nach § 945 ZPO besteht nur zu Gunsten des Antragsgegners der einstweiligen Anordnung, nicht aber auch zu Gunsten des von dieser lediglich negativ betroffenen Dritten, d.h. z.B. eines Bauherrn, dem durch eine, auf einer einstweiligen Anordnung des Gerichts beruhenden Maßnahme (z.B. Baueinstellungsanordnung) einer Behörde, ein Schaden entsteht. Da der Dritte in diesen Fällen nicht Antragsgegner, sondern lediglich Beigeladener ist und dem Antragsgegner auch nicht gleichgestellt werden kann[11], besteht für den Antragssteller des einstweiligen Rechtsschutzverfahrens, wenn er in Bezug auf das Vorhaben eines anderen verwaltungsrechtlichen einstweiligen Rechtsschutz begehrt, keine Schadensersatzgefahr gem. § 945 ZPO. Also besitzt für ihn der verwaltungsrechtliche einstweilige Rechtsschutz einen bedeutenden Vorzug, denn der privatrechtliche einstweilige Rechtsschutz wäre für den Antragssteller, d.h. für den durch das geplante Vorhaben Drittbetroffenen, mit einem nicht unerheblichen Schadensersatzrisiko behaftet.

Hinzu kommt, dass die Geltendmachung von öffentlich-rechtlichen Ansprüchen vor dem Verwaltungsgericht - sowohl im Verfahren des einstweiligen Rechtsschutzes, als auch im Hauptsacheverfahren - gegenüber der Geltendmachung von zivilrechtlichen Unterlassungsansprüchen vor den ordentlichen Gerichten für den Drittbetroffenen dadurch günstiger ist, dass die Kosten regelmäßig erheblich geringer sind. Auch wird der Verwaltungsrechtsweg und damit das verwaltungsgerichtliche Verfahren vom Prinzip der Amtsermittlung beherrscht, wohingegen für das Verfahren vor den ordentlichen Gerichten und damit für die Geltendmachung zivilrechtlicher Ansprüche der Beibringungsgrundsatz gilt.

---

[10] vgl. Happ in Eyermann „Verwaltungsgerichtsordnung-Kommentar", § 123 Rn. 85; vgl. Schenke in Kopp „VwGO-Kommentar", § 123 Rn. 43; vgl. Redeker/v. Oertzen „Verwaltungsgerichtsordnung-Kommentar", § 123 Rn. 30

[11] vgl. Schenke in Kopp „VwGO-Kommentar", § 123 Rn. 44; vgl. auch BGH (Urteil v. 23.09.1980 - VI ZR 165/78 -) in NJW 1981, 349, 350 f.; vgl. auch Uechtritz in NVwZ 1996, S. 640, 645 f.

Zu beachten ist dabei jedoch, dass das Bestehen eines dahingehenden öffentlich-rechtlichen Anspruchs in Literatur und Rechtsprechung - wie bereits zuvor erwähnt und im weiteren Verlauf der vorliegenden Untersuchung noch eingehender dargestellt werden wird - von erheblichen rechtlichen Voraussetzungen abhängig gemacht wird. Dies hat zur Folge, dass sich der verwaltungsrechtliche Rechtsschutz in diesen Fällen selbst dann, wenn ein Anspruch auf polizeiliches Einschreiten bestehen sollte, im Vergleich zu dem der Anfechtung einer Erlaubnis als weniger effektiv erweist und somit diese Möglichkeit des Rechtsschutze für den Drittbetroffenen in aller Regel in einer Sackgasse endet.

In der Hauptsache ist der Anspruch auf polizeiliches Einschreiten nämlich durch eine allgemeine Leistungsklage oder eine Verpflichtungsklage geltend zu machen. Welche Klageart im konkreten Fall in Betracht kommt, hängt entscheidend davon ab, ob in Bezug auf die begehrte Handlung ein vorhergehender Verwaltungsakt der zuständigen Behörde erforderlich ist. Ist dies der Fall, so ist die Verpflichtungsklage einschlägig[12]. In beiden Fällen richtet sich der verwaltungsrechtliche einstweilige Rechtsschutz in Bezug auf den diesbezüglich maßgebenden Anspruch auf polizeiliches Einschreiten ausschließlich nach § 123 VwGO. In dessen Rahmen wird der Anspruch auf polizeiliches Einschreiten nur unter sehr hohen Voraussetzungen als sicherungsfähig angesehen[13].

Handelt es sich dagegen um ein Vorhaben, das einem Verbot mit Erlaubnisvorbehalt unterliegt, so bietet sich dem Dritten, der gegen das Vorhaben vorgehen will, weil es ihn in seinen subjektiven Rechten beeinträchtigt, die Möglichkeit, die Erlaubnis im Wege der Anfechtungsklage zu bekämpfen[14]. Zwar kann er die Beseitigung der Erlaubnis im Rechtsweg nur erzwingen, wenn sie ihn in seinen Rechten verletzt, so dass es nicht genügt, wenn er geltend macht, das Vorhaben verstoße gegen das Gesetz. Ein Anspruch auf Beseitigung der Erlaubnis besteht aber schon dann, wenn der Dritte dartun kann, dass die fragliche Bestimmung mit der die Erlaubnis unvereinbar ist, seinem Schutz dienen sollte. Schon deshalb sind die Voraussetzungen für den Erfolg der verwaltungsrechtlichen Anfechtungsklage gegen einen rechtsverletzenden Verwaltungsakt erheblich geringer, als für die Verpflichtung zum polizeilichen Einschreiten zum Schutz gegen Rechtsverletzungen durch Dritte. Der einstweilige Rechtsschutz richtet sich bei einer Anfechtungsklage nach §§ 80 a Abs. 1 Nr. 4 bzw. § 80 a Abs. 3 VwGO, die für den Kläger erheblich günstiger sind als § 123 VwGO.

Darüber hinaus kann die Einführung einer Erlaubnispflicht auch die Geltendmachung eines zivilrechtlichen Unterlassungsanspruchs betreffen. Je nach der Ausgestaltung

---

[12] vgl. insofern Bender / Dohle „Nachbarschutz im Zivil- und Verwaltungsrecht“, Rn. 85

[13] vgl. insofern Mampel in UPR 1997, S. 267, 268; vgl. auch die Darstellung bei Uechtritz in BauR 1998,S. 719, 721; vgl. auch Oeter in DVBl. 1999, S. 189, 192; Uechtritz in NJW 1996 S. 640, 646; vgl. Sacksofsky in DÖV 1999, S. 946, 953

[14] vgl. insofern die Ausführungen von Breuer zur Situation bei der Baugenehmigung in DVBl. 1983, S. 431. 431

der konkreten Erlaubnispflicht, d.h. des konkreten Verbotes mit Erlaubnisvorbehalt, kann sie mit der Eröffnung des verwaltungsgerichtlichen Rechtsweges die Möglichkeit ausschließen, zivilprozessual direkt gegen den Vorhabensträger vorzugehen. Ergeht die Erlaubnis - wie etwa die Baugenehmigung - unbeschadet privater Rechte Dritter[15], kann und muss der Dritte diese, trotz der vorliegenden Erlaubnis, weiterhin auf dem Privatrechtswege geltend machen. Die Anfechtung der Erlaubnis mit der Begründung, sie verstoße gegen private Rechte des Dritten, fällt aus. Ein Nebeneinander der Rechtswege ist unausweichlich, wenn der Dritte zugleich die Verletzung von privaten Rechten und subjektiver öffentlicher Rechte geltend machen will. Demgegenüber hat die immissionsschutzrechtliche Anlagengenehmigung i.S.d. BImSchG gem. § 14 BImSchG einen Ausschluss privater Rechte zur Folge, sofern diese nicht auf privaten Titeln beruhen[16]. Alle anderen privaten Einwendungen können und müssen ausschließlich im Rahmen des immissionsschutzrechtlichen Genehmigungsverfahrens durch den Drittbetroffenen selbst geltend gemacht werden. Ist die Genehmigung erteilt worden, können diese Einwendungen nicht mehr im Privatrechtsweg geltend gemacht werden.

Die Entscheidung des Gesetzes, die Tätigkeit des Einzelnen von einer vorherigen Erlaubnis abhängig zu machen und die konkrete Ausgestaltung der Erlaubnis, wirken sich also in erheblichem Umfange auf die verfahrensrechtliche Stellung des Dritten aus, der das Vorhaben bekämpfen will.

Offensichtlich erfährt die subjektiv-öffentliche Rechtsposition Dritter durch die Schaffung von Erlaubnisvorbehalten eine erhebliche Stärkung. Der Zugang des Dritten zu den Verwaltungsgerichten wird erleichtert und dieser ist gegenüber der Verwaltung nicht allein auf die Geltendmachung eines, nur unter hohen Voraussetzungen gegebenen Anspruchs auf polizeiliches Einschreiten verwiesen, was sich insbesondere auf den einstweiligen Rechtsschutz auswirkt.

Das öffentliche Baurecht hat zwischen den Nachbarn mit ihren oft gegensätzlichen Interessen und mit ihren vielfachen „gegenseitigen Ingerenzen“ Funktionen angenommen, die weitgehend denen des zivilen Nachbarrechts entsprechen. Die Abwehr von Eingriffen des Nachbarn und die Geltendmachung der Bau- und Eigentumsnutzungsfreiheit ihm gegenüber, ist damit verstärkt zu einer Frage des öffentlichen Rechts geworden. Das öffentliche Baurecht hat neben dem Auftrag Gefahren für das Gemeinwohl abzuwehren, auch die Aufgabe gewonnen, die Grundstücksnutzung unter den widerstreitenden Interessen Einzelner zu ermöglichen, zu begrenzen oder zu steuern.

Die Grundsätze einer Bewirtschaftung von knappen Ressourcen, bei der die Zuerkennung der Nutzungsmöglichkeit durch einen Privaten auf Kosten eines anderen

---

[15] vgl. unten Ziff. VI. 2. e. gg.
[16] vgl. unten Ziff. VI. 2. a. dd. bbb. hhhh.

geht, sind bislang unterentwickelt. Die Abwägungspflichten, die das Bauplanungsrecht auferlegt, rücken das Ziel einer egalitären und gerechten Abwägung der Rechte keineswegs in das Zentrum. Tatsächlich nimmt sich die Rechtslehre und Rechtspraxis der gegenläufigen Interessen des Einzelnen immer erst dann an, wenn die bauplanungsrechtliche Zuteilung bereits erfolgt ist und sucht diese durch die Einräumung von Anfechtungsmöglichkeiten zu sichern. Nur in Ausnahmefällen sind sie gegen oder für die Überprüfung einer Bebauungsplanung in Anwendung gebracht worden. Jedenfalls ist die Bereitschaft zur Anerkennung subjektiv-öffentlicher Rechte im Falle der Anfechtung von Erlaubnissen größer als bei der Abwehr erlaubnisfreier Vorhaben.

Warum die Anerkennung subjektiv-öffentlich-rechtlicher Ansprüche des Dritten im Einzelfall und damit die Entscheidung zwischen Verwaltungs- und Privatrechtsweg, zwischen umfassender Grundrechtsbindung oder - im Falle des rein privatrechtlichen Rechtsschutzes - höchstens mittelbarer Drittwirkung der Grundrechte, in so entscheidender Weise vom Bestehen eines Erlaubnisvorbehaltes abhängen soll, ist kaum zu begreifen, denn der Gesetzgeber dürfte bei der Entscheidung, für welche Vorhaben er ein Verbot mit Erlaubnisvorbehalt statuieren will, kaum je an die Auswirkung auf die Rechte Dritter und des ihnen eröffneten Rechtsschutzes denken. Tatsächlich ist es zur Stärkung der Rechte der Drittbetroffenen bei der Anfechtung von Erlaubnissen größtenteils erst unter dem Einfluss des Grundgesetzes gekommen, d.h. nachweislich im Wege der Rechtsprechung, während das Rechtsinstitut des Verbotes mit Erlaubnisvorbehalt bereits lange vor Inkrafttreten des Grundgesetzes entwickelt wurde, zu einer Zeit, als noch niemand an derartige Folgerungen für den Rechtsschutz Dritter dachte, wie sie später gezogenen wurden. Jedenfalls hatte die Einführung der Bauerlaubnis im 19. Jahrhundert nicht die Anfechtbarkeit durch den Nachbarn im Sinn. Es ist aber auch kaum zu vermuten, dass der Gesetzgeber bei der Einführung von Verboten mit Erlaubnisvorbehalt, selbst zu einem Zeitpunkt als sich unter dem Grundgesetz die Rechtsprechung zur Anfechtbarkeit von Erlaubnissen durch Dritte schon entwickelt hatte, an die durch die Erlaubnispflicht hervorgerufenen materiell- und verfahrensrechtlichen Auswirkungen auf die Rechte Dritter gedacht hat, geschweige denn, dass er sie beabsichtigt oder wenigstens als Nebeneffekt akzeptiert hat.

Der primäre, regelmäßig alleinige Zweck der Einführung von Genehmigungspflichten ist die Schaffung präventiver, d.h. vorsorglicher Kontrollmöglichkeiten der Verwaltung hinsichtlich solcher Vorhaben, die eine besondere Gefährdung für die Interessen der Allgemeinheit oder Einzelner mit sich bringen und daher bereits im Vorfeld ihrer Verwirklichung einer Überprüfung zum Wohle der Allgemeinheit unterzogen werden sollen. Die Auswirkungen auf die Rechtsstellung Dritter, die mit diesem Zweck nichts zu tun haben, sind in aller Regel nicht gewollt.

Tatsächlich ist das Rechtsinstitut des Verbotes mit Erlaubnisvorbehalt nicht entwickelt worden ist, um Rechte Dritter zu schützen, sondern um in bestimmten Fällen eine effektive Überwachung der im öffentlichen Interesse liegenden Anforderungen an bestimmte Vorhaben zu gewährleisten. Es sind nicht einmal notwendig die Gefahren für die Interessen des anfechtenden Dritten oder seine Rechte, welche in concreto den Gesetzgeber zur Etablierung der Erlaubnispflicht veranlasst haben. Gerade die Bauerlaubnis ist anfänglich ausschließlich wegen der unmittelbar von nicht sachgermäß errichteten Bauten ausgehenden Gefahren für die unbestimmte Allgemeinheit und keineswegs wegen der Gefahren für den Nachbarn eingeführt worden. Im Gegenteil hat man damals den Nachbarn ausschließlich auf die Geltendmachung privatrechtlicher Nachbarrechte vor den Zivilgerichten verwiesen.

Unterscheidet sich das Verbot mit Erlaubnisvorbehalt im Hinblick auf die Rechte Dritter und deren Schutz von den Fällen, in denen der Gesetzgeber die Verwaltung ermächtigt, im Einzelfall gegen ein privates Vorhaben einzuschreiten, so findet dieses zumindest keine Grundlage im Willen des Gesetzes. In beiden Fällen steht jeweils die Gewährleistung und Überwachung öffentlich-rechtlicher Anforderungen und Vorgaben, nicht aber die Stärkung der Rechte Dritter im Vordergrund.

III. Zur geschichtlichen Entwicklung des Rechts auf polizeiliches Einschreiten und zur Anfechtung von behördlichen Erlaubnissen

1. Allgemeines

Zunächst soll gezeigt werden, wie sich der Umgang des öffentlichen Rechts seit Einführung der Verwaltungsgerichtsbarkeit mit den Einwendungen des Drittbetroffenen gegen ein öffentlich-rechtlich verbotenes Verhalten im Laufe der Zeit prinzipiell entwickelt hat.

In diesem Kontext soll die Entwicklung des Anspruchs auf polizeiliches Einschreiten dargestellt werden. Dabei wird sich die Darstellung exemplarisch bewusst an der - besonders prägnanten - Situation im Bereich des öffentlichen Baurechts orientieren.

2. Der Anspruch auf polizeiliches Einschreiten in der Rechtssprechung des Preußischen Oberverwaltungsgerichts und der frühen bundesrepublikanischen Rechtssprechung

a. Vor Einführung der polizeilichen Generalklausel

aa. Ablehnung des Anspruchs auf polizeiliches Einschreiten

Ursprünglich bestand in Rechtssprechung und Lehre Einigkeit darüber, dass ein durchsetzbarer Anspruch des Einzelnen auf „Einschreiten der Polizei gegen einen Dritten"[17] auf Grundlage der verwaltungs- und polizeirechtlichen Dogmatik generell ausscheide[18], wobei die diesbezüglichen Begründungen durchaus unterschiedliche Aspekte umfassten.

So wurde etwa für den Bereich des öffentlichen Baunachbarrechts argumentiert, dass es sich insofern nicht um die Verletzung eines Dritten in einem ihm zustehenden subjektiv-öffentlichen Recht durch die öffentliche Verwaltung handele, sondern ausschließlich um die Verletzung eines Dritten durch einen anderen „Privaten", d.h. in der Regel durch den Bauherrn selbst. Ein mit der „Untätigkeit der Verwaltung" begründeter subjektiv-öffentlich-rechtlicher Anspruch scheide daher schon deshalb aus,

---

[17] so die Formulierung bei Jellinek „Verwaltungsrecht", S. 207

[18] vgl. Jellinek „Verwaltungsrecht", S. 207; vgl. Henke in DVBl. 1964, 649, 649; vgl. insofern auch Breuer bzgl. öffentlich-rechtlicher Nachbarklagen gegen Baugenehmigungen in DVBl. 1983, S. 431. 431

da „die Polizei meist im öffentlichen Interesse einzugreifen habe, nicht aber im Interesse Privater"[19]. Mithin handele es sich bei Rechtsstreitigkeiten dieser Art ausschließlich um Fragen des bürgerlichen Rechts und damit der ordentlichen Gerichte, nicht aber um Fragen des öffentlichen Rechts und damit der Verwaltungsgerichte[20].

Exemplarisch in diesem Zusammenhang ist das Urteil des Preußischen Oberverwaltungsgerichtes vom 30. April 1877 - Rep. C. 83/77 - [21]. Dort heißt es u.a. wie folgt:

„ ... Zunächst ist das Verwaltungsstreitverfahren überhaupt seiner ganzen Anlage und Aufgabe nach darauf beschränkt und nur dazu bestimmt, dem Schutze solcher Interessen zu dienen, deren Verletzung zugleich eine Verletzung subjektiver Rechte in sich schließt ... Dennoch fragt sich vor Allem, ob dem Kläger ein solches subjektives Recht zur Seite steht und diese Frage muss verneint werden ... Der Dritte dagegen, der Nichteigentümer, kann zwar unter Umständen ein nicht minder geringes Interesse daran haben, als der Eigentümer selbst, dass der Baukonsens nach einer bestimmten Richtung hin erteilt oder nicht erteilt werde. Ein subjektives Recht hierauf hat er aber nicht und das selbst dann nicht, wenn etwa eine einzelne baupolizeiliche Bestimmung welche er zur Geltung gebracht wünscht, neben den zunächst maßgebenden öffentlichen allgemeinen bis zu einem gewissen Grade auch die besonderen Interessen des Nachbarn zu schützen bestimmt sein mag. Sein Interesse steht wie das der Gesamtheit lediglich unter dem allgemeinen Schutze einer geordneten Verwaltung; er kann dasselbe - gleich jedem anderen Staatsbürger - durch Hinweisung der Polizeiverwaltung auf das Gesetz, durch Anzeigen von Zuwiderhandlungen und durch Beschwerden im Verwaltungswege zur Geltung zu bringen versuchen. Eine Klage steht so wenig ihm wie irgend einem ganz unbeteiligten Dritten zu – es sei denn die privatrechtlich zu begründende Klage bei dem ordentlichen Richter."[22]

Diese ablehnende Haltung der damals ganz herrschenden Meinung in Rechtsprechung und Lehre gegenüber einem Individualanspruch auf polizeiliches Einschreiten und die strikte Verweisung des Einzelnen auf die Möglichkeit, die zum Einschreiten berechtigte Behörde auf das entsprechende Gesetz hinzuweisen, Zuwiderhandlungen anzuzeigen oder unter Umständen Beschwerden im Verwaltungswege zu verfolgen, um so sein Interesse durchzusetzen, ist charakteristisch für die Verwaltungs- und Polizeirechtslehre dieser Zeit. Sie beruhte zum einen auf der Überzeugung, dass die Ermächtigung der Polizei zum Handeln ausschließlich im Interesse der Allgemeinheit bestehe und grundsätzlich jedes individual-rechtlichen Bezuges entbehre. Im übrigen seien die Rechte des Einzelnen gegenüber der öffentlichen Verwaltung durch die Institution der sog. „geordneten Verwaltung", d.h. insbesondere durch die für den Einzelnen bestehende Möglichkeit „Anregungen" gegenüber der Verwaltung

[19] vgl. Jellinek „Verwaltungsrecht", S. 207
[20] vgl. insofern Henke, „Das subjektive öffentliche Recht", S. 81
[21] PrOVGE 2, 351 ff. (Urteil v. 30.04.1877 - Rep. C. 83/77 -)
[22] PrOVGE 2, 351, 353 ff. (Urteil v. 30.04.1877 - Rep. C. 83/77 -)

vorzubringen [23], in ausreichender Weise geschützt. Darüber hinausgehende subjektiv-öffentlich-rechtliche Schutzrechte des Einzelnen seien nicht erforderlich und im Ergebnis sogar ausgeschlossen[24]. Rechtsschutz könne dieser nur auf dem ordentlichen Rechtsweg erlangen[25].

Grundlage der Ablehnung derartiger subjektiv-öffentlich-rechtlicher Ansprüche Dritter war daneben auch das damals herrschende - äußerst strenge - Verständnis des verwaltungsrechtlichen Opportunitätsprinzips[26]. Danach musste der Verwaltung bzw. der Polizei bei der Erfüllung ihrer Aufgaben ein Entscheidungsspielraum dahingehend verbleiben, ob sie einschreitet oder nicht. Dies sei erforderlich um sicherzustellen, dass die Verwaltung auch auf unvorhergesehene Gefahren angemessen reagieren könne. Mithin verbleibe der Verwaltung ein Handlungsbereich, in dem sie nicht in Vollzug eines bestimmten Gesetzes, sondern auf Grundlage eigener Entscheidung handele. Da sie in diesem Bereich aber nicht das Gesetz vollziehe, sei sie insofern auch nicht der gerichtlichen Kontrolle unterworfen, da die Gerichte, auf Grund der Bindung des Richters an das Gesetz, in jedem Fall nur die Vollziehung der Gesetze, nicht aber die freie Ermessensausübung der Verwaltung überprüfen könnten.

Auch lag es nach damaliger Ansicht, die etwa von Walter Jellinek geprägt wurde, nicht in der „Absicht des Gesetzes“[27], dem Einzelnen eine so weitgehende Willensmacht zu verleihen. Ein Anspruch des Einzelnen auf polizeiliches Einschreiten war danach aus grundsätzlichen Erwägungen von vornherein ausgeschlossen[28].

Auf die grundsätzlich ablehnende Haltung gegenüber einem Anspruch auf polizeiliches Einschreiten hatte auch die Einführung der ersten polizeilichen Generalklausel in Deutschland am 01. Juni 1931 in Preußen, d.h. die Einführung von § 14 des Preußischen Polizeiverwaltungsgesetzes (PVG), zunächst keinen spürbaren Einfluss.

§ 14 PVG lautete wie folgt:
„Die Polizeibehörden haben im Rahmen der geltenden Gesetze die nach pflichtgemäßem Ermessen notwendigen Maßnahmen zu treffen, um von der Allgemeinheit oder dem Einzelnen Gefahren abzuwehren, durch die die öffentliche Sicherheit oder Ordnung bedroht wird.“

Die Einführung des § 14 PVG erfolgte mit Blick auf das Gebot der Rechtsstaatlichkeit, d.h. mit seiner Einführung sollte das Handeln der Polizei auf eine veritable recht-

---

[23] vgl. Jellinek „Verwaltungsrecht“, S. 207
[24] vgl. Henke in DVBl. 1964, 649, 649 650; vgl. Martens in JuS 1962, 245, 245
[25] vgl. Breuer in DVBl. 1983, S. 431, 431
[26] vgl. Henke in DVBl. 1964, 649, 649 f.
[27] vgl. Jellinek „Verwaltungsrecht“, S. 207
[28] vgl. Henke in DVBl. 1964, 649, 649 f.; vgl. Martens in JuS 1962, 245, 245

liche Grundlage gestellt werden[29]. Ein hierauf gerichteter Individualanspruch des Einzelnen wurde insofern aber nach damalig herrschender Auffassung gerade nicht begründet.

In der Formulierung des § 14 PVG kam nach damals herrschenden Meinung in Rechtsprechung und Lehre vielmehr die gesetzliche Ausprägung des oben bereits dargestellten, äußerst strengen verwaltungsrechtlichen Opportunitätsprinzips zum Ausdruck. § 14 PVG beruhte danach gerade auf der Besonderheit des öffentlichen Rechts, dass nicht jeder gesetzlichen Pflicht einer Behörde ein klagbares Recht, d.h. ein Anspruch des Einzelnen gegenüberstehe.

Ansatzpunkt dieser Auffassung war - wie schon zuvor erwähnt - der Grundgedanke, dass das öffentliche Recht die Verhältnisse des staatlichen Ämterwesens ordne und regele, um auf diesem Wege einen möglichst weitreichenden und effektiven Schutz vor Beamten- und Behördenwillkür zu gewährleisten[30]. Dies erfolge jedoch nicht durch die Gewährung von subjektiven Schutzrechten und gerichtlichen Rechtsschutzmöglichkeiten für den Einzelnen, sondern in erster Linie als innere Angelegenheit des staatlichen Ämterwesens. Der Gesetzgeber normiere mithin im Bereich des Verwaltungs- bzw. Polizeirechts objektive Schutzpflichten des Staates, zu deren Durchsetzung und Gewährleistung die öffentliche Verwaltung verpflichtet sei. Ob der Einzelne einen Anspruch gegen den Staat bzw. gegen die Verwaltung auf die Einhaltung und Durchsetzung dieser Schutzpflichten habe, werde demgegenüber nicht ausdrücklich geregelt, sondern müsse in Bezug auf jede einzelne Norm durch Auslegung gesondert ermittelt werden.

Gerade darin lag nach dieser Lehre aber auch einer der grundlegenden dogmatischen Unterschiede zwischen dem öffentlichen Recht und dem Privatrecht begründet, da den Schutzpflichten im Bereich des Privatrechts in aller Regel entsprechende subjektive Rechte des Einzelnen korrespondieren, wohingegen dies im Bereich des öffentlichen Rechts nicht der Fall sei. Unabdingbare Voraussetzung der Anerkennung subjektiver Rechte des Einzelnen im Bereich des öffentlichen Rechts sei es daher, dass die öffentlich-rechtliche Norm - außer der Regelung von Organisation und Zuständigkeit des Ämterwesens - dem Einzelnen, d.h. dem Individuum, ein subjektives Recht und dessen klageweise Durchsetzbarkeit besonders zuteile[31]. Sinn und Zweck der öffentlich-rechtlichen Norm musste nach dieser Ansicht also gerade auch der Schutz der Rechtsgüter des Einzelnen sein. Nur unter diesen Vorausset-

---

[29]Bis zur Einführung des § 14 PVG galt in Preußen Teil II Titel 17 § 10 des Allgemeinen Landrechts (ALR) als allgemeine Ermächtigungsgrundlage für polizeiliches Einschreiten; das ALR galt in Preußen als weiter geltendes vorkonstitutionelles Recht (Teil II Titel 17 § 10 ALR: „Die nöthigen Anstalten zur Erhaltung der öffentlichen Rechte, Sicherheit und Ordnung, und zur Anwendung der dem Publiko oder einzelnen Mitgliedern desselben bevorstehenden Gefahren zu treffen, ist das Amt der Polizey"); vgl. auch Martens in JuS 1962, 245, 246

[30]vgl. den Vortrag von Krause bei der Europäischen-Rechtsakademie-Trier v. 29.10.2001

[31] vgl. Jellinek „Verwaltungsrecht", S. 201

zungen könne dem Einzelnen ein subjektiv-öffentliches Recht gegenüber der Verwaltung auf Einhaltung ihrer gesetzlichen Verpflichtungen zustehen, das dann auch im Wege einer Klage durchgesetzt werden könne.

Dies war nach Ansicht der vorgenannten Lehre in Bezug auf § 14 PVG nicht der Fall. Dieser bezwecke ausschließlich den Schutz der Allgemeinheit und strahle auf den Einzelnen im Einzelfall nur reflexartig[32] aus, d.h. begründe für ihn im Einzelfall lediglich einen rein tatsächlichen, nicht aber einen rechtlichen Vorteil. In keinem Fall habe der Gesetzgeber durch die Einführung des § 14 PVG die Absicht verfolgt, dem Einzelnen die Möglichkeit zu eröffnen, die Erfüllung der der Verwaltung durch § 14 PVG aufgegebenen Pflichten notfalls erzwingen zu können. Ein diesbezüglicher Anspruch bestehe nicht.

Zusätzlich gestützt wurde dieses Ergebnis nach damals herrschender Auffassung auch durch die amtliche Begründung zu § 14 PVG, nach der die Polizeibehörden die nach „pflichtgemäßem Ermessen notwendigen Maßnahmen zu treffen" hatten. Diese Formulierung war nach damals herrschendem Verständnis Ausdruck der gesetzgeberischen Zielsetzung, die Polizei von einer durch den Einzelnen notfalls im Klagewege durchsetzbaren Bindung an ihre gesetzlichen Verpflichtungen freizuhalten[33].

bb. Exkurs: Ausgleichsmöglichkeit über den Weg der Amtshaftung

Da subjektive Ansprüche des Einzelnen gegenüber der Verwaltung auf Erfüllung ihrer öffentlich-rechtlichen Schutzpflichten auf Grundlage der zuvor dargestellten Dogmatik generell ausgeschlossen waren, soll an dieser Stelle der Vollständigkeit halber, auf die sich bereits vor Einführung des § 14 PVG am 01. Juni 1931 abzeichnende Entwicklung des Amtshaftungsrechts eingegangen werden. Dabei ist nochmals ausdrücklich darauf hinzuweisen, dass die Frage des Bestehens von Amtshaftungsansprüchen dogmatisch streng von der Frage des Bestehens subjektiv-öffentlich-rechtlicher Ansprüche auf Tätigwerden der Verwaltung bzw. auf polizeiliches Einschreiten zu unterscheiden ist. Der Amtshaftungsanspruch richtet sich gerade nicht auf Erfüllung bzw. auf Einhaltung öffentlich-rechtlicher Schutzpflichten im Interesse eines Einzelnen, sondern soll als Sekundäranspruch lediglich einen Ausgleich des Einzelnen in Folge der Verletzung von Amtspflichten der Verwaltung bewirken. Diese strikte Trennung von Amtshaftungs- und subjektiv-öffentlich-rechtlichem „Erfüllungsanspruch", soll vor der nachfolgenden Darstellung der diesbezüglichen Entwicklung ganz bewusst nochmals betont und herausgestellt werden, da in der Vergangenheit immer wieder Tendenzen sichtbar geworden sind, das Bestehen eines Amtshaf-

---

[32] zur Unterscheidung von Rechtsreflex und subjektivem Recht vgl. etwa Huber „Wirtschaftsverwaltungsrecht", Erster Band, S. 683
[33] vgl. insofern bei Henke in DVBl. 1964, 649, 649, 650

tungsanspruchs als erstes „Anzeichen" für das Vorliegen subjektiv-öffentlich-rechtlicher „Erfüllungsansprüche" des Einzelnen zu interpretieren. Hierbei werden aber die erforderliche klare Trennung zwischen öffentlich-rechtlichem Erfüllungsanspruch, d.h. zwischen der Anerkennung eines „echten" subjektiven öffentlichen Rechts einerseits und dem Amtshaftungsanspruch, als öffentlich-rechtlichem Sekundäranspruch andererseits aufgehoben und die dogmatischen Unterschiede verschleiert. Bei der Amtshaftung handelt es sich - kurz gesagt - um etwas dogmatisch vollkommen anderes, als bei einem Anspruch auf polizeiliches Einschreiten.

Ungeachtet dessen ist aber zu berücksichtigen, dass mit der Entwicklung des Amtshaftungsrechts auch erste „Aufweichungen" und „Weiterentwicklungen" des oben beschriebenen strengen Opportunitätsprinzips einhergingen[34]. So hatte die obergerichtliche Rechtsprechung zu dieser Zeit vermehrt über Klagen Privater gegen die Verwaltungsbehörden zu entscheiden, in denen die zuständigen Behörden, trotz bestehender Handlungsmöglichkeiten, beispielsweise einer Schädigung von Leben oder Gesundheit des Einzelnen nicht entgegentraten, sondern „in der Gewissheit des ihnen zustehenden Opportunitätsprinzips, mit verschränkten Armen zusahen", wie die Verletzungen und zum Teil auch die Vernichtung der Rechtsgüter des Einzelnen ihren Lauf nahmen[35].

In diesen Fällen bot sich für die Rechtsprechung - unter Beibehaltung der Ablehnung eines subjektiv-öffentlichen Rechts des Einzelnen auf ein Einschreiten zu seinen Gunsten - der „Ausweg" an, dem Einzelnen, im Wege der Gewährung von Amtshaftungsansprüchen gegenüber der Verwaltung, zumindest einen finanziellen Ausgleich für die Folgen der erlittenen Verletzungen zu gewähren. Dem lag die Überlegung zu Grunde, dass der Amtshaftungsanspruch zwar die Verletzung einer Amtspflicht der Verwaltung, nicht aber die einer Rechtspflicht des Einzelnen voraussetze. So seien zwar die gesetzlichen Verpflichtungen der Behörden nicht immer als Rechtspflichten mit der Folge ausgestaltet, dass ihnen korrespondierende Rechte des Einzelnen gegenüberstünden. Dies sei eher die Ausnahme. In jedem Fall handele es sich aber bei den einer Behörde durch Gesetz auferlegten Pflichten um Amtspflichten, deren Verletzung einen Amtshaftungsanspruch des Einzelnen auslösen könne[36].

Auch Walter Jellinek hatte bereits im Jahr 1913 klargestellt, dass sich die „Polizeibeamten", wenn sie bei wirklich dringenden Gefahren für den Einzelnen nicht einschreiten - Jellinek bringt hier das Beispiel des lebensgefährlichen Rodelns auf öffentlichen Wegen -, einer Überschreitung ihrer Amtsbefugnisse durch „Untätigkeit" schuldig machen. Aus diesem Grund stand dem Einzelnen, der in Folge dieser Untätigkeit der Polizeibeamten zu Schaden kommt, nach Ansicht Jellineks ein Anspruch auf Scha-

---

[34] vgl. Henke in DVBl. 1964, 649, 649 650
[35] vgl. Henke in DVBl. 1964, 649, 649 650
[36] vgl. Henke in DVBl. 1964, 649, 649 650

densersatz gegen den Fiskus zu[37], hingegen gerade aber kein Anspruch auf „Einschreiten"[38].

Unter welchen Voraussetzungen ein solcher Amtshaftungsanspruch konkret gegeben sein sollte, wurde von der herrschenden Rechtsprechung und Lehre der damaligen Zeit zum Teil unterschiedlich, wenn auch mit erkennbar gleicher Zielrichtung beurteilt. Grundvoraussetzung war jedenfalls, dass die Behörde eine konkret bestehende Pflicht zum Handeln missachtet hatte, wobei jedoch unterschiedlich beurteilt wurde, wann eine solche Handlungspflicht im konkreten Einzelfall tatsächlich bestand.

Nach Ansicht von v. Arnstedt[39] war dies bei einer „unmittelbar drohenden Gefahr für Leib, Leben und Gesundheit" der Fall, wohingegen sich Jellinek[40] an einer, nach den Anschauungen der Gesellschaft bestimmten, sog. „Grenze der Schädlichkeit" orientierte, bei deren Überschreitung die Behörde zum Einschreiten verpflichtet sein sollte[41]. Durch eine solche Amtspflicht der Verwaltung wurde nach Ansicht der damals herrschenden Meinung dann zwar der Interessenbereich des Einzelnen, nicht aber ein ihm zustehendes Recht berührt. Daher kam als Folge der Verletzung der Amtspflicht zwar ein Schadensersatz-, nicht aber ein Erfüllungs- bzw. Handlungsanspruch des Einzelnen in Betracht. Ein Anspruch des Einzelnen auf Einhaltung der Amtspflicht bestand nicht. Dies zeigte sich insbesondere auch an dem Grundsatz, dass der Amtshaftungsanspruch des Einzelnen in keinem Fall auf die gem. § 249 BGB grundsätzlich für alle Arten von Schadensersatzansprüchen prägende Naturalrestitution gerichtet sein konnte, da diese zwingend in der Vornahme der verletzten Amtspflicht bestanden hätte[42].

Die durch § 14 PVG begründete Pflicht der Polizei in einem Gefahrenfall einzugreifen, wurde durch die Rechtsprechung mithin zugunsten des Einzelnen als behördliche Amtspflicht eingestuft[43]. Damit wurde, unter mittelbarer Einschränkung des Opportunitätsprinzips, der ehemals gegenüber polizeistaatlichen Eingriffen geltende Grundsatz „Dulde und liquidiere" in seinen Grundzügen für den Fall des „Unterlassens" des Staats fortgeschrieben und wiederbelebt: „Dulde und liquidiere die Untätigkeit der Polizei, weil du kein Recht auf ihr Eingreifen hast und liquidiere den Schaden, der aus der Untätigkeit entsteht"[44].

---

[37] vgl. Jellinek „Gesetz, Gesetzanwendung und Zweckmäßigkeitserwägung", S. 267 f.
[38] vgl. insofern auch Jellinek „Verwaltungsrecht", S. 207
[39] vgl. v. Arnstedt „Das preußische Polizeirecht I", S. 48
[40] vgl. Jellinek „Gesetz, Gesetzanwendung und Zweckmäßigkeitserwägung", S. 267 f.; vgl. Jellinek „Verwaltungsrecht", S. 432 f.
[41] vgl. auch RGZ 121, 225, 232 f. (Urteil v. 22.05.1928 - III 346/27 -);vgl. RGZ 147, 144, 146 ff. (Urteil v. 26.02.1935 - III 174/34 -); RGZ 162, 273, 275 ff. (Urteil v. 15.12.1935 - III 99/39 -)
[42] vgl. Henke in DVBl. 1964, 649, 649 650
[43] vgl. den Hinweis auf die Entscheidungen der Rechtsprechung zur Frage der polizeilichen Verpflichtung zum Einschreiten gegen das lebensgefährliche Rodeln auf öffentlichen Straßen bei Jellinek „Gesetz, Gesetzanwendung und Zweckmäßigkeitserwägung", S. 267 f., sowie bei Jellinek „Verwaltungsrecht", S. 432 f.
[44] vgl. Henke in DVBl. 1964, 649, 649 650

cc. Anerkennung subjektiv öffentlicher Rechte Dritter

Ausdrücklich hervorzuheben ist, dass maßgebliche Teile der Lehre und auch der Rechtsprechung - ungeachtet der Ablehnung eines Individualanspruchs auf polizeiliches Einschreiten - die Existenz subjektiv-öffentlicher Rechte Dritter grundsätzlich anerkannten.

Walter Jellinek beschrieb das subjektive öffentliche Recht im Jahre 1931 in der 3. Auflage seines „Verwaltungsrechts" als „eine dem öffentlichen Recht angehörige Willensmacht, die dem Willensträger in seinem eigenen Interesse verliehen ist". Die Ermittlung des subjektiven-öffentlich Rechts sollte dabei bereits nach Auffassung Jellineks auf Grundlage einer Interpretation des „Gesetzes" erfolgen. In jedem Fall müsse, so Jellinek, gefragt werden, (1) ob das Gesetz die Interessen dessen schützen will, der jetzt sein „Recht" geltend macht und (2) wenn ja, ob das Gesetz ihm die Macht habe verleihen wollen, durch eigene Willensbetätigung seine Interessen maßgeblich wahrzunehmen[45]. Die daraus sichtbar werdende Nähe zur noch heute herrschenden Dogmatik ist verblüffend.

Ungeachtet dieser für den Drittschutz „positiven Tendenzen", meldeten sich aber nach wie vor Stimmen zu Wort, die das Bestehen subjektiv-öffentlicher Rechte generell ablehnten. So vertrat etwa Bornhak die Ansicht, dass dem Bürger im Rechtsstaat kein subjektiv-öffentliches Recht gegen den Staat zustehe, da der Staat selber festlege, inwiefern der Bürger den Bestimmungen des Rechtsstaates unterworfen sei. Gerade hierin komme der Unterschied zwischen einem Rechtsstaat und einem „Patrimonialstaat" zum Ausdruck. Der Schutz des Bürgers vor Willkür werde im Rechtsstaat nicht mehr durch die Gewährung subjektiver Rechte, sondern durch das Bestehen einer festen Rechtsordnung, an deren Bildung der Staatsangehörige selber beteiligt ist, gewährleistet[46].

dd. Die Zulassung von Einwendungen Dritter gegen Erlaubnisse

Tatsächlich kam es zunächst weder zur Anerkennung eines gerichtlich verfolgbaren Anspruchs auf polizeiliches Einschreiten noch zu einer Interpretation, die polizeilichen oder öffentlich-rechtlichen Verbotsnormen nicht nur Schutzpflichten im Sinne des § 839 BGB entnahm, sondern auch subjektive öffentliche Rechte in sie hineinlas. Dennoch verbesserte sich die Rechtsstellung des von einem privaten Vorhaben negativ Betroffenen, das einem Verbot mit Erlaubnisvorbehalt unterworfen war. Leitend dafür war allerdings zunächst nicht die Vorstellung, die Erlaubnis griffe in materielle subjektive öffentliche Rechte ein, die dem betroffenen Dritten aus den - die Versa-

[45] vgl. Jellinek „Verwaltungsrecht", S. 201
[46] vgl. Bornhak, „Preußisches Staatsrecht, Bd.I", S. 285 f.

gung der Erlaubnis rechtfertigenden - Verbotsnormen erwuchsen. Damit, dass die Rechtsprechung langsam damit begann, dem Dritten die Möglichkeit einzuräumen, Einwendungen gegen die Erteilung von Erlaubnissen gerichtlich geltend zu machen, hatte sie nämlich weniger den Schutz eines diesem zustehenden materiellen subjektiven öffentlichen Rechts im Auge, sondern sie ging davon aus, ihm komme eine verfahrensrechtliche Position zu, die es ihm - ohne Rücksicht auf seine materielle Berechtigung - gestatte, bestimmte Verbotsgründe gegenüber der Verwaltung einzuwenden und die Übergehung dieser Einwendungen vor dem Verwaltungsgericht zu rügen. Das gilt für das sächsischen OVG[47], das bremische VG[48], den braunschweigischen[49] und vereinzelt auch den württembergischen VGH[50], die unter bestimmten Umständen die Klage gegen die einem „Nachbarn“ erteilte Baugenehmigung zuließen. Schärfer auf das materielle subjektive Recht fokussiert, schien die Rechtsprechung des preußischen[51], als auch des thüringischen[52] OVG, des badischen VGH[53] sowie vereinzelt auch des württembergische VGH[54], die entsprechende Anfechtungsklagen von Nachbarn unter Hinweis auf die „fehlende Verletzung“ des Nachbarn in einem öffentlichen Recht ablehnten.

Die Divergenz der Rechtsprechung ging allerdings - worauf schon Walter Jellinek hingewiesen hatte[55] - zu einem erheblichen Teil auf die jeweils unterschiedlichen landesrechtlichen Bestimmungen zurück. So gewährte Art. 13 Abs.1 des Badischen Ausführungsgesetzes zum BGB in der Fassung vom 13. Oktober 1925 dem Grundstückseigentümer einen privatrechtlichen Anspruch, sich gegen die Herstellung einer „schadensdrohenden Anlage“ auf dem Nachbargrundstück zu wenden, sofern diese, „ohne dass der Abstand, der nach polizeilichen Vorschriften zwischen der Anlage und der Grenze belassen werden soll, gewahrt ist oder die durch die polizeilichen Vorschriften vorgeschriebenen Schutzvorrichtungen getroffen sind“, hergestellt werden sollte. Dieser Regelung wurde entnommen, dass der Gesetzgeber eine Verlagerung der „polizeilichen“ Vorschriften in den privatrechtlichen Bereich vorgenommen habe, durch die verwaltungsgerichtlicher Rechtsschutz im Ergebnis von vornherein ausgeschlossen bzw. auf den Zivilrechtsweg verlegt wurde [56].

In Preußen und in Thüringen bestimmten die entsprechenden gesetzlichen Vorschriften - d.h. sowohl die preußische Einheitsbauordnung als auch die thüringische Landesbauordnung - ausdrücklich, dass die Baugenehmigung „unbeschadet Rechte Drit-

---

[47] SächsOVG. v. 23. Februar 1925, Jahrb. 29, 30 ff Jahrb. 29, 30 ff., SächsOVG v. 24. April 1925, Jahrb. 29, 153 ff.
[48] BremVG. v. 10. Mai 1925, Entsch. 1924-29, S. 46
[49] Braunschweig VGH v. 01. Oktober 1919, BraunschwZ. 67 (1920), Beil. S. 43 f.
[50] WürttVGH. v. 12. November 1921, WüRV. 15 (1922) S. 31 ff., 45 ff.
[51] PrOVG. v. 11. Februarr 1887, Entsch. 14, 378 ff.
[52] ThürOVG. v. 16. Mai 1914, Jahrb. 2, 64 ff.; ThürOVG. v. 22. Februar 1928, ThürRdsch. 6 (1928) S. 23 f.
[53] BadVGH. v. 18. Februar 1914, BadVerwZ. 1914, S. 146 f.
[54] WürttVGH. v. 23. April 1930, WüRV. 23 (1930) S. 152 f.
[55] vgl. Jellinek „Verwaltungsrecht“, S. 203
[56] vgl. Jellinek „Verwaltungsrecht“, S. 203

ter" ergehe. Dem entnahm man, dass eine Verletzung subjektiver Rechte Dritter durch die Baugenehmigung generell ausscheide und ein verwaltungsgerichtlicher Rechtsschutz überflüssig war und daher ebenfalls ausscheide.

Dagegen hatten das sächsische Allgemeine Baugesetzbuch sowie die braunschweigische und die württembergische Bauordnung „dritten Personen" ausdrücklich ein Widerspruchsrecht gegen „angezeigte" Bauvorhaben eingeräumt. Dieses ging aber zunächst weniger auf die Anerkennung eines materiellen subjektiven öffentlichen Rechts des Dritten auf Einschreiten der Polizei, bzw. auf Beseitigung (Versagung) der Erlaubnis zurück, sondern die Rechtsprechung ging vielmehr davon aus, dem Dritten sei - ungeachtet eines materiellen Anspruch - eine Verfahrensbeteiligung eröffnet, die es ihm gestatte, gesetzlich normierte Widerspruchsgründe geltend zu machen. Nutzte der Dritte die Verfahrensposition nicht aus, um sein Widerspruchsrecht im Rahmen des Verwaltungs- und Verwaltungsstreitverfahrens zu äußern, ging es verloren. Das Verfahrensrecht erwies sich damit, lange bevor an Grundrechtsschutz durch Verfahren[57] gedacht war, als ein Instrument dazu, dem Dritten eine gesicherte Position einzuräumen, die in gewisser Weise der Zuerkennung eines materiellen Rechts auf Unterlassung der Erlaubnis vorgriff[58].

Eine mit den Bestimmungen des sächsischen Allgemeinen Baugesetzbuchs sowie der braunschweigischen und der württembergischen Bauordnung vergleichbare Regelung enthielten §§ 16 und 24 RGewO hinsichtlich der Errichtung und Unterhaltung gewerblicher Betriebsanlagen im Sinne von § 16 Abs.2 RGewO sowie von Dampfkesseln im Sinne von § 24 Abs.1 RGewO.

Die RGewO hatte die Errichtung und Unterhaltung dieser Anlagen einer generellen Genehmigungspflicht unterstellt, weil die genannten Betriebsanlagen, aufgrund ihrer örtlichen Lage oder ihrer Beschaffenheit generell geeignet waren, Nachteile, Gefahren oder Belästigungen für die Nachbarn oder überhaupt für die Allgemeinheit herbeizuführen[59]. Die erforderliche Genehmigung wurde von der zuständigen Genehmigungsbehörde im Rahmen eines gesetzlich festgelegten behördlichen Genehmigungsverfahren erteilt, in dem über „alle nicht-privatrechtlichen Einwendungen Dritter", insbesondere auch über Einwendungen Dritter gem. §§ 906, 907 BGB, zu entscheiden war.

Schon das räumte den Dritten eine feste Rechtsstellung im Genehmigungsverfahren ein. Dabei kam es nicht so sehr darauf an, dass ein privatrechtlicher Anspruch gem. § 906 BGB nach damaliger Ansicht nur im Falle „ortsunüblicher Immissionen" bestand und in Bezug auf das Merkmal der „Ortsüblichkeit" nach damaliger höchstrichterlicher Rechtsprechung auch neue Betriebe als prägend in diesem Sinne anzuse-

[57]vgl. unten Zif. III. 7.
[58] vgl. Jellinek „Verwaltungsrecht", S. 203
[59] vgl. insofern auch Cahn in Giese/ Neuwiem/ Cahn „Deutsches Verwaltungsrecht", S. 339

hen waren, so dass zumindest bis zur Novellierung des § 906 BGB im Jahre 1959[60], entsprechende - theoretisch bestehende - Ansprüche Dritter praktisch nicht relevant wurden[61]. Es war auch nicht entscheidend, dass nach der bereits oben im Rahmen der Darstellung des immissionschutzrechtlichen Genehmigungsverfahrens angesprochenen Bestimmung des § 26 RGewO, alle gegen eine „mit obrigkeitlicher Genehmigung errichtete gewerbliche Anlage" bestehenden privatrechtlichen Ansprüche Dritter auf „Einstellung des Gewerbebetriebes" ausgeschlossen wurden und der betroffene Dritte auf den durch § 26 RGewO gewährten Anspruch auf „Herstellung von Einrichtungen, welche die benachteiligende Einwirkung ausschließen" oder auf Ansprüche auf „Schadloshaltung" beschränkt war.

Gegen den das Genehmigungsverfahren abschließenden Bescheid stand demjenigen, der im Genehmigungsverfahren Einwendungen vorgebracht hatte, mit diesen aber zurückgewiesen worden war, der „Rekurs" zu, d.h. ihm wurde im Ergebnis per gesetzlicher Regelung der Zugang zum Verwaltungsstreitverfahren eröffnet[62]. Der Rekurs gegen die Entscheidung der Genehmigungsbehörde war „innerhalb von 14 Tagen vom Tage der Eröffnung des Bescheides an gerechnet" einzulegen und zu „rechtfertigen"[63].

Trotz aller Einschränkungen trug die RGewO erheblich zur Entwicklung des Drittschutzes bei, da sie das Genehmigungsverfahren exakt gesetzlich ausgestaltet und dabei das Recht Dritter „Einwendungen" zu erheben ausdrücklich normiert hatte. Die §§ 17 bis 22 RGewO bestimmten, dass die Betreiber zunächst den Antrag auf Genehmigung bei der Konzessionsbehörde, mit den zur Erläuterung erforderlichen Zeichnungen und Beschreibungen einzureichen hatten. Bestanden gegen die Vollständigkeit der eingereichten Unterlagen seitens der Behörde keine Bedenken, war er im Amtsblatt der Behörde mit der Aufforderung zu veröffentlichen, etwaige Einwendungen binnen 14 Tagen anzubringen.[64] Wurden keine Einwendungen erhoben, entschied die Behörde unmittelbar über den Genehmigungsantrag. Wurden aber Einwendungen vorgebracht, war auf Grundlage der gesetzlichen Bestimmungen danach zu unterscheiden, ob diese Einwendungen auf privatrechtlichen Titeln beruhten oder nicht. Auf privatrechtlichen Titeln beruhende Einwendungen wurden direkt an die ordentlichen Gerichten verwiesen. Lagen hingegen Einwendungen vor, die nicht auf einem privatrechtlichen Titel beruhten, war die Genehmigungsbehörde verpflichtet, diese Einwendungen „mit den Parteien vollständig zu erörtern" und zu prüfen, ob die beantragte Anlage „erhebliche Gefahren, Nachteile oder Belästigungen für das Publikum" herbeiführen konnte.

---

[60] BGBl. I 1959, S. 781, 782 f.
[61] vgl. insofern die Darstellung bei Spindler in Feldhaus „Bundesimmissionsschutzrecht", § 14 Rn. 5 f.
[62] vgl. Huber „Wirtschaftsverwaltungsrecht", Erster Band, S. 714
[63] vgl. Cahn in Giese/ Neuwiem/ Cahn „Deutsches Verwaltungsrecht", S. 340
[64] vgl. Cahn in Giese/ Neuwiem/ Cahn „Deutsches Verwaltungsrecht", S. 340

Trotz der „verfahrensrechtlichen Grundstruktur“, der die RGewO bei der Ausgestaltung der Rechtstellung der Dritten gefolgt war, sollte sie der Idee der Ausstattung des Dritten mit einem materiellen subjektiven öffentlichen Recht dauerhaften Auftrieb geben und damit eine „Vorbildfunktion“ für die Zuerkennung von derartigen Rechten in anderen Bereichen des öffentlichen Rechts und der Verbote mit Erlaubnisvorbehalt gewinnen[65]. Jedenfalls zeigt sich, auf welchen (Um-)Wegen man anfänglich in der ersten Hälfte des 20. Jahrhunderts die subjektiv-öffentlichen Rechte, und daraus folgenden Ansprüche, insbesondere auch zu Gunsten Dritter, anzuerkennen und zu verwirklichen begann, obwohl noch allgemein die Tendenz herrschte, einen generell subjektiv-rechtlichen Individualanspruchs auf polizeiliches Einschreiten zu verneinen.

3. Anerkennung des Anspruchs auf polizeiliches Einschreiten

Die ursprünglich fast einvernehmlich ablehnende Haltung der herrschenden Meinung in Literatur und Rechtsprechung gegenüber subjektiv-öffentlich-rechtlichen Handlungsansprüchen des Einzelnen gegen die Verwaltung, wurde im Laufe der Zeit und verstärkt etwa seit der Mitte des letzten Jahrhunderts immer nachhaltiger kritisiert. Entgegen der bis dato herrschenden Dogmatik versuchte man, das Bestehen öffentlich-rechtlicher Individualansprüche des Einzelnen gegen die Verwaltung auf Grundlage verschiedener Lösungsmodelle zu begründen.

Gegenüber der herrschenden Auffassung wurde vorgebracht, dass gerade die zielorientierte Interpretation der polizeilichen Generalklausel zu dem Ergebnis führe, dass unter bestimmten Voraussetzungen auch individuelle Interessen des Einzelnen, mit der Folge individueller, d.h. subjektiv- öffentlicher Ansprüche, geschützt werden sollten[66]. Zur Begründung dieser Neuinterpretation nahm man - in direktem Widerspruch zu der bis dahin geltenden Dogmatik - insbesondere auch auf den, bis dato immer ausschließlich „allgemeinwohlbezogen“ interpretierten Wortlaut der polizeirechtlichen Generalklausel Bezug. Danach sollten Gefahren nicht nur von der Allgemeinheit, sondern gerade auch von dem „Einzelnen“ abgewehrt werden[67]. Dem könne auch nicht pauschal entgegengehalten werden, dass der Einzelne in diesem Sinnzusammenhang nicht als Individuum, sondern lediglich als Repräsentant der Allgemeinheit geschützt werde[68]. Der für die Einschlägigkeit der Generalklausel im Einzelfall erforderliche „Öffentlichkeitsbezug“ besage lediglich, dass ein Eingreifen der Polizei nur in Frage komme, wenn neben dem Individualinteresse auch Interes-

---

[65] so schon Cahn in Giese/ Neuwiem/ Cahn „Deutsches Verwaltungsrecht“, S. 340

[66] vgl. etwa bei Martens in JuS 1962, 245, 249; anders aber etwa noch Drews-Wacke „Allgemeines Polizeirecht“, S. 160

[67] § 14 PVG: „... um von der Allgemeinheit oder dem Einzelnen Gefahren abzuwehren ...“

[68] so aber noch: Drews-Wacke „Allgemeines Polizeirecht“, S. 59 ff; Friedrichs „Polizeiverwaltungsgesetz“, § 14 Anm. 14; Klausner-Kerstins-Kempner „Das Polizeiverwaltungsgesetz“, § 14 Anm. IV 6; Müller-Heidelberg-Clauss „Das niedersächsische Gesetz über die öffentliche Sicherheit und Ordnung“, § 1 Anm. 2 e

sen der Allgemeinheit berührt werden. Daraus folge aber nur, dass ein solches Eingreifen erst ab einer bestimmten „Schwere“ der konkreten Gefahr in Betracht komme, mithin die Polizei nicht in jedem Fall verpflichtet sei, die Rechtsgüter privater Dritter zu schützen. Ein grundsätzlicher Ausschluss von Ansprüchen Dritter werde hierdurch aber gerade nicht bewirkt.

Darüber hinaus wurde der noch herrschenden Meinung entgegengehalten, dass von der allgemein anerkannten Definition des Begriffs der „öffentlichen Sicherheit“ auch Leben, Gesundheit, Freiheit, Ehre und Vermögen des Einzelnen umfasst seien und daher schon definitionsgemäß, eine Einbeziehung individueller Rechtsgüter des Einzelnen in den Schutzbereich beabsichtigt sei[69].

In diesem Zusammenhang hat dann insbesondere Otto Bachof hervorgehoben, dass sich nach und nach eine dogmatische Neuausrichtung entwickele, auf deren Grundlage der Polizei, d.h. der öffentlichen Verwaltung die Verpflichtung zur Erhaltung der öffentlichen Sicherheit und Ordnung nicht mehr allein im allgemeinen öffentlichen Interesse, sondern zugleich auch im Interesse „der eines Polizeischutzes bedürftigen Personen“ obliege. Sei diese Schutzrichtung öffentlich-rechtlicher Bestimmungen hinsichtlich der „nachbarschützenden, den Abwehranspruch begründenden Normen des Baurechts“ bereits zuvor auch durch die Rechtsprechung ausdrücklich hervorgehoben worden, müsse dies nunmehr auch auf das Verständnis der „allgemeinpolizeilichen Normen über ein Einschreiten gegen den Störer“ übertragen werden. Nur eine derart neu gefasste dogmatische Einordnung der Schutzpflichten des Staates, nach der die „polizeiliche Tätigkeit auch dem Schutz gefährdeter Rechtsgüter des einzelnen gilt“, entspräche der durch das Grundgesetz neu bestimmten Sicht des Verhältnisses von Staat und Bürger.[70].

Die überkommene Dogmatik und Rechtsprechung hatte den Anspruch auf polizeiliches Einschreiten immer wieder unter Hinweis auf das Opportunitätsprinzip und das der Polizei damit zukommende Ermessen verneint. Das war freilich nur richtig, als in der Regel kein Verpflichtungsurteil erstritten werden konnte, ließ aber ein Bescheidungsurteil nach wie vor zu. Zugleich legte es den Eindruck nahe, ein Verpflichtungsurteil sei begründet, wenn das Ermessen auf Null schrumpfe, obwohl es auch und gerade in diesem Fall darauf ankommt, dass der Kläger einen Anspruch auf ermessensfehlerfreie Entscheidung besitzt und der Ermessensfehler ihn in seinen Rechten verletzt. Signifikant ist das Verlangen des Nachbarn nach einer Stilllegung eines Bauvorhabens oder einer Abrissverfügung. Gerichtlich kann es nur durchgesetzt werden, wenn - erstens - die Bauaufsichtsbehörde die entsprechende Anordnung treffen darf (alle Tatbestandsvoraussetzungen vorliegen), wenn - zweitens - der Kläger einen Anspruch auf ermessensfehlerfreie Entscheidung besitzt und - drittens -

---

[69] vgl. Martens in JuS 1962, 245, 249

[70] vgl. Bachof „Verfassungsrecht, Verwaltungsrecht, Verfahrensrecht in der Rechtsprechung des Bundesverwaltungsgerichtes“, Bd.I, D 7, S. 284

das entsprechende Ermessen auf Null geschrumpft ist; d. h. wenn „nur eine einzige ermessensfehlerfreie Entscheidung, nämlich die zum Einschreiten denkbar ist und höchstens für das Wie des Einschreitens noch ein ausnutzbarer Ermessensspielraum der Behörde offen bleibt“ [71].

Dabei ist die Bereitschaft gering, die Frage nach dem Anspruch auf ermessensfehlerfreie Entscheidung zu diskutieren und zu Ende zu entscheiden, wenn nur ein Bescheidungsurteil in Aussicht steht. Die von Bachof proklamierte dogmatische Neuausrichtung und sein Widerspruch zu der „überlieferten“[72] Auffassung, dass kein Dritter einen „Rechtsanspruch auf polizeiliches Einschreiten“ habe – führte daher nach und nach zu einem grundlegenden Wandel in der allgemeinen Rechtsauffassung, den schließlich auch das Bundesverwaltungsgericht mit seinem Urteil vom 18. August 1960, dem sog. „Bandsägenurteil“[73], nachvollzog.

Dort heißt es insofern wie folgt:

„1. ... Der Grundsatz der Rechtsstaatlichkeit hindert den Gesetzgeber nicht, der Verwaltung ... Ermessenfreiheit zu geben. Die Ermessensfreiheit der Verwaltungsbehörden ist vielmehr legitimer Bestandteil der Rechtsordnung und der verfassungsmäßigen Ordnung .... Opportunitätsprinzip und Ermessensfreiheit selbst tragen aber – und eben darum haben sie Platz im Rechtsstaat – gewisse Schranken an sich. Sie geben keine Freiheit der Willkür, sondern decken nur das sogenannte pflichtgemäße Ermessen. Die Behörde muss sich von dem Sinn des Gesetzes leiten lassen, dass ihr Ermessen einräumt. Andernfalls wird ihre Entschließung ebenso rechtswidrig... wie bei Verkennung der Grenzen des eingeräumten Ermessens ... Das hier in Rede stehende polizeiliche Ermessen zum Einschreiten gegen baurechtswidrige Zustände hat sich nach der leitenden Aufgabe der Polizei, der Erhaltung der öffentlichen Sicherheit und Ordnung zu richten. Soweit die verletzten Vorschriften zugleich dem Nachbarschutz dienen, sind auch die Nachbarn zu berücksichtigen ... Bei hoher Intensität der Störung oder Gefährdung kann eine Entschließung der Behörde zum Nichteinschreiten unter Umständen sogar als schlechthin ermessensfehlerhaft erscheinen. Praktisch kann dieserhalb die rechtlich gegebene Ermessensfreiheit derart zusammenschrumpfen, dass nur eine einzige ermessensfehlerfreie Entschließung, nämlich die zum Einschreiten denkbar ist und höchstens für das Wie des Einschreitens noch ein ausnutzbarer Ermessensspielraum der Behörde offen bleibt. Unter dieser besonderen Voraussetzung kann der an sich nur auf ermessensfehlerfreie Entschließung der Behörde gehende Rechtsanspruch im praktischen Ergebnis einem strikten Rechtsanspruch auf ein bestimmtes Verwaltungshandeln gleichkommen ...

---

[71] vgl. Bachof „Verfassungsrecht, Verwaltungsrecht, Verfahrensrecht in der Rechtsprechung des Bundesverwaltungsgerichtes“, Bd. I, D 7, S. 283 und Bd. II, , Zif. 257, S. 243

[72] so die Formulierung bei Bachof „Verfassungsrecht, Verwaltungsrecht, Verfahrensrecht in der Rechtsprechung des Bundesverwaltungsgerichtes“, Bd. I, D 7, S. 283

[73] vgl. BVerwGE 11, 95 (Urteil v. 18. 08.1960 - BVerwG I C 42.59 -)

2. ... Auch bei Ermessensakten ist eine Verpflichtungsklage zulässig, und sie kann, wenn auch in der Regel mangels des Rechtsanspruchs auf ein bestimmtes behördliches Handeln nicht zu einem Vornahmeurteil, so doch wegen des Anspruchs auf ermessensfehlerfreie Verwaltungsentscheidung zu einem Bescheidungsurteil führen... Abgesehen von der vorher erwähnten Besonderheit, dass die Lage des Einzelfalles eine ermessensfehlerfreie Ablehnung der beantragten Amtshandlungen schlechthin ausschließt, für eine rechtliche gegebene Ermessensfreiheit als praktisch keinen Raum lässt, kann die Verpflichtungsklage bei ermessensmäßigen Amtshandlungen materiellrechtlich nur bis zu dem begrenzten Ziel begründet sein, dass die Behörde unter Aufhebung der Ablehnung zu erneuter Bescheidung unter Vermeidung des bei der Ablehnung vorgekommenen Ermessensfehlers verpflichtet werde ..."[74].

Dieses Urteil des Bundesverwaltungsgerichts bedeutete, nachdem die dogmatische Grundlage der Neuausrichtung in der Literatur bereits gelegt war, eine richtungsweisende Abkehr der obergerichtlichen Rechtsprechung von der bis dato allgemein herrschenden Auffassung, dass dem Einzelnen kein subjektives Recht gegen die Verwaltung auf ein bestimmtes Tätigwerden zustehe. Das Urteil bejaht nicht nur die Möglichkeit eines aus der Untätigkeit der Behörde folgenden, - von einem Anspruch auf polizeiliches Einschreiten strikt zu trennenden - Amtshaftungsanspruchs des Einzelnen, sondern stellt das Bestehen eines konkreten subjektiven Rechtsanspruchs des Einzelnen gegenüber der Verwaltung auf Einschreiten gegenüber einem störenden Dritten positiv fest[75].

Grundlage der Entscheidung des Bundesverwaltungsgerichts war zunächst die Feststellung, dass dem Einzelnen im Falle des Vorliegens einer ihn schützenden materiellen Rechtsnorm, d.h. konkret einer nachbarschützende Bestimmung des Baurechts, eine geschützte Rechtsstellung und darauf aufbauend ein Anspruch gegen die zuständige Behörde auf ein dieser Norm entsprechendes Verhalten, d.h. im Falle einer Ermessensnorm auf eine ermessensfehlerfreie Entscheidung, zustehe. Schrumpfe der vorhandene Ermessensspielraum aufgrund der Umstände des konkreten Einzelfalls so sehr zusammen, dass nur eine einzige denkbare fehlerfreie Entscheidung übrig bleibt, so könne der Anspruch des Einzelnen auf ermessensfehlerfreies Handeln im praktischem Ergebnis auch einem Rechtsanspruch auf ein bestimmtes Verwaltungshandeln gleichkommen.

Diesen hat das Bundesverwaltungsgericht auch ausdrücklich anerkannt und sah den Einzelnen nicht mehr auf einen - davon ebenfalls streng zu unterscheidenden - Ab-

---

[74] vgl. BVerwGE 11, 95, 96 ff. (Urteil v. 18. 08.1960 - BVerwG I C 42.59 -)
[75] vgl. Bachof in DVBl. 1961, 125, 128, 128, 129 (Anmerkung zum Urteil des BVerwG v. 18. August 1960 - BVerwG I C 42.59 -)

wehranspruch gegen eine etwaige rechtswidrige Tätigkeit der Polizei beschränkt[76]. Gerade darin liegt die maßgebliche dogmatische Neuausrichtung der Entscheidung.

Während der Abwehranspruch des Einzelnen gegen rechtswidriges Verwaltungshandeln schon zur damaligen Zeit aus dem umfassenden Freiheitsrecht des einzelnen, keine ungesetzlichen Eingriffe in seine Freiheit dulden zu müssen und damit letztendlich aus dem Grundsatz der Gesetzmäßigkeit der Verwaltung hergeleitet wurde, musste der „Tätigkeitsanspruch" des Einzelnen gegen die Verwaltung dogmatisch auf „eigene Füße" gestellt werden. Ein Rückgriff auf die Argumentation des Abwehranspruchs schied insofern aus, da eben gerade keine allgemeine Rechtsnorm vorhanden war (und ist), aufgrund derer die Verwaltung im Allgemeinen oder die Polizei im Besonderen verpflichtet wäre, alle Bürger vor Rechtsverletzungen durch andere Personen zu schützen.

Dabei wird die Ableitung eines derartigen Anspruchs dadurch erschwert, dass die Normen, welche die Verwaltung zum begehrten Einschreiten befugen, etwa die Ermächtigungsnormen der Bauordnung, die eine Baueinstellung oder eine Abrissverfügung zu lassen, unmittelbar nichts dafür hergeben, sondern allenfalls den materiell-rechtlichen Bestimmungen, deren Verletzung die einschlägigen Vorschriften der Bauordnung voraussetzt, entnommen werden können. Allerdings darf der Anspruch nicht allein aus den verletzten materiell-rechtlichen, den Dritten schützenden Normen hergeleitet[77]. Es kommt vielmehr darauf an, ob sich aus dem Zusammenwirken dieser Normen mit den Vorschriften der allgemeinen Polizeigesetze oder der entsprechenden Spezialgesetze[78], ein subjektiv-öffentliches Recht des Einzelnen auf Einschreiten herleiten lässt, d.h. wenn diese Eingriffsermächtigungen den Interessen des Einzelnen nicht nur tatsächlich zugute kommen, sondern gerade auch ihrem Sinn und Zweck nach dazu bestimmt sind, dem Schutz der Individualinteressen des durch ein Einschreiten Begünstigten zu dienen[79].

Unter Zustimmung zu dem vorgenannten Urteil hat Otto Bachof weiter ausgeführt, es „widerspräche nun aber dem Menschenbild des Grundgesetzes und damit der von diesem Bild bestimmten heutigen Sicht des Verhältnisses von Staat und Bürger, wollte man annehmen, die Polizei solle bei ihrem Einschreiten stets und ausnahmslos nur im Interesse der Allgemeinheit und nicht auch – und in manchen Fällen sogar primär – im Interesse der zu schützenden Einzelperson tätig werden. ... Der Wortlaut der Polizeigesetze steht dem nicht entgegen. Seit eh und je haben sie neben dem

---

[76] vgl. Bachof in DVBl. 1961, 125, 128, 129 (Anmerkung zum Urteil des BVerwG v. 18. August 1960 - BVerwG I C 42.59 -)
[77] vgl. Bachof in DVBl. 1961, 125, 128, 129, 130 (Anmerkung zum Urteil des BVerwG v. 18. August 1960 - BVerwG I C 42.59 -)
[78] vgl. Bachof in DVBl. 1961, 125, 128, 129 (Anmerkung zum Urteil des BVerwG v. 18. August 1960 - BVerwG I C 42.59 -)
[79] vgl. Bachof in DVBl. 1961, 125, 128, 129, 130 (Anmerkung zum Urteil des BVerwG v. 18. August 1960 - BVerwG I C 42.59 -)

Schutz der Allgemeinheit auch den Schutz des Einzelnen als Aufgabe der Polizei erwähnt. Dass daneben regelmäßig ... das Vorliegen eines öffentlichen Interesses gefordert wird, besagt nur, dass die Polizei nicht tätig werden soll, wo es ausschließlich um private Belange geht. Bei einer Gefährdung gewichtiger Rechtsgüter des Einzelnen – insbesondere von Leben, Gesundheit, Freiheit, Eigentum – wird aber in aller Regel auch das öffentliche Interesse mit berührt sein....Wo – allein oder neben dem Allgemeininteresse – gewichtige und eines polizeilichen Schutzes bedürftige Individualinteresse auf dem Spiel stehen, da wird man annehmen dürfen, dass die Ermächtigung der Polizei zum Tätigwerden auch dem Schutz dieser Interessen zu dienen bestimmt ist; und dass einer sich daraus ergebenden Pflicht - sei es nun eine „strikte" Pflicht zum Einschreiten, sei es „nur" eine Pflicht zur fehlerfreien Ermessenentschließung über das Einschreiten - auch ein entsprechender Anspruch korrespondiert"[80].

4. Aktueller Meinungsstand zum Anspruch auf polizeiliches Einschreiten

Ausgehend von den Grundsätzen des verwaltungsrechtlichen Opportunitätsprinzip, wonach das polizeiliche Tätigwerden in das Ermessen der Polizeibehörde gestellt ist und somit nicht jede existente Gefahr auch eine tatsächliche Pflicht zum Einschreiten nach sich zieht, werden indessen dem Anspruch des Einzelnen auf polizeiliches Einschreiten auch noch heute durch Rechtsprechung und Lehre enge Grenzen gesetzt.

Insofern ist jedoch nochmals ausdrücklich darauf hinzuweisen, dass Fragen des Ermessens und daher auch die Problematik des Opportunitätsprinzips in diesem Zusammenhang dogmatisch erst den „zweiten Schritt" darstellen. Grundvoraussetzung eines jeden subjektiv-rechtlichen Anspruchs des Einzelnen ist, dass er in einer Rechtsposition „beeinträchtigt" ist, die gerade seinem individuellen Schutz zu dienen bestimmt ist und gerade zum Schutz dieser Rechtspositionen ein Einschreiten des Staates beansprucht. Nur sofern dies feststeht, wird die Frage des Ermessens relevant.

Dabei muss man zwischen dem Entschließungsermessen einerseits und dem Auswahlermessen andererseits unterschieden. Das Entschließungsermessen bezeichnet die Entscheidung der Behörde darüber, ob sie überhaupt tätig werden will oder muss – das „Ob" des polizeilichen Handelns -, das Auswahlermessen regelt die Frage, welche von mehreren möglichen Maßnahmen die Behörde im konkreten Einzelfall ergreifen will oder muss – das „Wie" des polizeilichen Handelns- [81].

---

[80] vgl. Bachof in DVBl. 1961, 125, 128, 130 (Anmerkung zum Urteil des BVerwG v. 18. August 1960 - BVerwG I C 42.59 -)
[81] vgl. etwa bei Ipsen „Allgemeines Verwaltungsrecht", Rn. 530

Ist das Entschließungsermessen auf Null reduziert, d.h. stellt sich jedes Untätigbleiben der Verwaltung bzw. der Polizei als rechtswidrig dar, besteht eine Pflicht zum Einschreiten.

Nach der Rechtsprechung kommt eine solche Rechtspflicht der Behörde dann in Betracht, wenn die gefährdeten und schutzwürdigen Rechtsgüter die durch das polizeiliche Einschreiten tangierten Belange erheblich überwiegen. Dies ist insbesondere dann der Fall, wenn ohne das Tätigwerden der Verwaltung eine erhebliche Gefahr für wesentliche Rechtsgüter des Einzelnen droht und ein anderweitiges Tätigwerden der Polizei nicht vorrangig ist. Die Entscheidung darüber, ob im Einzelfall ein Anspruch auf polizeiliches Einschreiten besteht oder nicht, beruht mithin im Ergebnis auf einer vom konkreten Einzelfall abhängigen Abwägung der beteiligten Belange und Interessen[82].

Auch wenn das Entschließungsermessen im Einzelfall auf Null reduziert sein sollte, kann nach herrschender Ansicht ein Anspruch auf polizeiliches Einschreiten, d.h. ein Anspruch auf ein bestimmtes polizeiliches Handeln, nur dann bestehen, wenn auch das Auswahlermessen, d.h. die behördliche Entscheidung darüber, welche Maßnahme im konkreten Einzelfall zu ergreifen ist, ebenfalls auf Null reduziert ist[83], d.h. wenn jede andere Form des Einschreitens eine Verletzung von Rechten des Einzelnen zur Folge hätte. Ist dies nicht der Fall, kann dem Einzelnen nur ein Anspruch auf ermessensfehlerfreie Entscheidung der Verwaltung zustehen.

Ein solcher subjektiv-rechtlicher Anspruch des Einzelnen setzt zwingend eine Verletzung der seinem Schutz dienenden Rechte voraus, die gerade auch in dem polizeilichen Untätigbleiben ihre Ursache haben muss. Mithin stellt sich der Anspruch des Einzelnen auf Einschreiten der Verwaltung als Symbiose der Verletzung des Einzelnen in einem ihm zustehenden subjektiv-öffentlichen Recht - insbesondere in den grundrechtlich geschützten Rechten auf Leben, körperliche Unversehrtheit und Eigentum - einerseits und der Pflicht der Verwaltung zum Einschreiten im Einzelfall andererseits dar[84].

Ein Anspruch des Einzelnen auf Einschreiten besteht immer dann, wenn eine Pflicht der Verwaltung zum Tätigwerden gerade auch im Interesse des Einzelnen besteht und ohne das Tätigwerden der Verwaltung eine erhebliche Gefährdung wesentlicher Rechtsgüter des Einzelnen besteht[85].

---

[82] vgl. Gusy „Polizeirecht", Rn. 308 f.; vgl. Rachor in Lisken/Denninger „Handbuch des Polizeirechts", F 139
[83] vgl. Gusy „Polizeirecht", Rn. 310
[84] vgl. Rachor in Lisken/Denninger „Handbuch des Polizeirechts", F 139
[85] vgl. insofern nur Maurer „Allgemeines Verwaltungsrecht", § 25 Rn. 22

5. Art. 19 Abs. 4 GG als dogmatische Grundlage des Anspruchs auf polizeiliches Einschreiten

Ein in der Lehre immer wieder vertretener Argumentationsansatz zur Begründung subjektiv-öffentlicher Rechte des Einzelnen und daraus folgender Leistungsansprüche beruht argumentativ auf Art. 19 Abs. 4 GG[86].

Er wird damit begründet, dass die grundrechtlich verbürgte Rechtsschutzgarantie nur dann effektiv gewährleistet werden könne, wenn dem Einzelnen auch tatsächlich das Recht zuerkannt werde, die Verwaltung zu einem konkreten Tätigwerden zu veranlassen. Sei dies nicht der Fall, bestehe eine mit dem Grundgesetz nicht zu vereinbarende Rechtsschutzlücke.

Diese Tendenzen der Literatur, die Zuerkennung subjektiv-öffentlicher Rechte des Einzelnen mit der Notwendigkeit der Gewährleistung eines effektiven Rechtsschutzes i.S.v. Art. 19 Abs.4 GG zu begründen, sind schon früh auf massive Kritik gestoßen.

So hat das Bundesverwaltungsgericht dem Versuch, den Anspruch des Einzelnen auf polizeiliches Einschreiten aus Art. 19 Abs.4 GG herzuleiten, bereits in seinem oben ausführlich dargestellten „Bandsägenurteil" des Jahres 1960[87] eine klare Absage erteilt.

Dort heißt es insofern:

„ ... Art. 19 Abs.4 GG eröffnet und garantiert den Rechtsweg gegen die Verletzung von Rechten durch die öffentliche Gewalt, damit auch gegen die Nichterfüllung von Rechtsansprüchen der Bürger auf Amtshandlungen der Behörden, sagt aber nichts über den materiell-rechtlichen Inhalt und Umfang von Rechten und Ansprüchen. Diese Bestimmung kann also nicht durch die Art berührt sein, wie das materielle Recht den polizeilichen Schutz gegen Verletzungen nachbarschützender Vorschriften des öffentlichen Baurechts gestaltet. Geschieht das nach Maßgabe des Opportunitätsprinzips, so hängt nicht die Zulässigkeit des verwaltungsrechtlichen Rechtsschutzes gegen eine Ablehnung polizeilichen Einschreitens, wohl aber der Erfolg der Klage davon ab, ob ein Ermessensfehler nachweisbar ist, ob also der Behörde unter Aufhebung der Ablehnung Gelegenheit zur nochmaligen Ermessensentschließung zu geben ist, oder ob sie gar mangels denkbarer ermessensfehlerfreier Ablehnungsgründe zum Einschreiten zu verpflichten ist. Aus Art. 19 Abs.4 GG lässt sich dem-

---

[86] vgl. Bartelsperger in VerwArch. 60 (1969), S. 47 ff.; vgl. Bartelsperger in DVBl. 1971, S. 723 ff.

[87] vgl. BVerwGE 11, 95 ff. (Urteil v. 18. 08.1960 - BVerwG I C 42.59 -); vgl. oben Ziff. III. 3.

nach nicht herleiten, dass die Baupolizei, statt Ermessensfreiheit zu haben, zum Einschreiten strikt zu verpflichten sein müsste ... "[88].

Hieran zeigt sich, dass dem von Teilen der Lehre verfolgten Ansatz, subjektive Rechte des Einzelnen unmittelbar aus Art. 19 Abs.4 GG herzuleiten, nach Ansicht des Bundesverwaltungsgerichts ein grundsätzlich fehlerhaftes Verständnis von Art. 19 Abs.4 GG zu Grunde lag, da Art. 19 Abs.4 GG nicht selbst Rechte gewährt, sondern diese bereits voraussetzt[89]. Für die Frage, ob ein bestimmtes „Problemfeld" durch die Kontrolltätigkeit öffentlicher Gewalt oder durch direkte Ansprüche zwischen Privaten rechtlich zu strukturieren ist, geben hingegen nach Ansicht des Bundesverwaltungsgerichts weder die Rechtsschutzgarantie des Art. 19 Abs.4 GG noch der allgemeine Justizgewährungsanspruch etwas her[90].

Ungeachtet dessen hat insbesondere Otto Bachof, obwohl er der Grundaussage des Bundesverwaltungsgerichts, dass Art. 19 Abs.4 GG Rechte voraussetze, diese aber nicht gewähre[91], zugestimmt hat, die Ausführungen des Bundesverwaltungsgerichts zu Art. 19 Abs.4 GG kritisiert. Seiner Ansicht nach kann Art. 19 Abs.4 GG, insbesondere im Sinnzusammenhang mit anderen Vorschriften des Grundgesetzes, nicht jegliche Bedeutung in Bezug auf die Erkenntnis von Inhalt und Umfang der zu schützenden Rechte abgesprochen werden. Gerade aus der von Art. 19 Abs.4 GG mitgeprägten Gesamtsicht des Grundgesetzes vom Verhältnis des Einzelnen zum Staat folge, dass im Zweifel diejenige Interpretation den Vorzug verdiene, auf Grundlage derer dem Einzelnen ein Rechtsanspruch zuerkannt werde. Daraus folge dann aber auch, dass objektiv-rechtlich gewollte Begünstigungen des Einzelnen in aller Regel keine bloßen Rechtsreflexe, sondern subjektive Rechte seien[92]. In diesem Zusammenhang könne, so Bachof, auch auf die sog. „Fürsorgeentscheidung" des Bundesverwaltungsgerichts vom 24. Juni 1954[93] verwiesen werden, da das Bundesverwaltungsgericht seine diesbezüglichen Ansichten in dieser Entscheidung sehr deutlich zum Ausdruck gebracht habe[94].

Dort heißt es insofern:

„ ... Die dem Grundgedanken der Verfassung entsprechende Auslegung des Fürsorgerechts hat vielmehr das Ergebnis: Soweit das Gesetz dem Träger der Fürsorge zugunsten des Bedürftigen Pflichten auferlegt, hat der Bedürftige entsprechende

---

[88] vgl. BVerwGE 11, 95, 97 (Urteil v. 18. 08.1960 - BVerwG I C 42.59 -)
[89] so auch Schmidt-Aßmann in Maunz/Dürig „Grundgesetz", Band II, Art. 19 Abs. 4, Rn. 119
[90] vgl. insofern auch Oeter in DVBl. 1999, S. 189, 193
[91] vgl. Bachof in DVBl. 1961, 125, 128, 131 (Anmerkung zum Urteil des BVerwG v. 18. August 1960)
[92] vgl. Bachof in DVBl. 1961, 125, 128, 131; vgl. Martens in JuS 1962, 245, 250
[93] vgl. BVerwGE 1, 159 ff. (Urteil v. 24. 06.1954 - BVerwG V C 78.54 -)
[94] vgl. Bachof in DVBl. 1961, 125, 128, 131 (Anmerkung zum Urteil des BVerwG v. 18. August 1960)

Rechte und kann daher gegen ihre Verletzung den Schutz der Verwaltungsgerichte anrufen ..."[95].

Diese Entscheidung ist von den Gegnern der herrschenden Meinung auch stets als obergerichtliche Bestätigung ihrer Ansicht gewertet worden.

Die sich gegen diesen, an Art. 19 Abs.4 GG orientierten Begründungsansatz alsbald erhobene Kritik, hat sich insbesondere auf die, nach Ansicht der Kritiker, mangelnde dogmatische Schärfe und Bestimmtheit der zu Grunde liegenden Argumentation bezogen. So ist den Vertretern dieses Ansatzes, die wie Bachof oder Martens das Bestehen subjektiv-öffentlichrechtlicher Leistungsansprüche des Einzelnen gegen die Verwaltung auf Grund der durch Art. 19 Abs.4 GG mitgeprägten Gesamtsicht des Grundgesetzes bejaht haben, entgegengehalten worden, sie würden ihre Argumentation, in Abkehr von formalen und dogmatisch begründeten Kriterien, maßgeblich mit schwer zu definierenden und rechtlich nicht tragbaren „metaphysischen Wahrheiten"[96] begründen. Auch ist argumentiert worden, die Verhältnisse seien im Einzelfall viel zu differenziert und diffizil ausgestaltet, als dass die Frage nach dem Bestehen subjektiv-öffentlicher Rechte anhand einer „Faustregel" beantwortet werden könne. Eine Antwort lasse sich vielmehr nur durch sorgfältige Auslegung der einschlägigen „Begünstigungsnorm" gewinnen. Art. 19 Abs.4 GG helfe hierbei nicht weiter[97].

Das verdient Zustimmung und entspricht auch der herrschenden Meinung. Danach ergeben sich subjektive Rechte aus materiellen und verfahrensrechtlichen Vorschriften des Fachrechts und der Grundrechte, nicht aber aus Art. 19 Abs.4 GG selbst. Art. 19 Abs.4 GG enthält demnach nur ein einziges eigenständiges Recht im Sinne eines Leistungsrechts, nämlich das auf wirksamen Gerichtsschutz[98]. Art. 19 Abs.4 GG setzt Rechte voraus, gewährt diese aber nicht[99].

Ungeachtet dessen wird indes die Frage unterschiedlich beurteilt, ob Art. 19 Abs.4 GG die Funktion einer „Auslegungsregel" in dem Sinne zukomme, dass im Zweifel von einem subjektiv-rechtlichen Gehalt einfachgesetzlicher Normen auszugehen sei. Während dies zum Teil unter Hinweis darauf abgelehnt wird, dass Art. 19 Abs.4 GG - anders als den materiellen Grundrechte - keine sachlichen Kriterien für die Reichweite des subjektiv-rechtlichen Gehalts einfachgesetzlicher Norm zu entnehmen sei und daher durch eine solche „Auslegung" die Entscheidungsbefugnis des Gesetzgebers unterlaufen werde[100], wird diese Auslegungsregel zumindest für den Bereich der ein-

---

[95] vgl. BVerwGE 1, 159, 162 (Urteil v. 24. 06.1954 - BVerwG V C 78.54 -)
[96] vgl. Henke in DVBl. 1964, 649, 653
[97] vgl. Karl August Bettmann, AöR 96 (1971), 528, 543
[98] vgl. Schmidt Aßmann in Maunz-Dürig „Grundgesetz", Band II, Art. 19 Abs.4 Rn. 143
[99] vgl. BVerwGE 11, 95, 97; Schmidt-Aßmann in Maunz/Dürig „Grundgesetz", Band II, Art. 19 Abs. 4, Rn. 119; Peter Michael Huber in v. Mangoldt/Klein/Starck „Bonner Grundgesetz", Band 1, Art. 19 Rn. 397;
[100] vgl. Jarass in Jarass/Pieroth „Grundgesetz", Art. 19 Rn. 26

fachen Verwaltungsrechtsverhältnisse zum Teil ausdrücklich aufrecht gehalten, sofern die jeweilige einfachgesetzliche Norm „den Kreis der Individualinteressen hinreichend genau bestimmt und jene Gesetzestatbestände ausgesondert hat, in denen es schon objektiv nur um allgemeine oder aggregierte Interessen geht“[101].

Diese Auffassung wird auch von der Rechtsprechung des Bundesverfassungsgerichtes unterstützt, nach der sich „aus der von Art. 19 Abs.4 GG entscheidend mitgeprägten Gesamtansicht des Grundgesetzes vom Verhältnis des Einzelnen zum Staat“ ergebe, „dass im Zweifel diejenige Interpretation eines Gesetzes den Vorrang verdient, die dem Bürger einen Rechtsanspruch einräumt“[102]. In einer neueren Entscheidung heißt es insofern, eine „grundrechtsfreundliche Interpretation“ verdiene den Vorzug[103],

Selbst wenn man davon ausgeht, dass Art. 19 Abs.4 GG keine Recht gewährt, sondern diese voraussetzt, lässt sich aus ihm doch ein Auslegungsprinzip ableiten, wonach einfachgesetzliche Normen des öffentlichen Rechts, die sich wie bemerkt in der Regel damit begnügen, Rechtspflichten, Kompetenzen und Ermächtigungen zu bestimmen, und nur selten ausdrücklich materielle subjektive Rechte des Einzelnen begründen, sorgfältig darauf zu analysieren sind, ob sie inzident solche Rechte gewähren, da anderenfalls die Gewährleistung eines umfassenden Rechtsschutzes für den Einzelnen leerlaufen würde.

In ähnliche Richtung gehen auch Ansätze, die Art. 19 Abs.4 GG als „zusätzliche Stütze“ im Rahmen der Begründung von Folgenbeseitigungsansprüchen des Einzelnen gegen den Staat „argumentativ“ heranziehen[104], wie es in der Rechtsprechung des Bundesverwaltungsgerichtes geschieht. Danach sei „es Aufgabe effektiven Rechtsschutzes, rechtswidrige Beeinträchtigungen, welche einem Träger hoheitlicher Gewalt zuzurechnen sind, zu beseitigen. Das ist nicht nur rechtspolitisch zu fordern, sondern ein Grundsatz geltenden Rechts.... Zwar darf im allgemeinen erwartet werden, dass ein Träger hoheitlicher Macht in eigener Entscheidung die gebotenen Folgerungen aus der durch ein Gericht festgestellten Rechtswidrigkeit seines Verhaltens zieht und rechtmäßige Zustände herstellt. Der Streitfall zeigt indes in anschaulicher Weise, dass der Betroffene auf einen materiell-rechtlichen Beseitigungsanspruch angewiesen sein kann, soll der verfahrensrechtliche Rechtsschutz, wie ihn Art. 19 Abs.4 GG garantiert, im Ergebnis nicht leerlaufen“[105].

Die Gewährleistung effektiven Individualrechtsschutzes im Sinne des Art. 19 Abs.4 GG setzt die Existenz „rechtlicher Möglichkeiten“ voraus, mit Hilfe derer der Einzelne eine Beeinträchtigung seiner Rechtssphäre effektiv abwehren kann, da ansonsten

---

[101] vgl. Schmidt Aßmann in Maunz-Dürig „Grundgesetz“, Band II, Art. 19 Abs.4 Rn. 143 ff.
[102] BVerfGE 15, 281 f.
[103] BVerfGE 96, 100
[104] vgl. Schmidt-Aßmann in Maunz/Dürig „Grundgesetz“, Band II, Art. 19 Abs. 4, Rn. 285
[105] vgl. BVerwGE 94 100, 114

die Gefahr besteht, dass die Garantiefunktion des Art. 19 Abs.4 GG sich als bloße „leere Hülle“ darstellt. Insofern ist allerdings zu berücksichtigen, dass das Bestehen eines solchen Beseitigungsanspruchs des Einzelnen nicht eine „automatische in jedem Fall eintretende Standardfolge“ darstellt, sondern dass die Aufrechterhaltung des „rechtswidrigen Zustandes“ im konkreten Einzelfall durch „überwiegende (öffentliche) Belange“ gerechtfertigt sein kann und entsprechende Ansprüche des Einzelnen daher ausgeschlossen sind[106]

6. Begründung des Anspruchs auf polizeiliches Einschreiten über die Grundrechte

Unabhängig von der oben dargestellten Diskussion um die Bedeutung von Art. 19 Abs.4 GG für das Bestehen subjektiver öffentlicher Rechte und des Anspruchs auf öffentliches Einschreiten, wird von einem Teil der Lehre versucht, subjektive öffentliche Rechte und auch den Anspruch auf polizeiliches Einschreiten, unmittelbar aus den Grundrechte herzuleiten[107].

Dem liegt die Vorstellung zu Grunde, dass dem Einzelnen durch den materiellrechtlichen Gehalt der Grundrechte subjektive Rechte vermittelt werden und die Grundrechte daher im Ergebnis, über das Bindeglied der Schutznormtheorie, auch für die inhaltliche Reichweite des einschlägigen Rechtsschutzes verantwortlich seien[108]. Den Grundrechten wird dabei eine Funktion beigemessen, die über die reine Abwehr von staatlichen Eingriffen hinausgeht, und dem Staat die Verpflichtung auferlegt, Maßnahmen zu ihrem Schutz zu treffen[109]. Gerade durch die Grundrechte werde der Staat auf den Schutz der Grundrechte und auf grundrechtliche Maßstäbe seines Handelns verpflichtet. Dies komme nicht zuletzt in dem, im Bereich des Polizei- und Ordnungsrechts besonderes relevanten sog. Schutzgewährcharkter der Grundrechte zum Ausdruck[110].

Ein subjektiv-öffentliches Recht des Einzelnen gegen den Staat auf polizeiliches Einschreiten bestehe immer dann, wenn er in seinen elementaren, durch die Grundrech-

---

[106] vgl. Schmidt-Aßmann in Maunz/Dürig „Grundgesetz“, Band II, Art. 19 Abs. 4, Rn. 285
[107] insofern skeptisch, wenn auch differenzierend Maurer „Allgemeines Verwaltungsrecht“, 14. Auflage, 2002, § 8 Rn. 14
[108] vgl. Oeter in DVBl. 1999, S. 189, 193
[109] so schon Henke in DVBl. 1964, 649, 654; vgl. auch Pieroth/Schlink, „Grundrechte, Staatsrecht II“, 20. Auflage, 2004, Rn. 82 ff., insbesondere Rn. 94 ff. sowie Pieroth/Schlink/Kniesel „Polizei- und Ordnungsrecht“, 2002, § 10 Rn. 13 ff.; Rachor in Lisken/Denninger „Handbuch des Polizeirechts“, 3. Auflage, 2001, F Rn.139
[110] vgl. Pieroth/Schlink/Kniesel „Polizei- und Ordnungsrecht“, 2002, § 10 Rn. 14 mit dem dort gegebenen Hinweis, dass nach der Rechtsprechung des BVerfG die Schutzgewährpflicht des Staates nur dann verletzt ist, „wenn die öffentliche Gewalt Schutzvorkehrungen entweder überhaupt nicht getroffen hat oder die getroffenen Regelungen und Maßnahmen gänzlich ungeeignet oder völlig unzulänglich sind, das gebotene Schutzziel zu erreichen, oder erheblich dahinter zurücbleiben“ (BVerfGE 92, 26/46); vgl. Deterbeck „Allgemeines Verwaltungsrecht“, 2002, Rn. 405; vgl. Jarass in Jarass/Pieroth „Grundgesetz“, 6. Auflage, 2002,Vorb. Vor Art. 1, Rn. 6 ff.

te bezeichneten Lebenspositionen gefährdet sei[111]. Hieran zeige sich, dass den Grundrechten im Rechtsstaat gerade nicht nur eine Abwehrfunktion gegenüber dem Staat zukomme, sondern dass sie in engen Grenzen auch geeignet seien, Leistungsansprüche des Einzelnen gegen den Staat zu begründen[112]. Diese Funktionsbeschreibung der Grundrechte sei im übrigen auch gerechtfertigt, da sie nicht Teil des „im Willen des Gesetzgebers begründeten Systems von Normen und Normvollzug" seien, sondern einen „archimedischen Punkt" außerhalb dieses Systems bildeten, auf den sich „Recht gegen den Staat, also subjektives öffentliches Recht" begründen lasse[113]. Obwohl es sich bei den Grundrechten „um von einem Gesetzgeber in Kraft gesetzte Gesetze handele", bestehe der Unterschied zu anderen Gesetzen darin, dass die Grundrechte nicht im Willen des Gesetzgebers oder des Staates begründet seien, sondern in einer jahrhundertealten Geschichte wurzelten, die nicht nachträglich in eine Geschichte staatlicher Gewährung umgeschrieben werden könne. Es handele sich um eine Gestalt des Rechts, in der sich die „ursprünglich eigene Rechtsposition des Einzelnen" erhalten habe und die ein „tragfähiges Widerlager gegenüber dem staatlichen Gesetz und damit das Fundament für die Begründung des subjektiven öffentlichen Rechts auch gegen den Willen des Gesetzgebers" bilden könne[114]. Über ihre ursprüngliche Abwehrfunktion hinaus seien die Grundrechte, in Folge des ihnen eigenen „Schutzauftrages an den Staat"[115], geeignet, individuelle Leistungsansprüche des Einzelnen gegenüber dem Staat und damit gegenüber der Verwaltung zu begründen[116].

Diese erweiterte Aufgabenzuweisung wird damit begründet, dass die Freiheit und das elementare Recht, die durch die Grundrechte verbürgt werden, im modernen Staat heutiger Prägung - im Gegensatz zu früher - nicht mehr nur und in erster Linie durch den Staat, sondern in vielfach anderer Weise gerade auch durch private und öffentliche Einwirkungen bedroht würden. Insofern komme dem Staat eine bis dato nicht gekannte Sicherungs- und Schutzfunktion zum Wohle des Einzelnen zu, da dieser von den ihm zuerkannten Rechten und Freiheiten nur Gebrauch machen könne, wenn er daran nicht durch äußere Einwirkungen gehindert werde. Komme der Staat dieser Verpflichtung nicht nach, garantiere er also nicht die Gewährleistung dieser Rechte und Freiheiten, würde er „durch die Vorenthaltung solcher elementaren Güter ebenso Unrecht in dem beschriebenen Sinne tun, wie der Herrscher früherer Zeiten es durch Gewalt und Übergriffe tat"[117]. Mithin bestehe durchaus eine Leistungsverpflichtung des Staates in Bezug auf die Gewährleistung der elementaren grundrechtlichen Garantien des Rechts auf Leben und körperliche Unversehrtheit,

---

[111] vgl. Henke in DVBl. 1964, 649, 654; Pieroth/Schlink/Kniesel „Polizei- und Ordnungsrecht", 2002, § 10 Rn. 14

[112] vgl. Pieroth/Schlink, „Grundrechte, Staatsrecht II", 20. Auflage, 2004,Rn. 62 f.; vgl. auch Schenke „Polizei- und Ordnungsrecht", 2. Auflage, 2003, Rn. 104

[113] vgl. Henke in DVBl. 1964, 649, 654

[114] vgl. Henke in DVBl. 1964, 649, 653

[115] vgl. Rachor in Lisken/Denninger „Handbuch des Polizeirechts", 3. Auflage, 2001, F Rn.108

[116] vgl. Detterbeck „Allgemeines Verwaltungsrecht", 2002, Rn. 404

[117] vgl. Henke in DVBl. 1964, 649, 654

der Freiheit sowie des Eigentums zu Gunsten des Einzelnen[118], wobei aber dem Staat bei der Frage, wie die insofern bestehenden Schutzpflichten zu erfüllen sind, eine beträchtliche Entscheidungsfreiheit zukomme[119].

Zu beachten sei, dass sich die Polizei ihrem Wesen nach nicht insgesamt zu einer Leistungsverwaltung entwickeln dürfe, sondern dass es sich bei dem gewährten Schutz gewissermaßen um den Schutz des „Existenzminimums" handelt, ohne den der Einzelne „Unrecht in einem elementaren Sinn erleiden würde". Darüber hinaus müsse berücksichtigt werden, dass ein solches staatliches Einschreiten zum Schutze der grundrechtlich verbürgten Garantien des Einzelnen nur zulässig sei, wenn gleichzeitig die öffentliche Sicherheit und Ordnung bedroht sei. Insofern käme es dann auf die jeweils in Frage stehenden Rechte an, da bei weitem nicht alle Grundrechte einen solchen Bezug aufweisen würden[120].

Ob der vorgenannten Lehre hinsichtlich der Anerkennung subjektiver, unmittelbar aus den Grundrechten folgender Ansprüche des Einzelnen gegenüber der Verwaltung zugestimmt werden kann, erscheint - wie bereits eingangs angemerkt - zweifelhaft. Diese Zweifel beruhen darauf, dass für den Bereich der Teilhabe- und Leistungsrechte, gerade aber auch für schutzrechtliche Situationen sowie für den Drittschutz, der Vorrang des einfachen Rechts vor einer grundrechtsunmittelbaren Ableitung subjektiver Rechte allgemein anerkannt ist[121]. Die Aufgabe der Lösung des Konflikts beim Aufeinandertreffen unterschiedlicher grundrechtlicher Positionen ist in erster Linie eine Aufgabe des einfachen Rechts[122], da die Grundrechte der Ausformung durch das einfache Gesetz bedürfen. Dieser „Anwendungsvorrang" des einfachen Rechts[123] vor den Grundrechten, gerade auch hinsichtlich des Drittschutzes, ist durch das Bundesverwaltungsgericht wiederholt bestätigt und insbesondere für den Bereich des öffentlichen Bau- bzw. Nachbarrechts unmissverständlich entschieden worden.

Besonders prägnant erscheint insofern die Formulierung des Bundesverwaltungsgerichts in BVerwGE 89, 69, 78. Dort heißt es:

„Keiner Erörterung bedarf es, ob Abwehransprüche Dritter im öffentlichen Baurecht unmittelbar auf Art. 14 Abs.1 S.1 GG gestützt werden können. Der Senat hat dies zwar in seiner früheren Rechtsprechung angenommen. ...Soweit drittschützende Regelungen des einfachen Rechts vorhanden sind, kann aber ein weitergehender unmittelbar auf Art. 14 Abs.1 S.1 G beruhender Anspruch nicht bestehen. Denn

118 vgl. Rachor in Lisken/Denninger „Handbuch des Polizeirechts", 3. Auflage, 2001, F Rn.139
119 vgl. Pieroth/Schlink/Kniesel „Polizei- und Ordnungsrecht", 2002, § 10 Rn. 14
120 vgl. Henke in DVBl. 1964, 649, 654
121 vgl. Schmidt-Aßmann in Maunz/Dürig „Grundgesetz", Band II, Art. 19 Abs. 4, Rn. 121 mit den dort angegebenen weiteren Fundstellen
122 vgl. BVerwGE 81, 329, 343
123 vgl. Wahl in DVBl. 1996, 641, 650

durch eine den Anforderungen des Art. 14 abs.1 S.2 GG genügende gesetzliche Regelung werden Inhalt und Schranken des Eigentums dergestalt bestimmt, dass innerhalb des geregelten Bereichs weitergehende Ansprüche aus Art. 14 Abs.1 S. 1 GG ausgeschlossen sind."

Der hierin zum Ausdruck kommenden dogmatischen Grundentscheidung ist zuzustimmen.

Es kann zwar nicht in Abrede gestellt werden, dass sich subjektive Rechte grundsätzlich auch unmittelbar aus den Grundrechten ergeben können[124]. Zu beachten ist aber, dass der unmittelbare Rückgriff auf die Grundrechte dann nicht mehr zulässig ist, wenn der einfachgesetzliche Gesetzgeber von seiner verfassungsrechtlich garantierten Gesetzgebungskompetenz Gebrauch gemacht hat und die grundrechtlichen Vorgaben durch einfachgesetzliche Normen „ausgeformt" hat. Zwar kann es auch dann im Einzelfall erforderlich sein, die einfachgesetzliche Norm „im Lichte" der Grundrechte zu betrachten und entsprechend auszulegen. Subjektiv-rechtliche Ansprüche, insbesondere auch zugunsten Dritter, ergeben sich in diesen Fällen aber gerade nicht mehr unmittelbar aus den Grundrechten, sondern ausschließlich aus der einfachgesetzlichen Norm selbst.

7. Grundrechtsschutz durch Verfahrensgestaltung

Ein Gesichtspunkt der im Zusammenhang mit dem Rechtsschutz Drittbetroffener gerade auch in neuerer Zeit wiederholt in die Diskussion eingebracht worden ist, ist der des sog. „Grundrechtsschutzes durch Verfahren"[125].

Grundidee des „Grundrechtsschutzes durch Verfahren", d.h. der „Grundrechtsverwirklichung durch Organisation und Verfahren"[126], ist die Vorstellung, dass die Durchführung bestimmter, gesetzlich festgelegter formaler Verfahrensabläufe nicht nur der verfahrensrechtlichen Ordnung zu dienen bestimmt ist, sondern zugleich auch im Interesse der durch ein solches Verfahren Betroffenen besteht[127]. Grundrechtsschutz durch Verfahren bedeutet, dass auf Grund der grundrechtlichen Vorgaben des Grundgesetzes, bzw. zu deren Schutz, eine Verpflichtung des Staates besteht, bestimmte staatliche Verfahren in grundrechtsadäquater Weise zu schaffen, auszugestalten und vorzuhalten, um auf diesem Wege eine Gewährleistung des materiell-

---

[124] vgl. insofern auch Schmidt-Aßmann in Maunz/Dürig „Grundgesetz", Band II, Art. 19 Abs. 4, Rn. 121
[125] vgl. BVerfGE 53, 30, 75 (Beschluss v. 20.12.1979 – 1 BvR 385/77 -), Sondervotum der Richter Dr. Simon und Prof. Dr. Heußner; vgl. auch Schuppert „Verwaltungswissenschaft - Verwaltung, Verwaltungsrecht, Verwaltungslehre", 2000, S. 552 ff.
[126] vgl. Hesse in EuGRZ 1978, S. 427, 434 ff.; vgl. BverfGE 53, 30, 75 (Beschluss v. 20.12.1979 – 1 BvR 385/77 -), Sondervotum der Richter Dr. Simon und Prof. Dr. Heußner
[127] vgl. Wahl in NVwZ 1990, S. 426, 431

rechtlichen Gehalts der Grundrechte sicherzustellen. Grundrechtsschutz ist demnach gerade auch durch adäquate Verfahrensgestaltung zu bewirken[128].

Dieser Ansatz hat seine dogmatische Grundlage in der Auffassung, dass sich die Grundrechte nicht nur in materiell-rechtlicher Hinsicht auswirken, sondern dass ihnen neben ihrem materiell-rechtlichen Inhalt auch eine eigenständige verfahrensrechtliche Dimension zukomme, auf Grund derer die öffentliche Gewalt verpflichtet werde, bestimmte verfassungsrechtlich garantierte Rechte und Freiheiten des Einzelnen, gerade auch im Wege verfahrensrechtlicher Normierungen zu gewährleisten[129].

Betrachtet man die diesbezügliche Entwicklung in der maßgeblichen Rechtsprechung des Bundesverfassungsgerichts so ist zu festzustellen, dass die ersten Entscheidungen in diesem Bereich, in Bezug auf den Grundrechtsschutz des Art. 14 Abs.1 GG[130] und des Art. 12 Abs.1 GG[131], später dann auch in Bezug auf Art. 2 Abs.2 GG[132] ergangen sind. Insofern übernimmt das Verwaltungsverfahren in seiner durch die Vorgaben der Grundrechte mitbestimmten Ausgestaltung - insbesondere im Rahmen von Planungs- und Aufsichtsaufgaben - auf Grund von Ermächtigungsnormen mit schwacher materieller Durchsetzungskraft, eine eigengewichtige Garantiefunktion in Bezug auf die Rechte der betroffenen Personen und wird mithin im Ergebnis „vermehrt zum Ursprung der Gemeinwohlfindung".

Daneben kann sich die Notwendigkeit verfahrensrechtlicher Regelungen, wie etwa im Bereich der Eigentumsgarantie des Art. 14 GG, nach dieser Ansicht auch direkt aus der Schutzwirkung der Grundrechte ergeben[133]. Insofern wird vertreten, dass die Grundrechte ihre Funktion im realen Staatsgefüge nur dann erfüllen können, wenn diese durch geeignete Organisationsformen und Verfahrensregelungen abgesichert werde. Dies gelte um so mehr in der heutigen Zeit, in der es auf Grund der großen gesellschaftlichen und wirtschaftlichen Vielschichtigkeit und oftmals auch Gegensätzlichkeit ein verstärktes Bedürfnis nach Abgrenzung und Zuordnung der unterschiedlichen Bereiche menschlicher Freiheit sowie des Ausgleichs kollidierender Grundrechtspositionen bedürfe. Die Regelungen des Verfahrens und der Organisation des

---

128 vgl. BVerfGE 53, 30, 65 (Beschluss v. 20.12.1979 – 1 BvR 385/77 -)

129 vgl. Oeter in DVBl. 1999, S. 189, 193

130 vgl. BVerfGE 37, 132, 148 (Beschluss v. 23.04.1974 - 1 BvR 6/74 und 2270/73 - „Durchsetzung von gesetzlich zulässigen Mieterhöhungen"); vgl. BVerfGE 46, 325, 333 f. (Beschluss v. 07.12.1977 - 1 BvR 734/77 - „Zwangsversteigerung"); vgl. BVerfGE 49, 220, 225 f. (Beschluss v. 27.09.1078 - 1 BvR 361/78 - „Rechtsschutz in der Zwangsversteigerung")

131 vgl. BVerfGE 44, 105, 119, 121 (Beschluss v. 02.03.1977 - 1 BvR 124/76 - „vorläufiges Berufsverbot"); BVerfGE 45, 422, 430 (Beschluss v. 06.07.1977 - 1 BvR 3/77 - „Amtsenthebung eines Notars")

132 vgl. BVerfGE 51, 324, 343, 346 f., 349 ff. (Beschluss v. 19.06.1979 - 2 BvR 1060/78 - „Durchführung der Hauptverhandlung /Verhandlungsfähigkeit des Angeklagten"); vgl. auch BverfG (Urteil v. 03.10.1979 - 1 BvR 614/79 - „Vollstreckungsschutzverfahren gem. § 765 a ZPO") in NJW 1979, S. 2607 f.

133 vgl. Badura in Badura/Ehlers/Erichsen/Ossenbühl/Papier/Rudolf/Rüfner „Allgemeines Verwaltungsrecht", § 33 Rn. 31

Verwaltungsgefüges erwiesen sich in diesem Zusammenhang mithin zum Teil als einziges effektives Mittel, um ein grundrechtsgemäßes Ergebnis zu gewährleisten.

Insbesondere die staatlichen Organe haben nach dieser Lehre nicht nur die Pflicht den materiell existierenden Grundrechten bei ihren Entscheidungen Rechnung zu tragen und diese zu beachten, sondern sie sind darüber hinaus auch verpflichtet, der Wirksamkeit dieser Grundrechte durch die Schaffung einer entsprechenden Verfahrensordnung Rechnung zu tragen[134]. Diese Schutzverpflichtung des Staates bzw. des Gesetzgebers beschränkt sich auch nicht etwa auf die Gewährleistung einer gerichtlichen Kontrolle unter fairen Verfahrensbedingungen, d.h. auf die Gewährleistung effektiven gerichtlichen Rechtsschutzes, sondern umfasst auch das vorgerichtliche behördliche Verfahren[135]. Gerade das Verfahrensrecht bietet nach der Rechtsprechung des Bundesverfassungsgerichts die Möglichkeit gesetzmäßige, sachlich richtige und letztendlich gerechte Entscheidungen zu gewährleisten[136].

Hierbei ist jedoch zu beachten, dass auch nach dieser Auffassung nicht jeder Verfahrensfehler eine Grundrechtsverletzung darstellt, sondern dass insofern eine auf den konkreten Einzelfall abstellende Bewertung des konkreten Verfahrensfehlers erforderlich ist. Nur wenn solche Verfahrensvorschriften außer Acht gelassen werden, durch die gerade der Schutz der grundrechtlich garantierten Rechtsgüter gewährleistet werden soll, kann von einer Grundrechtsverletzung in diesem Sinne ausgegangen werden[137].

Nicht als verfassungskonform dürften danach Verfahrensgestaltungen angesehen werden, die - den Bedürfnissen und Wünschen der öffentlichen Verwaltung entsprechend - zwar einerseits eine möglichst reibungslose und widerspruchsfreie Realisierung des geplanten Vorhabens gewährleisten, den möglicherweise durch dieses Vorhaben Betroffenen in der Praxis aber andererseits auf die reine Kenntnisnahme der geschaffenen Fakten beschränken, ohne ihm eine diesbezüglich effektive Verfahrensposition zuerkennen[138].

Insofern wird dann auch darauf hingewiesen, dass die etwa im Bereich des atomrechtlichen Anlagengenehmigungsverfahrens verfahrensrechtlich vorgeschriebene Öffentlichkeitsbeteiligung nicht allein oder gar in erster Linie der umfassenden Information und Beratung der zuständigen Genehmigungsbehörde diene. Sinn und Zweck der Öffentlichkeitsbeteiligung sei es hingegen, bereits im Stadium des behörd-

---

[134] vgl. die Ausführungen in BverfGE 53, 30, 75 (Beschluss v. 20.12.1979 – 1 BvR 385/77 -), Sondervotum der Richter Dr. Simon und Prof. Dr. Heußner

[135] vgl. BVerfG, Beschluss v. 13.11.1979 – 1 BvR 1022/78 –

[136] vgl. BVerfGE 46, 325, 333 f. (Beschluss v. 07.12.1977 - 1 BvR 734/77 - „Zwangsversteigerung")

[137] vgl. BverfGE 53, 30, 75 (Beschluss v. 20.12.1979 – 1 BvR 385/77 -), Sondervotum der Richter Dr. Simon und Prof. Dr. Heußner

[138] vgl. insofern BverfGE 45, 297, 330 ff., 335 (Beschluss v. 10.05.1977 – 1 BvR 514/68 und 323/69 - „Hamburger U-Bahn / Legal- und Administrativenteignung")

lichen Genehmigungsverfahrens ein Maximum an vorbeugendem Grundrechtsschutz dadurch zu gewährleisten, dass begründet erscheinende Einwendungen und Bedenken gegen das geplante Vorhaben in grundrechtsadäquater Weise bereits zu diesem Zeitpunkt im Genehmigungsverfahren berücksichtigt werden können[139].

Zu beachten ist aber, dass sich für die Art und Weise der normativen Verfahrensgestaltung auch auf Grundlage dieser Auffassung aus den Grundrechten nur elementare, auf Grund der Anforderungen des Rechtsstaates unverzichtbare Anforderungen ergeben[140]. Eine ins Einzelne gehende Verfahrensgestaltung wird durch die objektive Grundentscheidung der Grundrechte dagegen auch nach dieser Lehre nicht vorgegeben[141].

Schon oben wurde sichtbar, dass die Ursprünge des Rechtsschutzes gegen Erlaubnisse in der Einräumung einer verfahrensrechtlichen Rechtsposition des durch die Erlaubnis und das erlaubte Verhalten des anderen betroffenen Dritten lagen. Es stellt sich daher die Frage, ob der Gesetzgeber unter gewissen Umständen aus den Grundrechten verpflichtet ist, ein Verbot mit Erlaubnisvorbehalt vorzusehen und in diesem Rahmen dem betroffenen Dritten verfahrensrechtliche Möglichkeiten einzuräumen, Einwendungen zu erheben.

8. Anspruch auf Einschreiten der zuständigen Behörde gegen ein Vorhaben im Bereich des öffentlichen Baurechts

Im Bereich des öffentlichen Baurechts sind in den letzen zwei Jahrzehnten die veränderten Voraussetzungen für einen Anspruch auf polizeiliches Einschreiten besonders deutlich zu Tage getreten.

Die diesbezügliche Entwicklung ist dabei entscheidend von den Deregulierungstendenzen[142] im öffentlichen Baurecht geprägt worden, wobei insbesondere die, in der baurechtlichen Baugenehmigungspflicht zum Ausdruck kommende Präventivkontrolle durch die zuständige Baugenehmigungsbehörde, in erheblichem Umfang zu Gunsten einer erlaubnisfreien Bautätigkeit zurückgedrängt worden ist.

---

[139] vgl. Redeker in der „Festgabe zum 25-jährigen Bestehen des BVerwG", S. 520; vgl. Blümel in „Fünftes deutsches Atomrechts-Symposium", 1976, S. 227, 228 ff. ; vgl. Kimminich in „Fünftes deutsches Atomrechts-Symposium", 1976, S. 266

[140] vgl. Badura in Badura/Ehlers/Erichsen/Ossenbühl/Papier/Rudolf/Rüfner „Allgemeines Verwaltungsrecht", § 33 Rn. 31

[141] vgl. insofern BverfGE 53, 30, 75 (Beschluss v. 20.12.1979 – 1 BvR 385/77 -), Sondervotum der Richter Dr. Simon und Prof. Dr. Heußner

[142] vgl. Degenhardt in NJW 1996, 1433, 1433; vgl. Uechtritz in NVwZ 1996, 640, 641; vgl. Mampel in UPR 1997, 267, 267; vgl. Preschel in DÖV 1998, 45, 45; vgl. Sarnighausen in UPR 1998, 329, 329; vgl. Oeter in DVBl. 1999, 189, 189; vgl. Sacksofsky in DÖV 1999, 946, 946

Kernstück des bauordnungsrechtlichen Nachbarschutzes gegen baugenehmigungspflichtige Vorhaben war traditionell die - unter verhältnismäßig geringen Anforderungen zulässige - Anfechtung der Baugenehmigung[143]. Diese Möglichkeit ist im Hinblick auf diejenigen, im Rahmen der baurechtlichen Deregulierung genehmigungsfrei gestellte Vorhaben vollumfänglich entfallen.

Ungeachtet dieser objektiven Feststellung ist aber zu beachten, dass der Gesetzgeber parallel zu den vorbeschriebenen Deregulierungsmaßnahmen, auch im Bereich der verbliebenen genehmigungsbedürftigen Bauvorhaben die Rechtschutzmöglichkeiten Dritter modifiziert bzw. im Ergebnis eingeschränkt hat. So bestimmt der - parallel zu den beschriebenen Deregulierungsmaßnahmen eingeführte - § 212 a BauGB, dass sowohl dem Widerspruch, als auch der Anfechtung einer Baugenehmigung und damit den „primären" Rechtschutzmöglichkeiten etwaig Drittbetroffener gegen bauaufsichtsrechtliche Genehmigungen, keine aufschiebende Wirkung gem. § 80 Abs.1 VwGO mehr zukommt. Möchte ein durch das Vorhaben in seinen Rechten betroffener Dritter nun die Realisierung des genehmigten Vorhabens verhindern, kann er sich, mangels aufschiebender Wirkung, nicht auf die Einlegung eines Widerspruchs gegen die erteilte Genehmigung beschränken, sondern muss im Wege des einstweiligen Rechtsschutzes die Anordnung der aufschiebenden Wirkung im konkreten Einzelfall beantragen.

Im Hinblick auf die genehmigungsfreien Vorhaben ist der Dritte, bei Verstößen des Vorhabens gegen seinem Schutz dienende öffentlich-rechtliche Vorschriften, auf die Geltendmachung eines Anspruchs auf (bau)polizeiliches Einschreiten beschränkt. Die zuständigen Bauaufsichtsbehörden sind insofern nach den Bestimmungen der in den jeweiligen Landesbauordnungen enthaltenen Generalklauseln berechtigt, die Maßnahmen zu ergreifen die erforderlich sind, um im Einzelfall eine Übereinstimmung mit den baurechtlichen Bestimmungen zu gewährleisten. Als mögliche Maßnahmen der Bauaufsichtsbehörde kommen die Baueinstellung, die Abrissverfügung und die Nutzungsuntersagung in Betracht. Ob sich die Bauaufsichtsbehörde im konkreten Einzelfall tatsächlich veranlasst sieht einzuschreiten und auf welchem Wege sie dies tut, steht zwar grundsätzlichen im Ermessen der Behörde, dem betroffenen Dritten steht aber - sofern das Vorhaben gegen eine seinem Schutz dienende Norm verstößt - zumindest ein Anspruch auf ermessensfehlerfreie Entscheidung zu.

Ein Anspruch des Dritten auf Einschreiten besteht nach herkömmlicher Dogmatik in diesen Fällen dann, wenn eine „nachhaltige Beeinträchtigung" der Drittinteressen, d.h. eine nachhaltige Verletzung des Dritten in einem subjektiven Recht vorliegt. In diesen Fällen ist das Ermessen nach Auffassung der herrschenden Meinung auf Null reduziert[144].

---

[143] vgl. Sacksofsky in DÖV 1999, 946, 949

[144] vgl. etwa Sarnighausen in NJW 1993, S. 1623, 1624; vgl. Simon „BayBauO-Kommentar", Art. 66 Rn. 20 a

Da der Nachbarschutz insofern im Vergleich mit der Situation des Dritten im Falle eines „genehmigungspflichtigen Bauvorhabens“ nicht unerheblich eingeschränkt ist, hat im Zusammenhang mit den vorgenannten Deregulierungstendenzen eine intensive und immer noch andauernde Diskussion hinsichtlich der Verhältnismäßigkeit und Berechtigung dieser Voraussetzungen eingesetzt.

Einer Auffassung zufolge, muss der Nachbarschutz in diesen Fällen in erster Linie oder gar ausschließlich auf dem Zivilrechtsweg durchgesetzt werden, wobei die Verweisung auf den Zivilrechtsweg mit unterschiedlicher „Konsequenz“ vertreten wird[145]. So wird die Ansicht vertreten, der Anspruch auf behördliches Einschreiten scheide vollumfänglich aus, sofern auf anderem Wege Abhilfe gefunden werden könne. Hierbei wird insbesondere darauf abgestellt, dass öffentlich-rechtliche Normen als Schutzgesetze im Sinne von § 823 Abs.2 BGB oder im Rahmen des Merkmals der „Wesentlichkeit der Beeinträchtigung“ im Sinne der §§ 906, 1004 BGB auch im privaten Nachbarrecht von Bedeutung sind[146]. Andererseits wird darauf abgestellt, dass aufgrund der baurechtlichen Generalklauseln im Ergebnis ein Anspruch auf Einschreiten nur bei einer Ermessensreduzierung auf Null in Betracht komme. Da dies aber nur äußerst selten der Fall sei und der Nachbar daher ein Einschreiten der Behörde nur in den seltensten Fällen erzwingen könne, werde der Nachbar faktisch auf den Zivilrechtsweg verwiesen, um seine Rechte effektiv durchsetzen zu können[147].

Selbst wenn die objektive Analyse, dass der Nachbar den Schutz seiner Rechte teilweise effektiver auf dem Zivilrechtsweg durchsetzen kann, wohl nicht von der Hand zu weisen ist, erscheint die generelle Schlussfolgerung einer umfänglichen Verlagerung des Nachbarrechtsschutzes in den Bereich des Zivilrechts, problematisch. Dies insbesondere deshalb, da sich am materiellen Inhalt der subjektiven Rechtspositionen der Nachbarn allein durch den Wegfall einiger präventiver Erlaubnisvorbehalte im Rahmen der baurechtlichen Deregulierung nichts geändert hat. Es erscheint freilich befremdlich, wenn eine gesetzgeberische Maßnahme, die allein darauf abzielt, Bauvorhaben zu deregulieren und von der Notwendigkeit der vorgängigen Erlaubnis freizustellen, anders gesagt, ein bestehendes Verbot mit Erlaubnisvorbehalt zu beseitigen, ohne die bestehenden materiellrechtlichen Schranken zu modifizieren, dazu führen soll, dass plötzlich alle bisher die Anfechtung einer Baugenehmigung begründenden Einwendungen in zivilrechtliche Unterlassungsansprüche umschlagen lassen sollen, die dann auch im Zivilprozess geltend zu machen sind.

Es lag zumindest ebenso nahe, dem Nachbarn, d.h. also dem Drittbetroffenen, einen öffentlich-rechtlichen, unmittelbar gegen den Bauherrn gerichteten Unterlassungsanspruch zuzuerkennen[148]. Das Besondere an diesem Vorschlag ist die dogmatisch

---

145 vgl. Sacksofsky in DÖV 1999, 946, 950
146 vgl. Sacksofsky in DÖV 1999, 946, 950
147 vgl. Sacksofsky in DÖV 1999, 946, 950 f.
148 Ortloff in NVwZ 1998, S. 932, 933 f.

neue Konstruktion eines verwaltungsgerichtlich durchsetzbaren öffentlich-rechtlichen Unterlassungsanspruchs einer Privatperson gegen eine andere Privatperson, ohne Einbeziehung - wie normalerweise im Rahmen eines verwaltungsgerichtlichen Verfahrens zwingend - der Verwaltungsbehörde. Für Ortloff stellte gerade dieser - auf Grundlage des Verwaltungsverfahrens und des materiellen Verwaltungsrechts ausgetragene - „verwaltungsgerichtliche Streit Privater“[149] die logische Konsequenz aus der Privatisierung des Bauordnungsrechts dar. Seine Notwendigkeit ergebe sich beinahe zwingend als Folge der baurechtlichen Deregulierung, in deren Rahmen eine Vielzahl von ehemaligen präventiven Prüfpflichten der Verwaltung auf den Bauherrn übertragen worden seien und mithin nunmehr eine in „Selbstkontrolle umgewandelte Präventivkontrolle“ bestehe.

Gegen den Ansatz spricht der Umstand, dass ein subjektiv-öffentlicher Anspruch eines „Privaten“ gegen einen anderen „Privaten“ dogmatisch ausscheidet. Ein Ansatzpunkt für die Zuerkennung eines öffentlich-rechtlichern Unterlassungsanspruchs zwischen „Privaten“ besteht nicht. Auch überzeugt der Ansatz Ortloffs, durch die „Übertragung“ der baurechtlichen Präventivkontrolle auf den Bauherrn entstehe das für den Unterlassungsanspruch erforderliche öffentlich-rechtliche Verhältnis zwischen Bauherrn und Nachbarn, nicht. Die Störung des privaten Bauherrn bleibt im Ergebnis eine „privat-rechtliche“ und wird durch den Wegfall der staatlichen Präventivkontrolle nicht zur „öffentlich-rechtlichen Schutzpflichtverletzung“.

Es kann daher nicht verwundern, dass diese „neuen“ dogmatischen Ansätze, die den Nachbarschutz privat- oder verwaltungsrechtlich unmittelbar im Verhältnis zwischen dem Bauherrn und dem Dritten abwickeln wollen kaum ein Echo gefunden haben, sondern dass ein beachtlicher Teil der Lehre und Rechtsprechung davon ausgeht, den baurechtlichen Nachbarschutz auch weiterhin im Verhältnis zwischen der Behörde und dem Drittbetroffenen abzuwickeln und zu diesem Zwecke die dafür erforderlichen Anspruchsvoraussetzungen zu modifizieren[150].

Allerdings erhebt sich eine Vielzahl von Stimmen, die es nicht hinnehmen wollen, dass der Dritte, statt wie zuvor die Baugenehmigung anzufechten, die gegen eine Schutznorm verstößt, nun nur noch eine fehlerfreie Ermessensentscheidung fordern können soll, die allenfalls bei einer Schrumpfung des Ermessens auf Null sichert, dass die Bauaufsichtsbehörde die Einstellung des Baus oder seine Beseitigung durchsetzt[151]. Um einen Ausgleich für die, in Folge der baurechtlichen Deregulierung

---

[149] Ortloff in NVwZ 1998, S. 932, 933 f.

[150] vgl. bei Sacksofsky in DÖV 1999, 946, 952

[151] Vorgreifend sei bereits darauf hingewiesen, dass die Aufregung nicht voll berechtigt ist. Denn die Situation stellt sich - wie noch im einzelnen gezeigt wird - für den Nachbarn nicht viel anders dar, wenn der Bauherr einen Bau ohne Baugenehmigung errichtet, solange diese erforderlich ist. Auch ist der Dritte, der die erforderliche Genehmigung anficht, was den einstweiligen Rechtschutz angeht - von dem nunmehr angeordneten Ausschluss der aufschiebenden Wirkung einmal ganz abgesehen - darauf angewiesen, dass die Behörde nach Eintritt der aufschiebenden Wirkung einschreitet, was wiederum in ihrem Ermessen steht; dabei kommt ihm die Vorschrift des § 80 Abs. 5 Satz 3 VwGO (An-

insofern entstandene Schwächung der Rechtsposition des Nachbarn zu schaffen, wird vermehrt dafür plädiert, das „Weniger an präventiver Kontrolle durch ein Mehr an repressiver Überwachung aufzufangen“[152]. Da die durch den Wegfall der Genehmigungspflicht geschwächte Rechtsstellung des Nachbarn durch eine Reduzierung des Eingriffsermessens der Behörde ausgeglichen werden müsse, sei ein vorhabensbezogener Anspruch des Nachbarn, d.h. des Dritten, grundsätzlich bereits immer dann zu bejahen, wenn das Vorhaben nachbarschützende öffentlich-rechtliche Vorschriften verletze und die nachbarlichen Belange mehr als nur geringfügig berührt werden[153].

Diese grundsätzliche Forderung wird von anderer Seite dahingehend präzisiert, dass grundsätzlich danach unterschieden werden müsse, ob mit dem in Frage stehenden Vorhaben gerade erst oder noch gar nicht begonnen wurde oder aber ob das Vorhaben bereits weitestgehend oder vollständig fertiggestellt sei[154].

Für den Fall, dass der Bauherr bislang kaum oder nur relativ geringe Investitionen in Bezug auf das Vorhaben erbracht habe, würden die öffentlichen Interessen und die Interessen des Nachbarn an der Einhaltung der gesetzlichen Vorschriften, die Interessen des Bauherrn an der Realisierung des Vorhabens überwiegen. Diese Interessenbeziehung würde sich dann aber mit dem Fortschreiten des Bauvorhabens immer weiter zu Gunsten des Bauherrn verschieben, so dass der Anspruch des Nachbarn auf behördliches Einschreiten bei einem weitreichenden Baufortschritt nur noch in dem Maße bestehe, in dem seine Rechte schwerer wiegen als die Bestandsinteressen des Bauherrn an dem konkreten Bauvorhaben[155].

Diese Ansätze, die letztlich darauf hinauslaufen, das Ermessen der Bauaufsicht zu beschränken und dem Dritten bislang unbekannte Ansprüche auf behördliche Interventionen zu eröffnen, sind allerdings kaum mit der Absicht zu vereinbaren, die der Gesetzgeber mit der Einschränkung der Genehmigungspflicht verfolgt hat. Sie spräche eher dafür, mit dem Rückzug aus der präventiven Kontrolle eine Beschneidung

---

ordnung der Aufhebung der Vollziehung) nur zugute, wenn das Gericht die aufschiebende Wirkung angeordnet oder wiederhergestellt hat. Und bei einem Erfolg im Hauptsacheverfahren (der Anfechtungsklage gegen die Genehmigung) kommt es wieder darauf an, dass die Behörde gegen den Bau vorgeht, dessen Rechtswidrigkeit nun feststeht. Auch wenn das Gericht in diesem Fall von den Möglichkeiten des § 113 Abs. 1 Satz 2 VwGO Gebrauch machen kann, kommt es doch darauf an, ob das Ermessen der Behörde auf Null geschrumpft ist (§ 113 Abs. 1 Satz 3 VwGO).

[152] vgl. VGH Baden-Württenberg (Beschluss v. 26.10.1994 - (S 2763/94 -) in BauR 1995, S. 219, 220; vgl. VG-München (Beschluss v. 24.05.1996 - M 1 E 96.2516 -) in BayVBl 1997, S. 54, 55; vgl. Degenhardt in NJW 1996, S. 1433, 1438

[153] vgl. VGH Baden-Württenberg (Beschluss v. 26.10.1994 - (S 2763/94 -) in BauR 1995, S. 219, 220; vgl. OVG- NW, Beschluss vom 23.09.1996 – 11 B 2017/96; vgl. VG-München (Beschluss v. 24.05.1996 - M 1 E 96.2516 -) in BayVBl 1997, S. 54, 55; vgl. Pfaff in VBlBW 1996, S. 281, 285; vgl. Uechtritz in NVwZ 1996, S. 640, 643 f.

[154] vgl. Sarnighausen in UPR 1998, 329, 331

[155] vgl. Sarnighausen in UPR 1998, 329, 332

der repressiven Befugnisse der Bauaufsichtsbehörde zu verbinden, statt umgekehrt mit ihrer Verschärfung [156].

Dass sich die Diskussion des staatlichen Schutzes gegen von Privaten ausgehende Verletzungen von öffentlich-rechtlichen Pflichten allzu sehr auf die Anfechtung von Genehmigungen konzentriert hat und die größeren Zusammenhänge aus dem Blick verloren hat, stellt Mampel heraus, indem er die gesamte, in Folge des baurechtlichen Deregulierungsprozesses entstandene Diskussion, als Ausdruck eines seit langem bestehenden grundsätzlichen Defizits im System des baurechtlichen Drittschutzes deutet[157]. Sie hat bewusst gemacht, dass die Abwehr des einzelnen gegen ein - rechtswidriges, ihm abträgliches - Vorhaben eines Dritten in vielen Fällen von der Ermessensausübung der Verwaltung abhängig ist und es ihm daher häufig schwer wird, einen Zustand zu bewahren oder wiederherzustellen, der seinen subjektiven Rechten entspricht[158], was zuvor durch die Verlagerung in die Anfechtungsklage gegen die Genehmigung nicht sichtbar geworden ist. Mampel zieht daraus die Konsequenz, dem Dritten müsse, mit Ausnahme wirklicher Bagatellfälle, ein strikter - nicht von behördlichen Ermessensentscheidungen abhängiger - Rechtsanspruch auf Erhalt bzw. auf Wiederherstellung nachbarrechtskonformer Zustände zuerkannt werden. Dies sei auch mit Blick auf Art. 14 GG gerechtfertigt, da dieser dem Gesetzgeber den Auftrag zuweise, eine sozialgerechte Eigentumsordnung zu schaffen, in deren Rahmen auch die widerstreitenden Interessen der Grundstücksnachbarn in einen gerechten und ausgewogenen Ausgleich gebracht werden müssten[159].

Das ist zumindest voreilig, als es nicht erkennt, dass es nicht isoliert um die Reaktion auf eine mit der Einschränkung der Baugenehmigung eintretende Lücke im Rechtsschutzsystem geht, sondern um die allgemeine Frage, wie unsere Rechtsordnung die dem Staat - aus den Grundrechten oder aus allgemeinen Prinzipien - erwachsene Schutzpflicht seinen Einwohnern und seinen Bürgern gegenüber in die Verwaltungswirklichkeit umsetzt, da es offensichtlich nicht genügt, allgemeine verbietende Schutznormen aufzustellen, sondern auch notwendig wird, für ihre Durchsetzung im konkreten Fall zu sorgen, ohne die Verwaltung zu einem Vollzugsautomaten zu machen und das Opportunitätsprinzip gegen das Legalitätsprinzip auszutauschen.

Mampels Forderung nach gesetzlicher Normierung einer „sozialgerechten Eigentumsordnung" geht darüber hinweg, dass die Eigentumsordnung sich gerade im Zusammenspiel von öffentlichem Recht und Privatrecht ausgedrückt hat und dabei dem öffentlichen Recht die Aufgabe zukommt Schutzpflichten des Staates zu normieren, denen - und gerade darin liegt die Besonderheit des öffentlichen Rechts im Vergleich

---

[156] vgl. Schmaltz in NdsVBl. 1995, S. 241, 247; vgl. Manssen in NVwZ 1996, S. 144, 146; ablehnend Uechtritz in NVwZ 1996, S. 640, 643

[157] Freilich bezieht er dabei die Diskussion um die aus den Grundrechten erwachsende Schutzverpflichtung des Staates nicht hinreichend ein (zu ihr oben).

[158] Nämlich dann, wenn das rechtswidrig-abträgliche Vorhaben ihn in seinen Rechten beeinträchtigt.

[159] vgl. Mampel in UPR, 1997, S. 267, 268

zum Privatrecht – gerade nicht in jedem Fall subjektive, gesetzlich exakt normierte öffentliche Ansprüche des Einzelnen korrespondieren. Dass solche Rechte existieren, ist zwar im Einzelfall nicht ausgeschlossen und anerkannt aber nicht "primäres Regelungsziel" des öffentlichen Rechts. Wann eine Verletzung der Schutzpflichten geeignet ist Ansprüche des Einzelnen auszulösen, soll gerade nicht abschließend gesetzlich geregelt werden, sondern unterfällt der Interpretation der verletzten Norm im konkreten Einzelfall[160]. Gerade hierin liegt die Eigenart der durch das öffentliche Recht begründeten Rechtsordnung, die darauf ausgerichtet ist, staatliche Schutzpflichten zu normieren. Wo der Schutz des öffentlichen Rechts nicht „ausreicht", ist auf das hierfür geschaffene Privatrecht „zurückzugreifen".

Insofern verliert die Forderung Mampels nach Verwirklichung „gesetzlicher Zielsetzungen" in Form strikter Rechtsansprüche des Nachbarn dann aber auch schon vorderhand ihre Berechtigung, da diese „Zielsetzungen" dogmatisch gerade nicht von der Zielrichtung des öffentlichen Rechts umfasst sind und die Kritik Mampels daher nicht gerechtfertigt ist. Die von Mampel geforderte „sozialgerechte Eigentumsordnung" ist, entgegen der von ihm vertretenen These sehr wohl existent und kommt gerade im Zusammenspiel zivil- und öffentlich rechtlicher Ansprüche des Einzelnen zum Ausdruck.

Im Ergebnis bleibt festzuhalten, dass auch weiterhin ein Bedürfnis nach Aufrechterhaltung eines öffentlich-rechtlichen Nachbarschutzes besteht. Problematisch erscheint es insofern jedoch eine allgemeingültige Formel dahingehend zu entwickeln, ob und wenn ja in welcher Weise die Voraussetzungen des Nachbarschutzes und damit des Anspruchs auf öffentliches, d.h. polizeiliches Einschreiten in Folge der baurechtlichen Deregulierung modifiziert werden sollten. Der Anspruch des Nachbarn richtet sich im Falle der Verletzung subjektiv-öffentlicher Rechte des Nachbarn auf pflichtgemäße Ermessensausübung und kann sich im Einzelfall zu einer Pflicht zum Eingreifen verdichten. Entscheidend ist insofern immer, ob sich die Erwägungen, die die Behörde gegen ein Einschreiten anführt, als ermessensfehlerfrei darstellen[161].

---

160 vgl. schon oben Zif. I.; vgl. den Vortrag von Krause bei der Europäischen-Rechtsakademie-Trier v. 29.10.2001

161 so auch schon Sacksofsky in DÖV 1999, 946, 953

IV. Der Dritte und das subjektive Recht

Ob ein privater Dritter gegen ein Vorhaben eines anderen Privaten die Verwaltung in Gang setzen oder gegen eine von ihr erteilte Erlaubnis angehen kann, hängt davon ab, ob das Gesetz dem Dritten eine entsprechende Rechtsposition zuweist, d.h. einen individuellen öffentlich-rechtlichen Anspruch gegenüber der Verwaltung einräumt oder ob er ein entsprechendes subjektives öffentliches Recht besitzt.

1. Der Begriff des „Dritten"

Der Begriff des „Dritten" ist ein altbekannter, das gesamte Verwaltungsrecht durchziehender Begriff. Mit ihm bezeichnet man allgemein denjenigen, auf den sich ein Vorhaben oder eine Handlung rechtlich oder tatsächlich auswirkt, obwohl das Vorhaben oder die Handlung nicht gegen ihn, sondern gegen einen anderen, den Adressaten, gerichtet ist.

Beispiel für einen „Dritten" ist etwa der Nachbar, der von einer seinem Nachbarn erteilten Baugenehmigung mittelbar und von dem aufgrund der Genehmigung realisierten Vorhaben unmittelbar beschwert sein kann, gerade aber nicht Adressat der öffentlich-rechtlichen Baugenehmigung ist.

Der negativ betroffene Dritte hat nun aber nicht notwendig das Recht auf Aufhebung der Baugenehmigung oder auf Unterdrückung der Baumaßnahme durch den zuständigen Hoheitsträger. Hierfür ist die Verletzung des Dritten in einem subjektiven Recht erforderlich.

2. Das subjektive Recht als Schlüssel des Drittschutzes

a. Bestandsaufnahme

Für die Anfechtung der Genehmigung, wie für die Erzwingung des Einschreitens durch den Dritten ist entscheidend, ob das Ereignis, durch das der Dritte sich beeinträchtigt fühlt, ein subjektives Recht des Dritten betrifft. Das soll der Fall sein, wenn das Ereignis im Widerspruch zu einer Norm steht, die gerade dem Schutz dieses Dritten dient, denn in diesem Fall komme ihm ein entsprechendes subjektives Recht zu. Er erlange einen gegen die öffentliche Verwaltung gerichteten subjektiven Anspruch, die eingetretene Verletzung seiner subjektiven Rechtsposition zu „beseitigen", eine seine subjektiven Rechte verletzende Genehmigung zurückzunehmen, beziehungsweise zu seinem Schutz einzuschränken.

Ein allgemeiner Gesetzesvollziehungsanspruch des Einzelnen besteht hingegen nicht[162].

Ob die Rechte eines „Dritten“ im konkreten Einzelfall allein durch Normen des privaten oder zumindest auch durch Normen des öffentlichen Rechts geschützt werden, hängt insofern oftmals von „gesetzestechnischen Zufälligkeiten“ ab. Entscheidend ist aber, dass der „Dritte“ zur Durchsetzung seiner Rechte immer eines subjektiven Rechtes bedarf, das sowohl privat- als auch öffentlich-rechtlich begründet sein kann.

Unter einem subjektiven Recht versteht man die einer Rechtsperson zuerkannte Rechtsmacht, zur Durchsetzung eigener subjektiver Interessen von einem anderen ein bestimmtes Tun, Dulden oder Unterlassen fordern zu können[163]. Solche subjektiven Rechte gründen sämtlich notwendig im objektiven Recht, das ist die Gesamtheit aller Rechtssätze. Ihnen stehen auch immer Rechtspflichten gegenüber. Umgekehrt aber folgen nicht aus sämtlichen für den Einzelnen günstigen Regelungen des öffentlichen Rechts subjektive Rechte (kein allgemeiner Rechtsbefolgungsanspruch) und nicht in jeder Pflicht, an deren Erfüllung ein Interesse besteht, liegt ein subjektives Recht; insofern korrespondieren das objektive Recht und die Rechtspflichten, aber die Rechtspflichten nicht notwendig mit Rechtsansprüchen. Sofern es feststeht, dass dem Einzelnen ein subjektives Recht zukommt, muss es überdies nicht notwendig ein subjektives öffentliches Recht sein[164]. Ist die dem Drittbetroffenen drohende Rechtsverletzung rein privatrechtlich zu beurteilen, kann regelmäßig nicht von einem subjektiven öffentlichen Recht gesprochen werden. Ist sie allein oder zumindest auch öffentlich-rechtlich zu beurteilen, so können hieraus - auch neben eventuellen zivilrechtlichen Ansprüchen - eigene öffentlich-rechtliche Ansprüche des Dritten resultieren, auf deren Grundlage für den Dritten im Einzelfall auch der Weg zu den Verwaltungsgerichten eröffnet sein kann[165].

b. Subjektiv-private Rechte

Die Begründung eines subjektiven privaten Rechts, d.h. eines auf dem Privatrecht beruhenden individuellen Rechts des Einzelnen, bereitet in aller Regel keine größeren Schwierigkeiten. Das Privatrecht weist nämlich dem Einzelnen die ihm zukommenden Rechte regelmäßig ausdrücklich zu, sei es als absolute Rechte (§ 823 Abs.1 BGB) oder als relatives Recht (z.B. § 242 BGB). Die privaten Rechtspflichten werden dagegen nur selten ausdrücklich und um ihrer selbst willen geregelt, regelmäßig folgen sie aus den Rechten des anderen oder dienen deren Bestimmung oder Begründung.

---

[162] vgl. Battis „Allgemeines Verwaltungsrecht“, 3. Auflage, 2002, B II. 1., Seite 91
[163] vgl. Maurer „Allgemeines Verwaltungsrecht“, § 8 Rn.2
[164] vgl. Maurer „Allgemeines Verwaltungsrecht“, § 8 Rn.3
[165] vgl. insofern auch Bender/Dohle „Nachbarschutz im Zivil- und Verwaltungsrecht“, Rn. 8

Die absoluten Rechte richten sich gegen jedermann. Wer sie beeinträchtigt, setzt sich Unterlassungsansprüchen und u.U. Beseitigungsansprüchen und bei Verschulden Schadensersatzansprüchen aus, das sind bürgerlich-rechtliche, unmittelbar gegen den „privaten Störer" gerichtete, negatorische oder quasinegatorische Abwehransprüche des Beeinträchtigten[166]. Das Privatrecht dient dem Ausgleich und der Abgrenzung der Rechte der „Privaten" untereinander und stellt deshalb den Pflichten und Beschränkungen des einen, die Rechte des anderen gegenüber. Jede Pflicht ist durch das Recht des Anderen bedingt und kann von dem Anderen durch Geltendmachung subjektiver privater Rechte eingefordert und gerichtlich durchgesetzt werden.[167].

Besitzt jemand private Rechte zur Abwehr eines Vorhabens, dass einer öffentlich-rechtlichen Erlaubnis bedarf, stellt sich die Frage, ob über diese Rechte im Erlaubnisverfahren mitzuentscheiden ist oder nicht. Grundsätzlich werden Erlaubnisse jedoch unbeschadet entgegenstehender privater Rechte erteilt. In diesem Fall muss der Einzelne sie außerhalb des Genehmigungsverfahrens vor den Zivilgerichten geltend machen (können). Dies hat zwar Widerspruch erfahren. So hat Bartelsperger - in Bezug auf das baurechtliche Nachbarrecht - vom „Dilemma des Nachbarschutzrechtes" gesprochen, das seiner Ansicht nach insbesondere in einer „faktischen Abwertung" der für den Unternehmensbeginn erforderlichen öffentlichen Genehmigung zum Ausdruck komme. Da eine solche Genehmigung, mit Rücksicht auf die gleichfalls existierenden privatrechtlichen Regelungen und Rechtsschutzmöglichkeiten, die endgültige Möglichkeit der Durchführung des Unternehmens rechtlich nicht verbürgen könne, werde die öffentliche Genehmigung auf eine „öffentlich-rechtliche Unbedenklichkeitserklärung" beschränkt, die aber keinen Bestand gegenüber privatrechtlichen Nivelierungen haben müsse. Dies sei unter dem Gesichtspunkt der Rechtssicherheit als äußerst kritisch zu bewerten[168].

Letztlich ist es aber, von Ausnahmen abgesehen, mit gutem Grund bei der Zuständigkeit der Zivilgerichte für die privatrechtlichen Abwehransprüche - etwa des Baunachbarrechts - geblieben. In diesem Fall kann der Inhaber des Abwehranspruchs jedenfalls nicht gegen die Genehmigung angehen. Grundsätzlich wird er auch ein polizeiliches Einschreiten gegen das Vorhaben eines Dritten, das ein subjektives Recht beeinträchtigt - gleichviel, ob es der Erlaubnis bedarf und sie erteilt ist oder nicht -, nur in extremen Ausnahmefällen beanspruchen können.

Jedenfalls ist es von erheblicher Bedeutung, ob durch die Erteilung einer solchen öffentlichen Genehmigung die privatrechtliche Sphäre des Dritten mitgestaltet wird und der Genehmigung etwa eine sog. „privatrechtsgestaltende Wirkung" zukommt oder aber ob die Genehmigung vollkommen unabhängig, d.h. „unbeschadet" privater

[166]vgl. Bender/Dohle „Nachbarschutz im Zivil- und Verwaltungsrecht", Rn. 8
[167]vgl. Maurer „Allgemeines Verwaltungsrecht", § 8 Rn.7
[168]vgl. Bartelsperger in VerwArch Bd. 60 (1969/70), S. 36,37

Rechte ergeht und diese mithin ungeachtet des Bestehens einer öffentlichen Genehmigung durchgesetzt werden können. Wann und unter welchen Voraussetzungen dies der Fall ist, wird im weiteren Verlauf dieser Arbeit an Beispielen zu zeigen sein.

c. Subjektiv-öffentliche Rechte

Wann ein subjektiv-öffentliches Recht des Einzelnen besteht, ist in Bezug auf die dogmatischen Grundlagen und die materiellen Voraussetzungen eines solchen Rechts nicht unumstritten[169]. Während sich das Zivilrecht aus dem subjektiven Recht entwickelt und dazu dient das subjektive Recht und die Freiheit des einen mit der des anderen in zur Übereinstimmung zu bringen, begründet und begrenzt das öffentliche Recht primär hoheitliche Befugnisse.

Die herrschende Meinung folgt der sog. „Schutznormtheorie“[170]. Unter einem subjektiven Recht versteht sie die dem Einzelnen kraft des öffentlichen Rechts verliehene Rechtsmacht, zur Verfolgung eigener Interessen ein bestimmtes Verhalten vom Staat verlangen zu können[171]. Ob ein solches Recht besteht hängt von der durch Auslegung zu ermittelnden „Interessenrichtung“ der einschlägigen Norm ab, die dem Interesse des Einzelnen zu dienen bestimmt sein muss[172]. Das ist Folge des Umstandes, dass das geltende Verwaltungsprozessrecht, das aus sich heraus selbst keine „Klagerechte“ gewährt[173], voraussetzt, dass das geltende materielle Recht dem Einzelnen die subjektiven öffentlichen Rechte zuweist, die dieser dann klageweise verfolgen kann, während das materielle öffentliche Recht dieser Aufgabe nur unvollkommen nachkommt, insbesondere nicht ausdrücklich erklärt, ob Pflichten von Privaten eingefordert werden können und gegebenenfalls wann.

Voraussetzung des Bestehens einer subjektiv-öffentlichen Rechtsstellung des Einzelnen ist danach die gleichzeitige Existenz eines objektiven Rechtssatzes, durch

---

[169] Hinsichtlich der Frage der historischen Entwicklung der Anerkennung subjektiv-öffentlicher Rechte wird auf die diesbezüglichen Ausführungen oben unter Zif. III. verwiesen

[170] vgl. BVerwGE 51, 193, 211; vgl. BVerwGE 41, 58, 63; vgl. BVerwGE 52, 122, 129; vgl. BVerwG (Urteil vom 24.09.1998 - 4 CN 2/98 -) in NJW 1999, S. 592, 593; vgl. Schmidt in JuS 1999, S. 1107, 1110,; vgl. Schoch in NVwZ 1999, S. 457, 458; vgl. Winter in NVwZ 1999, S. 467, 468; vgl. Battis „Allgemeines Verwaltungsrecht“, 3. Auflage, 2002, B II. 1., Seite 90; vgl. Meyerholt „Allgemeines Verwaltungsrecht“, 2002, Zif. 10.4.2, S. 181; vgl. Ipsen „Allgemeines Verwaltungsrecht“, 2. Auflage, 2001, Rn. 1055; vgl. Gerke in Hofmann/Gerke „Allgemeines Verwaltungsrecht“, 8. Auflage, 2002, Rn. 963

[171] vgl. Maurer „Allgemeines Verwaltungsrecht“, 14. Auflage, 2002, § 8 Rn.2; vgl. Battis „Allgemeines Verwaltungsrecht“, 3. Auflage, 2002, B II. 1., Seite 88 („Anspruch auf Gesetzesvollzug“); vgl. Meyerholt „Allgemeines Verwaltungsrecht“, 2002, Zif. 10.3, S. 178

[172] so schon bei Bachof „Verfassungsrecht, Verwaltungsrecht, Verfahrensrecht in der Rechtsprechung des Bundesverwaltugnsgerichts“, Bd. II, 3. Auflage, 1967, Zif. 253, S. 240; vgl. des weiteren etwa: Battis „Allgemeines Verwaltungsrecht“, 3. Auflage, 2002, B II. 1., Seite 90, Maurer „Allgemeines Verwaltungsrecht“, 14. Auflage, 2002, § 8 Rn. 9, Gerke in Hofmann/Gerke „Allgemeines Verwaltungsrecht“, 8. Auflage, 2002, Rn. 240, Detterbeck „Allgemeines Verwaltungsrecht“, 2002, Rn. 399 f.

[173] vgl. insofern auch die Ausführungen zu den subjektiven-öffentlichen Rechten des Nachbarn im Baurecht bei Henke „Das subjektive öffentliche Recht“, S. 81 ff.

den der Verwaltung eine korrespondierende Rechtspflicht auferlegt wird. Daraus folgt, dass ein subjektives Recht niemals ohne ein ihm zugrundeliegendes objektives Recht existieren kann. Andererseits muss aber eine, sich aus dem objektiven Recht ergebende Rechtspflicht, nicht immer auch ein subjektives Recht nach sich ziehen[174].

Ein objektives Recht kann mithin durchaus ohne ein korrespondierendes subjektives Recht, ein subjektives Recht aber niemals ohne ein korrespondierendes objektives Recht bestehen, da ein subjektives Recht immer eine objektiv-rechtliche materielle Rechtsnorm voraussetzt, die gerade (auch) den Zweck verfolgt, denjenigen, der sich konkret auf sie beruft, als Individuum zu schützen.

So wird etwa bei atomrechtlichen Streitigkeiten im Hinblick auf die Klagebefugnis verlangt, dass der Kläger in der Lage ist, detaillierte Ausführungen zu den von ihm behaupteten Rechtsverletzungen, zum Ablauf möglicher schadensverursachender Ereignisse und insbesondere zum Kausalverlauf zwischen dem gedachten Schadensereignis und dem bei ihm befürchteten individuellen Schaden zu machen. Insbesondere wird verlangt, dass der Kläger Individual- und Bevölkerungsrisiken sowie den durch den Normalbetrieb und einen möglichen Störfall verursachten Gefahren differenziert und dabei idealerweise auch noch die besonderen örtlichen Gegebenheiten der dem Genehmigungserfordernis unterstellten Unternehmung berücksichtigt. Ein rein pauschales Berufen auf die mit der Kernenergie generell verbundenen Risiken ist insofern nicht ausreichend[175]. Diese im Vergleich zur Adressatenklage erheblich erhöhten Anforderungen an die Klagebefugnis hat das Bundesverfassungsgericht ausdrücklich als verfassungsrechtlich unproblematisch gebilligt[176].

Im Unterscheid zur Schutznormtheorie hat Henke[177] zur Begründung subjektiv-öffentlicher Rechte auf die Beeinträchtigung der „real existierenden Rechte des Drittbetroffenen“ abgestellt. Seiner Ansicht nach kann nicht darauf abgestellt werden, ob die jeweilige materiell-rechtliche Norm dazu bestimmt ist öffentlichen oder privaten Interessen zu dienen, sondern es komme darauf an, ob der Drittbetroffene durch ein Verhalten der Verwaltung in seinen eigenen Angelegenheiten betroffen werde. Immer dann, wenn ein Eingriff in die eigenen Angelegenheiten des Drittbetroffenen vorliege, bestehe auch ein subjektiv-öffentliches Recht.

Für Bartelsperger stellt sich das subjektiv-öffentliche Recht als Ergebnis einer Bewertung der tatsächlichen Auswirkungen öffentlich-rechtlicher Normen auf individuelle Angelegenheiten dar[178]. Subjektiv-öffentliche Rechte des Drittbetroffenen bestehen

---

[174] vgl. Maurer „Allgemeines Verwaltungsrecht“, 14. Auflage, 2002, § 8 Rn.6
[175] vgl. Hoppe/Beckmann „Umweltrecht“, § 13, Rn. 40, 41
[176] vgl. BVerfG (Beschluß v. 15.10.1982 - 2 BvR 316/81-) in NVwZ 1983, 28
[177] vgl. Henke „Das subjektive öffentliche Recht“, S. 57 ff., 86 ff.
[178] vgl. Bartelsperger in VerwArch. 60 (1969), S. 35, 47 ff.; vgl. Bartelsperger in DVBl 1971, S. 723, 728 ff.

danach immer dann, wenn einem Drittbetroffenen durch eine öffentlich-rechtliche Norm eine konkrete Individualbegünstigung eingeräumt wird. Ein durch Auslegung zu ermittelnder, darüber hinausgehender Wille des Gesetzgebers ist nach Bartelsperger schon auf Grund des Sozialstaatsprinzips und auf Grund von Art.19 Abs.4 GG ausgeschlossen.

Demgeegnüber hat Zuleeg die Bedeutung der subjektiv-öffentlichen Rechte generell in Frage gestellt. Seines Erachtens sind die subjektiv-öffentlichen Rechte in weiten Teilen durch die Grundrechte verdrängt worden, da dass es zur Begründung von (Abwehr-) Rechten des Einzelnen in vielen Fällen eines Rückgriffs auf subjektiv-öffentliche Rechte nicht mehr bedürfe. Ihre Bedeutung werde von Lehre und Rechtsprechung überbewertet[179]. So ergebe sich etwa im Bereich des Nachbarrechts das Abwehrrecht gegen rechtswidrige Zugriffe der öffentlichen Hand auf das Eigentum unmittelbar aus Art. 14 GG. Auch könnten sich Abwehransprüche des Einzelnen unmittelbar aus anderen Grundrechte, wie etwa aus Art. 2 Abs.1 GG oder Art. 5 Abs.2 GG ergeben, so dass in diesen Fällen das „ganze Gewirr der Schutznormtheorie beseite gewischt" werden könne[180]. Ein besonderer „Reaktionsanspruch" des Einzelnen müsse nicht erst noch über das Rechtsinstitut des subjektiv-öffentlichen Rechts konstruiert werden, er sei vielmehr bereits im jeweiligen Grundrecht selbst eingeschlossen, da in Folge der Grundrechte alle einen Dritten belastenden Maßnahmen ihre Grundlage in einer verfassungsgemäß zu Stande gekommenen, hinreichend bestimmten Rechtsnorm haben müssen[181].

Hierauf aufbauend vertritt Breuer - bezogen auf das öffentliche Baunachbarrecht - die Auffassung, dass der Ansatz der Schutznormtheorie mit dem grundrechtlich ausgerichteten Ansatz von Zuleeg kombiniert werden müsse[182]. Seiner Ansicht nach bilden die Grundrechte zwar die normative Grundlage aller subjektiv-öffentlich-rechtlichen Nachbarrechte, diese können jedoch nur und erst dann durchgreifen, wenn „die öffentlich-rechtliche Regelung der Bodennutzungskonflikte den nachbarlichen Interessenausgleich durch Vorschriften über die Zuordnung, Verträglichkeit und Abstimmung der Nutzungen benachbarter Grundstücke gewährleiste". Die subjektiv-öffentlichen Nachbarrechte können nach Ansicht Breuers mithin ausschließlich aus dem grundrechtskonkretisierten Gesetzesrecht heraus entwickelt werden, wobei ihre konkrete Reichweite jedoch der einfachgesetzlichen Ausprägung und Aktualisierung bedarf.

---

[179] vgl. Zuleeg in DVBl. 1976, S. 509, 521; mit ähnlicher Argumentation bereits früher: Bernhardt in JZ 1963, S. 302, 306 f. sowie Bothe in JZ 1975, S. 399, 400 f.
[180] vgl. Zuleeg in DVBl. 1976, S. 509, 514 f.
[181] vgl. Zuleeg in DVBl. 1976, S. 509, 514, mit Verweisen auf BVerfG, Beschluss vom 12.01.1967, E 21, 73, 79, BVerwG, Urteil vom 20.05.1955, E 2, 114, 116 f.
[182] Breuer bzgl. öffentlich-rechtlicher Nachbarklagen gegen Baugenehmigungen in DVBl. 1983, S. 431. 436 f.

Auch Huber[183] hebt die Relevanz der Grundrechte und die Grundrechtsabhängigkeit des subjektiven öffentlichen Rechts hervor. Immer dann, wenn eine gesetzliche Regelung vorhanden sei, die den Schutzbereich von Grundrechten betrifft, liege auch eine „potentielle Schutznorm" vor[184]. Regelungen ohne drittschützenden Gehalt könne der Gesetzgeber daher nur in solchen Bereichen schaffen, in denen ein grundrechtliche Implikation fehle. Sind hingegen grundrechtliche Schutzbereiche betroffen, ist das subjektive Recht nach Ansicht Hubers vorgezeichnet und der Disposition des Gesetzgebers entzogen. Die betreffende Norm sei dann von Verfassungs wegen potentielle Schutznorm[185].

Demgegenüber orientiert sich Schmidt-Preuß[186] bei der Begründung subjektiv-öffentlicher Rechte strikt am einfachen Recht. Schmidt-Preuß untersucht das Normprogramm des einfachen Rechts daraufhin, inwieweit sich aus ihm Maßstäbe ergeben, mit denen die entgegegesetzten Individualinteressen erfasst, bewertet und in einen Ausgleich miteinander gebracht werden können. Sind solche Maßstäber vorhanden, bestehe ein sog. „Konfliktschlichtungsprogramm", aus dem sich das subjektiv-öffentliche Recht ergebe[187]. Grund und auch Grenze des subjektiv-öffentlichen Rechts sei aber, aufgrund der „Konfliktschlichtungsprärogative" des Gesetzgebers, das einfache Gesetzesrecht[188]

Auf Grundlage der von Huber und Schmidt-Preuß vertretenen Ansätze kommt Wahl zu dem Ergebnis, dass ein subjektiv-öffentliches Recht nur dann entstehen kann, wenn es in Rechtssätzen des einfachen Rechts zum Ausdruck kommt. Ob dies der Fall ist, werde durch grundrechtliche Direktiven mitbestimmt. Da der Gesetzgeber seiner Aufgabe, den grundrechtlichen Direktiven im einfachen Gesetzrecht Geltung zu verschaffen, in großem Umfang nachgekommen sei, folge aus dem Prinzip des Anwendungsvorranges des einfachen Rechts der Grundsatz der Abhängigkeit des subjektiv-öffentlichen Rechts von der „Ausformulierung in einfachrechtlichen Rechtssätzen", ergänzt und untermauert durch die Auslegungsmaximen der „verfassungsorientierten" und „ausstrahlenden" Einwirkung der Grundrechte. Eine sog. „normexterne" Wirkung der Grundrechte, losgelöst vom einfachen Recht, scheidet nach Ansicht Wahls aus[189].

---

[183] Huber „Konkurrenzschutz im Verwaltungsrecht. Schutzanspruch und Rechtsschutz bei Lenkungs- und Verwaltungsentscheidungen der öffentlichen Verwaltung", 1991
[184] Huber „Konkurrenzschutz im Verwaltungsrecht. Schutzanspruch und Rechtsschutz bei Lenkungs- und Verwaltungsentscheidungen der öffentlichen Verwaltung", 1991, S. 281 f.
[185] Huber „Konkurrenzschutz im Verwaltungsrecht. Schutzanspruch und Rechtsschutz bei Lenkungs- und Verwaltungsentscheidungen der öffentlichen Verwaltung", 1991, S. 278 f.
[186] Schmidt-Preuß „Kollidierende Privatinteressen im Verwaltungsrecht. Das subjektive öffentliche Recht im multipolaren Verwaltungsrechtsverhältnis", 1992
[187] Schmidt-Preuß „Kollidierende Privatinteressen im Verwaltungsrecht. Das subjektive öffentliche Recht im multipolaren Verwaltungsrechtsverhältnis", 1992, S. 247 ff.
[188] Schmidt-Preuß „Kollidierende Privatinteressen im Verwaltungsrecht. Das subjektive öffentliche Recht im multipolaren Verwaltungsrechtsverhältnis", 1992, S. 37 ff.
[189] Wahl in DVBl. 1996, 641, 650

Einen, von den vorgenannten Auffassungen grundlegend abweichenden Ansatz hat Redeker für den Nachbaranspruch im öffentlichen Baurecht mit dem sog. Planbefolgungsanspruch entwickelt[190]. Der Planbefolgungsanspruch Redekers gründet auf der Annahme, dass jedem Adressaten eines Bebauungsplans ein Recht auf Befolgung dieses Plans zustehe, unabhängig davon, ob es sich bei den konkret in Frage kommenden Bestimmungen des Bebauungsplans um Normen mit nachbarschützendem Charakter handelt. Der Planbefolgungsanspruch besteht nach der Konzeption Redekers immer dann, wenn der konkrete Dispens oder die konkrete Abweichung von den Bestimmungen des Bebauungsplans dann, wenn sie selbst Bestandteil des Bebauungsplans wären, generell nichtig oder entschädigungspflichtig wären.

Zusammenfassend betrachtet, erscheint der dogmatische Ansatz der Schutznormtheorie - im Einzelfall ergänzt um die Forderung nach einer grundrechtskonkretisierten Gesetzesauslegung - vorzugswürdig. Die Schutznormtheorie trägt der Grundkonzeption des öffentlichen Rechts Rechnung, in dem sie anerkennt, dass das öffentliche Recht primär der Schaffung eines öffentlich-rechtlichen Ordnungsrahmens mit Vorgaben für die Verwaltung im Interesse des öffentlichen Wohls und primär gerade nicht der Schaffung subjektiv-rechtlicher Positionen des Einzelnen dient. Somit erscheint der Weg der Interpretation und Auslegung der konkreten Einzelnorm hinsichtlich subjektiv-rechtlicher Elemente dogmatisch zwingend.

---

[190] Redeker in DVBl. 1968, S. 7 ff.

V. Modifikation des Anspruchs auf polizeiliches Einschreiten durch ein Verbot mit Erlaubnisvorbehalt

1. Bestandsaufnahme

Wie dargestellt, kann dem, durch ein Verhalten eines anderen in seinen „Individualrechten" betroffenen Dritten, gegenüber der jeweils zuständigen Behörde im Einzelfall ein subjektiv-öffentlich-rechtlicher Anspruch auf polizeiliches Einschreiten zustehen.

Obwohl mithin in Folge der kontinuierlichen Weiterentwicklung, und dem seit etwa der ersten Hälfte des vorigen Jahrhunderts anhaltenden stetigen Ausbau der diesbezüglichen Ansprüche, eine deutliche Stärkung der Rechtsposition des Einzelnen, der sich gegen ein Verhalten der Verwaltung zur Wehr setzen möchte, bewirkt worden ist, darf die praktische Effektivität dieser Rechtsschutzmöglichkeit nicht zu hoch bewertet werden. Die materiell-rechtlichen Voraussetzungen, die allgemein an das Bestehen eines solchen Anspruchs auf polizeiliches Einschreiten gestellt werden, sind erheblich.

Kennzeichnend für die Konstellationen in denen der Dritte einen Anspruch auf polizeiliches Einschreiten geltend macht ist, dass der Dritte mit seinem Anspruch nicht an ein vorhergehendes Verwaltungshandeln anknüpft, das in dem nun angegriffenen Vorhaben seinen Niederschlag gefunden hat, sondern dass der Dritte von der Behörde ein Einschreiten gegen ein Vorhaben verlangt, mit dessen Realisierung die Behörde bislang gar nicht befasst gewesen ist. Er wendet sich somit, der Natur der Sache nach, unmittelbar gegen das Vorhaben selbst bzw. gegen das Verhalten eines Anderen, nicht aber gegen ein Verhalten der Behörde. Der Schutz, den der Dritte in diesen Fällen von der Verwaltung verlangt, richtet sich gegen eine Verletzung seiner Rechte durch einen anderen „Privaten", nicht aber durch die Verwaltung.

Die Situation im Falle des Bestehens eines Verbotes mit Erlaubnisvorbehalt ist eine vollkommen andere. In diesen Fällen ist aufgrund gesetzlicher Bestimmung für die Realisierung eines bestimmten Vorhabens oder für den Beginn einer bestimmten Tätigkeit, eine vorherige Erlaubnis der zuständigen Behörde erforderlich.

Es stellt sich mithin die Frage, ob, und wenn ja in welcher Weise die rechtliche Stellung eines Drittbetroffenen, der nun (zumindest auch) durch die an einen anderen gerichtete Erlaubnis der Behörde betroffen ist, verändert wird.

2. Das Verbot mit Erlaubnisvorbehalt

a. Das Polizeiverbot mit Erlaubnisvorbehalt - Der Ansatz Otto Mayers -

Das Rechtsinstitut des Verbotes mit Erlaubnisvorbehalt ist in der Verwaltungsrechtslehre des ausgehenden 19. Jahrhunderts analysiert, beschrieben, ja eigentlich geschaffen worden.

Es war Otto Mayer, der in seinem 1895 erschienen Werk „Deutsches Verwaltungsrecht" die Polizeierlaubnis beschrieb und dazu eine Rechtsfigur benutzte, die er „Polizeierlaubnis mit Erlaubnisvorbehalt" nannte. Es diene dazu, die Kontrolle des Handelns von Privaten zur Vermeidung von Gefahren für die Öffentlichkeit zu erleichtern oder zu ermöglichen[191]. Das in die Gefahren für die Öffentlichkeit - wie bei der polizeilichen Generalklausel - auch Gefahren für den Einzelnen eingeschlossen waren, war Otto Mayer zwar bekannt. Er wäre aber nie auf die Idee gekommen, daraus einen Anspruch auf Versagung der Erlaubnis bzw. auf ihre Aufhebung herzuleiten, wie er auch keinen Anspruch auf polizeiliches Einschreiten zum Schutz privater Rechte einzuräumen gedacht hätte.

Die Notwendigkeit dieser Rechtsfigur ergab sich nach der Auffassung Otto Mayers als Folge der Gesetzesbindung der Polizei, aufgrund derer es der Polizei untersagt sei, sich eigenmächtig, d.h. ohne gesetzliche Grundlage, etwa im Wege einer einfachen polizeilichen Verfügung, über gesetzliche Festlegungen hinwegzusetzen. Sofern also ein bestimmtes Vorhaben aufgrund seiner abstrakten Gefährlichkeit grundsätzlich untersagt und lediglich im Einzelfall durch die Polizei erlaubt werden solle, war es nach Ansicht Otto Mayers zwingend erforderlich, dass die Polizei durch dieselbe gesetzliche Grundlage, durch die das Vorhaben grundsätzlich untersagt wird, auch zur Bewilligung einer Erlaubnis im Einzelfall ermächtigt wird[192].

Nach Ansicht Otto Mayers diente das „Polizeiverbot mit Erlaubnisvorbehalt" dazu, einen möglichst effektiven und am konkreten Einzelfall orientierten Ausgleich zwischen dem staatlichen Schutz der Allgemeinheit vor Gefährdungen und dem Recht des Einzelnen auf Wahrnehmung seiner legitimen Rechte[193] das Vorhaben zu verwirklichen, wenn es ungefährlich war, zu gewährleisten. Um dieses Ziel zu verwirklichen stelle die öffentliche Rechtsordnung im Wege der „Polizeiverbote mit Erlaubnisvorbehalt" gewisse private Vorhaben wegen der von Ihnen typischerweise für die Öffentlichkeit erwachsenden Gefahren, unter den Vorbehalt einer behördlichen Erlaub-

---

[191] vgl. Mayer „Deutsches Verwaltungsrecht", Erster Bd., S. 288; vgl. Herrnritt „Grundlehren des Verwaltungsrechts", S. 343; vgl. Fleiner „Institutionen des Deutschen Verwaltungsrechts", S. 407
[192] vgl. Mayer „Deutsches Verwaltungsrecht", Erster Bd., S. 287
[193] vgl. Herrnritt „Grundlehren des Verwaltungsrechts", S. 342

nis. Diese durfte, nach Ansicht Otto Mayers, von der zuständigen Behörde erst erteilt werden, wenn sie sich überzeugt hatte, dass der Verwirklichung des Vorhabens im konkreten Einzelfall öffentliche Interessen nicht entgegenstehen[194]. Wurden dagegen näher bestimmte öffentliche Interessen gefährdet oder beeinträchtigt, musste das Interesse des Einzelnen zum Wohle der Allgemeinheit zurückstehen und die Erlaubnis versagt werden.

b. Charakteristika und dogmatische Konstruktion des „Polizeiverbotes mit Erlaubnisvorbehalt"

Für Otto Mayer war die Rechtsfigur des „Polizeiverbots mit Erlaubnisvorbehalt" in besonderer Weise durch die Art des Vorhabens charakterisiert. Es gehe um Lebensäußerungen, „welche nicht unbedingt als störend für die gute Ordnung des Gemeinwesens angesehen sind, welche aber störend werden können, je nach der Person von der sie ausgehen, nach der Art und Weise, wie das Unternehmen begründet, eingerichtet und geführt wird"[195]. Zum guten Teil gehe es sogar um gewünschte Vorhaben, die zum Schutz vor solchen Störungen dem „Polizeiverbot mit Erlaubnisvorbehalt" unterworfen werden.

Wo sie typischerweise gefährlich ist, sollte mit der Tätigkeit „gar nicht erst angefangen werden, ohne dass diese Prüfung vorgenommen und günstig ausgefallen und darüber „obrigkeitliche Feststellung gemacht ist. Diese Feststellung ist enthalten in der Erlaubnis, welche von dem Verbot entbindet"[196]. Das „Polizeiverbot mit Erlaubnisvorbehalt" diente für Otto Mayer daher der Überwachung der Verwaltung schon im Vorfeld.

Mayer hat dabei zwischen dem Verbot auf der einen und dem Erlaubnisvorbehalt auf der anderen Seite unterschieden. Das Verbot sei immer gleich ausgestaltet[197]. Es lege einem bestimmten Vorhaben ein Hindernis in den Weg, das ausschließlich durch eine im Einzelfall zu erteilende Erlaubnis überwunden werden könne. Der Erlaubnisvorbehalt konnte nach der Lehre Otto Mayers hingegen unterschiedlich ausgestaltet sein. Die Erlaubniserteilung könne zwingend vorgeschrieben sein, wenn bestimmte Gefahren nicht vorliegen. Die gesetzliche Regelung könne der Verwaltung aber auch im Einzelfall ein Ermessen einräumen. Das könne vom völlig freien Ermessen der Behörde, bis zur einfachen Anwendung der rechtsatzmäßigen Bestimmung auf den Einzelfall gehen[198].

---

[194] vgl. Herrnritt „Grundlehren des Verwaltungsrechts", S. 343
[195] vgl. Mayer „Deutsches Verwaltungsrecht", Erster Bd., S. 288
[196] vgl. Mayer „Deutsches Verwaltungsrecht", Erster Bd., S. 288
[197] vgl. Mayer „Deutsches Verwaltungsrecht", Erster Bd., S. 288
[198] vgl. Mayer „Deutsches Verwaltungsrecht", Erster Bd., S. 288, 289

c. Entstehung eines „Polizeiverbotes mit Erlaubnisvorbehalt“

Das „Polizeiverbot mit Erlaubnisvorbehalt“, durch das der Ausübung eines Rechtes eine Vorstufe im Sinne eines Erlaubnisverfahrens vorgeschaltet wird, stellt stets einen Eingriff in die individuelle Freiheit des Einzelnen dar. Aus diesem Grund gilt insofern das Prinzip des Gesetzesvorbehalts. Die Errichtung eines solchen Verbotes bedurfte auch schon nach Ansicht Otto Mayers der gesetzlichen Ermächtigung in Form eines Gesetzes[199]. Dass das Verbot mit Erlaubnisvorbehalt nicht von vornherein unzulässig ist, hat das Bundesverfassungsgericht in ständiger Rechtsprechung anerkannt[200].

Im Einzelfall ist es zulässig, wenn ein tatsächlich bestehendes „Bedürfnis“ die Einführung nach den Grundsätzen der Verhältnismäßigkeit erfordert, d.h. nur wenn die Einführung durch einen vernünftigen Anlass geboten ist, insbesondere wenn eine Gefahr nach vernünftigen Maßstäben tatsächlich besteht. Das Verbot mit Erlaubnisvorbehalt muss durch Sachgründe gerechtfertigt sein[201]. Auch dürfen durch ein Verbot mit Erlaubnisvorbehalt die Grundrechte nicht stärker beschränkt werden, als dies allgemein verfassungsrechtlich gestattet ist[202]. Der „Gesetzgeber“ muss die, staatlichen Eingriffsmöglichkeiten offenstehende Rechtssphäre selbst abgrenzen und darf dies nicht dem Ermessen der Verwaltungsbehörden überlassen. Daher steht dem Privaten ein Rechtsanspruch auf Genehmigung zu, wenn kein „gesetzlich“ vorgesehener Versagungsgrund vorliegt[203].

Das Erlaubniserfordernis selbst kann vorgeschrieben sein durch Gesetz, aber auch durch andere Rechtsvorschriften, wie etwa eine gültige Polizeiverordnung oder eine Gemeindesatzung[204]. Mithin ist bei der Errichtung durch Verordnung, d.h. durch einen administrativen Akt der Exekutive darauf zu achten, dass der Verordnungsinhalt durch die zu seinem Erlass ermächtigende Rechtsgrundlage auch gedeckt ist. Dies ist in der Regel unproblematisch, wenn sich die Grenzen der Zulässigkeit aus der Rechtsgrundlage der Verordnungsermächtigung selbst ergeben. Ist dies aber nicht der Fall, sondern verbleibt der Verwaltung ein gewisser Gestaltungsspielraum bei der Ausgestaltung des konkreten „Polizeiverbots mit Erlaubnisvorbehalt“, so findet die Verordnungsbefugnis der Verwaltung nach Ansicht Otto Mayers ihre Grenze im Grundsatz der Verhältnismäßigkeit[205].

---

199 vgl. Herrnritt „Grundlehren des Verwaltungsrechts“, S. 343; vgl. Mayer „Deutsches Verwaltungsrecht“, Erster Bd., S. 289

200 vgl. BVerfGe 8, 71, 76; BVerfGe 9, 83, 87; BVerfGe 18, 353; BVerfGe 20, 154 ff

201 vgl. Drews/Wacke/Vogel/Martens „Gefahrenabwehr“, § 26, S. 444; BVerfGe 20, 159; BVerfGe 41, 1, 6 f.

202 vgl. BVerwGVR 19, 226 und BVerwGVR 23, 24, 29 ff zu Art. 12, 14 GG

203 vgl. BVerfGe 8. 71, 76; BVerfGe 20, 155, 158; BVerfGe 50, 256, 263

204 vgl. Drews/Wacke/Vogel/Martens „Gefahrenabwehr“, § 26, S. 445

205 vgl. Mayer „Deutsches Verwaltungsrecht“, Erster Bd., S. 289

In diesem Zusammenhang ist dann aber insbesondere zu beachten, dass es die Befugnis zum Erlass von Polizeiverordnungen traditionell ausschließt, ein Verbot mit Erlaubnisvorbehalt durch die Polizei einzuführen, da Polizeiverordnungen, die dazu dienen sich die Arbeit zu erleichtern, ausdrücklich untersagt sind. Damit sind solche Verordnungen gemeint, die präventiv Erlaubnis- und damit Antragspflichten des Einzelnen, d.h. desjenigen der ein bestimmtes Vorhaben realisieren oder eine bestimmte Tätigkeit ausüben möchte, einführen[206]. Voraussetzung für die Einführung einer Erlaubnispflicht durch Polizeiverordnung ist in jedem Fall das Bestehen einer „abstrakten Gefahr"[207], denn nur unter dieser Voraussetzungen darf eine Polizeiverordnung überhaupt erlassen werden[208]. Ein Verbot mit Erlaubnisvorbehalt, durch das die Freiheit des Einzelnen, nach freiem Entschluss zu jedem Zeitpunkt zu handeln eingeschränkt wird, soll nur dann und dann auch nur auf Grund einer gesetzlichen Ermächtigung normiert werden, wenn auch ein tatsächliches Bedürfnis nach einer solchen Erlaubnispflicht besteht. Dies ist aber nur dann der Fall, wenn ein bestimmtes Vorhaben auf Grund seiner generellen Ausprägung bzw. seines generellen Gefährdungspotentials oder auf Grund eines generell gerechtfertigten Bedürfnisses der Verwaltung, nach präventiver Überprüfung des konkreten Einzelfalles, die Einführung eines Verbotes mit Erlaubnisvorbehalts rechtfertigt. Handlungen und Zustände, die nach den Erfahrungen des täglichen Lebens normalerweise nicht geeignet sind, polizeiliche Gefahren herbeizuführen, können daher auch nicht im Wege einer Polizeiverordnung einer Erlaubnispflicht unterworfen werden[209].

Der bloße Wunsch der Verwaltung nach vorheriger Information über ein geplantes Vorhaben oder Tätigwerden und einer damit verbundenen präventiven Kontrollmöglichkeit, durch die im Ergebnis die Arbeit der zuständigen Behörden erheblich erleichtert würde, ist dagegen zur Rechtfertigung eines Verbotes mit Erlaubnisvorbehalt nicht ausreichend[210].

d. Wirkungen des „Polizeiverbotes mit Erlaubnisvorbehalt"

Für Otto Mayer hatte das „Polizeiverbot mit Erlaubnisvorbehalt" eine formelle und eine materielle Wirkung. Es schafft durch seinen allgemeinen Charakter ein formelles Hindernis für das jeweils bezeichnete Unternehmen. Unabhängig von der konkreten Regelungsmaterie wird für jedermann die Pflicht begründet, das bezeichnete Werk nicht ohne vorherige Erlaubnis zu beginnen. An diesem formellen Verbotensein ändert sich auch nichts dadurch, dass im Einzelfall die Möglichkeit oder gar ein strikter Rechtsanspruch darauf besteht, die Erlaubnis zu erlangen. Materiell ermächtigt das

---

[206] vgl. Drews/Wacke/Vogel/Martens „Gefahrenabwehr", § 27, S. 497; vgl. auch WBVGHE 7, 43, 49
[207] vgl. WBVGH VR 4, 440
[208] vgl. Drews/Wacke/Vogel/Martens „Gefahrenabwehr", § 26, S. 461
[209] vgl. schon PrOVG 87, 301-318 („Erdal-Entscheidung")
[210] vgl. Drews/Wacke/Vogel/Martens „Gefahrenabwehr", § 26, S. 444, 461; § 27 S. 497; vgl. auch WBVGHE 7, 43, 49

„Polizeiverbot mit Erlaubnisvorbehalt“ die zuständige Behörde das Verbot im Einzelfall aufheben. Die rechtlichen Wirkungen, die sich hieraus für den Einzelnen ergeben, sind insbesondere davon abhängig, ob der Behörde im Hinblick auf die Erlaubniserteilung ein Ermessensspielraum eingeräumt ist oder nicht. Steht die Erlaubniserteilung im freien Ermessen der Behörde, besteht für den Einzelnen kein Anspruch auf Erlaubniserteilung, sondern lediglich ein Anspruch auf ermessensfehlerfreie Entscheidung über seinen Antrag auf Erlaubniserteilung. Ist der zuständigen Behörde hinsichtlich der Entscheidung über den Erlaubnisantrag des Einzelnen demgegenüber kein Ermessen eingeräumt, handelt es sich also um eine „gebundene“ Erlaubnis, so besteht ein „subjektives öffentliches Recht“ des Antragsstellers auf Erteilung der Erlaubnis, wenn die Voraussetzungen der Erlaubnis vorliegen. Kennzeichnend für eine solche gebundene Erlaubnis ist nach Otto Mayer, dass „der Fall, in welchem die Erlaubnis zu gewähren ist, von dem Rechtssatz so genau bestimmt ist, dass die Behörde, welche sich darüber auszusprechen hat, nur ausspricht, was der Rechtssatz selbst schon will.“[211]

e. Voraussetzungen für die Erteilung einer Erlaubnis beim „Polizeiverbot mit Erlaubnisvorbehalt“

Grundvoraussetzung einer jeden Erlaubniserteilung war für Otto Mayer ein Gesuch, d.h. ein Antrag desjenigen, dem die Erlaubnis erteilt werden soll. Ohne einen solchen Antrag, der durch die Worte „Erlaubnis, Genehmigung, Zustimmung, Bewilligung und Versagung“ stillschweigend vorausgesetzt wird, ist ein Tätigwerden der zuständigen Behörde ausgeschlossen. Der Antrag ist tatsächliche und rechtliche Voraussetzung der Erlaubniserteilung im Einzelfall. Eine Erlaubniserteilung ohne vorherigen Antrag führte nach Ansicht Otto Mayers zur Rechtswidrigkeit der Erlaubnis, durch die deren Wirksamkeit zwar nicht berührt wird, die aber die Möglichkeit der nachträglichen Anfechtung begründet[212]. Interessant ist das nur selten, etwa wenn die erteilte Erlaubnis restriktiv oder mit Kosten verbunden ist.

Inhaltlich betrachtet darf die zuständige Behörde die Erlaubnis nur dann erteilen, wenn sie die Überzeugung gewonnen hat, dass im konkreten Einzelfall bestimmte, vom Gesetzgeber geforderte persönliche oder sachliche Merkmale vorliegen, auf Grund derer sich die Ausübung der Befugnis - vom Standpunkt des öffentlichen Interesses aus betrachtet - als zulässig darstellt. Ist dies der Fall, wird durch die Erteilung der Erlaubnis der bezweckte Ausgleich zwischen der individuellen Rechtssphäre des Antragsstellers und dem Interesse der Gesamtheit herbeigeführt[213].

---

[211] vgl. Mayer „Deutsches Verwaltungsrecht“, Erster Bd., S. 290
[212] vgl. Mayer „Deutsches Verwaltungsrecht“, Erster Bd., S. 291
[213] vgl. Herrnritt „Grundlehren des Verwaltungsrechts“, S. 343

f. Wirkung der behördlichen Entscheidung beim „Polizeiverbot mit Erlaubnisvorbehalt“

Im Hinblick auf die rechtlichen Wirkungen der behördlichen Entscheidung über den Antrag des Einzelnen auf Erlaubniserteilung, muss nach Ansicht Otto Mayers zwischen der Versagung und der Erteilung der Erlaubnis unterschieden werden. Das klingt zunächst trivial, wirft aber ein Licht auf die dogmatische Struktur.

aa. Versagung der Erlaubnis

Versagt die Behörde die Erlaubnis, so bestätigt sie die Aufrechterhaltung des Verbotes im konkreten Einzelfall. Das allgemeine Verbot wird durch die Behörde dahingehend konkretisiert, dass es auch im konkreten Fall Geltung haben soll. Somit stellt sich die Versagung der Erlaubnis nach Otto Mayer als Eingriff der Behörde in die Rechtssphäre des Einzelnen dar, durch die dessen Freiheit vermindert wird. Ja, sie ist sogar der endgültige Eingriff, den das Verbot mit Erlaubnisvorbehalt nur einleitet. Rechtsgültig ist die Versagung dann, wenn die Aufrechterhaltung des Verbotes im konkreten Fall gesetzlich festgeschrieben ist oder aber die Entscheidung hierüber im Ermessen der Behörde liegt und diese ihr Ermessen auch ermessensfehlerfrei ausgeübt hat[214].

bb. Erteilung der Erlaubnis

Bei der Erteilung einer Erlaubnis durch die Behörde wird das allgemeine Verbot im konkreten Fall unwirksam, d.h. es wird ihm seine Grundlage entzogen. Dadurch werden dem Einzelnen aber nach Ansicht Otto Mayers keine neuen Rechte verliehen, sondern das Verbot stellt nur die natürliche Freiheit des Einzelnen wieder her, wie sie ohne das Verbot ohnehin bestanden hätte.

Otto Mayer hat in diesem Zusammenhang besonders betont, dass der Einzelne durch die ihm erteilte Erlaubnis nicht vor jedweden polizeilichen Eingriffen in sein Handeln geschützt wird, sondern dass die ihm gewährte Erlaubnis immer nur im Hinblick auf das Verbot wirke, von dem die Befreiung erteilt worden ist. Diejenigen polizeilichen Gesichtspunkte aber, die bei der Entscheidung über den Erlaubnisantrag von der zuständigen Behörde beachtet werden müssen, können gegen die einmal erlaubte Unternehmung des Einzelnen nicht noch einmal im Wege einer Einzelmaßnahme der Verwaltung gegen die Unternehmung geltend gemacht werden. Sie sind durch die Erteilung der Erlaubnis erschöpft und für den Einzelnen besteht insofern Rechtssicherheit.

---

[214] vgl. Mayer „Deutsches Verwaltungsrecht“, Erster Bd., S. 291

Sollen diese Gesichtspunkte doch noch einmal im Hinblick auf eine bestimmte Unternehmung herangezogen werden, so bestand nach Ansicht Otto Mayers die einzige Möglichkeit in der Rücknahme der Erlaubnis, durch die das ursprüngliche Verbot wieder auflebt[215].

g. Präventives Verbot mit Erlaubnisvorbehalt und repressives Verbot mit Befreiungsvorbehalt

aa. Bestandsaufnahme

Auch heute, mehr als hundert Jahre nach der ersten Erwähnung des Verbotes mit Erlaubnisvorbehalt durch Otto Mayer, ist die Diskussion über diese Rechtskonstruktion immer noch nicht verstummt, sondern sie ist nach wie vor lebendig. Die exakte rechtliche Einordnung der im konkreten Einzelfall erforderlichen Erlaubnis ist für die rechtliche Situation des Dritten von erheblicher Bedeutung, da sich dies im Einzelfall durchaus auf den Umfang etwaiger zu Gunsten des Dritten bestehender subjektiv-öffentlicher Ansprüche auswirken kann.

Insbesondere die Unterscheidung der Verbote mit Erlaubnisvorbehalt in sog. „präventive" und sog. „repressive" Verbote und die sich daraus ergebenden dogmatischen Folgen für die Verbotskonstruktion an sich sind immer noch Gegenstand intensiver Diskussion. Bei genauer Betrachtung zeigt sich aber, dass die sich daraus für die Drittbetroffenen ergebenden Folgen eher gering sind.

Präventive Verbote richten sich gegen Betätigungen, die grundsätzlich sozial wertvoll oder zumindest neutral sind, vor ihrer Aufnahme aber einer (präventiven) behördlichen Überprüfung zugeführt werden sollen, um im Einzelfall ihre Übereinstimmung mit dem materiellen Recht sicherzustellen.

Das Bedürfnis nach einer präventiven Kontrolle durch die Verwaltung vor Tätigkeitsbeginn entspringt bei diesen, grundsätzlich von der persönlichen Handlungsfreiheit des Einzelnen umfassten und daher grundsätzlich erlaubten Vorhaben und Tätigkeiten, einer ihnen jeweils eigenen Gefährlichkeit. Sie nimmt der Gesetzgeber zum Anlass, dass von der persönlichen Handlungsfreiheit des Einzelnen gedeckte Vorhaben im Einzelfall mit eventuell entgegenstehenden öffentlichen Interessen abzuwägen, um die Gewährleistung der öffentlichen Sicherheit und des allgemeinen Wohls und damit im Ergebnis die Erfüllung der öffentlichen Schutzverpflichtung des Staates in jedem konkreten Einzelfall sicherzustellen. Da die erlaubnispflichtigen Betätigungen grundsätzlich von der persönlichen Freiheit des Einzelnen umfasste Verhaltenswei-

---

[215] vgl. Mayer „Deutsches Verwaltungsrecht", Erster Bd., S. 292

sen sind, gilt der Grundsatz, dass die Erlaubnis zu erteilen ist, sofern keine konkreten Störungen zu erwarten sind.

Demgegenüber betreffen die repressiven Verbote eine im Prinzip als sozialschädlich angesehene Betätigung, die grundsätzlich zu unterbinden ist. Die einem repressiven Verbot mit Erlaubnisvorbehalt unterworfenen Tätigkeiten und Vorhaben sind zwar ebenfalls Bestandteil der persönlichen Freiheit des Einzelnen, diese Freiheit muss aber zu Gunsten des Gemeinwohls, d.h. um dessen Beeinträchtigung zu verhindern, in einem höheren Maße eingeschränkt werden, als bei Tätigkeiten und Vorhaben, die einem präventiven Verbot mit Erlaubnisvorbehalt unterliegen. Es handelt sich hierbei also um Vorhaben und Tätigkeiten von denen ein so hohes Gefahrpotential für das Gemeinwohl ausgeht, dass dadurch die im Vergleich mit präventiven Verboten deutlich erhöhte Einschränkung der persönlichen Freiheit des Einzelnen gerechtfertigt wird.

Die Erlaubniserteilung, die bei einem präventiven Verbot die Regel ist, wird bei einem repressiven Verbot zur Ausnahme, daher spricht man auch von einer Ausnahmebewilligung[216].

Es ist offensichtlich, dass die Abgrenzung umstritten ist, weil es schwer fällt allgemeingültige Kriterien dafür anzugeben, ob es sich hier um ein präventives oder aber um ein repressives Verbot handelt.

bb. Entstehung der Trennung zwischen präventiven und repressiven Verboten

Jede historische Betrachtung, die sich mit den Verboten mit Erlaubnisvorbehalt befasst, muss bei Otto Mayer, d.h. bei seiner im Jahre 1895 entwickelten Grundkonzeption dieses Verbotstyps ansetzen.

Otto Mayer hatte sein „Polizeiverbot mit Erlaubnisvorbehalt" als einheitliches Verbot entwickelt und eine Unterscheidung in präventive und repressive Verbote nicht in Erwägung gezogen[217]. Seiner Ansicht nach erfasste das Polizeiverbot solche Unternehmungen des Einzelnen, die nicht generell zu einer Störung der öffentlichen Ordnung und des Wohls der Allgemeinheit führen, aber grundsätzlich geeignet sind, je nach Lage des Einzelfalles zu einer solchen Störung zu führen. Um solche Störungen frühzeitig abzuwehren und zu verhindern stehe die Unternehmung unter dem Vorbehalt einer vorherigen Erlaubnis, um im Vorfeld der Unternehmung eine Über-

---

[216] vgl. Gromitsaris in DÖV 1997, S. 401 u. 402 ; vgl. etwa Friauf in Badura/Breuer/von Danwitz/Friauf/Krebs/Kunig/Ruland/Schmidt-Aßmann „Besonderes Verwaltungsrecht", 2. Abschn. Rn 182 u. 183

[217] vgl. Gromitsaris in DÖV 1997, S. 406

prüfung des konkreten Einzelfalls zu gewährleisten[218]. Eine darüber hinausgehende Unterscheidung in grundsätzlich sozial unerwünschte und sozial erwünschte Handlungen traf Otto Mayer dagegen nicht. Sie wurde erstmals im Jahre 1906 durch Richard Thoma in seiner Untersuchung „Der Polizeibefehl im Badischen Recht" ins Spiel gebracht.

Thoma unterschied Polizeiverbote in bloße Erlaubniseinholungsgebote und materielle Polizeiverbote, bei denen unter Umständen ein echter Erlaubnisvorbehalt bestehe. Später sprach er auch von einem Vorbehalt der „polizeilichen Dispensation" oder „Ausnahmebewilligung"[219]. Sinn und Zweck des Verbotes mit Erlaubnisvorbehalt sah auch Richard Thoma in der Abwehr „von Störungen der guten Ordnung des Gemeinwesens", wobei Thoma unter dem Begriff der Ordnung den „auf einem Lebensgebiet erreichten, gesicherten Kulturzustand"[220] verstand.

Das präventive Verbot reagiert auf bloß abstrakte Gefahren, deren Vorliegen im konkreten Fall in dem speziellen Verfahren der vorgängigen Überprüfung ausgeschlossen werden soll. Das repressive Verbot reagiert nach Thoma hingegen auf solche abstrakte Gefahren, die nach der Lebenserfahrung und den herrschenden gesellschaftlichen Anschauungen mit dem vom Verbot umfassten Vorhaben typischerweise verbunden sind, so dass es nur zugelassen werden kann, wenn es sich atypischerweise als ungefährlich einstufen lässt[221].

cc. Präventives und repressives Verbot in der neueren Dogmatik

Die von Richard Thoma eingeleitete Abkehr von dem einheitlichen Verständnis des Polizeiverbotes bestimmt in ihren Grundgedanken die Dogmatik noch heute, die im übrigen aber an der Grundkonzeption festhält, die Otto Mayer im Jahre 1895 formuliert hat und seinem Modell der Polizeierlaubnis mit Erlaubnisvorbehalt folgen.

Heinrich Friauf etwa beruft sich in der Behandlung des Rechtsinstituts des Verbotes mit Erlaubnisvorbehalt ausdrücklich auf Otto Mayer, dessen Formulierung, bei dem Verbot mit Erlaubnisvorbehalt gehe es „um die Verwendung der Form des Verbotes zu einer Überwachungsmaßregel gegen mögliche Gefährdungen[222]", er unverändert übernimmt. Wie Thoma unterscheidet Heinrich Friauf aber auch zwischen präventiven und repressiven Verboten, d.h. zwischen den Fällen, in denen der Erlaubnisvorbehalt Verhaltensweisen betrifft, die grundsätzlich als sozial wertvoll oder neutral zu

---

[218] vgl. Mayer „Deutsches Verwaltungsrecht", Erster Bd., S. 288
[219] Die Konzeption Otto Mayers ordnete Richard Thoma dabei unter dem von ihm geprägten Begriff des sog. echten Erlaubnisvorbehaltes ein.
[220] vgl. Thoma, Anmerkungen zu PrOVG, Anm. 47, S.248
[221] vgl. Gromitsaris in DÖV 1997, S. 406
[222] vgl. Mayer „Deutsches Verwaltungsrecht", Erster Bd., S. 289

bewerten sind und den Fällen, in denen sich das Verbot gegen Tätigkeiten richtet, die der Gesetzgeber als grundsätzlich sozialschädlich ansieht[223]. Friauf repräsentiert damit durchaus die herrschende Meinung. Der Trennung zwischen präventivem und repressivem Verbot mit der Möglichkeit der Erlaubnis im Einzelfall, folgt auch Hartmut Maurer, der zwischen Kontrollerlaubnis und Ausnahmebewilligung unterscheidet[224].

aaa. Präventives Verbot (Kontrollerlaubnis)

aaaa. Regelungswirkung von präventiven Verboten

Damit ist davon auszugehen, dass das präventive Verbot bei Verboten mit Erlaubnisvorbehalt lediglich formeller Natur ist, d.h. es betrifft Betätigungen, die grundsätzlich sozial wertvoll oder zumindest neutral sind, bei denen aber ungeachtet dessen im konkreten Einzelfall ihre Übereinstimmung mit dem materiellen Recht vorweg überprüft werden soll. Durch dieses Prüfungserfordernis soll den Polizei- und Ordnungsbehörden nach dem Willen des Gesetzgebers die Möglichkeit verschafft werden, in einem Erlaubnisverfahren zu prüfen, ob sich im konkreten Einzelfall Gefahren ergeben können[225]. Steht das Vorhaben im Einzelfall mit der materiellen Rechtslage im Einklang, so wird die Erlaubnis, bzw. nach der Diktion Maurers die Kontrollerlaubnis, durch die Verwaltung erteilt[226].

Das jeweilige Verbot steht „von vornherein unter dem Vorbehalt, die Erlaubnis zu erteilen, wenn sich im Erlaubnisverfahren keine gesetzlichen Versagungsgründe ergeben", d.h. „die Schranke wird hochgezogen, wenn die Kontrolle vor der Schranke zu keinen Einwänden führt". Hieraus ergibt sich danach auch der Name „Verbot mit Erlaubnisvorbehalt" [227].

---

[223] vgl. Friauf in JuS 1962, S. 423
[224] vgl. Maurer „Allgemeines Verwaltungsrecht", § 9 Rn. 50
[225] vgl. Gromitsaris in DÖV 1997, S. 401 u. 402; vgl. Maurer „Allgemeines Verwaltungsrecht", § 9 Rn. 51; vgl. Friauf in Badura/Breuer/von Danwitz/ Friauf/ Krebs/ Kunig/ Ruland/ Schmidt-Aßmann „Besonderes Verwaltungsrecht", 2. Abschn. Rn 182 u. 183; vgl. Kloepfer in Achterberg/Pütter „Besonderes Verwaltungsrecht-Bd. II", Kap. 7 Rn. 712 ; vgl. Faber „Verwaltungsrecht", § 14 IV a) ; vgl. Bull „Allgemeines Verwaltungsrecht", Rn. 5472
[226] so etwa bei Bull „Allgemeines Verwaltungsrecht", Rn. 547
[227] vgl. Maurer „Allgemeines Verwaltungsrecht", § 9 Rn. 51

bbbb. Rechtsnatur der Erlaubnis (Kontrollerlaubnis) in Folge eines präventiven Verbots mit Erlaubnisvorbehalt

Die Rechtsnatur der Erlaubnis in Folge eines präventiven Verbotes mit Erlaubnisvorbehalt lässt sich am Beispiel der Baugenehmigung veranschaulichen[228].

Das Recht zum Bauen wird dem Grundstückseigentümer in materiell-rechtlicher Hinsicht nicht erst durch die Baugenehmigung verliehen, sondern dieses Recht hatte er schon zuvor, da es sich grundsätzlich für jeden Grundstückseigentümer aus der durch Art. 14 GG garantierten Eigentumsfreiheit ergibt. Durch die Baugenehmigung wird lediglich dem Erlaubniserfordernis Genüge getan und gleichzeitig die allgemeine Handlungsfreiheit im Einzelfall bestätigt. Der Bauherr erhält durch die Erlaubnis also, verglichen mit seiner rechtlichen Ausgangsposition, keine zusätzlichen neuen Rechtspositionen, sondern es werden ihm ausschließlich die Rechtspositionen zugesprochen, die ihm auf Grundlage seiner Eigentumsrechte[229] bereits grundsätzlich zustehen[230]. In formeller Hinsicht ist die Erlaubnis im Falle eines präventiven Verbotes, wie etwa der Baugenehmigung, nach Ansicht der herrschenden Meinung als Verwaltungsakt i.S.d. § 35 VwVfG einzuordnen.

Auch wenn die Baugenehmigung nicht das Recht zum Bauen begründet, sondern für den Bauherrn lediglich das Recht nutzbar macht, dieses sozusagen freischaltet, konkretisiert und individualisiert die Baugenehmigung die abstrakten Baurechtsnormen im Hinblick auf das konkrete Vorhaben, stellt dessen Übereinstimung mit den maßgeblichen gesetzlichen Bestimmungen klar und bestätigt letztlich sein Grundrecht aus Art. 14 GG. Das Baurecht begnügt sich nicht damit, die grundsätzliche Baufreiheit materiell einzuschränken und auszuprägen, es schafft auch einen Verfahrensvorbehalt. Indem die Baugenehmigung und generell die Erlaubnis in Folge des präventiven Verbotes dem Verfahrensvorbehalt genüge tut und die materielle Rechtmäßigkeit des Vorhabens verbindlich feststellt, gewährt sie dem Antragssteller eine günstige Rechtsposition, d.h. sie ist als begünstigender rechtsgestaltender Verwaltungsakt zu bewerten[231].

---

[228] vgl. etwa Krebs in Badura/Breuer/von Danwitz/Friauf/Krebs/Kunig/Ruland/Schmidt-Aßmann,„Besonderes Verwaltungsrecht“, 4. Abschn. Rn. 208

[229] Durch die Baufreiheit des Art. 14 GG wird dem Bürger das Recht garantiert, das Grundstück im Rahmen der Gesetze zu bebauen (vgl. Pieroth/Schlink „Grundrechte-Staatsrecht II“, Rn. 893, 899 ff. ; vgl. BVerfGE 35, 263, 276 (Beschluss v. 19.06.1973 - 1 BvL 39/69 und 14/72 -)

[230] vgl. Maurer „Allgemeines Verwaltungsrecht“, § 9 Rn. 52

[231] vgl. Krebs in Badura/Breuer/von Danwitz/Friauf/Krebs/Kunig/Ruland/Schmidt-Aßmann „Besonderes Verwaltungsrecht“, 4. Abschn. Rn. 209

bbb. Repressives Verbot (Ausnahmebewilligung)

aaaa. Regelungswirkung von repressiven Verboten

Die Wirkungen der repressiven Verbote sollen über die der präventiven Verbote hinausgehen, vor allem nicht nur formeller Art sein.

Mit ihnen unterbindet der Gesetzgeber an sich verbotene, außerhalb der verfassungsmäßigen Freiheiten liegende und damit grundsätzlich sozialschädliche Betätigungen, behält sich aber die Möglichkeit vor, im Einzelfall, aus Gründen der Einzelfallgerechtigkeit ausnahmsweise eine Erlaubnis zu erteilen[232]. Zwingend ist der Vorbehalt nicht, die meisten repressiven Verbote sehen eine Dispensierung nicht vor. Verknüpft der Gesetzgeber nun ein grundsätzliches Verbot mit der Möglichkeit, es unter besonderen Umständen für den Einzelfall zu beseitigen, spricht man von einem Verbot mit Befreiungsvorbehalt, einem Verbot, von dem in besonders gelagerten Ausnahmefällen eine Befreiung mittels einer sog. Ausnahmebewilligung erteilt werden kann[233].

bbbb. Rechtsnatur der Erlaubnis (Ausnahmebewilligung) in Folge eines repressiven Verbotes mit Erlaubnisvorbehalt

Es ist immer denkbar, dass ein Tun das typischerweise mit einer solchen Gefahr verbunden ist, die sein Verbot nicht nur rechtfertigt, sondern erzwingt, sich - ausnahmsweise - im konkreten Fall als ungefährlich erweist. In diesem Fall kann ein grundrechtlicher Anspruch auf Rücknahme des Verbotes bestehen. Sieht das Gesetz dafür nicht von sich aus einen Dispens vor, ist es verfassungswidrig, u.U. ist es verfassungskonform auslegbar. Ähnliches gilt, wenn sich das Verbot im konkreten Fall als unverhältnismäßig erweist, d. h. die Gefahr das für sie geforderte Freiheitsopfer nicht aufwiegt. Vielfach wird der Gesetzgeber von sich aus die Abwägung treffen und durch die Ermächtigung zu einer Ausnahmegenehmigung der Verwaltung die Möglichkeit geben, Härten, die aus der abstrakt-generellen Verbotsregelung folgen, zu vermeiden. Dabei entsteht der Anschein, als ob eine solche Erlaubnis, den Rechtskreis des Einzelnen nicht bloß bestätige, sondern erweitere, also auch materiell einen begünstigen Verwaltungsakt darstelle[234].

---

[232]vgl. Gromitsaris in DÖV 1997, S. 401 u. 402; vgl. Maurer „Allgemeines Verwaltungsrecht", § 9 Rn. 55

[233] vgl. Maurer „Allgemeines Verwaltungsrecht", § 9 Rn. 55

[234] vgl. Maurer „Allgemeines Verwaltungsrecht", § 9 Rn. 55

dd. Kritik an der Unterscheidung zwischen präventiven und repressiven Verboten

Gegen die strenge Unterscheidung von präventiven und repressiven Verboten regt sich seit langem Kritik. Sie stellt die Möglichkeit der Abgrenzung in Frage und plädiert für eine Angleichung der beiden, nach Ansicht der herrschenden Meinung, so unterschiedlichen „Verbotstypen".

Die von der herrschenden Meinung angeführten Unterscheidungskriterien sind einer kritischen Betrachtung unterzogen worden, wobei insbesondere Berührungspunkte und Parallelen beider Institute herausgearbeitet wurden[235].

Der erste Kritikpunkt wird in der Unterscheidung von präventiven und repressiven Verboten selbst gesehen. Jürgen Schwabe hält die Unterscheidung in sozial erwünschte und sozial unerwünschte Tätigkeiten für zu ungenau. Das nach allgemeiner Ansicht präventive Verbot des Bauens verfolge nicht nur das Ziel der Begründung einer Erlaubnispflicht, sondern habe auch die Funktion, das Errichten von Bauwerken, die den im Baurecht oder sonst begründeten materiellen Anforderungen nicht entsprechen, zu unterbinden. Eine Beschränkung des Erlaubnisvorbehaltes in diesen Fällen auf eine reine Kontrollfunktion im Sinne der Unterscheidung der herrschenden Lehre zwischen präventiven und repressiven Verboten mit Erlaubnisvorbehalt, bestehe tatsächlich nur bei den Bauvorhaben die sich als zulässig erweisen. Liegen die materiellen Voraussetzungen hingegen nicht vor, habe das angeblich präventive Verbot des Bauens auch und gerade die repressive Aufgabe, die Errichtung des konkreten Bauwerks zu verhindern. Mithin gäbe es kein nur präventives Verbot, sonder auch dieses stellt sich dann, wenn die erforderlichen Zulässigkeitskriterien nicht vorliegen, als ein endgültiges und damit „repressives" Verbot mit Erlaubnisvorbehalt dar[236].

Umgekehrt sei jedes Verbot, mit dem sich die Möglichkeit einer Ausnahmebewilligung verbinde, auch kein ausschließlich repressives Verbot, da auch in diesen Fällen - wie die Möglichkeit der Erlaubniserteilung seiner Ansicht nach beweise - die bezeichnete Tätigkeit nicht stets unterbunden werden solle. Endgültig verhindert werden sollen auch in diesen Fällen nur die Tätigkeiten, die sich im Einzelfall als schädlich erweisen und den materiellen Voraussetzungen des Gesetzes nicht genügen[237]. Eine strikte Trennung i.S.d. herrschenden Lehre sei daher nicht möglich, sondern präventive und repressive Verbote mit Erlaubnisvorbehalt stimmen in ihrer Konzeption weitgehend überein[238]. Auch die konkrete Ausgestaltung der Erlaubnis als Er-

---

[235]vgl. Schwabe in JuS 1973, S. 134 ; vgl. Gusy in JA 1981, S. 81
[236]vgl. Schwabe in JuS 1973, S. 134
[237] vgl. Schwabe in JuS 1973, S. 134
[238]vgl. auch Gusy in JA 1981, S. 81

messens- oder als gebundene Entscheidung, könne die Unterscheidung von präventiven und repressiven Verboten mit Erlaubnisvorbehalt nicht begründen.

Das richtet sich gegen Thesen, wonach präventive und repressive Verbote mit Erlaubnisvorbehalt sich dadurch unterscheiden, dass die Erlaubnis bei einem bloß präventiven Verbot erteilt werden müsse, wohingegen ein das repressive Verbot ausräumender Dispens dann vorliege, wenn die Entscheidung über die im Einzelfall zu genehmigende Ausnahme nach der gesetzlichen Konzeption in das Ermessen der Verwaltung gestellt ist. Dies sei erforderlich, weil es ansonsten an dem für einen Dispens generell notwendigen Charakter des „an sich Normwidrigen" fehle[239].

Schwabe räumt zwar ein, dass die Erlaubnis bei einem traditionell als präventiv aufgefassten Verbot nicht im Ermessen steht, während der Dispens nach einem herkömmlich als repressiv gedeuteten Verbot regelmäßig im Ermessen steht. Er weist jedoch darauf hin, dass in zunehmenden Maße auch bei repressiven Verboten ein Rechtsanspruch eingeräumt wird und dann auch eine Rechtspflicht zur Erlaubniserteilung bestehen kann[240]. Friauf ist der Ansicht, dass bei den repressiven Verboten der Verwaltung im Prinzip kein freies Ermessen eröffnet werden dürfe, sondern dass eine Verpflichtung zur gesetzlichen Normierung der tatbestandsmäßigen Voraussetzung für die Erlaubniserteilung bzw. deren Ablehnung bestehe, die gewissen inhaltlichen Anforderungen genügen muss. Ein freies Ermessen der Verwaltung rechtfertige sich nicht aus der dogmatischen Struktur des repressiven Verbots mit Dispensvorbehalt, da es gerade kein bloßes Minus gegenüber einem vollständigen Verbot ohne Erlaubnismöglichkeit sei. Tatsächlich entscheide die zuständige Behörde bei einem solchen Verbot nicht lediglich über eine Begünstigung des Einzelnen durch die Erlaubniserteilung, sondern nehme durch die Erlaubnis gleichzeitig eine vorher gesetzlich verfügte Beschränkung zurück[241].

Friauf will zur Unterscheidung des Verbotes mit Erlaubnisvorbehalt vom Verbot mit Dispensvorbehalt darauf abstellen, dass die Beseitigung eines ohne Erlaubnis ins Werk gesetzten Werkes nur dann verlangt werden könne, wenn der Errichtung ein repressives Verbot entgegenstehe. Handele es sich demgegenüber lediglich um ein präventives Verbot, könne das ohne die erforderliche Erlaubnis errichtete Werk nicht allein wegen der fehlenden Erlaubnis beseitigt werden, da die Nichtbeachtung des Erlaubnisvorbehaltes das Werk zwar formell, nicht aber auch materiell rechtswidrig mache[242].

Schwabe hat mit gutem Grund eingewendet, dass das eine sichere Unterscheidung von präventivem und repressivem Verbot nicht zulässt, da auch in Fällen repressiver

---

[239]vgl. Mussgnug „Der Dispens von gesetzlichen Vorschriften", 1964, S. 84
[240] vgl. Schwabe in JuS 1973, S. 134
[241]vgl. Friauf in JuS 1962, S. 425
[242]vgl. Friauf in JuS 1962, S. 423 Fußn. 14

Verbote der Anspruch auf Erteilung der Ausnahmegenehmigung bestehen könne. Sei dies aber der Fall, könne zweifellos die Beseitigung des Werkes nicht allein aufgrund der fehlenden Genehmigung, auf deren Erteilung ein Anspruch besteht verlangt werden. Eine solche Beseitigung wäre „genauso unzulässig und töricht wie in den vertrauteren Fällen eines Verstoßes gegen präventive Verbote“[243].

Tatsächlich wird man zumindest in den Fällen, in denen die Aufrechterhaltung des Verbotes grundrechtlich nicht aufrechterhalten werden kann, Dispense kaum von Erlaubnissen unterscheiden können. Ob es daneben auch Fälle gibt, in denen es in das Ermessen der Verwaltung gestellt ist, ein Verbot aufrechtzuerhalten oder von ihm zu befreien, ist eine andere Frage. Tatsächlich scheint es nicht ausgeschlossen, die Abwägung im Einzelfall der Politik anheimzustellen.

3. Darstellung am Beispiel des baurechtlichen Drittschutzes

a. Allgemeines

Die Auswirkungen eines Verbotes mit Erlaubnisvorbehalt auf den Anspruch auf polizeiliches Einschreiten lassen sich besonders gut anhand der Situation im Bereich des öffentlichen Baurechts darstellen, da in diesem Bereich zum einen die signifikanten Punkte besonders deutlich hervortreten und zum anderen auch ein direkter Vergleich zwischen der Situation bei erlaubnispflichtigen und erlaubnisfreien Vorhaben in besonderer Weise möglich ist.

Zwar waren - wie bereits erwähnt - im Bereich des öffentlichen Baurechts in den letzten Jahren umfangreiche Deregulierungstendenzen zu verzeichnen, die sich in einem deutlichen Rückgang der gesetzlich bestimmten Präventivkontrolle von geplanten Bauvorhaben durch die Baurechtsbehörden, d.h. in einer deutlichen Verkleinerung des Kreises der erlaubnispflichtigen Bauvorhaben niedergeschlagen haben. Dies ändert aber nichts daran, dass eine Vielzahl von grundlegenden, heute für nahezu alle Bereiche des Verwaltungsrechts verallgemeinerten Entscheidungen und Weichenstellungen im Bereich des Drittschutzes, im Bereich des öffentlichen Baurechts und dort insbesondere zu Fragen im Zusammenhang mit der Baugenehmigung ergangen und entwickelt worden sind[244].

Die Untersuchung der Rechtsstellung des Drittbetroffenen soll anhand der folgenden Grundkonstellationen erfolgen:

---

[243] vgl. Schwabe in JuS 1973, S. 134
[244] Vgl. Breuer in DVBl. 1983, S. 431. 431

- Die erforderliche Erlaubnis (Baugenehmigung) ist erteilt, das Vorhaben ist aber noch nicht verwirklicht (das Bauwerk ist noch nicht errichtet)

- Die erforderliche Erlaubnis (Baugenehmigung) ist erteilt und das Vorhaben ist verwirklicht (das genehmigte Bauwerk ist bereits errichtet)

- Die erforderliche Erlaubnis (Baugenehmigung) ist nicht erteilt, aber das Vorhaben ist verwirklicht (Errichtung eines genehmigungspflichtigen Bauwerks ohne Baugenehmigung, sog. Schwarzbau)

Daran anschließend sollen aus Gründen der Vollständigkeit auch die Auswirkungen eines Verbotes mit Erlaubnisvorbehalt in den Fällen dargestellt werden, in denen eine beantragte Erlaubnis zwar noch nicht erteilt, aber kurzfristig zu erwarten ist.

b. Fallgruppen

aa. Erlaubnis erteilt, aber Vorhaben noch nicht verwirklicht

aaa. Hauptsacherechtsschutz

Ist die erforderliche Erlaubnis erteilt, das entsprechende Vorhaben aber noch nicht realisiert bzw. mit der erlaubten Tätigkeit noch nicht begonnen worden, so besteht für den durch die Genehmigung Drittbetroffenen grundsätzlich die Möglichkeit, sich im Wege des Widerspruchs bzw. (daran anschließend) der Anfechtungsklage gegen die erteilte Erlaubnis zur Wehr zu setzen[245].

Ein solches Anfechtungsrecht des Dritten besteht immer dann, wenn dieser durch die einem anderen erteilte Erlaubnis in einer ihm als eigene zustehenden Rechtsposition, d.h. in einem subjektiv-öffentlichen Recht verletzt worden ist. In diesem Fall steht dem gegenüber der Verwaltung ein Anspruch auf Aufhebung der einem anderen erteilten Erlaubnis zu, da die Behörde durch die Erteilung der Erlaubnis in rechtswidriger Weise in den Rechtskreis des nun Drittbetroffenen eingegriffen hat.

Durch den Eingriff in seine subjektiv-öffentlichen Rechte wird der Drittbetroffenen in das ursprünglich ausschließlich zwischen der Erlaubnisbehörde und dem Erlaubnisadressaten bestehende Verwaltungsrechtsverhältnis hineingezogen und erfährt auf diesem Wege eine beachtliche Stärkung seiner Rechtsposition.

---

[245] vgl. Sacksofsky in DÖV 1999, 946, 949 f.

Kann der Dritte bei einem erlaubnisfreien Vorhaben - als quasi „Außenstehender" -, lediglich versuchen, die „Änderung" eines ihn beeinträchtigenden Vorhabens im Wege eines Anspruchs auf polizeiliches Einschreiten durchzusetzen, so macht er nun Ansprüche als „Beteiligter" des Verwaltungsrechtsverhältnisses geltend.

Erfolgt die Beeinträchtigung der subjektiv-öffentlichen Rechte des Dritten bei erlaubnisfreien Vorhaben ausschließlich durch das konkrete Vorhaben und damit durch das privatrechtliche Handeln eines Anderen, erfolgt die von Seiten des Dritten geltend gemachte Beeinträchtigung seiner subjektiv-öffentlichen Rechte bei einem „erlaubten Vorhaben" in erster Linie durch die für das geplante Vorhaben erteilte Erlaubnis und damit im Ergebnis durch die Erlaubnisbehörde.

Insofern verlagert sich dann aber auch der „Ansatzpunkt" für etwaige Ansprüche des Dritten. Begehrt er im Falle eines erlaubnisfrei zulässigen störenden Vorhabens das Einschreiten der Behörde in einem dieser, bis zu diesem Zeitpunkt zu Recht meistens vollkommen unbekannten Sachverhalt, so verlangt er von der Behörde im Falle eines erlaubnispflichtigen Vorhabens in erster Linie die Korrektur einer von ihr, entgegen ihren gesetzlichen Verpflichtungen, selbst getroffenen Maßnahme, d.h. in der Regel die Aufhebung einer, seine subjektiv-öffentlichen Rechte verletzenden und damit rechtswidrigen Erlaubnis.

Bei einem generell erlaubnisfreien Vorhaben, dürfte Rechtsschutz des Einzelnen in diesem Stadium wohl nur im Wege einer zivilrechtlichen vorbeugenden Unterlassungsklage zu erlangen sein, da für ein verwaltungsrechtliches Vorgehen - mangels Realisierung des Vorhabens - regelmäßig der rechtliche Ansatzpunkt fehlt. Ansatzpunkte für einen verwaltungsgerichtlichen Rechtsschutz, d.h. insbesondere für die Geltendmachung eines Anspruchs auf polizeiliches Einschreiten, bestehen bei erlaubnisfreien Vorhaben, sofern mit der Realisierung noch nicht begonnen worden ist, in aller Regel nicht.

Ausdrücklich zu erwähnen ist hierbei aber, dass, wie bereits oben erwähnt, auch im Falle eines erlaubnispflichtigen Vorhabens gem. § 212 a BauGB weder einem Widerspruch noch einer Anfechtungsklage des Dritten gegen die erteilte Baugenehmigung aufschiebende Wirkung zukommt. Mithin wird die Realisierung des Vorhabens für den Adressaten der Baugenehmigung, allein aufgrund des Widerspruchs oder der Anfechtungsklage eines Dritten, nicht unmöglich.

bbb. Einstweiliger Rechtsschutz

Insbesondere mit Blick auf die zuletzt genannte Bestimmung des § 212 a BauGB kommt dem einstweiligen Rechtsschutz des Dritten besondere Bedeutung zu.

Da sich der Drittbetroffene in Fällen der vorgenannten Art in der Hauptsache im Wege der Anfechtungsklage gegen die durch die Behörde rechtswidrig erteilte Erlaubnis wenden kann, richtet sich sein einstweiliger Rechtsschutz in diesen Fällen nach § 80 a Abs.1 Nr. 2 VwGO bzw. nach § 80 a Abs.3 VwGO. Aufgrund der Regelung in § 212 a BauGB ist insofern auch unproblematisch, dass dem in der Hauptsache eingeleiteten Rechtsschutz (Widerspruch bzw. Anfechtungsklage) keine aufschiebende Wirkung zukommt (§ 80 Abs.2 VwGO)[246].

Der Drittbetroffene kann im Wege des vorläufigen Rechtsschutzes gem. § 80 a Abs.1 Nr. 2 bzw. § 80 a Abs. 3 VwGO allein auf Grund einer Verletzung subjektiver öffentlicher, d.h. ihn drittschützender Rechte die Aussetzung der Vollziehung der Genehmigung herbeiführen und die Anordnung notwendiger Sicherungsmaßnahmen durch die Behörde bzw. das Gericht beantragen. Da der Behörde bzw. dem Gericht insofern die Möglichkeit eröffnet ist, den Beginn der Realisierung des Vorhabens zu untersagen, kann der Dritte auf diesem Wege, über die reine Aussetzung der Vollziehung der Baugenehmigung hinaus, auch die tatsächliche Realisierung des Vorhabens (zumindest vorläufig) verhindern.

Ob ein solcher Anspruch im Einzelfall gegeben ist, bemisst sich nach den im Rahmen des Aussetzungsverfahrens „überschaubaren Erfolgsaussichten des Hauptsacheverfahrens“[247], die im Wege einer Interessenabwägung mit dem Interesse des Inhabers der Genehmigung, d.h. im Bereich des Baurechts mit dem Interesse des Bauherrn in Ausgleich gebracht werden müssen[248]. Der Anspruch auf Aussetzung besteht dann, wenn sich im Rahmen der Interessenabwägung ergibt, dass das Interesse des Antragsstellers an der Aussetzung der Vollziehung der Genehmigung, das öffentliche Interesse am Vollzug der Genehmigung überwiegt[249].

Handelt es sich hingegen um ein Vorhaben, dessen Zulässigkeit nicht von einer vorhergehenden Erlaubnis abhängt, d.h. um ein erlaubnisfreies Vorhaben, so kann sich der Drittbetroffene im Wege des Hauptsacherechtsschutzes wohl nur auf einen zivilrechtlichen vorbeugenden Unterlassungsanspruch berufen. Eine tatsächliche Beeinträchtigung seiner Rechtsstellung liegt mangels eines realisierten Vorhabens oder eines diesbezüglich regelnden Verhaltens der Verwaltung in diesem Stadium noch nicht vor.

Darauf aufbauend ist für den Dritten bei einem erlaubnisfreien Vorhaben, mit dessen Realisierung noch nicht begonnen worden ist, die Möglichkeit zur Erlangung einst-

---

[246] vgl. Schoch in Schoch/Schmidt-Aßmann/Pietzner „Verwaltungsgerichtsordnung“, Bd. 1, § 80 a Rn. 36

[247] BVerfGE 51, 268, 280

[248] vgl. Oeter in DVBl. 1999, 189, 192; vgl. Ortloff in NvwZ 1996, 647, 654; vgl. auch bei Sacksofsky in DÖV 1999, S. 946, 950

[249] vgl. insofern etwa die Formulierung bei Schenke in Kopp/Schenke „Verwaltungsgerichtsordnung“, § 80 Rn. 165

weiligen Rechtsschutzes dann aber auch nur im Wege einer einstweiligen Anordnung gem. § 123 VwGO eröffnet. Dies folgt aus der Qualifikation der vorbeugenden Unterlassungsklage als allgemeine Leistungsklage[250].

Voraussetzung für die Begründetheit eines Anspruchs gem. § 123 VwGO wäre aber, dass das Gericht beim Erlass der einstweiligen Anordnung von der Rechtmäßigkeit des Begehrens, d.h. also letztendlich vom Bestehen des vom Drittbetroffenen in der Hauptsache geltend gemachten Anspruchs, überzeugt ist[251]. Dabei ist zu beachten, dass das in der Hauptsache geforderte „Einschreiten" im Ermessen der zuständigen Behörde steht und dem Drittbetroffenen - unter der Voraussetzung, dass er in einem seinem Schutz dienenden subjektiven Recht verletzt ist - insofern in der Hauptsache regelmäßig lediglich ein Anspruch auf ermessensfehlerfreie Entscheidung der zuständigen Behörde, gerade aber nicht auf deren Einschreiten zusteht[252].

Mithin kann der Dritte in diesen Fällen im Verfahren des einstweiligen verwaltungsrechtlichen Rechtsschutzes ein „Handeln" der Behörde in aller Regel nicht durchsetzen, da der im Verfahren des vorläufigen Rechtsschutzes zu erlangende Rechtsschutz nicht weiter gehen kann als im entsprechenden Hauptsacheverfahren.

Somit ist für den Dritten im Falle eines erlaubnisfreien Vorhaben, mit dessen Realisierung noch nicht begonnen worden ist, eine Möglichkeit zur Erlangung einstweiliger Rechtsschutzes regelmäßig nicht eröffnet. Hieraus folgt - im Vergleich mit seiner Situation bei erlaubnispflichtigen Vorhaben - eine erhebliche Einschränkung der rechtlichen Möglichkeiten des Drittbetroffenen zur Erlangung einstweiligen Rechtsschutzes.

bb. Erlaubnis erteilt und Vorhaben verwirklicht

aaa. Hauptsacherechtsschutz

Auch in dieser Konstellation, besteht für den Drittbetroffenen die Möglichkeit, sich im Wege einer Anfechtungsklage gegen die erteilte Erlaubnis und damit gegen eine „Handlung" der Erlaubnisbehörde zu wenden.

Der Unterschied für den Drittbetroffenen besteht nun aber darin, dass das von der Verwaltung erlaubte Vorhaben bereits tatsächlich existent ist und mithin seine „nachteiligen Wirkungen" real gegenüber dem Dritten entfaltet. Die Beeinträchtigun-

---

[250] Schmidt/Seidel „Besonderes Verwaltungsrecht", 5. Auflage, S. 87
[251] vgl. insofern den Hinweis bei Sacksofsky in DÖV 1999, 946, 953
[252] vgl. in Bezug auf die Anspruchsvoraussetzungen im Rahmen des einstweiligen Rechtsschutzes Oeter in DVBl 1999, S. 189, 192

gen des Drittbetroffenen gehen in dieser Konstellation - bei tatsächlicher Betrachtung - mithin nicht vorrangig von der rechtswidrig erteilten Erlaubnis, sondern in erster Linie von dem verwirklichten Vorhaben selbst aus.

Nur wenn die störenden Auswirkungen des bereits real existierenden Vorhabens beseitigt werden, kann dem Rechtsschutzinteresse des beeinträchtigten Drittbetroffenen Genüge getan werden. Die isolierte Aufhebung der erteilten Erlaubnis allein, d.h. ohne „Rückwirkung" auf das existente Vorhaben, hat für den Drittbetroffenen im Ergebnis keinen praktischen Wert. Den Interessen des Drittbetroffenen kann in diesen Fällen daher nur unter der Voraussetzung Genüge getan werden, dass ihm zusätzlich zur Möglichkeit der Anfechtung der erteilten Erlaubnis, ein direktes Vorgehen gegen das Vorhaben selbst, d.h. ein durchsetzbarer Rechtsanspruch gegen die zuständige Bauaufsichtsbehörde auf Einschreiten gegen das Vorhaben zugestanden wird.

Insofern besteht dann aber - objektiv betrachtet -, von der grundsätzlichen Zielrichtung eines solchen Anspruchs ausgehend kein grundlegender Unterschied zur Situation des Dritten bei einem ebenfalls störenden, aber erlaubnisfreien Vorhaben. In beiden Konstellationen kann eine effektive Störungsabwehr im Ergebnis ausschließlich im Wege der direkten Einwirkung auf das realisierte Vorhaben erreicht werden. (Beispiel: Die von einem Bauwerk ausgehenden Störungen können nicht allein durch die Aufhebung der Baugenehmigung, sondern, je nach Lage des Einzelfalls, nur durch eine Nutzungsuntersagung oder den Abbruch des Gebäudes beseitigt werden).

Für die Rechtsstellung des Dritten ist es in diesem Fall somit von ausschlaggebender Bedeutung, unter welchen materiell-rechtlichen Voraussetzungen ihm ein Anspruch gegen die zuständige Behörde auf Einschreiten gegen das realisierte Vorhaben zusteht.

Wird ein solcher Anspruch von den selben strengen Voraussetzungen abhängig gemacht, die generell in Bezug auf einen Anspruch auf polizeiliches Einschreiten in Ansatz gebracht werden, dann besteht für den Drittbetroffenen insofern kein Unterschied, ob er sich gegen die Auswirkungen eines genehmigungspflichtigen realisierten Vorhabens oder eines genehmigungsfreien realisierten Vorhabens zur Wehr setzen möchte. Zu berücksichtigen ist hierbei aber, dass für das störende Vorhaben eine öffentliche Erlaubnis erteilt ist. Zwar eine rechtswidrige, aber dennoch eine wirksame Erlaubnis, durch die die Übereinstimmung des Vorhabens mit dem öffentlichen Recht ausdrücklich „festgestellt" wird.

Unabdingbare Voraussetzung für eine Verpflichtung der zuständigen Behörde zum Einschreiten gegen das störende Vorhaben ist es daher, dass die noch wirksame Erlaubnis überprüft und auf Grund ihrer Rechtswidrigkeit aufgehoben wird. Erst nachdem dies - wenn auch unter Umständen gleichzeitig mit dem Einschreiten der Behörde - geschehen ist, kann eine Verpflichtung der Behörde zum Einschreiten gegen das realisierte Vorhaben und ein darauf gerichteter Anspruch des Einzelnen bestehen. Ansonsten wäre die zuständige Behörde gezwungen, entgegen einer wirksamen öffentlich-rechtlichen Erlaubnis zu handeln, worin ein unzulässiges, weil widersprüchliches Verwaltungshandelns zu sehen wäre.

Ist nun aber die erteilte Erlaubnis auf Grund ihrer Rechtswidrigkeit aufgehoben worden, so stellt sich die Frage, unter welchen materiell-rechtlichen Voraussetzungen ein Anspruch des Drittbetroffenen gegen die zuständige Behörde besteht, unmittelbar gegen das realisierte Vorhaben einzuschreiten. Hieran zeigt sich dann aber auch, ob und wenn ja in welcher Weise es sich auf die Rechtsstellung des Drittbetroffenen auswirkt, ob die Verletzung seiner subjektiven Rechte konkret durch ein genehmigungspflichtiges oder ein genehmigungsfreies Vorhaben hervorgerufen wird.

Für den Bereich des öffentlichen Rechts stellt sich mithin konkret die Frage, unter welchen Voraussetzungen in dieser Konstellation ein Anspruch des Dritten auf Einschreiten der zuständigen Behörde gegen das realisierte Vorhaben, d.h. insbesondere auf Erlass einer Abbruch- oder Nutzungsuntersagungsverfügung besteht.

Eine in Literatur und Rechtsprechung stark verbreitete Auffassung begründet das Bestehen eines solchen Anspruchs des Drittbetroffenen - eine Verletzung des Dritten in subjektiven Rechten immer vorausgesetzt - mit einer, aus der Aufhebung der rechtswidrigen Erlaubnis resultierenden „Folgenbeseitigungslast" der Verwaltung und einem unter bestimmten Voraussetzungen daraus resultierenden „Folgenbeseitigungsanspruch" des betroffenen Dritten. Durch die Aufhebung der rechtswidrigen Erlaubnis wird danach für die Verwaltung die Verpflichtung begründet, die für den Dritten negativen Auswirkungen des rechtswidrig genehmigten Vorhabens und damit im Ergebnis die Auswirkungen der rechtswidrigen Erlaubnis selbst zu beseitigen (z.B. Rückbau des auf Grundlage einer - zwischenzeitlich aufgehobenen - rechtswidrigen Baugenehmigung errichteten Gebäudes)[253]. Diese Folgenbeseitigungslast führe im Zusammenwirken mit den generellen Voraussetzungen eines Anspruchs auf behördliches Einschreiten auf Seiten der Verwaltung zu einer Ermessensreduzierung, d.h. im Hinblick auf den Anspruch auf polizeiliches Einschreiten, sofern keine höherrangigen, gegen ein Einschreiten sprechende Gründe vorliegen, die in diesem Rahmen zu berücksichtigen seien, führe zu einer Ermessensreduzierung auf Null. Dies komme im Ergebnis einem Anspruch des Drittbetroffenen auf behördliches Einschreiten

[253] vgl. VGH-Mannheim (Urteil v. 04.07.1973 – III 1209/72 -) in BRS 27 Nr.199; vgl. OVG-Bremen (Urteil v. 04.06.1973 – II BA 104/73 -) in BRS 27 Nr. 192; vgl. auch Kübler/Speidel „Handbuch des Baunachbarrechts", I Rn. 77 ff.

gleich. Die Ablehnung eines solchen Anspruchs sei demgegenüber nur in Ausnahmenfällen ermessensfehlerfrei und damit in der Regel unzulässig[254].

Hierbei wird aber betont, dass es sich bei der Ermessensreduzierung auf Null in diesen Fällen nicht um einen Automatismus der Folgenbeseitigungsverpflichtung der Behörde handele, sondern dass die Folgenbeseitigungslast der Behörde lediglich einen gewichtigen Faktor im Rahmen der Ermessenserwägungen darstelle[255].

Bei Zugrundelegung dieses Ansatzes müsste die Folgenbeseitigungslast mithin im Rahmen der Ermessensentscheidung der zuständigen Bauaufsichtsbehörde über den Anspruch des Dritten auf Einschreiten gegen ein bereits errichtetes Bauvorhaben zugunsten des Dritten berücksichtigt werden. Auf Seiten des betroffenen Bauherrn wäre demgegenüber sein zwar noch nicht rechtlich geschütztes, aber bis zur Aufhebung der Baugenehmigung faktisch bestehendes Vertrauen in die Rechtmäßigkeit der ihm erteilten Baugenehmigung zu berücksichtigen.

Da sich diese beiden Belange in der Regel ausgleichen, bliebe es - ähnlich wie im Falle eines sog. Schwarzbaus - bei der das Ermessen reduzierenden Wirkung des öffentlich-rechtlichen Belanges der „Wiedergutmachung der Nachbarrechtsverletzung", mit der Folge eines grundsätzlich bestehenden - nur in Ausnahmefällen durch den Vertrauensschutz des Bauherren verdrängt[256] - Anspruchs des Drittbetroffenen auf behördliches Einschreiten gegen das in rechtsfehlerhafter Weise erlaubte und realisierte Vorhaben.

Hiergegen erhebt sich jedoch Kritik. So wird vorgebracht, dass in den zuvor beschriebenen Fällen weder ein Folgenbeseitigungsanspruch des Einzelnen gegen die zuständige Behörde, noch eine dieser obliegende Folgenbeseitigungslast bestehe. Die Fälle des Einschreitens gegen ein Vorhaben, das aufgrund einer zwischenzeitlich aufgehobenen rechtswidrigen Erlaubnis errichtet worden ist und des Einschreitens gegen ein Vorhaben, das ohne die vorherige Erteilung der erforderlichen Erlaubnis errichtet worden ist, seien gleich zu behandeln[257]. Des Weiteren wird angeführt, dass das von einem Dritten begehrte Einschreiten der zuständigen Behörde gegen das von dem Erlaubnisadressaten realisierte Vorhaben gerade auch nicht im Wege eines Folgenbeseitigungsanspruchs - als sog. Annexantrag gem. § 113 Abs.1 S.2 VwGO - im Rahmen der Anfechtung der erteilten Erlaubnis selbst geltend gemacht werden könne. Dies ergebe sich daraus, dass im Rahmen eines Folgenbeseitigungsan-

---

[254] vgl. Di Fabio in VerwArch 1996, 214, 217 f.; vgl. auch OVG-Münster (Urteil v. 15.12.1972 - XI A 764/71 -) in BRS 25, Nr. 194; vgl. OVG-Münster (Urteil v. 23. April 1982 - 10 A 645/80 -) in BRS 39 Nr. 178

[255] vgl. VGH-Mannheim (Urteil v. 01.06.1978 - III 2190/77 -) in BRS 33 Nr. 159; vgl. OVG-Lüneburg (Urteil v. 27.03.1981 - 1 A 213/80 -) in BRS 38 Nr. 181; vgl. Di Fabio in VerwArch 1996, 214, 217 f.; vgl. Sarnighausen in NJW 1993, 1623, 1627 f.

[256] vgl. Finkelnburg/Ortloff „Öffentliches Baurecht II", S. 259 f.

[257] vgl. OVG-Münster (Urteil v. 17.05.1983 – 7 A 330/81 -) in BRS 40 Nr. 191

spruchs nur die Beseitigung solcher Folgen rechtswidrigen Verwaltungshandelns und damit einer rechtswidrig erteilten Erlaubnis verlangt werden könne, die unmittelbar auf dem rechtswidrigen staatlichen Handeln beruhen. Nur unter dieser Voraussetzung seien die Folgen der Verwaltung zurechenbar. Beruhen die von dem Drittbetroffenen geltend gemachten Beeinträchtigungen seiner subjektiv-öffentlichen Rechte hingegen auf dem „freien Entschluss" eines Anderen, z.B. eines privaten Bauherrn, der von der ihm rechtswidrig erteilten Erlaubnis Gebrauch macht, so fehle es aber gerade an dieser Unmittelbarkeit[258].

Zusammenfassend kann insofern festgehalten werden, dass der Schutz der subjektiven Rechtspositionen des - beispielsweise durch ein genehmigtes und bereits realisiertes Bauvorhaben - Drittbetroffenen, in einer Vielzahl von Fällen, durch die Aufhebung der erteilten Baugenehmigung allein nicht erreicht werden kann, da die nachteiligen Wirkungen des realisierten Vorhabens unabhängig vom rechtlichen Bestand der Genehmigung weiter bestehen. Kann und möchte er sich nicht darauf verlassen, dass die zuständige Behörde nach der eventuellen Aufhebung der Baugenehmigung von sich aus gegen das im Anfechtungsverfahren inzident als rechtswidrig eingestufte Bauvorhaben vorgeht, so kann er im Ergebnis faktisch gezwungen sein, auch noch gegen das realisierte Vorhaben an sich vorzugehen[259].

bbb. Einstweiliger Rechtsschutz

Der einstweilige Rechtsschutz richtet sich in dieser Konstellation - sofern dem Rechtsbehelf des Dritten wie bei der Baugenehmigung gem. § 212 a BauGB keine aufschiebende Wirkung zukommt (§ 80 Abs.2 VwGO) - nach § 80 a Abs.1 Nr.2 bzw. 80 a Abs.3 .

Auf dieser Grundlage ist für den Dritten - wie bereits oben dargestellt - im Wege des einstweiligen Rechtsschutzes, über die Aussetzung der Vollziehung hinaus die Möglichkeit eröffnet, bei der Behörde oder dem Gericht die Anordnung „einstweiliger Maßnahmen zur Sicherung" seiner Rechte zu beantragen. Die Aussetzung der Vollziehung bewirkt im Ergebnis normativen, die zusätzlichen Sicherungsmaßnahmen faktischen Schutz[260].

Im Bereich des öffentlichen Baurechts kommen als „Sicherungsmaßnahme" in diesem Sinne insbesondere die sog. „Baustilllegungsverfügung" die „Abbruchverfügung" sowie die „Nutzungsuntersagung" in Betracht.

---

[258] vgl. Schmidt/Seidel„ Besonderes Verwaltungsrecht", 4. Auflage, S. 398
[259] vgl. etwa die Sachlage bei OVG-Lüneburg (Urteil v. 27.03.1981 – 1 A 213/80 –) in BauR 1982, 147 f.
[260] vgl. Schoch in Schoch/Schmidt-Aßmann/Pietzner „Verwaltungsgerichtsordnung", Bd. 1, § 80 a Rn. 36

Anders verhält sich dies im Bereich eines genehmigungsfreien Vorhabens. Da ein angreifbarer Verwaltungsakt nicht besteht, ist dem Dritten der oben beschriebene Weg über § 80 a Abs.1 Nr. 2 VwGO versperrt. Effektiven einstweiliger Rechtsschutz kann der Dritte - dem in der Hauptsache lediglich eine Klage auf Einschreiten der Behörde gegen das störende Vorhaben zur Verfügung steht - in diesen Fällen (theoretisch) nur gem. §123 VwGO erlangen, wobei ein vorläufiger Sicherungsanspruch des Dritten nach herrschender Meinung aber in der Mehrzahl der Fälle ausscheidet[261].

Dies beruht darauf, dass dem Drittbetroffenen - sofern eine Verletzung des Drittbetroffenen in einem subjektiv-öffentlichen Recht vorliegt - in der Hauptsache regelmäßig lediglich ein Anspruch auf ermessensfehlerfreie Entscheidung der zum Einschreiten berechtigten Behörde, nicht aber ein gebundener Anspruch auf Einschreiten zuerkannt wird. Mithin könne auch im Rahmen des einstweiligen Rechtsschutzes gem. § 123 VwGO nur dann ein Anspruch auf Anordnung einer konkreten vorläufigen Maßnahme (z.B. eine Stilllegungsverfügung) bestehen, wenn - zusätzlich zu der Verletzung in subjektiven Rechten - diesbezüglich eine Ermessensreduzierung auf Null vorliege. Dies sei aber in der Regel nicht der Fall[262]

Der Vollständigkeit halber ist hierbei zu erwähnen, dass für den Bereich der, im Rahmen der baurechtlichen Deregulierung genehmigungsfreigestellten Bauvorhaben, von Teilen der Literatur erwogen wird, die Voraussetzungen des § 123 VwGO denen des § 80 Abs.5 VwGO anzupassen, um insoweit eine gewisse Angleichung der Rechtsschutzmöglichkeiten der Drittbetroffenen zu erreichen[263]. Demgegenüber wird von anderer Seite darauf verwiesen, dass eine Angleichung der Voraussetzungen insofern über das Institut der Regelungsanordnung gem. § 123 Abs.1 S.2 VwGO erreicht werden könne. Dieses sei für den einstweiligen Rechtsschutz des Nachbarn in den „deregulierten Bereichen" einschlägig[264].

cc. Erlaubnis nicht erteilt, aber Vorhaben verwirklicht

aaa. Hauptsacherechtsschutz

Für den Fall, dass ein erlaubnispflichtiges Vorhaben ohne die vorherige Erteilung der Erlaubnis realisiert worden ist, besteht für den von einem solchen Vorhaben Betrof-

---

[261] vgl. insofern Oeter in DVBl 1999, S. 189, 192; vgl. auch bei Sacksofsky in DÖV 1999, S. 946, 950; vgl. Mampel in UPR 1997, S. 267, 268; vgl. auch die Darstellung bei Uechtritz in BauR 1998,S. 719, 721

[262] vgl. auch bei Sacksofsky in DÖV 1999, S. 946, 950

[263] vgl. in Bezug auf die diesbezüglichen Überlegungen Sacksofsky in DÖV 1999, S. 946, 953 f.; vgl. Oeter in DVBl 1999, S. 189, 193; vgl. auch die Darstellung bei Uechtritz in BauR 1998,S. 719, 721

[264] vgl. Hendler in Koch/Hendler „Baurecht, Raumordnungs- und Landesplanungsrecht", § 28 Rn. 50

fenen die einzige Rechtsschutzmöglichkeit darin, von der zuständigen Behörde ein Einschreiten gegen dieses Vorhaben zu verlangen. Eine behördliche Erlaubnis, deren Aufhebung verlangt werden könnte, existiert nicht.

Stellt man auf die nicht vorhandene Erlaubnis und die Beeinträchtigung des Drittbetroffenen durch das bestehende Vorhaben ab, so gleicht die rechtliche Stellung des Dritten stark derjenigen im Falle der Beeinträchtigung seiner Rechte durch ein realisiertes erlaubnisfreies Verfahren. Effektiven Rechtsschutz kann der Dritte auch in dieser Konstellation nur dann erlangen, wenn ihm ein Anspruch gegen die zuständige Behörde auf Einschreiten gegen das Vorhaben zuerkannt wird.

Unter welchen Voraussetzungen dies der Fall ist, soll am Beispiel des sog. „Schwarzbaus", d.h. der Errichtung eines genehmigungspflichtigen Bauvorhabens ohne die erforderliche Genehmigung dargestellt werden. Hierbei kann sich der Anspruch des durch das Vorhaben in subjektiven Rechtspositionen verletzten Dritten entweder auf „Baueinstellung", auf „Beseitigung" des Vorhabens oder aber auf „Nutzungsuntersagung" richten, wobei die diesbezüglichen Anordnungen grundsätzlich im Ermessen der Behörde stehen und von unterschiedlichen Voraussetzungen abhängig sind. Insofern besteht aber jedenfalls ein Anspruch des Dritten auf ermessensfehlerfreie Entscheidung[265].

Zur Anordnung der Baueinstellung ist die zuständige Behörde berechtigt, wenn das Vorhaben formell rechtswidrig ist, d.h. die erforderliche Genehmigung nicht vorliegt. Materielle Illegalität des Vorhabens, d.h. ein Verstoß auch gegen materiell-rechtliche Normen, ist darüber hinaus nicht erforderlich. Die Anordnung der Beseitigung bzw. des Abbruchs des Vorhabens setzt hingegen neben der formellen, auch die materielle Illegalität des Vorhabens voraus, wohingegen im Hinblick auf eine Nutzungsuntersagung in der Regel wiederum die formelle Illegalität ausreicht (sofern die Nutzung nicht ursprünglich materiell-rechtlich legal gewesen ist)[266].

Unter welchen Voraussetzungen insofern ein Anspruch des Dritten auf Einschreiten der zuständigen Behörde gegen ein, unter Verletzung geschützter Nachbarrechte errichtetes Vorhaben[267] besteht, ist von der „Art" der Norm abhängig, gegen die das Vorhaben verstößt. Sofern sich die Verletzung auf eine generell nachbarschützende Norm bezieht, wird von einer Ermessensreduktion nur dann auszugehen sein, wenn es sich im Einzelfall um eine unzumutbare tatsächliche Beeinträchtigung des Dritten handelt, wobei diese aber gerade nicht schon zugleich mit der Rechtsverletzung vorliegt, sondern gesondert festzustellen ist. Im übrigen verbleibt es in diesen Fällen bei einem Anspruch auf ermessensfehlerfreie Entscheidung. Liegt hingegen ein Verstoß

[265] vgl. Grotefels in Hoppe/Grotefels „Öffentliches Baurecht", § 17 Rn. 68; Finkelnburg/Ortloff „Öffentliches Baurecht II", S.256
[266] Heintz in Rabe/Heintz „Bau- und Planungsrecht", 2002, Abschnitt F Zif. 2.4 (S. 327)
[267] vgl. Finkelnburg/Ortloff „Öffentliches Baurecht II", S. 257

gegen eine partiell nachbarschützende Norm vor, wird man insofern immer von einer tatsächlichen (unzumutbaren) Beeinträchtigung des Nachbarn in einer ihn drittschützenden Norm ausgehen müssen. Diese hat in der Regel eine Ermessensreduktion auf Null zur Folge[268].

Anders wird dies - worauf an dieser Stelle der Vollständigkeit halber hinzuweisen ist - zum Teil dann gesehen, wenn es sich um ein Vorhaben handelt, dass ursprünglich auf Grundlage einer erteilten, dann aber nach Errichtung „weggefallenen" Genehmigung errichtet worden ist[269].

Insofern wird zum einen vertreten, das Ermessen der Behörde sei in diesen Fällen, in Folge des dem Dritten zustehenden Folgenbeseitigungsanspruchs, in jedem Fall auf Null reduziert[270] bzw. es bestehe aufgrund der Folgenbeseitigungslast eine Verpflichtung der Behörde, die Folgen ihres rechtswidrigen Handelns zu beseitigen[271]. Eine solche generelle Ermessensreduzierung wird demgegenüber mit dem Argument zurückgewiesen, dass die Folgenbeseitigungslast lediglich einen im Rahmen der Ermessensabwägung zu berücksichtigenden Faktor darstelle[272] und sich das Ermessen ausschließlich im konkreten Einzelfall aufgrund des konkreten Ausmaßes und der Schwere der Beeinträchtigung ergebe[273].

Unabhängig davon wird ein Einfluss der Folgenbeseitigungslast von anderer Seite mit dem grundsätzlichen Argument abgelehnt, dass es im Ergebnis ohne Bedeutung sei, ob es sich um einen Schwarzbau handle, dem ursprünglich einmal eine Genehmigung zugrunde gelegen habe oder nicht. Entscheidend sei ausschließlich die Rechtswidrigkeit des Vorhabens[274]. Sofern dieses auf der Verletzung einer materiell-drittschützenden Norm beruhe, müsse grundsätzlich von einer Ermessensreduzierung ausgegangen werden, da sich der dem Dritten in diesem Zusammenhang generell zustehende Anspruch auf ermessensfehlerfreie Entscheidung der Behörde, aufgrund des öffentlich-rechtlichen Belangs der „Wiedergutmachung der Nachbarrechtsverletzung" zu einem Anspruch auf Einschreiten verdichte[275].

bbb. Einstweiliger Rechtsschutz

Wie auch bei den erlaubnisfreien Vorhaben, richtet sich der einstweilige Rechtsschutz in dieser Konstellation nach § 123 Abs.1 S.1 VwGO. Antragsgegenstand ist

---

268 vgl. insofern die Zusammenfassung bei Finkelnburg/Ortloff „Öffentliches Baurecht II", S. 257
269 vgl. insofern die Zusammenfassung bei Finkelnburg/Ortloff „Öffentliches Baurecht II", S. 258
270 vgl. VGH Baden Württemberg, BRS 27 Nr. 199
271 vgl. OVG Muenster, BRS 25 Nr. 194
272 vgl. VGH Baden Württemberg BRS 33 Nr. 159
273 vgl. Bay VGH BRS 48 Nr. 174 und Nr. 175
274 vgl. OVG Muenster BRS 40, Nr. 191
275 Finkelnburg/Ortloff „Öffentliches Baurecht II", S. 259 f.

die Verpflichtung der zuständigen Behörde zum Einschreiten gegen das ohne die erforderliche Erlaubnis realisierte Vorhaben (z.B. auf Erlass einer Baueinstellungs-, einer Abbruch- oder einer Nutzungsuntersagungsverfügung in Bezug auf den realisierten Schwarzbau)[276].

Die Erfolgsaussichten eines solchen einstweiligen Rechtsschutzverfahrens sind jedoch - wie bereits zuvor dargestellt - auf Grundlage der traditionellen Dogmatik zu § 123 VwGO eher als gering zu bewerten, da der zuständigen Behörde in diesem Bereich ein umfangreicher Ermessensspielraum zusteht und daher die Anspruchsbegründung in einer Vielzahl von Fällen nicht gelingen wird[277].

Auch insofern ist aber zumindest für den Bereich des öffentlichen Baurechts auf die bereits zuvor erwähnten Tendenzen[278] einer Angleichung der Voraussetzungen des Anspruchs gem. § 123 VwGO mit denen eines Anspruchs gem. § 80 Abs.5 VwGO hinzuweisen[279].

dd. Erlaubnis beantragt, aber noch nicht erteilt

aaa. Hauptsacherechtsschutz

Ist mit der Realisierung eines erlaubnispflichtigen Vorhabens noch nicht begonnen worden und ist darüber hinaus auch die erforderliche Erlaubnis noch nicht erteilt, so unterscheidet sich die Situation des Drittbetroffenen in tatsächlicher Hinsicht nicht von derjenigen im Falle eines geplanten (noch nicht realisierten) erlaubnisfreien Vorhabens. Öffentlich-rechtlich kann dem Drittbetroffenen lediglich ein Anspruch auf Unterlassen, d.h. auf Nichterteilung der beantragten Erlaubnis, gegen die zuständige Behörde zustehen, den er in Form einer vorbeugenden Unterlassungsklage geltend machen kann. Eine Erlaubnis, gegen die beim Vorliegen der entsprechenden Voraussetzungen eventuell im Wege der Anfechtungsklage vorgegangen werden könnte, existiert noch nicht.

Die Erfolgsaussichten eines solchen Anspruchs hängen entscheidend davon ab, wie hoch die Wahrscheinlichkeit zu beurteilen ist, dass das geplante Vorhaben tatsächlich genehmigt wird und in welchem Umfang bereits in diesem frühen Stadium konkrete Aussagen über die zu erwartenden Störungen der subjektiven Rechte des Drit-

---

[276] vgl. Ortloff in NvwZ 1996, 647, 653 f.
[277] vgl. Mampel in UPR 1997, S. 267, 268; vgl. auch die Darstellung bei Uechtritz in BauR 1998,S. 719, 721
[278] vgl. oben Zif. V. 2. b. bb. aaa.
[279] vgl. in Bezug auf die diesbezüglichen Überlegungen Sacksofsky in DÖV 1999, S. 946, 953 f.; vgl. Oeter in DVBl 1999, S. 189, 193; vgl. auch die Darstellung bei Uechtritz in BauR 1998,S. 719, 721

ten möglich sind. Anhaltspunkte hierfür können sich beispielsweise aus den bei der Genehmigungsbehörde eingereichten Antragsunterlagen ergeben.

Handelt es sich hingegen um ein generell erlaubnisfreies, ebenfalls noch nicht realisiertes Vorhaben, dürfte ein verwaltungsgerichtlicher Rechtsschutz eines potentiell Drittbetroffenen wohl generell nicht in Betracht kommen, da es für einen solchen Anspruch, sowohl auf Seiten der Verwaltung, als auch auf Seiten des „störenden" Vorhabensträgers an einem „rechtlich verwertbaren Ansatzpunkt" fehlt. Rechtsschutz dürfte in diesen Fällen ausnahmsweise wohl nur im Wege einer zivilrechtlichen vorbeugenden Unterlassungsklage zu erlangen sein.

bbb. Einstweiliger Rechtsschutz

Einstweiligen verwaltungsrechtlichen Rechtsschutz kann der Drittbetroffene in dieser Konstellation nur im Wege einer einstweiligen Anordnung gem. § 123 VwGO erlangen. Dies folgt aus der Qualifikation der vorbeugenden Unterlassungsklage als allgemeine Leistungsklage[280].

Voraussetzung für die Begründetheit eines Anspruchs gem. § 123 VwGO ist nach traditioneller Dogmatik - wie bereits wiederholt erwähnt -, dass das Gericht beim Erlass der einstweiligen Anordnung nach § 123 VwGO von der Rechtmäßigkeit des Begehrens, d.h. also letztendlich vom Bestehen des vom Drittbetroffenen geltend gemachten Anspruchs, überzeugt ist[281].

Insofern ist dann aber zu berücksichtigen, dass das Einschreiten in diesen Fällen - bei einer Verletzung subjektiver Rechte des Dritten durch das Vorhaben - in aller Regel im Ermessen der zuständigen Behörde steht und daher der Erlass einer einstweiligen Anordnung nur unter hohen Voraussetzungen in Frage kommen wird[282]. Dies folgt daraus, dass dem in seinen subjektiven Rechten betroffenen Dritten in dieser Konstellation in der Hauptsache regelmäßig nur ein Anspruch auf ermessensfehlerfreie Entscheidung der zuständigen Behörde über seinen Antrag auf Einschreiten zusteht. Mithin kann der Dritte auch im Verfahren des einstweiligen Rechtsschutzes i.d.R. keine diesbezügliche Verpflichtung der Behörde durchsetzen, da der im Verfahren des vorläufigen Rechtsschutzes zu erlangende Rechtsschutz nicht größer sein kann als im entsprechenden Hauptsacheverfahren.

Etwas anderes kommt wohl nur in solchen Ausnahmefällen in Betracht, in denen auf Grund genauer Erkenntnisse über mögliche Folgen eines geplanten Vorhabens - die

---

[280] Schmidt/Seidel „Besonderes Verwaltungsrecht", 5. Auflage, S. 87
[281] vgl. insofern den Hinweis Sacksofsky in DÖV 1999, 946, 953
[282] vgl. in Bezug auf die Anspruchsvoraussetzungen im Rahmen des einstweiligen Rechtsschutzes Oeter in DVBl 1999, S. 189, 192

sich unter Umständen aus dem Genehmigungsantrag bzw. den diesem beigefügten Unterlagen ergeben können - und dem unmittelbaren Bevorstehen der Erlaubniserteilung, ein so erheblicher Handlungsbedarf besteht, dass sich das diesbezügliche Ermessen der Behörde auf Null reduziert[283].

Handelt es sich hingegen um ein generell erlaubnisfreies Vorhaben, so dürfte in diesem Stadium ein verwaltungsrechtlicher einstweiliger Rechtsschutz generell ausscheiden, da zum einen noch kein Verhalten der Verwaltung vorliegt gegen das sich dieser Rechtsschutz richten könnte und zum anderen auch der Träger des geplanten zukünftigen Vorhabens in aller Regel noch nicht in solcher Weise tätig geworden ist, dass dies als Ansatzpunkt für ein Einschreiten der Verwaltung dienen könnte. Ein Ansatzpunkt für einen einstweiligen verwaltungsgerichtlichen Rechtsschutz existiert mithin in dieser Konstellation noch nicht.

---

[283] vgl. insofern auch die Ausführungen von Degenhardt zum Nachbarschutz auf präventive Untersagung im Bereich des baurechtlichen Anzeigeverfahrens in NJW 1996, S. 1433, 1436

VI. Das Verbot mit Erlaubnisvorbehalt aus Sicht des Dritten

1. Bestandsaufnahme

Die rechtlichen Unterschiede, die durch ein Verbot mit Erlaubnisvorbehalt gegenüber einem erlaubnisfrei zulässigen Vorhaben ausgelöst werden, bestehen - wie oben dargestellt - in erster Linie in der bei erlaubnisfrei zulässigen Vorhaben nicht gegebenen Möglichkeit, einen formalen Rechtsbehelf gegen eine behördlich erteilte Erlaubnis und damit gegen ein behördliches Handeln einzulegen.

Der Einzelne ist in den Fällen der erlaubnisfrei zulässigen Vorhaben darauf beschränkt, von der zuständigen Behörde ein „aktives" Einschreiten gegen das seine subjektiv-öffentlichen Rechte gefährdende Handeln eines privaten Dritten - beispielsweise gegen die Realisierung eines bestimmten Vorhabens - zu verlangen. Ein rechtswidriges Verhalten der Verwaltung, an dem er mit seinem Rechtsschutzbegehren ansetzen könnte, besteht demgegenüber nicht.

Dieser Antrag auf öffentlich-rechtlichen Schutz gegen originär privatrechtliches Handeln, stellt sich für den Betroffenen im Vergleich mit seiner rechtlichen Stellung bei erlaubnispflichtigen Vorhaben immer dann als weniger rechtsschutzintensiv dar, wenn beim Vorliegen einer Erlaubnis effektiver Rechtsschutz schon alleine durch die erfolgreiche Anfechtung der erteilten Erlaubnis erreicht werden kann. Dies begründet sich darin, dass die Anfechtung einer Erlaubnis, d.h. eines Veraltungsaktes seitens der herrschenden Lehre und Rechtsprechung von erheblich niedrigeren Voraussetzungen abhängig gemacht wird, als die Geltendmachung eines Anspruch auf polizeiliches Einschreiten. Mithin muss dann aber auch im Bereich des Rechtsschutzes gegen erlaubnispflichtige Vorhaben unterschieden werden.

Ist die Erlaubnis noch nicht erteilt, steht sie aber unmittelbar bevor, besteht für den in seinen subjektiven Rechten Drittbetroffenen - wenn auch unter erheblichen Voraussetzungen - die Möglichkeit, sich vorbeugend gegen die zu erwartende Erlaubnis zur Wehr zu setzen, d.h. im Ergebnis die Erteilung der Erlaubnis und damit mit recht hoher Wahrscheinlichkeit auch die Realisierung des geplanten Vorhabens von vornherein zu verhindern. Handelt es sich hingegen um ein noch nicht realisiertes, lediglich zu erwartendes erlaubnisfreies Vorhaben, ist ein solcher öffentlich-rechtlicher vorbeugender Rechtsschutz in aller Regel nicht möglich, da es an einem zu erwartenden, d.h. unmittelbar bevorstehenden, hoheitlichen Handeln, dessen Unterlassung verlangt werden könnte, fehlt und auch eine hinreichende Konkretisierung der zu erwartenden Gefährdung regelmäßig noch nicht möglich ist.

Ist die Erlaubnis demgegenüber erteilt, das betreffende Vorhaben aber noch nicht realisiert, kann der in seinen subjektiven Rechten Drittbetroffene effektiven Rechtsschutz dadurch erlangen, dass er gegen die erteilte Erlaubnis Widerspruch einlegt bzw. Anfechtungsklage erhebt. Hat er damit Erfolg und wird die erteilte Erlaubnis aufgehoben, besteht für den Dritten in der Regel auch kein Anlass mehr zur Befürchtung, dass das geplante Vorhaben ohne die erforderliche Erlaubnis realisiert wird. Handelt es sich hingegen um ein erlaubnisfreies Vorhaben besteht diese Möglichkeit nicht, da in diesem Stadium noch kein reales Vorhaben, von dem eine Beeinträchtigung des Dritten ausgeht und gegen das konkret vorgegangen werden könnte, existiert. Ein effektiver verwaltungsrechtlicher Schutz des Drittbetroffenen ist mithin in diesem Vorhabensstadium in aller Regel noch nicht möglich. In Betracht kommt lediglich eine zivilrechtliche vorbeugende Unterlassungsklage.

Ist die Erlaubnis hingegen erteilt und auch das störende Vorhaben bereits verwirklicht, stellt sich die rechtliche Situation für den Drittbetroffenen differenzierter dar. Zwar besteht für den Drittbetroffenen in diesem Stadium grundsätzlich die Möglichkeit, gegen die erteilte Erlaubnis vorzugehen und darauf zu vertrauen, dass - im Falle des Erfolges der Anfechtung - von Seiten der Verwaltung auch effektiv gegen das bereist realisierte Vorhaben vorgegangen werden wird. Geschieht dies aber nicht und geht die zuständige Behörde trotz Aufhebung der dem Vorhaben zu Grunde liegenden Erlaubnis nicht gegen das bereits verwirklichte Vorhaben vor, d.h. ordnet die zuständige Behörde nicht zumindest die Baueinstellung oder die Untersagung der störenden Nutzung an und besteht daher die durch den Drittbetroffenen gerügte Störung seiner Rechte - trotz Aufhebung der Erlaubnis - unverändert fort, so hängt die Effektivität des Rechtsschutzes des Drittbetroffenen davon ab, unter welchen Voraussetzungen ein Anspruch auf Einschreiten der zuständigen Behörde besteht.

Insofern gleicht die Situation des durch ein realisiertes erlaubnispflichtiges Vorhaben betroffenen Dritten – objektiv betrachtet – weitestgehend der Situation des durch ein realisiertes erlaubnisfreies Vorhaben betroffenen Dritten. In beiden Fällen wird die tatsächliche Verletzung der subjektiven Rechte des Dritten nicht durch eine öffentlich Erlaubnis oder ein sonstiges Handeln der Verwaltung bewirkt, sondern diese ergibt sich - jedenfalls primär und bei objektiver Betrachtung - aus den tatsächlichen Auswirkungen des realisierten Vorhabens selbst.

Ungeachtet dessen geht aber - wie oben dargestellt - ein nicht unbeachtlicher Teil der Lehre bei rechtswidrig genehmigten (genehmigungspflichtigen) Vorhaben, im Gegensatz zur Situation bei erlaubnisfreien Vorhaben, von einer Folgenbeseitigungslast der zuständigen Behörde in Bezug auf das Vorhaben aus, durch die in aller Regel eine Ermessensreduzierung zugunsten des in seinen subjektiven Rechten betroffenen Dritten bewirkt wird. Eine solche Ermessensreduzierung wird in den Fällen der erlaubnisfreien störenden Vorhaben hingegen nicht erwogen, so dass sich der Rechtsschutz des Drittbetroffenen, jedenfalls sofern man von einer Folgenbeseitigungslast der Verwaltung in diesen Fällen ausgeht, hinsichtlich der erlaubnispflichtigen Vorhaben regelmäßig als effektiver als bei den erlaubnisfreien Vorhaben darstellt.

Ähnlich verhält es sich auch in den Fällen, in denen zwar eine Erlaubnispflicht in Bezug auf ein bestimmtes Vorhaben besteht, das Vorhaben aber tatsächlich ohne diese Erlaubnis verwirklicht worden ist. Da in diesen Fällen eine angreifbare Erlaubnis nicht existiert, besteht die einzige effektive öffentlich-rechtliche Rechtsschutzmöglichkeit für den Dritten in der Geltendmachung eines Anspruchs auf Einschreiten der zuständigen Behörde, d.h. auf polizeiliches Einschreiten gegen das realisierte Vorhaben. Auch insofern kommt es mithin im Ergebnis darauf an, unter welchen Voraussetzungen ein Anspruch des Dritten auf behördliches Einschreiten anerkannt wird.

Sofern man, wie oben dargestellt, in diesen Fällen unter „erleichterten" Voraussetzungen von einer Ermessensreduzierung zugunsten des Dritten ausgeht, stellt sich das Bestehen der Erlaubnispflicht für den Drittbetroffenen auch in diesen Fällen als rechtlicher Vorteil gegenüber seiner rechtlichen Stellung bei einem vergleichbaren erlaubnisfreien Vorhaben dar.

Darüber hinaus ist grundsätzlich festzustellen, dass der Drittbetroffene in den Fällen der erlaubnisfreien Vorhaben, einstweiligen verwaltungsrechtlichen Rechtsschutz ausschließlich über den Weg des § 123 VwGO erlangen kann. Damit unterliegen seine diesbezüglichen Rechtsschutzmöglichkeiten, wenn man der herrschenden Dogmatik zum einstweiligen Rechtsschutz nach § 123 VwGO folgt, in materiell-rechtlicher Hinsicht ganz erheblicher Voraussetzungen. Das Gericht muss insofern - wie bereits oben dargestellt - beim Erlass der einstweiligen Anordnung von der Rechtmäßigkeit des Begehrens, d.h. also letztendlich vom Bestehen des vom Drittbetroffenen in der Hauptsache geltend gemachten Anspruchs überzeugt sein[284] .

Im Gegensatz dazu ist für den Dritten im Falle der erlaubnispflichtigen Vorhaben, sofern eine Erlaubnis erteilt ist, über § 80 a Abs.1 Nr.2 VwGO bzw. gem. § 80 a Abs.3 VwGO bereits im Rahmen des einstweiligen Rechtsschutzes eine effektive und unter verhältnismäßig geringen Anforderungen gegebene Möglichkeit eröffnet, zumindest auch einen vorläufigen Schutz seiner subjektiven Rechtspositionen zu erreichen, wobei für den Bereich des Baurechts insbesondere die Baueinstellung in Betracht kommt.

Mit Blick auf die insofern durch das Bestehen einer Erlaubnispflicht und die Erteilung einer Erlaubnis ausgelösten tatsächlichen Folgewirkungen, die sich insbesondere auf die real existierenden Rechtsschutzmöglichkeiten der Dritten auswirken, wird von

[284] vgl. insofern etwa den Hinweis bei Sacksofsky in DÖV 1999, 946, 953

Teilen der Lehre für den Bereich des öffentlichen Baurechts die Auffassung vertreten, dass mit dem Wegfall der öffentlichen Erlaubnispflicht ein faktischer Wegfall des Drittschutzes, d.h. des Nachbarrechtsschutzes, einhergehe[285].

So zutreffend diese objektive Feststellung im Ergebnis auch sein mag, darf aber nicht übersehen werden, dass das Vorliegen einer öffentlichen Erlaubnis nicht nur zu einer Erweiterung des Rechtskreises des Dritten führt, sondern gerade auch für den Erlaubnisadressaten von besonderer Bedeutung ist, da durch die Erlaubnis ausdrücklich festgestellt wird, dass das geplante Vorhaben den im Rahmen der Erlaubniserteilung zu beachtenden gesetzlichen Bestimmungen entspricht und daher zulässig ist. Diese Feststellung erwächst nach dem Eintritt der Unanfechtbarkeit sogar in Bestandskraft und schließt daher, unabhängig von der Frage, ob sich dieses Prüfungsergebnis der Behörde unter materiell-rechtlichen Gesichtspunkten als zutreffend darstellt, zumindest auch eine Anfechtung der Erlaubnis durch solche Dritte aus, denen die Erlaubnis bekanntgegeben worden ist.

Diese gilt auch ungeachtet der grundsätzlich für die zuständige Behörde bestehenden Möglichkeit der Rücknahme einer rechtswidrig erteilten Erlaubnis gem. § 48 VwVfG, da die Rücknahme an enge inhaltliche Voraussetzungen gebunden ist und der Adressat der Erlaubnis im übrigen dadurch in seinen Rechten geschützt wird, dass ihm zumindest der Vermögensnachteil auszugleichen ist den er dadurch erleidet, dass er in schutzwürdiger Weise auf den Bestand der erteilten Erlaubnis vertraut.

Dies deutlich hervorzuheben erscheint wichtig, um nicht den einseitigen und damit ohne Zweifel falschen Eindruck zu erwecken, das Bestehen öffentlicher Erlaubnispflichten liege in erster Linie im Interesse der durch ein Vorhaben Drittbetroffenen. Im Gegenteil, insbesondere für den Adressaten einer Erlaubnis bedeutet diese Rechts- und damit im Ergebnis Planungs- und Investitionssicherheit.

Ungeachtet dessen wird aber die grundsätzliche Aussage, dass die rechtlichen Möglichkeiten des Dritten, d.h. insbesondere des Nachbarn gegen ein konkretes ihn in seinen Rechte beeinträchtigendes Vorhaben vorzugehen, durch den Wegfall bestehender Erlaubnispflichten zum Teil erheblich beschnitten werden, aufrechterhalten.

2. Übersicht über einzelne Verbote mit Erlaubnisvorbehalt

Im folgenden sollen einzelne Verbote mit Erlaubnisvorbehalt des geltenden Rechts darauf untersucht werden, inwieweit sie vom Gesetzgeber bewusst so ausgestaltet

---

[285] vgl. Mampel in UPR 1997, S. 267, 268; vgl. auch die Darstellung bei Uechtritz in BauR 1998,S. 719, 721

worden sind, dass sie einem Dritten - von der Verbandsklage und der Klage von öffentlichen Körperschaften abgesehen - die Möglichkeit geben, Einwendungen zu erheben und gegebenenfalls eine unter Übergehung ihrer Einwendungen ergehende Erlaubnis anzufechten, oder inwieweit die erteilten Erlaubnisse von Dritten angefochten werden können, weil ihre Erteilung gegen Normen des öffentlichen Rechts verstößt, die seinem Schutz dienen, und damit ein ihm zustehendes subjektives öffentliches Recht verletzen.

Selbstverständlich kann die Darstellung im Rahmen dieser Arbeit keinen vollständigen Überblick über alle denkbaren Ausprägungen und Facetten des Rechtsinstituts des Verbotes mit Erlaubnisvorbehalt - insbesondere auch nicht im Hinblick auf die konkret dargestellten Verbote mit Erlaubnisvorbehalt - geben. Dies ist aber auch nicht ihr Ziel. Ziel der Darstellung ist es vielmehr reale Folgewirkungen bestehender Verbote mit Erlaubnisvorbehalte, gerade in ihrer unterschiedlichen Ausprägung konkret aufzuzeigen und zu verdeutlichen. Um dieses Ziel zu erreichen, sollen bewusst auch einige der Verbote mit Erlaubnisvorbehalt in die Darstellung einbezogen werden, die keinen subjektiv-rechtlichen Gehalt aufweisen und daher für die Fragen des Drittschutzes keine Bedeutung haben.

Da es mithin nicht darum geht, einen vollständigen, jede denkbare Facette erfassenden Überblick über sämtliche oder auch nur einzelne Verbote mit Erlaubnisvorbehalt zu geben, erhebt die nachfolgende Darstellung auch keinen Anspruch auf Vollständigkeit. Der Umfang, in dem die jeweiligen Verbote dargestellt werden, ist bewusst unterschiedlich gewählt.

Die Darstellung erfolgt auf Grundlage der jeweils zum 01. Juli 2002 gültigen Gesetzesfassung.

a. Genehmigungspflicht gem. § 4 Abs.1 S.1 BlmSchG

aa. Gegenstand der Genehmigungspflicht

Gem. § 4 Abs.1 S.1 BlmSchG bedarf die Errichtung und der Betrieb von Anlagen[286], die auf Grund ihrer Beschaffenheit oder ihres Betriebes in besonderem Maße geeig-

---

[286] Anlagen i.S.d. BlmSchG sind gem. § 3 Abs. 5 BlmSchG Betriebsstätten und sonstige ortsfeste Einrichtungen (Nr. 1), Maschinen, Geräte und sonstige ortsveränderliche technische Einrichtungen, Fahrzeuge, soweit sie nicht der Vorschrift des § 38 (BlmSchG) unterliegen (Nr. 2) sowie Grundstücke, auf denen Stoffe gelagert oder abgelagert oder Arbeiten durchgeführt werden, die Emissionen verursachen können, ausgenommen öffentliche Verkehrswege (Nr. 3).
Damit eine solche Anlage der immissionsschutzrechtlichen Kontrolle unterfällt, müssen zusätzlich die übrigen in § 4 Abs.1 S.1 und 2 BlmSchG genannten anlagenbezogenen Tatbestandsvoraussetzungen vorliegen. Nur dann, besteht der immissionsschutzrechtliche Genehmigungsvorbehalt (vgl. Feldhaus, „Kommentar zum BlmSchG", Bd.1, § 4 Zif. 7).
Gem. § 4 Abs.1 S.1 BlmSchG ist für die Genehmigungspflicht erforderlich, dass die Anlage auf Grund ihrer Beschaffenheit oder ihres Betriebes in besonderem Maße geeignet ist, schädliche Umwelteinwirkungen hervorzurufen oder in anderer Weise die Allgemeinheit oder die Nachbarschaft zu gefährden, erheblich zu benachteiligen oder erheblich zu belästigen. Handelt es sich um nicht gewerblich bzw. nicht im Rahmen einer wirtschaftlichen Unternehmung genutzte Anlagen, mit Ausnahme von Abfallentsorgungsanlagen, müssen die Anlagen darüber hinaus gem. § 4 Abs.1 S.2 BlmSchG in besonderem Maße geeignet sein, schädliche Umwelteinwirkungen durch Luftverunreinigungen oder Geräusche hervorzurufen.
Dieses besondere Beeinträchtigungs- bzw. Umweltgefährdungspotential (vgl. Jarass „Kommentar zum BlmSchG", 5. Auflage, § 4 Rn. 4; vgl. Feldhaus „Kommentar zum BlmSchG", Bd.1 , § 4 Zif. 7) ist das gemeinsame Merkmal aller genehmigungsbedürftigen Anlagen, wobei es bei Anlagen i.S.d. § 4 Abs.1 S.2 BlmSchG in qualifizierter Weise im Bereich der Luftverunreinigungen oder der Geräusche liegen muß (vgl. Jarass „Kommentar zum BlmSchG", 5. Auflage, § 4 Rn. 5).
Welche Anlage, bzw. Anlagentypen der Genehmigungspflicht unterfallen, hat die Bundesregierung enumerativ und mit konstitutiver Wirkung in den, auf § 4 Abs.1 S.3 BlmSchG beruhenden Verordnungen über genehmigungsbedürftige Anlagen (4. BimSchV) und über Großfeuerungsanlagen (13. BimSchV) abschließend geregelt. Folgende Anlagenkategorien sind aufgrund der Ermächtigung in § 4 Abs.1 S.3 BlmSchG im Anhang der 4. BlmSchV als genehmigungspflichtig genannt:
Feuerungsanlagen (Nr. 1.1-1.16), Anlagen zum Umgang mit mineralischen Stoffen (Nr. 2.1-2.15), Anlagen zur Metallverarbeitung (Nr. 3.1-3.23), Anlagen zur Herstellung und Verarbeitung chemischer Stoffe, von Arzneimitteln und Mineralölen (Nr. 4.1-4.10), Anlagen zur Verarbeitung von Harzen und Kunststoffen (Nr. 5.1-5.11), Anlagen für Holz und Zellstoff (Nr. 6.1-6.4), Anlagen zur Produktion von Nahrungs-, Genuß- und Futtermitteln sowie von landwirtschaftlichen Erzeugnissen (Nr. 7.1-7.33), Anlagen zur Abfallentsorgung (Nr. 8.1-8.11), Anlagen zur Lagerung und zum Be- und Entladen von Stoffen und Zubereitungen sowie diverse andere Anlagen (Nr. 9.-9.36), Sonstige Anlagen (Nr. 10.1-10.25)
(vgl. Hoppe/Beckmann/Kauch Umweltrecht, § 21 Rn. 46).
Damit steht ein Regelungsinstrumentarium zur Verfügung, dass einerseits die erforderliche Rechtssicherheit vermittelt, gleichzeitig aber auch über das notwendige Maß an Flexibilität verfügt, um den Kreis der aufgeführten genehmigungsbedürftigen Anlagen „an die technische und wirtschaftliche Entwicklung anzupassen" (Amtliche Begründung, vgl. bei Feldhaus „Kommentar zum BlmSchG", Bd.1, § 4 Zif. 17). Eine grundlegende Einzelfallprüfung anhand des Kriteriums der besonderen Schädlichkeit ist nicht mehr erforderlich, sondern es bedarf „lediglich" der Einordnung der konkreten Anlage unter den Katalog der entsprechenden Rechtsverordnung (vgl. Kloepfer, „Umweltrecht", § 14 Rn. 60). Im Umkehrschluß darf die Bundesregierung auf Grundlage des § 4 Abs.1 S.3 BlmSchG aber auch nur solche Anlage einer Genehmigungspflicht unterstellen, bei denen die Tatbestandsvoraussetzungen des § 4 Abs.1 S.1 oder 2 BlmSchG vorliegen (vgl. Jarass „Kommentar zum BlmSchG", 3. Auflage, § 4 Rn. 3, 4 (ähnlich auch in 5. Auflage, § 4 Rn. 3, 4)).

net sind, schädliche Umwelteinwirkungen[287] hervorzurufen oder in anderer Weise die Allgemeinheit oder die Nachbarschaft zu gefährden, erheblich zu benachteiligen oder erheblich zu belästigen sowie die Errichtung und der Betrieb von ortsfesten Abfallentsorgungsanlagen zur Lagerung oder Behandlung von Abfällen, der Genehmigung.

Dienen solche Anlagen, mit Ausnahme von Abfallentsorgungsanlagen, nicht gewerblichen Zwecken und finden sie nicht in wirtschaftlichen Unternehmungen Verwendung, unterliegen sie gem. § 4 Abs.1 S.2 BImSchG nur dann der Genehmigungspflicht, wenn sie in besonderem Maße geeignet sind, schädliche Umwelteinwirkungen durch Luftverunreinigungen oder Geräusche hervorzurufen.

bb. Zweck der Genehmigungspflicht

Die Genehmigungspflicht gem. § 4 Abs.1 S.1 BImSchG dient in erster Linie sicherheits- und ordnungsrechtlichen Zielen[288]. Sie ist dazu bestimmt, die öffentliche Sicherheit und Ordnung in bestimmten Bereichen des Wirtschaftslebens aufrechtzuerhalten und Gefahren wirtschaftlicher Betätigung abzuwehren, die auf dem Verhalten von Menschen oder dem Zustand von Sachen beruhen[289].

Dabei geht das BImSchG seiner Grundkonzeption nach davon aus, dass die Errichtung und der Betrieb von Anlagen aus Gründen des Immissionsschutzes grundsätzlich keiner besonderen behördlichen Vorkontrolle bedarf. In der amtlichen Begründung[290] heißt es insofern, dass „die durch Gesetz oder durch Rechtsverordnung festgelegten Anforderungen im Regelfall ausreichen, um die Allgemeinheit und die Nachbarschaft vor schädlichen Umwelteinwirkungen zu schützen". Ein Bedürfnis nach verstärkter behördlicher Kontrolle bestehe nur dann, wenn die jeweiligen Anlagen auf Grund ihrer Beschaffenheit oder ihres Betriebes in besonderem Maße geeignet sind, schädliche Umwelteinwirkungen oder sonstige Gefahren, erhebliche Nachteile oder erhebliche Belästigungen hervorzurufen[291]. In diesen Fällen werde die Gefahr für die genannten Schutzgüter - im Gegensatz zur Situation bei den genehmigungsfreien Anlagen - in erster Linie durch die von der einzelnen Anlage selbst ausgehenden Emissionen verursacht, so dass ein gesetzgeberisches Interesse an einem vorbeugenden Umweltschutz bestehe[292].

[287] Gem. § 3 Abs.1 BImSchG sind schädliche Umwelteinwirkungen i.S.d. BImSchG Immissionen, die nach Art, Ausmaß oder Dauer geeignet sind, Gefahren, erhebliche Nachteile oder erhebliche Belästigungen für die Allgemeinheit oder die Nachbarschaft herbeizuführen.
[288] vgl. Dörr in Ule/Laubinger „ BImSchG-Kommentar, §§ 1-21", § 4 „B 1"
[289] vgl. auch Kutscheidt in Landmann/Rohmer „Umweltrecht-Kommentar, Bd. 1", § 4 Rn. 2
[290] vgl. BT-Drucksache 7/179, S. 30
[291] vgl. BT-Drucksache 7/179, S. 30, ähnlich auch Stich/Porger „Kommentar zum BImSchG", Bd. 1, Vor 4- 21 Zif. 1
[292] vgl. Stich/Porger „Kommentar zum BImSchG", Bd. 1, Vor §§ 4 - 21 Zif. 1

Diesem Bedürfnis begegnet das BImSchG in Form der Genehmigungspflicht gem. § 4 BImSchG, die - ihrem Wortlaut nach - sowohl dem Schutz der Allgemeinheit als auch dem Schutz der Nachbarschaft[293] und damit insbesondere dem Schutz der durch eine immissionsschutzrechtliche Anlage Drittbetroffenen dient. Genehmigungsbedürftig sind mithin ausschließlich Anlagen, von denen entweder Gefahren für die Allgemeinheit oder für die Nachbarschaft ausgehen.

Hieran wird der historische Kontext von § 4 BImSchG sichtbar. Rechtshistorisch betrachtet, liegen die Wurzeln von § 4 BImSchG in § 26 der „Preußischen Allgemeinen Gewerbeordnung" vom 17.01.1845 begründet, der in Form des § 16 Abs.1 inhaltlich in die Gewerbeordnung von 1869 übernommen wurde und - abgesehen von einigen, den inhaltlichen Kern der Regelung nicht berührenden Änderungen - bis zum Inkrafttreten des BImSchG Bestand hatte. § 26 der „Preußischen Allgemeinen Gewerbeordnung" vom 17.01.1845 unterstellte solche Anlagen einer Genehmigungspflicht, die „durch ihre örtliche Lage oder durch die Beschaffenheit der Betriebsstätte für die Besitzer oder Bewohner der benachbarten Grundstücke oder für das Publikum überhaupt erhebliche Nachteile, Gefahren oder Belästigungen herbeiführen können"[294].

Diese Zielsetzung ist bei § 4 BImSchG erhalten geblieben und entspricht im übrigen auch der generellen Zielsetzung des BImSchG.

Gem. § 1 Abs.1 BImSchG dient das BImSchG dem Schutz von Menschen, Tieren, Pflanzen, Boden, Wasser, Atmosphäre sowie Kultur- und sonstigen Sachgütern vor schädlichen Umwelteinwirkungen und soll deren Entstehen vorbeugen. Im Hinblick auf die gem. § 4 BImSchG genehmigungsbedürftigen Anlagen dient es darüber hinaus der integrierten Vermeidung und Verminderung schädlicher Umwelteinwirkungen durch Emissionen in Luft, Wasser und Boden, sowie dem Schutz und der Vorsorge gegen Gefahren, erhebliche Nachteile und erhebliche Belästigungen, die auf andere Weise herbeigeführt werden. Eine Bewirtschaftungsfunktion, im Sinne einer optimalen Nutzung und Verteilung vorhandener, unter Umständen begrenzter Ressourcen, kommt der Genehmigungspflicht hingegen nicht zu.

Im Hinblick auf die Rechte Dritter von besonderer Bedeutung ist hierbei, dass der Schutz der Nachbarn „emitierender Anlagen", d.h. der Schutz der potentiell Drittbetroffenen, bei der konkreten Ausgestaltung des Rechts der genehmigungsbedürftigen Anlagen und damit im Hinblick auf § 4 BImSchG einen maßgeblich mitbestimmenden Faktor dargestellt hat[295]. Ob im übrigen auch dem Genehmigungsvorbehalt des § 4 BImSchG selbst drittschützender Charakter zukommt ist indes umstritten. Zum einen

---

[293] vgl. Stich/Porger „Kommentar zum BImSchG", Bd. 1, § 4 Zif. 25; vgl. auch BVerwG (Urteil v. 24.10.1967 - I C 64/65 -) in NJW 1967, S. 2325, 2325 f. (zur parallelen Problematik bei dem bis zur Einführung des BImSchG geltenden § 16 GewO a.F.)

[294] vgl. zur Historie Jarass „BImSchG-Kommentar", 5. Auflage, § 4 Rn. 1; vgl. auch . Feldhaus „Kommentar zum BImSchG", Bd.1, § 4 Zif. 1

[295] vgl. auch . Feldhaus „Kommentar zum BImSchG", Bd.1, § 4 Zif. 2

wird dies mit der Begründung abgelehnt, ein diesbezüglicher Ansatz der Genehmigungspflicht sei, insbesondere aufgrund der Systematik des Gesetzes nicht erkennbar[296]. Nach anderer Ansicht besteht hingegen auch der Genehmigungsvorbehalt als solcher bereits im Interesse der betroffenen Nachbarn, da diese den Auswirkungen einer genehmigungsbedürftigen Anlage erst dann ausgesetzt werden sollen, nachdem im Genehmigungsverfahren eine ordnungsgemäße Prüfung durchgeführt worden ist. Auch würde sich ansonsten eine Verletzung des Genehmigungserfordernisses für den Betreiber und die Genehmigungsbehörde als risikolos darstellen[297].

Im übrigen ist die Frage, ob und in welchem Umfang drittschützende Rechte bestehen, durch Interpretation der jeweiligen, im Rahmen der Genehmigungserteilung zu berücksichtigenden Einzelnorm zu klären[298].

cc. Genehmigungsvoraussetzungen gem. § 6 Abs.1 BImSchG

Gem. § 6 Abs.1 BImSchG ist die Genehmigung für eine genehmigungspflichtige Anlage zu erteilen, wenn sichergestellt ist, dass sich die aus § 5 BImSchG und einer auf Grund des § 7 BImSchG erlassenen Rechtsverordnung ergebenden Pflichten erfüllt werden (Nr. 1) und andere öffentlich-rechtliche Vorschriften und Belange des Arbeitsschutzes der Errichtung und dem Betrieb der Anlage nicht entgegenstehen (Nr. 2).

Da zugunsten der Behörde kein Ermessensspielraum besteht, sondern die Genehmigung beim Vorliegen der genannten Voraussetzung erteilt werden muss, besteht beim Vorliegen der Genehmigungsvoraussetzungen ein Anspruch des Antragstellers auf Genehmigungserteilung[299].

aaa. Betreiberpflichten gem. § 6 Abs.1 Nr.1 BImSchG i.V.m. § 5 Abs.1 BImSchG

aaaa. Schutzpflicht gem. § 5 Abs.1 Nr.1 BImSchG

Gem. § 5 Abs.1 Nr.1 BImSchG sind genehmigungsbedürftige Anlagen so zu errichten und zu betreiben, dass zur Gewährleistung eines hohen Schutzniveaus für die

[296] vgl. BVerwGE 85, 368, 374 f OVG- Münster (Beschluss v. 25.02.1994 -11 B 3128/93-) in NVwZ-RR 1995, S. 61, 61

[297] vgl. Hansmann in Landmann/Rohmer „Umweltrecht-Kommentar, Bd. 1", vor § 4 Rn. 21; vgl. Rossnagel in Koch/Scheuing „Gemeinschaftskommentar zum BImSchG", § 19 Rn. 60

[298] vgl Jarass „BImSchG-Kommentar", 5. Auflage, § 6 Rn. 50

[299] vgl. Kloepfer „Umweltrecht", § 14 Rn.64, 65; vgl. Hoppe/Beckmann/Kauch „Umweltrecht", § 21 Rn. 51; vgl. Bender/Sparwasser/Engel „Umweltrecht", Kapitel 8, Rn. 129, 152

Umwelt insgesamt, schädliche Umwelteinwirkungen und sonstige Gefahren, erhebliche Nachteile und erhebliche Belästigungen für die Allgemeinheit und die Nachbarschaft durch die betreffende Anlage nicht hervorgerufen werden können.

Vom Begriff der schädlichen Umwelteinwirkung sind gem. § 3 Abs.1 BImSchG solche Immissionen[300] umfasst, die nach Art, Ausmaß und Dauer geeignet sind, Gefahren, erhebliche Nachteile oder erhebliche Belästigungen für die Allgemeinheit oder die Nachbarschaft herbeizuführen[301].

Der Begriff der sonstigen Gefahr, der erheblichen Nachteile und der Belästigungen der Allgemeinheit und Nachbarschaft erfasst demgegenüber grundsätzlich alle Gefahrenquellen und Einwirkungen, die keine Immissionen darstellen[302]. Dabei ist aber zu beachten, dass der Begriff der „sonstigen Gefahr" mit Rücksicht auf die Eigenständigkeit des § 6 Nr.2 BImSchG und den Umfang des Anwendungsbereiches des § 7 BImSchG restriktiv ausgelegt werden muss. Insoweit ist anerkannt, dass es sich bei den „sonstigen Gefahren" i.d.S. um Einwirkungen physischer Art handelt, die vom Betrieb der Anlage ausgehen[303] und nicht selten dem in Spezialgesetzen geregelten Bereich der technischen Sicherheit zuzuordnen sind[304]. Entscheidend für die Genehmigungsfähigkeit der konkreten Anlage ist allein, dass nach dem zur Zeit der Entscheidung gegebenen Erkenntnisstand die begründete Möglichkeit ausgeschlossen ist, dass die Anlage Gefahren, Nachteile oder Belästigungen der genannten Art für die Allgemeinheit oder die Nachbarschaft hervorrufen wird. Betriebsstörungen, die nicht vollkommen außerhalb der Erfahrung liegen sowie die Vorgaben der TA-Luft bzw. der TA-Lärm, sind dabei mit in die Beurteilung einzubeziehen[305].

Von besonderer Bedeutung ist dabei, dass „die Nachbarschaft" und damit die durch das Vorhaben betroffenen Dritten durch den Gesetzeswortlaut ausdrücklich in den „Adressatenkreis" der Schutzpflicht mit einbezogen werden. Hieraus und aufgrund des „Charakters der Vorschrift als Abwehrpflicht" ergibt sich ihr drittschützender Gehalt. Dieser eröffnet den betroffenen Nachbarn die Möglichkeit, die Verletzung der sich aus § 5 Abs.1 Nr.1 BImSchG ergebenden Pflichten im Wege des Widerspruchs bzw. der Anfechtung der erteilten Genehmigung geltend zu machen sowie den Er-

---

300 Gem. § 3 Abs.2 BImSchG sind Immissionen i.S.d. BImSchG auf Menschen, Tiere und Pflanzen, den Boden, das Wasser, die Atmosphäre sowie Kultur- und Sachgüter einwirkende Luftverunreinigungen, Geräusche, Erschütterungen, Licht, Wärme, Strahlen und ähnliche Umwelteinwirkungen.

301 vgl. Bender/Sparwasser/Engel „Umweltrecht", Kapitel 8, Rn. 96

302 vgl. Jarass „Kommentar zum BImSchG", 5. Auflage, § 5 Rn. 24

303 vgl. Jarass „Kommentar zum BImSchG", 5. Auflage, § 5 Rn. 25; vgl. Hoppe/Beckmann/Kauch „Umweltrecht", § 21 Rn. 57

304 Beispielsweise aus dem Bereich des Sprengstoffgesetzes, öffentlich rechtlicher Vorschriften des Wasserrechtes, des Rechts der überwachungsbedürftigen Anlagen, sowie des Gefahrstoffrechtes. (vgl. Feldhaus „Kommentar zum BImSchG", Bd.1, § 5 Zif. 6; vgl. Jarass „Kommentar zum BImSchG", 3. Auflage, § 5 Rn. 30)

305 vgl. Feldhaus „Kommentar zum BImSchG", Bd.1, § 5 Zif. 2; vgl. Jarass „Kommentar zum BImSchG", 3. Auflage, § 5 Rn. 29

lass nachträglicher Anordnungen oder sonstiger Maßnahmen zur Durchsetzung dieser Pflichten zu verlangen[306].

bbbb. Vorsorgepflicht gem. § 5 Abs.1 Nr.2 BImSchG

Keinen Drittschutz entfaltet nach h.M. die in § 5 Abs.1 Nr. 2 BImSchG enthaltene Vorsorgepflicht, wobei dies jedoch von Teilen der Literatur bestritten wird.[307]

Aufgrund der Vorsorgepflicht gem. § 5 Abs.1 Nr.2 BImSchG ist der Betreiber einer Anlage in diesem Sinn verpflichtet, die Anlage so zu errichten und zu betreiben, dass zur Gewährleistung eines hohen Schutzniveaus für die Umwelt insgesamt, Vorsorge gegen schädliche Umwelteinwirkungen und sonstige Gefahren, erhebliche Nachteile und erhebliche Belästigungen, insbesondere durch die dem Stand der Technik entsprechenden Maßnahmen zur Emissionsbegrenzung, getroffen wird[308]. Der Anlagenbetreiber muss im Wege einer angemessenen Risikovorsorge gewährleisten, dass Belästigungen auch unterhalb der Schwelle eines Schadens weitestgehend vermieden werden.

Darüber hinaus wird durch die Bezugnahme auf den „Stand der Technik" deutlich, dass insofern sogar eine von den Grenzwerten der TA-Lärm oder TA-Luft unabhängige Verpflichtung des Anlagenbetreibers besteht, mögliche Belästigungen so weit wie eben möglich zu reduzieren[309], wobei aber solche Maßnahmen nicht erforderlich sind, bei denen mit hohem technischen und finanziellen Aufwand nur geringe Immissionsminderungen erreicht werden können. Es müssen allein die adäquaten, d.h. die angemessenen Maßnahmen ergriffen werden[310].

Sinn und Zweck der Vorsorgepflicht werden in erster Linie in der im öffentlichen Interesse liegenden Verbesserung der Umweltqualität gesehen[311]. Da eine primäre Ausrichtung auf den Nachbarn nicht erkennbar sei, wird der drittschützende Charakter der Vorsorgepflicht, wie bereits eingangs erwähnt, von der h.M. verneint[312].

---

[306] vgl Jarass „BImSchG-Kommentar", 5. Auflage, 2002, § 5 Rn. 120
[307] vgl Jarass „BImSchG-Kommentar", 5. Auflage, 2002, § 5 Rn. 121
[308] Dies entspricht auch dem Vorsorgegrundsatz des § 1 BImSchG, da bereits dem Entstehen schädlicher Umwelteinwirkungen vorgebeugt werden muss (vgl. Feldhaus „Kommentar zum BImSchG", Bd.1, § 5 Zif. 7)
[309] In Betracht kommen insofern in erster Linie hauptsächlich emissionsmindernde Verfahrensoptimierungen und in zweiter Linie nachgeschaltete Rückhalte- bzw. Reinigungsmaßnahmen zur Emissionsminderung. Welche Anforderungen im Einzelfall zu erfüllen sind, bestimmt sich nach dem Stand der Technik und der Adäquanz der Maßnahme, d.h. beispielsweise deren Verhältnismäßigkeit und der Nähe zur Gefahrenschwelle (vgl. Hoppe/Beckmann/Kauch „Umweltrecht", § 21 Rn. 61, 63)
[310] vgl. Jarass „BImSchG-Kommentar", 2. Auflage, § 5 Rn. 53
[311] vgl. Hoppe/Beckmann/Kauch „Umweltrecht", § 21 Rn. 59
[312] vgl Jarass „BImSchG-Kommentar", 5. Auflage, 2002, § 5 Rn. 121

cccc. Reststoffvermeidungs- und Entsorgungspflicht gem. § 5 Abs. 1 Nr. 3 BImSchG

Die Reststoffvermeidungs- und entsorgungspflicht gem. § 5 Abs.1 Nr. 3 BImSchG verpflichtet den Anlagenbetreiber die Anlage so zu errichten und zu betreiben, dass zur Gewährleistung eines hohen Schutzniveaus für die Umwelt insgesamt, die Entstehung von Abfällen vermieden, nicht zu vermeidende Abfälle verwertet und nicht zu verwertende Abfälle ohne Beeinträchtigung des Wohls der Allgemeinheit beseitigt werden.

Der Abfallbegriff entspricht dabei dem des § 3 Abs.1 S.1 KrW-/ AbfG und bezieht sich mithin auf bewegliche Sachen, die unter die in Anhang I des KrW-/AbfG aufgeführten Gruppen fallen und deren sich ihr Besitzer entledigt, entledigen will oder entledigen muss[313].

Ob diese Verpflichtung des Anlagenbetreibers drittschützende Elemente aufweist, wird von der h.M. differenziert beurteilt. So wird der Pflicht zur „Abfallvermeidung" allgemein jeder drittschützende Charakter unter Hinweis auf die reine „Vorsorgefunktion" dieser Verpflichtung abgesprochen[314]. Anders wird dies hingegen bei der Pflicht zur „Abfallverwertung" gesehen. Insofern wird nach dem „Ob" und der „Art und Weise" der Abfallverwertung unterschieden, wobei im Hinblick auf das „Ob" der Abfallverwertung - als Ausdruck des Vorsorgeprinzips - der drittschützende Charakter verneint wird. Hinsichtlich der „Art und Weise" der Abfallverwertung wird demgegenüber darauf abgestellt, ob die entsprechenden Vorschriften des „Kreislaufwirtschafts- und Abfallgesetzes" bzw. die „sonstigen für Abfälle geltenden Vorschriften", nach denen gem. § 5 Abs.1 Nr. 3 BImSchG die Abfallverwertung konkret zu erfolgen hat, drittschützend sind oder nicht[315].

dddd. Pflicht zur sparsamen und effizienten Energienutzung gem. § 5 Abs.1 Nr.4 BImSchG

Die konkrete Anlage ist gem. § 5 Abs.1 Nr. 4 BImSchG so zu errichten und zu betreiben, dass Energie sparsam und effizient verwendet wird.

Diese Regelung dient nach Ansicht der h.M. allein der Vorsorge und hat keinen drittschützenden Charakter[316].

---

[313] vgl. Hoppe/Beckmann/Kauch „Umweltrecht", § 21 Rn. 67
[314] vgl Jarass „BImSchG-Kommentar", 5. Auflage, 2002, § 5 Rn. 123
[315] vgl Jarass „BImSchG-Kommentar", 5. Auflage, 2002, § 5 Rn. 123
[316] vgl Jarass „BImSchG-Kommentar", 5. Auflage, 2002, § 5 Rn. 123

bbb. § 5 Abs.3 BImSchG

Zusätzlich zu den Genehmigungsvoraussetzungen des § 5 Abs.1 BImSchG bestimmt § 5 Abs.3 BImSchG Anforderungen an die Errichtung, den Betrieb und die Stillegung von genehmigungsbedürftigen Anlagen, die nach der Betriebsstilllegung gewährleistet sein müssen.

Danach sind genehmigungsbedürftige Anlagen so zu errichten, zu betreiben und stillzulegen, dass auch nach einer Betriebsstilllegung von der Anlage oder dem Anlagengrundstück keine schädlichen Umwelteinwirkungen und sonstige Gefahren, erhebliche Nachteile und erhebliche Belästigungen für die Allgemeinheit und die Nachbarschaft hervorgerufen werden können (Nr. 1), vorhandene Abfälle ordnungsgemäß und schadlos verwertet oder ohne eine Beeinträchtigung des Wohls der Allgemeinheit beseitigt werden (Nr. 2) und die Wiederherstellung eines ordnungsgemäßen Zustandes des Betriebsgeländes gewährleistet ist (Nr. 3).

Insbesondere aufgrund der ausdrücklichen Erwähnung der „Nachbarschaft" in § 5 Abs.3 N.1 BImSchG ist insofern - unter Verweis auf die parallele Interpretation bei § 5 Abs.1 Nr.1 BImSchG - der dritttschützende Charakter zu bejahen. Verneint wird dieser hingegen in Bezug auf § 5 Abs.3 Nr.2 BImSchG, wobei insofern aber einzelnen Bestimmungen, die auf die konkreten Prozesse der Abfallverwertung- und beseitigung im Einzelfall Anwendung finden, eine drittschützende Wirkung zukommen kann[317].

ccc. Anforderungen aufgrund von Rechtsverordnungen gem. § 7 BImSchG

Neben der Sicherstellung der aus § 5 BImSchG folgenden Pflichten durch den Anlagenbetreiber, verlangt § 6 Abs.1 Nr. 1 BImSchG die Sicherstellung der grundlegenden Pflichten des Anlagenbetreibers, die sich allgemein oder bezogen auf einen bestimmten Anlagensektor, aus einer auf Grund von § 7 BImSchG erlassenen Rechtsverordnung ergeben[318].

Von den zur Zeit in Kraft befindlichen Rechtsverordnungen zur Durchführung des BImSchG beruhen die Störfallverordnung (12. BImSchV[319]), die Verordnung über

---

[317] vgl Jarass „BImSchG-Kommentar", 5. Auflage, 2002, § 5 Rn. 124

[318] vgl. Kloepfer „Umweltrecht", § 14 Rn. 77; zu näheren Einzelheiten siehe die Aufstellung bei Kloepfer „Umweltrecht", § 14 Rn. 77 oder bei Hoppe/Beckmann/Kauch „Umweltrecht", § 21 Rn. 74 oder bei Bender/Sparwasser/Engel „Umweltrecht", Kapitel 8, Rn. 158

[319] Verordnung v. 26. April 2000, BGBl. I S. 603 (erste Fassung v. 27.6.1980, BGBl. I S.772); Inkrafttreten: 03. Mai 2000 (Inkrafttreten der ersten Fassung v. 27.6.1980: 01. Juli 1980);
Ermächtigungsgrundlage: § 7 Abs.1 Nr.1 und § 23 Abs.1 BImSchG, § 7 Abs.4 und § 48a Abs.3 BImSchG,
§ 19 Abs.1 i.V.m. Abs.3 Nr.6 und 8 ChemikalienG

Großfeuerungsanlagen (13. BImSchV[320]), die Verordnung über Verbrennungsanlagen für Abfälle und ähnlich brennbare Stoffe (17. BImSchV[321]), die Verordnung zur Begrenzung der Emissionen flüchtiger organischer Verbindungen beim Umfüllen und Lagern von Ottokraftstoffen (20. BImSchV[322]) und die Verordnung über Anlagen zur biologischen Behandlung von Abfällen (30. BImSchV[323]) auf der Ermächtigungsgrundlage des § 7 BImSchG.

Für den Rechtsschutz Dritter sind diese Verordnungen deshalb von Bedeutung, da einigen von Ihnen ein drittschützender Charakter zukommt und daher zu Gunsten „Dritten" ein Anspruch gegenüber der Genehmigungsbehörde bestehen kann, die Einhaltung der entsprechenden Bestimmungen mittels einer nachträglichen Anordnung gem. § 17 BImSchG durchzusetzen. Ist dies der Fall, hat die entsprechende Rechtsverordnung auch regelmäßig den Charakter eines Schutzgesetzes im Sinne des § 823 Abs.2 BGB[324].

Dittschützender Charakter wird etwa in Bezug auf die Störfallverordnung (12. BImSchV), nicht aber in Bezug auf die Verordnung über Großfeuerungsanlagen (13. BImSchV) oder die Verordnung über Verbrennungsanlagen für Abfälle und ähnlich brennbare Stoffe (17. BImSchV) angenommen[325].

ddd. Vereinbarkeit mit anderen öffentlichen Vorschriften gem. § 6 Abs.1 Nr.2 BImSchG

Gem. § 6 Abs. 1 Nr.2 BImSchG dürfen der Errichtung und dem Betrieb der Anlage andere öffentlich-rechtliche Vorschriften oder Belange des Arbeitsschutzes nicht entgegenstehen. Andere öffentlich-rechtliche Vorschriften i.d.S. sind insbesondere solche des Bauplanungs- und Bauordnungsrechtes, des Straßen-, Abfall-, Wasserrechtes, des Natur- und Landschaftsschutzrechtes sowie des Boden-, Gewerbe- und Straßenrechtes[326].

---

[320] Verordnung v. 22. Juni 1983; Inkrafttreten: 01. Juli 1983;
Ermächtigungsgrundlage: § 7 Abs.1 und § 4 Abs.1 S.3 i.V.m. § 19 Abs.1 BImSchG vom 15. März 1974 (BGBl. I S. 721, 1193)

[321] Verordnung v. 23. November 1990, BGBl. I S. 2545, ber. 2832; Inkrafttreten: 1. Dezember 1990;
Ermächtigungsgrundlage: § 5 Abs.2 sowie § 7 Abs.1 und 4 BImSchG in der Fassung der Bekanntmachung v. 14. Mai 1990 (BGBl. I S. 880)

[322] Verordnung v. 27. Mai 1998, BGBl. I S. 1174; Inkrafttreten: 04. Juni 1998;
Ermächtigungsgrundlage: § 7 Abs.1 bis 4 und § 23 Abs.1 BImSchG in der Fassung der Bekanntmachung v. 14. Mai 1990 (BGBl. I S. 880) sowie § 11 Abs.1 Gerätesicherheitsgesetz in der Fassung der Bekanntmachung v. 23. Oktober 1992 (BGBl. I S. 1793)

[323] Verordnung v. 20. Februar 2001, BGBl. I S. 305, 317; Inkrafttreten: 01. März 2001;
Ermächtigungsgrundlage: § 7 Abs.1 BImSchG

[324] vgl Jarass „BImSchG-Kommentar", 5. Auflage, 2002, § 7 Rn. 39 f., § 17 Rn. 60, 62

[325] vgl Jarass „BImSchG-Kommentar", 5. Auflage, 2002, § 7 Rn. 39

[326] vgl. Hoppe/Beckmann/Kauch „Umweltrecht", § 21 Rn. 90; vgl. Bender/ Sparwasser/ Engel „Umweltrecht", Kapitel 8, Rn. 155; vgl. Kloepfer „Umweltrecht", § 14 Rn. 85

Ob sich ein Dritter zur Begründung der ihm etwaig gegen die erteilte Genehmigung zustehenden Ansprüche auf die Verletzung solcher Vorschriften berufen kann, hängt wiederum davon ab, ob die konkret verletzte Einzelnorm als drittschützend zu qualifizieren ist oder nicht. Insofern verbleibt es bei den allgemeinen Regeln.

Ergänzend zu erwähnen ist, dass sich subjektive Rechte in diesem Bereich, nach herrschenden Meinung in Rechtsprechung und Literatur, ausdrücklich auch aus Grundrechten ergeben können, sofern der Dritte im Einzelfall „schwer und unerträglich" betroffen ist[327]. Öfentlich-rechtliche Vorschriften, die sich allein auf die Person des Anlagenbetreibers beziehen, d.h. Normen mit einem sog. personalistischen Element, sind hingegen aufgrund des Charakters der immissionsschutzrechtlichen Anlagengenehmigung als sog. Sachkonzession nicht in die Prüfung einzubeziehen. Sie sind keine „sonstigen öffentlich-rechtlichen Vorschriften" im Sinne des § 6 Abs.1 Nr.2 BImSchG[328].

dd. Genehmigungsverfahren

aaa. Arten von Genehmigungsverfahren

Das BImSchG unterscheidet zwischen dem förmlichen Genehmigungsverfahren gem. § 10 BImSchG und dem vereinfachten Genehmigungsverfahren gem. § 19 BImSchG, wobei das förmliche Genehmigungsverfahren den Regelfall, das vereinfachte Genehmigungsverfahren die Ausnahme darstellt[329].

Welche Anlagen dem förmlichen und welche dem vereinfachten Genehmigungsverfahren unterliegen ist in § 2 Abs.1 der Verordnung über genehmigungsbedürftige Anlagen (4. BImSchV) i.V.m. dem Anhang zu dieser Verordnung festgelegt. Danach unterliegen Anlagen die in Spalte 1 des Anhangs zur 4. BImSchV aufgeführt sind dem förmlichen Genehmigungsverfahren gem. § 10 BImSchG, wohingegen die Genehmigungen für die in Spalte 2 des Anhangs zur 4. BImSchV aufgeführten Vorhaben im vereinfachten Genehmigungsverfahren gem. § 19 BImSchG erteilt werden.

---

[327] vgl Jarass „BImSchG-Kommentar", 5. Auflage, 2002, § 6 Rn. 53

[328] vgl. Kloepfer „Umweltrecht", § 14 Rn. 85;
(zu beachten ist jedoch unabhängig von der Prüfungsrelevanz i.R.d. immissionsschutzrechtlichen Anlagengenehmigung selber, dass die Einstellung unzuverlässiger Personen u.U. einen Verstoß gegen die Betreiberpflichten darstellen kann und nachträgliche Anordnungen gem. § 17 BImSchG oder eventuell sogar eine Untersagungsverfügung gem. § 20 Abs.3 BImSchG zur Folge haben kann; vgl. Kloepfer „Umweltrecht", 2. Auflage, 1998, § 14 Rn. 85

[329] vgl. Kloepfer „Umweltrecht", § 14 Rn. 87 und Hoppe/Beckmann/Kauch „Umweltrecht", § 21 Rn. 97

Unabhängig davon kann der Antragsteller gem. § 19 Abs.3 BImSchG beantragen, dass auch in Bezug auf ein Vorhaben gem. Spalte 2 des Anhangs zur 4. BimSchV das förmliche Genehmigungsverfahren durchgeführt wird[330].

bbb. Förmliches Genehmigungsverfahren gem. § 10 BImSchG

aaaa. Allgemeines

Das förmliche Genehmigungsverfahren gem. § 10 BImSchG i.V.m. der auf § 10 Abs. 10 BImSchG beruhenden Verordnung über das Genehmigungsverfahren (9. BImSchV[331])[332], ist durch seine formalisierte Verfahrensgestaltung sowie die ausgeprägten Elemente der Publizität und Öffentlichkeitsbeteiligung stark dem verwaltungsrechtlichen Planfeststellungsverfahren gem. §§ 72 ff VwVfG[333] angenähert. Durch diese Verfahrensgestaltung soll neben den öffentlichen Belangen insbesondere der Anlagenbetreiber davor geschützt werden, dass die für den Betrieb und die Errichtung der betreffenden Anlage getätigten Investitionen nicht durch solche Einwendungen Dritter gefährdet werden, die erstmals nach Beendigung des Genehmigungsverfahrens erhoben werden.

Betroffene Dritte sind mithin gezwungen, ihre Einwendungen bereits im Rahmen des Genehmigungsverfahrens zu erheben, um den Eintritt einer sog. materiellen Präklusion hinsichtlich dieser Einwendungen und damit einen dauerhaften materiellen Einwendungsausschluss zu vermeiden.

Bedeutung für den Rechtsschutz Dritter kommt in diesem Zusammenhang insbesondere denjenigen Bestimmungen des förmlichen Genehmigungsverfahrens zu, durch die Personen, die potentiell durch das Vorhaben betroffen sind, „formal" in das Genehmigungsverfahren einbezogen werden. Solche Bestimmungen haben generell drittschützenden Charakter[334].

Insofern ist aber zu beachten, dass nicht jeder Verstoß gegen eine drittschützende „Verfahrensnorm" auch einen Anspruch des Dritten auf Aufhebung der erteilten Genehmigung begründet. Ob ein solcher Anspruch im Einzelfall besteht, hängt maßgeblich davon ab, ob sich der Verfahrensfehler in der konkreten Genehmigung auch tat-

---

[330] vgl. insoweit Feldhaus „Kommentar zum BImSchG", Bd.1, § 10 Zif. 2

[331] Verordnung v 29. Mai 1992, BGBl. I S. 1001; erstmaliges Inkrafttreten: 01.05.1993; Ermächtigungsgrundlage: § 10 Abs.1 BImSchG
(zuletzt geändert durch die Verordnung zur Umsetzung EG-rechtlicher Vorschriften betreffend die Beherrschung der Gefahren bei schweren Unfällen mit gefährlichen Stoffen v. 26. April 2000 (BGBl. I S.603))

[332] vgl. Bender/Sparwasser/Engel „Umweltrecht", Kapitel 8, Rn. 181

[333] vgl. unten Zif. VI. 2. u."

[334] vgl Jarass „BImSchG-Kommentar", 5. Auflage, 2002, § 10 Rn. 130

sächlich niedergeschlagen hat oder etwa vor Erteilung der Genehmigung geheilt worden ist. Auf die Bestimmungen der §§ 45, 46 VwVfG wird in diesem Zusammenhang ausdrücklich hingewiesen. Während ein Verfahrensfehler gemäß § 46 VwVfG nach Auffassung der Rechtsprechung regelmäßig nur dann zur Aufhebung eines Verwaltungsaktes führt, wenn „nach den Umständen des jeweiligen Falls die konkrete Möglichkeit besteht, dass die Planungsbehörde ohne den Verfahrensfehler anders entschieden hätte“[335], führt ein Verstoß gegen eine solche drittschützende Verfahrensnorm nach anderer Auffassung bereits dann zur Aufhebung der Genehmigung, wenn er sich „auf die Einhaltung materieller Normen ausgewirkt haben könnte“[336]. Dies lasse sich nur dann ausschließen, wenn die vom Kläger behauptete Beeinträchtigung seiner materiellen Rechtsgüter „offensichtlich und eindeutig unmöglich ist“[337].

bbbb. Genehmigungsantrag

Eingeleitet wird das förmliche Genehmigungsverfahren gem. § 10 Abs.1 BImSchG i.V.m. § 2 der 9. BImSchV durch einen schriftlichen Antrag des Vorhabensträgers. Dieser muss gem. § 3 der 9. BImSchV, neben den Angaben zur Person des Antragsstellers, bereits detaillierte Angaben zur konkreten Ausgestaltung des geplanten Vorhabens enthalten. Auch sind gem. § 4 der 9. BImSchV diejenigen prüfungsfähigen Unterlagen beizufügen, die zur Prüfung der Genehmigungsvoraussetzungen erforderlich sind[338]. Bei UVP-pflichtigen Anlagen sind die Unterlagen noch um die diesbezüglichen Informationen zu ergänzen[339].

cccc. Antragsberatung

Um ein zügiges und ordnungsgemäßes Genehmigungsverfahren zu gewährleisten und um die notwendige Klarheit über die tatsächliche Sach- und Rechtslage zu ermöglichen, sieht § 2 Abs.2 der 9. BImSchV ein Verfahren der „Kooperation“ der Genehmigungsbehörde mit dem Antragssteller bereits im Vorfeld der Antragsstellung und der Durchführung des förmlichen Genehmigungsverfahrens, die sog. Antragsberatung, vor[340]. Hierbei soll die Genehmigungsbehörde den Antragssteller, sobald sie von diesem über das geplante Vorhaben unterrichtet worden ist, im Hinblick auf die Antragsstellung beraten und mit ihm den zeitlichen Ablauf des Genehmigungsverfah-

---

[335] BVerwG, Beschluss v. 23.02.1194, in NVwZ 1994, 688, 689
[336] BVerwGE 85, 368, 375
[337] BVerwGE 75, 285, 291; BVerwGE 85, 368, 375
[338] Darunter fallen beispielsweise Anlagen- und Betriebsbeschreibungen sowie Angaben über Art und Ausmaß der Emissionen der Anlage.
[339] Nähere Einzelheiten regeln §§ 4- 4e der 9. BImSchV (vgl. Hoppe/Beckmann/Kauch „Umweltrecht“, § 21 Rn. 99)
[340] vgl. auch Kloepfer „Umweltrecht“, § 14 Rn. 89; Hoppe/Beckmann/Kauch „Umweltrecht“, § 21 Rn. 99

rens sowie die sonstigen für die Durchführung des Verfahrens erheblichen Fragen erörtern[341].

Bei Vorhaben, die gem. § 1 Abs.2 S.1 der 9. BImSchV eine Umweltverträglichkeitsprüfung als unselbständigen Teil des immissionsschutzrechtlichen Verfahrens erfordern, ist die Behörde darüber hinaus gem. § 2 Abs.2 S.4 i.V.m. § 2a Abs.1 der 9. BImSchV verpflichtet, den Antragssteller über den Untersuchungsrahmen der Umweltverträglichkeitsprüfung zu unterrichten[342].

Drittschützende Wirkung ist diesen Bestimmungen nicht beizumessen.

dddd. Öffentlichkeitsbeteiligung

Nachdem der Vorhabensträger die entsprechenden Unterlagen vollständig bei der für die Genehmigung der Anlage zuständigen Behörde eingereicht hat, wird durch die Genehmigungsbehörde ein parallel auf zwei Ebenen geführtes Verfahren eingeleitet, durch das sowohl die Öffentlichkeit, als auch diejenigen Behörden an dem Genehmigungsverfahren beteiligt werden, deren Aufgabenbereich durch das Vorhaben berührt wird. Für die Rechtsstellung Dritter, d.h. der durch das Vorhaben Betroffenen, ist das Verfahren der Öffentlichkeitsbeteiligung von erheblicher Bedeutung. Es besteht ausdrücklich „auch im Interesse der Betroffenen“[343].

Ob sich im Falle der Verletzung von Bestimmungen über die Öffentlichkeitsbeteiligung Ansprüche Dritter ergeben können, hängt vom Einzelfall ab. Insofern wird man

---

341 Im Rahmen dieses kooperativen Verfahrens sollen insbesondere die folgenden Punkte abgeklärt werden: Welche Antragsunterlagen sind dem Antrag gem. § 4 der 9. BImSchV beizufügen (§ 2 Abs.2 Nr.1), welche voraussichtlichen Auswirkungen kann das Vorhaben auf die Allgemeinheit und die Nachbarschaft haben und in welcher Weise wird sich dies auf das Verfahren auswirken (§ 2 Abs.2 Nr.2), welche Gutachten werden voraussichtlich erforderlich und wie können doppelte Begutachtungen vermieden werden (§2 Abs.2 Nr.3), wie kann der zeitliche Ablauf des Genehmigungsverfahrens ausgestaltet werden und inwieweit kann der Vorhabenträger zur Verfahrensbeschleunigung- und vereinfachung beitragen (§2 Abs.2 Nr.4) und würde die Einschaltung eines Projektmanagers durch den behördlichen Verfahrensbevollmächtigten zur Beschleunigung des Verfahrens führen (§ 2 Abs.2 Nr.5).

342 Das Unterrichtungsverfahren erfolgt in zwei Stufen.
Zunächst erörtert die zuständige immissionsschutzrechtliche Genehmigungsbehörde gem. § 2a Abs.1 S.1 der 9. BImSchV mit dem Antragsteller den Gegenstand, den Umfang und die Methoden der Umweltverträglichkeitsprüfung sowie sonstige diesbezüglich erhebliche Fragen. Zu dieser Erörterung kann die Genehmigungsbehörde gem. § 2a Abs.1 S.2 der 9. BImSchV andere Behörden, deren Aufgabenbereiche durch das Vorhaben berührt werden, sowie Sachverständige und Dritte, insbesondere Standort- und Nachbargemeinden, hinzuziehen. In einem zweiten Schritt unterrichtet die Genehmigungsbehörde den Antragssteller dann gem. § 2a Abs.1 S. 3 der 9. BImSchV über den voraussichtlichen Untersuchungsrahmen der Umweltverträglichkeitsprüfung, sowie über Art und Umfang der beizubringenden Unterlagen. Die Genehmigungsbehörde ist gem. § 2a Abs.1 S. 4 der 9. BImSchV auch verpflichtet, dem Antragssteller die Unterlagen zur Verfügung zu stellen, die diesem helfen, die von ihm gem. §§4 bis 4e der 9. BimSchV vorzulegenden Genehmigungsunterlagen beizubringen.
(vgl. auch Jarass „Kommentar zum BImSchG“, 3. Auflage, § 10 Rn. 18 und 5. Auflage, § 10 Rn. 22 ff.)

343 vgl Jarass „BImSchG-Kommentar“, 5. Auflage, 2002, § 10 Rn. 56

aber - um mit der oben verwendeten Terminologie zu sprechen - wahrscheinlich nur selten ausschließen können, dass sich ein Fehler der Öffentlichkeitsbeteiligung „auf die Einhaltung materieller Normen ausgewirkt haben könnte“[344].

Gem. § 10 Abs.3 S.1 BImSchG i.V.m. § 8 Abs.1 S.1 der 9. BImSchV hat die zuständige Behörde das Vorhaben in ihrem amtlichen Veröffentlichungsblatt und außerdem in örtlichen Tageszeitungen, die im Bereich des Standortes der Anlage verbreitet sind, öffentlich bekannt zu machen, sobald die durch den Vorhabensträger einzureichenden Unterlagen vollständig bei ihr vorliegen. Die Bekanntmachung muss gem. § 10 Abs. 4 BImSchG i.V.m. § 9 Abs.1 der 9. BImSchV zum einen die Angaben enthalten, die auch schon der Vorhabensträger gem. § 3 der 9. BImSchV seinem Genehmigungsantrag beifügen musste. Darüber hinaus ist ein Hinweis auf die Auslegungs- und die Einwendungsfrist unter Angabe des jeweils ersten und letzten Tages erforderlich. Die Bekanntmachung soll gem. § 9 Abs.2 der 9. BimSchV mindestens eine Woche vor dem Beginn der Auslegungsfrist erfolgen.

Ist die öffentliche Bekanntmachung erfolgt, sind der Genehmigungsantrag und die Unterlagen, die Angaben über die Auswirkungen der Anlage auf die Nachbarschaft und die Allgemeinheit enthalten, gem. § 10 Abs. 3 S.2 BImSchG i.V.m. § 10 Abs.1 S.1 der 9. BImSchV für die Dauer von einem Monat öffentlich zur Einsicht auszulegen. Bei UVP-pflichtigen Vorhaben umfasst diese Verpflichtung gem. § 10 Abs.1 S.2 der 9. BImSchV auch die vom Antragsteller zur Durchführung der UVP beigefügten Unterlagen. Auslegungsort ist gem. § 10 Abs.1 S.1 der 9. BImSchV der Sitz der Genehmigungsbehörde. Darüber hinaus sind die Unterlagen, soweit dies erforderlich ist, auch in der Nähe des Standortes der geplanten Anlage auszulegen. Dies kann insbesondere dann erforderlich sein, wenn zwischen dem Sitz der Genehmigungsbehörde und dem geplanten Standort der Anlage eine größere Entfernung liegt[345]. Bei UVP-pflichtigen Anlagen ist gem. § 10 Abs.1 S.2 Hs.2 der 9. BImSchV eine zusätzliche Auslegung in all den Gemeinden erforderlich, in denen sich das Vorhaben voraussichtlich auswirken wird.

Für die von dem geplanten Vorhaben betroffenen Dritten ist insofern von Bedeutung, dass im Hinblick auf die ausgelegten Unterlagen zu Ihren Gunsten ein Recht auf Einsichtnahme besteht[346].

Durch das Verfahren der Öffentlichkeitsbeteiligung wird den möglicherweise von der geplanten Anlage Drittbetroffenen bereits in einem sehr frühen Stadium des Genehmigungsverfahrens die Möglichkeit eröffnet, ihre Bedenken und Einwendungen vorzubringen und der Vorhabensverwirklichung entgegenzuhalten. Einwendungsbefugt

---

[344] BVerwGE 85, 368, 375
[345] vgl. auch Jarass „Kommentar zum BImSchG“, 5. Auflage, § 10 Rn. 63
[346] vgl. auch Jarass „Kommentar zum BImSchG“, 5. Auflage, § 10 Rn. 68

ist jedermann. Eine Betroffenheit in einem Recht oder einem rechtlichen Interesse ist nicht erforderlich[347].

Das Einwendungsrecht, dass der Information der Genehmigungsbehörde, aber gerade auch dem Schutz der von der Anlage potentiell Betroffenen dient[348], ist von erheblicher Bedeutung. Es eröffnet den potentiell Betroffenen unter äußerst geringen formalen Voraussetzungen die Möglichkeit, frühzeitig Bedenken gegen das geplante Vorhaben vorzubringen und verpflichtet die Genehmigungsbehörde sich mit diesen Bedenken substantiell zu befassen. Andererseits wird aber auch für den Vorhabensträger die Möglichkeit geschaffen, bereits im Planungsstadium solche Änderungen der geplanten Anlage vorzunehmen, durch die den vorgebrachten Bedenken und Einwendungen die Grundlage entzogen wird.

Das Verfahren der Öffentlichkeitsbeteiligung entspricht mithin sowohl der Forderung nach Rechtsschutz bereits im Rahmen des Verwaltungsverfahren, als auch der Forderung nach „Grundrechtsschutz durch Verfahrensgestaltung“[349]. Darüber hinaus dient es im Wege des Einwendungsrechts der Sicherung subjektiven Rechtsschutzes der durch das geplante Vorhaben Betroffenen[350].

Gleichermaßen zu beachten ist hierbei aber, dass die frühe Verfahrensbeteiligung der Öffentlichkeit gem. § 10 Abs.3 S.3 BImSchG für den konkret Drittbetroffenen die Gefahr einer materiellen - und nicht lediglich einer formellen - Präklusion[351] der ihm eigentlich gegen das Vorhaben zustehenden materiellen Rechte begründet. Gem. § 10 Abs.3 S.3 BImSchG sind alle Einwendungen Dritter gegen die geplante Anlage, die erstmalig nach Ablauf der Einwendungsfrist des § 10 Abs. 3 S.2 Hs.2 BImSchG („bis zwei Wochen nach der einmonatigen Auslegung“) vorgebracht werden und die nicht auf privatrechtlichen Titeln beruhen, ausgeschlossen. Solche Einwendungen können weder im Genehmigungs- noch in einem späteren verwaltungsgerichtlichen Verfahren berücksichtigt werden.

Privatrechtliche Ansprüche (beliebiger Art), werden von der materiellen Präklusionswirkung hingegen nicht erfasst[352].

Ausnahmen hiervon können sich im Einzelfall nur in Folge eines gewichtigen Verfahrensfehlers bei der Bekanntmachung oder im Rahmen der Auslegung ergeben. Liegen solche Verfahrensfehler vor, kann dies - je nach Lage des Einzelfalls - zu Ein-

---

[347] vgl. Hoppe/Beckmann/Kauch „Umweltrecht“, 2. Auflage, § 21 Rn. 104
[348] vgl. auch Jarass „Kommentar zum BImSchG“, 5. Auflage, § 10 Rn. 70
[349] vgl. oben Zif. III. 7.
[350] vgl insofern zum Planfeststellungsverfahren die Ausführungen von Bonk in Stelkens/Bonk/Sachs „Verwaltungsverfahrensgesetzt“, 5. Auflage, 1998, § 73 Rn. 11, 57
[351] vgl. Hoppe/Beckmann/Kauch „Umweltrecht“, 2. Auflage, § 21 Rn. 97; vgl. Kloepfer „Umweltrecht“, § 14 Rn. 93; vgl. auch Jarass „Kommentar zum BImSchG“, 5. Auflage, § 10 Rn. 90 ff; vgl. Feldhaus „Kommentar zum BImSchG“, Bd.1, § 10 Rn. 59 ff
[352] vgl. auch Jarass „Kommentar zum BImSchG“, 5. Auflage, § 10 Rn. 99

schränkung oder gar zu einem vollständigen Ausschluss der materiellen Präklusionswirkung führen[353]. Nach Auffassung des OVG-Lüneburg entfällt die Ausschlusswirkung des § 10 Abs.3 S.3 BImSchG etwa dann, wenn „das Verfahren mit einem Mangel behaftet ist, bei dem seiner Art nach nicht ausgeschlossen werden kann, dass er für das Nichtvorbringen von Einwendungen ursächlich war"[354].

Unabhängig davon ist die Genehmigungsbehörde jedoch aufgrund ihrer grundsätzlichen Abwägungsverpflichtung[355] gehalten, all die Belange Dritter auch von Amts wegen zu berücksichtigen, die ihr selbst bekannt sind oder sich ihr bei der Genehmigungsentscheidung aufdrängen müssen.

eeee. Beteiligung der betroffenen Behörden

Parallel zum Verfahren der Öffentlichkeitsbeteiligung, d.h. spätestens gleichzeitig mit der öffentlichen Bekanntmachung, ist die Genehmigungsbehörde gem. § 10 Abs.5 BImSchG i.V.m. § 11 der 9. BImSchV verpflichtet, diejenigen Behörden, deren Aufgabenbereiche durch das geplante Vorhaben berührt werden, aufzufordern, binnen eines Monats eine Stellungnahme für ihren Zuständigkeitsbereich abzugeben[356]. Dies ist eine direkte Folge der Konzentrationswirkung der immissionsschutzrechtlichen Anlagengenehmigung gem. § 13 BImSchG[357], da durch die Genehmigung zwar einerseits die normalerweise erforderlichen Genehmigungen der betroffenen Behörden ersetzt werden, die Genehmigungsbehörde andererseits aber auch öffentlich rechtliche Normen außerhalb der speziell immissionsschutzrechtlichen Bestimmungen, d.h. für sie fachfremde Normen, bei der Genehmigungsentscheidung beachten muss[358]. Eine Bindung der immissionsschutzrechtlichen Genehmigungsbehörde an die Stellungnahmen der Fachbehörden besteht jedoch nicht[359].

Daneben besteht eine Verpflichtung die Behörden in das Genehmigungsverfahren mit einzubeziehen, die - wie etwa die Kommunen im Rahmen der Bauleitplanung - selbständige Entscheidungen in Bezug auf die Anlage treffen müssen. Ebenso sind

---

[353] vgl. auch Jarass „Kommentar zum BImSchG", 5. Auflage, § 10 Rn. 135
[354] vgl. OVG-Lüneburg, Beschluss v. 06.03.1985, in NVwZ 1985, 506, 506
[355] vgl. Kloepfer „Umweltrecht", § 14 Rn. 92, 93
[356] vgl. Kloepfer „Umweltrecht", § 14 Rn. 94
[357] Gem. § 13 BImSchG schließt die immissionsschutzrechtliche Anlagengenehmigung i.S.d. § 4 BImSchG andere, die geplante Anlage betreffende behördliche Entscheidungen, insbesondere öffentlich rechtliche Genehmigungen, Zulassungen, Verleihungen, Erlaubnisse und Bewilligungen mit ein. Ausgenommen von dieser Konzentrationswirkung sind lediglich auf Grund des Vorhabens erforderliche Planfeststellungen, Zulassungen bergrechtlicher Betriebspläne, Zustimmungen, behördliche Entscheidungen auf Grund atomrechtlicher Vorschriften und wasserrechtliche Erlaubnisse und Bewilligungen gem. §§ 7 und 8 des Wasserhaushaltsgesetzes
(vgl. Hoppe/Beckmann/Kauch „Umweltrecht", § 21 Rn. 102)
[358] Zu denken ist insbesondere an die Baubehörde, die Gewerbeaufsicht, die atomrechtliche Genehmigungsbehörde, die Gesundheits-, die Natur-, die Landschaftsschutz- und die Gewässerschutzbehörde
(vgl. Hoppe/Beckmann/Kauch „Umweltrecht", § 21 Rn. 102; vgl. Kloepfer „Umweltrecht", § 14 Rn. 94)
[359] vgl. Kloepfer „Umweltrecht", § 14 Rn. 94

bei UVP-pflichtigen Verfahren gem. § 11a Abs.1 S.1 der 9. BImSchV die zuständigen Behörden zu unterrichten.

ffff. Erörterungstermin

Gem. § 10 Abs.6 S.1 BImSchG i.V.m. § 14 ff der 9. BImSchV hat die Genehmigungsbehörde nach Ablauf der Einwendungsfrist, die rechtzeitig gegen das Vorhaben erhobenen Einwendungen mit dem Antragsteller und denjenigen, die Einwendungen erhoben haben, in einem sog. Erörterungstermin zu erörtern. Insofern besteht ein subjektiver Anspruch all derjenigen, die Einwendungen erhoben haben.

Durch den Erörterungstermin, der gem. § 18 Abs.1 S.1 der 9. BImSchV nicht öffentlich ist, soll eine offene und konstruktive Diskussion des konkret geplanten Vorhabens und eventueller Alternativen zwischen allen Beteiligten und Betroffenen herbeigeführt werden, um im Wege eines „konstruktiven Miteinanders" eine möglichst zügige und interessengerechte Entscheidung über den Genehmigungsantrag des Vorhabensträgers zu fördern. Eine Pflicht zur Teilnahme am Erörterungstermin besteht für die Führer der Einwendungen nicht, insbesondere steht ein Fernbleiben einer späteren Klage nicht entgegen[360].

Ort und Zeitpunkt des Erörterungstermins bestimmt die Genehmigungsbehörde nach pflichtgemäßem Ermessen. Dabei ist darauf zu achten, dass der Termin von allen Einwendungsführern, etwa im Hinblick auf den „Erörterungsort" und den „Erörterungszeitpunkt", wahrgenommen werden kann[361].

Die Behörde ist - unabhängig vom Ablauf der Entscheidungsfrist gem. § 10 Abs. 6a S.1 BImSchG[362] - gehalten, nach Beendigung des Erörterungstermins und nach Ermittlung aller für die Genehmigungsentscheidung maßgeblichen Gesichtspunkte, unter Umständen auch nach Einholung einer zusätzlichen gutachterlichen Stellungnahme[363], unverzüglich[364] über den Genehmigungsantrag zu entscheiden.

---

[360] vgl. die Ausführungen bei Hoppe/Beckmann/Kauch „Umweltrecht", § 21 Rn. 108; vgl. Jarass, „Kommentar zum BImSchG", 5. Auflage, § 10 Rn. 78
[361] vgl. Jarass „Kommentar zum BImSchG", 5. Auflage, § 10 Rn. 80
[362] vgl. Jarass „Kommentar zum BImSchG", 5. Auflage, § 10 Rn. 119
[363] vgl. Jarass „Kommentar zum BImSchG", 5. Auflage, § 10 Rn. 110, 117 ff.
[364] vgl. Jarass „Kommentar zum BImSchG", 5. Auflage, § 10 Rn. 119

gggg. Form, Inhalt, Begründung und Zustellung des Genehmigungsbescheides

Gem. § 10 Abs.7 BImSchG muss der Genehmigungsbescheid schriftlich ergehen, mit einer Begründung versehen sein und dem Antragsteller sowie den Personen, die Einwendungen erhoben haben, zugestellt werden.

Die Begründung des Genehmigungsbescheides muss gem. § 21 Abs.1 Nr.5 der 9. BImSchV das beantragte Vorhaben in sachlicher Hinsicht beschreiben und die von der Genehmigungsbehörde geprüften Fragen in einer auch für einen Drittbetroffenen verständlichen Form darstellen[365].

Diese formalen Anforderungen dienen dem Ziel, den durch das Vorhaben Betroffenen in rechtlicher und in tatsächlicher Hinsicht ein genaues Bild des genehmigten Vorhabens zu vermitteln, um ihnen die Möglichkeit zu geben, die tatsächlichen Auswirkungen des Vorhabens zu rekapitulieren und die Erfolgsaussichten und Risiken etwaiger Rechtsmittel einzuschätzen

Die Zustellung des Bescheides kann gem. § 10 Abs. 8 BImSchG durch eine öffentliche Bekanntmachung der Genehmigungsbehörde ersetzt werden. Bei UVP-pflichtigen Vorhaben ist dies gem. § 21 a der 9. BImSchV zwingend vorgeschrieben[366].

hhhh. Privatrechtsgestaltende Wirkung des Genehmigungsbe-scheides gem. § 14 BImSchG

Das förmliche immissionsschutz-rechtliche Genehmigungsverfahren unterscheidet sich von den meisten anderen öffentlichen Genehmigungsverfahren durch seine „privatrechtsgestaltende Wirkung“.

Gem. § 14 S.1 Hs.1 BImSchG kann die Einstellung des Betriebes der genehmigten Anlage, nachdem die betreffende immissionsschutzrechtliche Anlagengenehmigung unanfechtbar geworden ist, nicht mehr auf Grund solcher privatrechtlicher Ansprüche verlangt werden, die der Abwehr von benachteiligenden Einwirkungen auf ein Grundstück dienen und nicht auf besonderen Titeln beruhen. Hierbei ist zu beachten, dass diese Wirkung der Genehmigung aber ausschließlich gegenüber Nachbarn im Sinne des Immissionsschutzrechtes, nicht jedoch gegenüber sonstigen Betroffenen, eintritt.

---

[365] vgl. Jarass „Kommentar zum BImSchG“, 5. Auflage, § 10 Rn. 120
[366] vgl. Bender/Sparwasser/Engel „Umweltrecht“, Kapitel 8, Rn. 197

Die privatrechtsgestaltende Wirkung der immissionsschutzrechtlichen Genehmigung, durch die der Bestandsschutz der genehmigten Anlagen in zivilrechtlicher Hinsicht abgesichert wird[367], hat zur Folge, dass ein Drittbetroffener seine privaten Rechte, um sie dem konkreten Vorhaben entgegenhalten zu können, bereits im Rahmen des Genehmigungsverfahrens geltend machen muss[368]. Geschieht dies nicht, ist er, nachdem die Genehmigung „für ihn" [369] unanfechtbar geworden ist, gem. § 14 S.1 Hs.2, S.2 BImSchG darauf beschränkt - in den Grenzen des Stands der Technik und der Wirtschaftlichkeit -, die Anordnung derjenigen Schutzvorkehrungen zu verlangen, durch die die ihn benachteiligenden Wirkungen der Anlage ausgeschlossen werden. Ist eine Schutzvorkehrung zwar theoretisch denkbar, aber entweder technisch nicht durchführbar oder wirtschaftlich nicht vertretbar, so kann der Drittbetroffene gem. § 14 S.2 BImSchG lediglich Schadensersatz verlangen.

Diese Folgewirkungen der im förmlichen Genehmigungsverfahren ergangenen immissionsschutz-rechtlichen Genehmigung sind beachtlich. Beachtlich deshalb, da die immissionsschutz-rechtliche Genehmigung in der Weise gestaltend auf das Privatrecht einwirkt, dass privatrechtliche Ansprüche - sofern sie nicht auf entsprechenden Titeln beruhen - umfassend und endgültig ausgeschlossen werden und dem genehmigten Vorhaben nicht mehr entgegengehalten werden können. Dies hat auch eine bei weitem größere Ausschlusswirkung der Rechte Dritter als im Rahmen der materiellen Präklusionswirkung gem. § 10 Abs.3 S.3 BImSchG zur Folge, da auf diesem Wege eine „Sperrwirkung" hinsichtlich rein privatrechtlicher Ansprüche erreicht wird, die gerade nicht Gegenstand der materiellen Präklusion gem. § 10 Abs.3 S.3 BImSchG ist[370]. Ergehen andere öffentliche Genehmigungen - wie etwa die Baugenehmigung - ausdrücklich „unbeschadet Rechte Dritter"[371] und besteht daher selbst bei öffentlich-rechtlicher Bestandskraft der erteilten Genehmigung die Möglichkeit im Wege privatrechtlicher Ansprüche gegen die tatsächlichen Auswirkungen eines Vorhabens vorzugehen, wird dieser Weg durch § 14 BImSchG ausdrücklich verwehrt. Das materielle öffentliche Recht bezieht den betroffenen Dritten in diesen Fällen zur Verfolgung und Durchsetzung seiner „subjektiven" Rechte bewusst in die „verwaltungs-rechtliche Sphäre" mit ein und setzt dabei die Existenz subjektiv-öffentlicher Rechte des Einzelnen ausdrücklich voraus. Für den Dritten entsteht somit ein faktischer Zwang, unmittelbar im Rahmen eines für ihn eigentlich „fremden" öffentlich-rechtlichen Genehmigungsverfahren, die dort zu seinen Gunsten eröffnete Möglichkeit der Beteiligung am Verfahren offensiv wahrzunehmen, um einem eventuellen Rechtsverlust vorzubeugen. Dies ist eine direkte Folge des durch die Genehmigung zugunsten des Vorhabensträgers entstehenden Bestandsschutzes[372].

---

[367]vgl. Hoppe/Beckmann/Kauch „Umweltrecht", § 21 Rn. 138
[368]vgl. Hoppe/Beckmann/Kauch „Umweltrecht", § 21 Rn. 137; vgl. Kloepfer „Umweltrecht", § 14 Rn. 103
[369]vgl. auch Jarass „Kommentar zum BImSchG", 5. Auflage, § 14 Rn. 6
[370] vgl. insofern Jarass „Kommentar zum BImSchG", 5. Auflage, 2002, § 10 Rn. 99
[371] vgl. etwa unten Zif. VI. i. gg.
[372] vgl. Kutscheidt in Landmann/Rohmer „Umweltrecht-Kommentar, Bd. 1", vor § 4 Rn. 21

Aufgrund dieser systematischen Ausgestaltung des immissionsschutz-rechtlichen Genehmigungsverfahrens besteht aber auch ein besonderes Bedürfnis, im Rahmen dieses Genehmigungsverfahrens subjektive Rechtspositionen der Betroffenen anzuerkennen. Nur sofern dies gewährleistet ist und den Betroffenen ein höchst mögliches Maß an Informations-, Beteiligungs- und Einwendungsrechten zuerkannt wird, erscheinen die Folgewirkungen des § 14 BImSchG gerechtfertigt[373].

Dieses Ergebnis ergibt sich im übrigen auch bei Betrachtung der Vorgängernorm des § 14 BImSchG in der Gewerbeordnung von 1869, d.h. des § 26 RGewO, der eine vergleichbare Präklusionsnorm für die nach § 16 RGewO genehmigten Anlagen enthielt. Beherrschendes Prinzip des § 26 RGewO war die Regel „Dulde und liquidiere", wonach der privatrechtliche Schutz des Einzelnen zugunsten einer nachfolgenden Entschädigung verdrängt wurde[374]. Eine damit vergleichbare Regelung enthält auch § 14 BImSchG. In der amtlichen Begründung der Bundesregierung zur Einführung des § 14 BImSchG[375] heißt es insofern: „Die Rechtsstellung des Nachbarn in der vorgesehenen Weise zu beschränken, ist nur dann gerechtfertigt, wenn die Nachbarn Gelegenheit haben, ihre Einwendungen gegen die Errichtung und den Betrieb der Anlage in einem förmlichen Verfahren als Verfahrensbeteiligte geltend zu machen. Diese Möglichkeit haben die Nachbarn bei Durchführung des vereinfachten Verfahrens nicht."
Hierin kommt unmissverständlich zum Ausdruck, dass Sinn und Zweck des förmlichen Genehmigungsverfahrens gem. § 10 BImSchG gerade darin bestehen, den Nachbarn eigene, d.h. ihrem Schutz dienende subjektive Rechte in Form substantieller Verfahrens- und Beteiligungsrechte zu gewähren.

Insofern unterscheidet sich die Gesamtkonzeption des BImSchG auch deutlich von der der RGewO, da § 14 BImSchG ausschließlich auf das förmliche, nicht aber auch auf das vereinfachte Genehmigungsverfahren Anwendung findet (§ 19 Abs.2 BImSchG). Diese Unterscheidung kannte die RGewO im Hinblick auf die Anwendung des § 26 RGewO nicht[376].

ccc. Vereinfachtes Genehmigungsverfahren gem. § 19 BImSchG

Unabhängig neben dem förmlichen Genehmigungsverfahren besteht das vereinfachte Genehmigungsverfahren gem. § 19 BImSchG.

Gem. § 19 Abs.1 S.1 BImSchG kann die Bundesregierung[377] durch eine Rechtsverordnung i.S.d. § 4 Abs.1 S.3 BImSchG bestimmen, dass die Genehmigung für Anla-

---

373 vgl. Spindler in Feldhaus „Kommentar zum BImSchG", Bd.1, § 14 Rn. 1
374 zu Einzelheiten vgl. oben Ziff. III. 1. a. cc."
375 BT-Drucksache VI/2868 S. 36; BT-Drucksache 7/719 S. 36
376 vgl. Spindler in Feldhaus „Kommentar zum BImSchG", Bd.1, § 14 Rn. 8
377 vgl. Jarass „Kommentar zum BImSchG", 5. Auflage, § 19 Rn. 2

gen bestimmter Art oder bestimmten Umfangs in einem vereinfachten Verfahren zu erteilen ist. Diese Möglichkeit besteht immer dann, wenn es sich um eine Anlage mit geringer Umweltrelevanz handelt, d.h. wenn die Anordnung des vereinfachten Verfahrens nach Art, Ausmaß und Dauer der von diesen Anlagen hervorgerufenen Umwelteinwirkungen, sonstigen Gefahren, erheblichen Nachteilen und erheblichen Belästigungen mit dem Schutz der Allgemeinheit und der Nachbarschaft vereinbar ist[378].

Welche konkreten Anlagen diesem vereinfachten Genehmigungsverfahren unterliegen, ergibt sich gem. § 2 Abs.1 S.1 lit.b der Verordnung über genehmigungsbedürftige Anlagen (4. BImSchV[379]) abschließend aus Spalte 2 des Anhangs zur 4. BImSchV.

In Bezug auf die Einleitung des Genehmigungsverfahrens und den Antrag wird auf die oben gemachten Ausführungen in Bezug auf das förmliche Genehmigungsverfahren gem. § 10 BImSchG verwiesen[380]. Änderungen ergeben sich insofern gem. § 24 der 9. BImSchV hinsichtlich der einzureichenden Antragsunterlagen, da im vereinfachten Verfahren keine öffentliche Auslegung und gem. § 19 Abs.2 BImSchG auch keine öffentliche Bekanntmachung sowie kein förmliches Einwendungsverfahren stattfindet. Auch eine Kurzbeschreibung des Vorhabens und ein Inhaltsverzeichnis sind nicht erforderlich.

Diese gesenkten Antragserfordernisse werden für die durch das Vorhaben Betroffenen dadurch ausgeglichen, dass die im förmlichen Genehmigungsverfahren gem. § 10 Abs.3 S.3 BImSchG bestehende Gefahr eines materiellen Einwendungsverlustes im vereinfachten Verfahren nicht besteht. Auch entfaltet die im vereinfachten Verfahren erteilte Genehmigung keine nachbarrechtsgestaltende Wirkung im Sinne von § 14 Abs.1 BImSchG (§ 19 Abs.2 BImSchG)[381].

Zu beachten ist darüber hinaus, dass Anlagen, die dem vereinfachten Genehmigungsverfahren des § 19 Abs.1 BImSchG unterliegen, gem. § 3 UVPG i.V.m. Nr.1 der Anlage zum UVPG, nie UVP-pflichtig sind[382]. Die Konzentrationswirkung der immissionsschutzrechtlichen Anlagengenehmigung besteht hingegen auch im Rahmen des vereinfachten Genehmigungsverfahrens[383].

Rechte Dritter werden im Zusammenhang mit der Durchführung eines vereinfachten Genehmigungsverfahrens dann verletzt, wenn die Genehmigungserteilung zu Un-

---

[378] vgl. Kloepfer „Umweltrecht", § 14 Rn. 96
[379] Ermächtigungsgrundlage: § 19 Abs. 1 i.V.m. § 4 Abs.1 S.3 BImSchG
[380] vgl. oben Zif. VI. 2. a. dd. bbb.
[381] Dies ergibt sich im übrigen auch bereist aus der oben zitierten amtlichen Begründung zur Einführung von § 14 BImSchG.
[382] vgl. Schmatz/Nöthlichs „Immissionsschutz-Kommentar", § 19 Zif. 2
[383] vgl. Kloepfer „Umweltrecht", § 14 Rn. 96

recht im vereinfachten und nicht im Rahmen eines förmlichen Genehmigungsverfahrens erteilt wird. Der Durchsetzbarkeit eines diesbezüglichen Anspruchs kann aber § 46 VwVfG entgegenstehen[384].

Im übrigen unterliegen die Rechtsschutzmöglichkeiten der Dritten den allgemein geltenden Bestimmungen. Voraussetzung ist immer die Verletzung einer Norm, die zumindest auch in ihrem Interesse erlassen ist und daher (auch) ihrem subjektiven Schutz zu dienen bestimmt ist[385].

ee. Zusammenfassung

Es hat sich erwiesen, dass den normativen Voraussetzungen der Verwaltungsakte nach dem BImSchG in einem weiten Maße drittschützender Charakter beigemessen wird (Schutz der Nachbarschaft gem. § 5 Abs. 1 Nr. 1[386] , Pflicht zur Abfallverwertung gem. § 5 Abs.1 Nr. 3 BImSchG[387], Anforderung an die Errichtung, den Betrieb und die Stilllegung gem. § 5 Abs.3 Nr.1 BImSchG[388], u.U. Rechtsverordnungen gem. § 7 BImSchG[389], im Einzelfall Vereinbarkeit mit anderen öffentlich Vorschriften gem. § 6 Abs.1 Nr. 2 BImSchG[390]) und dass sie - anders als bei den meisten anderen Erlaubnissen - z. T. sogar subjektive private Rechte ausschließen können (Möglichkeit der materiellen Präklusion gem. § 10 Abs. 3 S. 3 BImSchG[391], privatrechtsgestaltende Wirkung gem. § 14 BImSchG[392]), so dass Rechtsverstöße in weitem Umfang eine Anfechtungsklage zulassen und begründen. Im übrigen fällt auf, dass der Gesetzgeber in erheblichem Umfang bewusst Dritten das Recht eingeräumt hat, im Verwaltungsverfahren Einwendungen geltend zu machen und gegebenenfalls Anfechtungsklagen zu erheben (Verfahren der Öffentlichkeitsbeteiligung gem. § 10 BImSchG[393]).

---

[384] vgl. Jarass „Kommentar zum BImSchG", 5. Auflage, § 19 Rn. 21
[385] vgl. Jarass „Kommentar zum BImSchG", 5. Auflage, § 6 Rn. 46; so im übrigen auch schon Bachof „Verfassungsrecht, Verwaltungsrecht, Verfahrensrecht in der Rechtsprechung des Bundesverwaltungsgerichtes", Bd.II, 3. Auflage, 1967, Zif. 253, S. 240
[386] vgl. oben Zif. VI. 2. a. cc. aaa. aaaa.
[387] vgl. oben Zif. VI. 2. a. cc. aaa. cccc.
[388] vgl. oben Zif. VI. 2. a. cc. bbb.
[389] vgl. oben Zif. VI. 2. a. cc. ccc.
[390] vgl. oben Zif. VI. 2. a. cc. ddd.
[391] vgl. oben Zif. VI. 2. a. dd. bbb. dddd.
[392] vgl. oben Zif. VI. 2. a. dd. bbb. hhhh.
[393] vgl. oben Zif. VI. 2. a. dd. bbb. dddd.

b. Genehmigungspflicht gem. § 31 KrW-/AbfG

aa. Gegenstand der Genehmigungspflicht

Gem. § 27 Abs.1 S.1 KrW-/AbfG dürfen Abfälle zum Zwecke der Beseitigung nur in dafür zugelassenen Anlagen oder Einrichtungen (Abfallbeseitigungsanlagen) behandelt, gelagert oder abgelagert werden[394]. Ausnahmen von diesem Anlagenzwang[395] regeln §§ 27 Abs.2 und 3 KrW-/AbfG.

Sofern es sich um sog. „ortsfeste" Anlagen handelt und in diesen Abfälle zur Beseitigung behandelt und gelagert werden sollen, bedürfen die Errichtung, der Betrieb und die wesentliche Änderung einer solchen Anlage sowie wesentliche Änderung der Anlage oder ihres Betriebes gem. S 31 Abs.1 KrW-AbfG der Genehmigung nach dem BImSchG.

bb. Zweck der Genehmigungspflicht

Die abfallrechtliche Anlagenzulassung hat eine lange, die Konzeption des bundesdeutschen Abfallrechts prägende und maßgeblich mitbestimmende Geschichte[396], wobei die diesbezüglichen Gründe in erster Linie abfallwirtschaftlicher Natur und damit im Ergebnis allgemeinwohlbezogen sind[397].

Durch die Einführung einheitlicher Bedingungen sollten Insbesondere eine rationale Abfallbewirtschaftung für die Zukunft gewährleistet, Missstände verhindert und die Wiedereingliederung der abfallrechtlichen Anlagen in die Landschaft nach deren Stilllegung sichergestellt werden[398].

Auf den grundsätzlichen Zielen des KrW-AbfG aufbauend dient das stark formalisierte Verfahren der Anlagenzulassung[399] daher zum einen der administrativen Eröff-

---

[394] Behandelt werden Abfälle dann, wenn sie beispielsweise durch Verbrennen, Verschwelen, Zerkleinern oder Entwässern qualitativ oder quantitativ verändert werden. Unter dem Begriff der Lagerung ist ein vorübergehendes Ablegen der Abfälle bis zur endgültigen Beseitigung in Form des Ablagerns oder des Behandelns zu verstehen, wohingegen eine Ablagerung i.d.S. das dauerhafte Ablegen der Abfälle auf oder unter dem Erdboden darstellt.
Vom Begriff der Abfallbeseitigungsanlage umfasst sind somit bspw. Müllverbrennungs- oder Müllverschwelungsanlagen, Abfalldeponien, aber auch Kompostierungsanlagen
(vgl. Bender/Sparwasser/Engel „Umweltrecht", Kapitel 12, Rn. 225, 226).

[395] vgl. Bender/Sparwasser/Engel „Umweltrecht", Kapitel 12, Rn. 224

[396] vgl. Spoerr in Jarass/Ruchay/Weidemann, „KrW-/AbfG-Kommentar", § 31 Rn.14

[397] vgl. Spoerr in Jarass/Ruchay/Weidemann, „KrW-/AbfG-Kommentar", § 31 Rn. 22; vgl. insofern auch die Begründung des Regierungsentwurfs zum AbfG 1972, BT-Drucksache VI / 2710, S. 57

[398] vgl. Spoerr in Jarass/Ruchay/Weidemann „KrW-/AbfG-Kommentar", § 31 Rn. 22

[399] vgl. Spoerr in Jarass/Ruchay/Weidemann „KrW-/AbfG-Kommentar", § 31 Rn. 55

nungskontrolle[400] im Sinne der Schadensvorbeugung und der Umweltvorsorge und kann daher im Ergebnis als Instrument des Umweltschutzes bezeichnet werden[401]. Darüber hinaus dient das KrW-AbfG der Etablierung einer umweltgerechten und effizienten Entsorgungsinfrastruktur[402].

Neben den vorgenannten allgemeinwohlbezogenen Zielen des Umweltschutzes und der umweltgerechten und effizienten Entsorgungsinfrastruktur, dient die Genehmigungspflicht gem. § 31 KrW-/AbfG aber auch dem Schutz Drittbetroffener[403] und dem Ausgleich sog. multipolarer Interessenkonflikte. Wie weit dieser subjektiv-rechtliche Schutz konkret reicht, kann nur im jeweiligen Einzelfall, unter Berücksichtigung des jeweiligen abfallrechtlichen Zulassungstatbestandes und der dabei im Einzelfall zu beachtenden materiellrechtlichen Regelungen bestimmt werden.

Generell können sich drittschützende Normen insofern sowohl in verfahrensrechtlicher Hinsicht durch die Gewährleistung von Beteiligungsrechten, als auch in materiellrechtlicher Hinsicht durch die vom Immissionsschutz- und vom Abfallrecht geforderte Beachtung „geschützter privater Rechtspositionen" ergeben[404].

cc. Genehmigungsvoraussetzungen

aaa. Abhängigkeit von der Art der Abfallbeseitigungsanlage

Was die Genehmigungsvoraussetzungen und das durchzuführende Genehmigungsverfahren für Abfallbeseitigungsanlagen i.S.d. § 27 Abs.1 S.1 KrW-/AbfG anbelangt, so muss grundlegend zwischen Anlagen zur Behandlung und Lagerung von Abfällen zur Beseitigung i.S.d. § 31 Abs.1 KrW-/AbfG einerseits, und Anlagen zur dauerhaften Ablagerung von Abfällen zur Beseitigung i.S.d. §§ 31 Abs.2, 3 i.V.m. § 29 Abs.1 S.3 Nr.2 KrW-/AbfG, d.h. Deponien[405] andererseits unterschieden werden.

---

[400] vgl. Spoerr in Jarass/Ruchay/Weidemann „KrW-/AbfG-Kommentar", § 31 Rn. 50
[401] vgl. Spoerr in Jarass/Ruchay/Weidemann „KrW-/AbfG-Kommentar", § 31 Rn. 53; vgl. auch Paetow in Kunig/Paetow/Versteyl „KrW-/AbfG-Kommentar", § 31 Rn. 13
[402] vgl. Spoerr in Jarass/Ruchay/Weidemann „KrW-/AbfG-Kommentar", § 31 Rn. 54
[403] vgl. Badura in Erichsen „Allgemeines Verwaltungsrecht", § 33 Rn. 3; vgl. Hufen „Fehler im Verwaltungsverfahren", 1986, S. 361 ff.; vgl. Wahl in NVwZ 1990, S. 426, 431; vgl. Broß in VerwArch. 76 (1985), S. 337; vgl. BVerwGE 78, 40, 41 f. - zur wasserrechtlichen Erlaubnis – (Urteil v. 15. 07.1987 – 4 C 56.83 -)
[404] vgl. Spoerr in Jarass/Ruchay/Weidemann „KrW-/AbfG-Kommentar", § 31 Rn. 57; vgl. auch Paetow in Kunig/Paetow/Versteyl „KrW-/AbfG-Kommentar", § 31 Rn. 13
[405] vgl. Kloepfer „Umweltrecht", § 18 Rn. 166

bbb. Abfallbeseitigungsanlagen i.S.d. § 31 Abs.1 KrW-/AbfG

Gem. § 31 Abs.1 Hs.1 KrW-/AbfG bedürfen die Errichtung und der Betrieb von ortsfesten Abfallbeseitigungsanlagen zur Lagerung oder Behandlung von Abfällen zur Beseitigung sowie deren wesentliche Änderung der Genehmigung nach den Vorschriften des BImSchG. Eine weitere Zulassung nach den Vorschriften des KrW-/AbfG ist daneben gem. § 31 Abs.1 Hs.2 KrW-/AbfG nicht erforderlich. Die Genehmigungspflicht richtet sich somit nach § 31 Abs.1 KrW-AbfG i.V.m. § 4 Abs.1 S.3 BImSchG i.V.m. der 4. BImSchV i.V.m. Nr. 8.1-8.11 des Anhangs der 4. BImSchV.[406].

In tatsächlicher Hinsicht von Bedeutung ist hierbei, dass es für die Zulässigkeit der in Nr. 8 des Anhangs zur 4. BImSchV genannten Anlagen, mit Ausnahme der Anlagen zur Behandlung des Abfalls am Entstehungsort, gem. § 1 Abs.1 S.2 der 4. BImSchV - in Abweichung von der grundsätzlich Regelung gem. § 1 Abs.1 S.1 der 4. BImSchV – nicht erforderlich ist, dass nach den Umständen zu erwarten ist, dass die konkrete Anlage über die zwölf Monate hinaus, die auf die Inbetriebnahme folgen, an demselben Ort betrieben wird.

Hinsichtlich des immissionsschutzrechtlichen Genehmigungsverfahrens und die in diesem Rahmen bestehenden „drittschützenden Elemente“, wird auf die oben gemachten Ausführungen verwiesen[407].

Umstritten ist nach wie vor, ob und wenn ja in welchem Umfang, speziell abfallrechtlich relevanten Gesichtspunkten, wie etwa einer Standortalternativenprüfung oder Elementen einer planerischen Abwägung, auch im Rahmen eines immissionsschutzrechtlichen Genehmigungsverfahrens Rechnung getragen werden kann.

Die Rechtsprechung[408] verweist insofern darauf, dass auf Grund der ausdrücklichen Freistellung vom Erfordernis eines Planfeststellungsverfahrens und des schlichten Verweises auf das immissionsschutzrechtliche Anlagengenehmigungsverfahren, d.h. auf eine „gebundene Kontrollerlaubnis“, ein Anspruch auf planerische Abwägung gänzlich entfalle. Auf Grund dieser gesetzlichen Regelung erfordere die Genehmigung des Vorhabens lediglich die Übereinstimmung mit den einschlägigen öffentlich rechtlichen Bestimmungen. Fragen des Bedarfs oder etwaiger planerischer Alternativen seien demgegenüber für die Genehmigungserteilung unerheblich[409]. Nach dem erkennbaren Willen des Gesetzgebers seien auch keine Anhaltspunkte dafür ersichtlich, dass planfeststellerische Elemente nun im Rahmen einer verfassungskonformen

[406] Dort sind diejenigen Abfallbeseitigungsanlagen aufgeführt, die einer Genehmigungspflicht nach dem BImSchG unterfallen (vgl. Bender/Sparwasser/Engel „Umweltrecht“, Kapitel 12, Rn. 249; vgl. Hoppe/Beckmann/Kauch „Umweltrecht“,, § 30 Rn. 169; vgl. Kloepfer „Umweltrecht“, § 18 Rn. 174)
[407] vgl. oben Zif. VI. 2. a.
[408] vgl. VGH-Baden-Württenberg (Urteil v. 16.06.1998- 10 S 909/97 -) in UPR, 1999, S. 195, 195
[409] vgl. VGH-Baden-Württenberg (Urteil v. 16.06.1998- 10 S 909/97 -) in UPR, 1999, S. 195, 195

Auslegung auch bei der immissionsschutzrechtlichen Anlagengenehmigung für eine Abfallbeseitigungsanlage zu beachten seien[410].

In der Literatur wird demgegenüber die Auffassung vertreten, den spezifisch abfallrechtlichen Gesichtspunkten müsse im Rahmen der immissionsschutzrechtlichen Genehmigung über § 6 Abs.1 Nr.2 BImSchG Geltung verschafft werden, da insofern eine Vereinbarkeit mit anderen öffentlichrechtlichen Vorschriften erforderlich sei[411]. Dies dürfe zwar nicht dazu führen, dass über den Weg des § 6 Abs. 1 Nr.2 BImSchG eine weitreichende Modifizierung des immissionsschutzrechtlichen Genehmigungssystems erfolge, in dem man es in seinen Voraussetzungen weitgehend dem Planfeststellungsverfahren annähere. Den planerischen Gesichtspunkten des KrW-/AbfG müsse jedoch kraft Gesetzes gem. § 6 Abs.1 Nr.2 BImSchG i.V.m. § 10 Abs.4 Nr.5 Krw-/AbfG genüge getan werden[412].

Danach müssen bei der Genehmigung einer solchen Anlage die Belange der Raumordnung, der Landesplanung, des Naturschutzes, der Landschaftspflege sowie des Städtebaus eingehalten werden, so dass auch insoweit eine planerische Komponente, wie etwa die Abwägung etwaiger Standortalternativen, enthalten sei[413]. Dies habe zur Folge, dass die immissionsschutzrechtliche Anlagengenehmigung in diesen Fällen einen ganz spezifisch abfallrechtlich geprägten Einschlag aufweise und insbesondere auch eine Übereinstimmung mit den Normen des KrW-/AbfG erfordere. Ausgeschlossen sei wegen § 31 Abs.1 Hs.2 KrW-/AbfG lediglich die Anwendung bundes- oder landesgesetzlicher abfallrechtlicher Verfahrensbestimmungen[414].

Aufgrund der generell allgemeinwohlbezogenen Ausrichtung der betreffenden Schutzgüter, sind Auswirkungen auf den Rechtsschutz Dritter insofern im übrigen aber nicht zu erwarten.

ccc. Abfallbeseitigungsanlagen i.S.d. § 31 Abs.2, 3 KrW-/AbfG

Gem. § 31 Abs.2 S.1 KrW-/AbfG bedürfen die Errichtung und der Betrieb von Deponien[415] sowie die wesentlichen Änderungen einer solchen Anlage der Planfeststellung[416].

---

410 vgl. VGH-Baden-Württenberg (Urteil v. 16.06.1998- 10 S 909/97 -) in UPR, 1999, S. 195, 195 f.
411 vgl. Kloepfer „Umweltrecht", § 18 Rn. 175; vgl. Bender/Sparwasser/Engel, „Umweltrecht", Kapitel 12, Rn. 252
412 vgl. Kloepfer „Umweltrecht", § 18 Rn. 176
413 vgl. Bender/Sparwasser/Engel „Umweltrecht", Kapitel 12, Rn. 252
414 vgl. Kloepfer „Umweltrecht", § 18 Rn. 176; vgl. auch Hoppe/Beckmann/Kauch „Umweltrecht", § 30 Rn. 171
415 Unter einer Deponie i.d.S. versteht man eine Anlage zur dauerhaften Ablagerung von Abfällen zur Beseitigung (vgl. Kloepfer „Umweltrecht", § 18 Rn. 166)
416 vgl. generell zum Planfeststellungsverfahren unten Zif. VI. 2. u.

aaaa. Voraussetzungen der Planfeststellung

Der Planfeststellungsbeschluss darf gem. § 32 Abs.1 KrW-/AbfG nur erteilt werden, wenn
- sichergestellt ist, dass das Wohl der Allgemeinheit nicht beeinträchtigt wird, insbesondere Gefahren für die in § 10 Abs.4 KrW-/AbfG genannten Schutzgüter nicht hervorgerufen werden können (Nr. 1 a) und Vorsorge gegen die Beeinträchtigungen der Schutzgüter, insbesondere durch bauliche, betriebliche oder organisatorische Maßnahmen entsprechend dem Stand der Technik getroffen wird (Nr. 1 b)
-keine Tatsachen vorliegen, aus denen sich Bedenken gegen die Zuverlässigkeit der für die Errichtung, Leitung oder Beaufsichtigung des Betriebes der Deponie verantwortlichen Personen ergeben (Nr. 2)
-keine nachteiligen Wirkungen auf das Recht eines anderen zu erwarten sind (Nr. 3) und
-die für verbindlich erklärten Feststellungen eines Abfallwirtschaftsplanes dem Vorhaben nicht entgegenstehen (Nr. 4).

Von besonderer Bedeutung für die Rechte Dritter ist in diesem Zusammenhang § 32 Abs.1 S.1 Nr. 3 KrW-/AbfG, da dort ausdrücklich die Rechte „eines anderen", d.h. die Rechte Dritter erwähnt werden. Solche Rechte Dritter stehen der Planfeststellung dann entgegen, wenn die für die Dritten nachteiligen Wirkungen nicht durch Auflagen oder Bedingungen verhütet oder ausgeglichen werden können und der Drittbetroffene den nachteiligen Wirkungen widerspricht[417].

Neben den rein abfallrechtlichen Bestimmungen hat die Planfeststellungsbehörde in Folge der rein formellen Konzentrationswirkung des abfallrechtlichen Planfeststellungsverfahrens, auch das sonstige einschlägige materielle Fachrecht im Rahmen der Planfeststellung zu beachten[418]. Sofern durch dieses spezielle Fachrecht im Einzelfall subjektive Rechte zu Gunsten eines konkret durch die Planung Betroffenen begründet werden, sind diese auch im Rahmen des abfallrechtlichen Planfeststellungsverfahrens von Bedeutung.

bbbb. Planfeststellungsverfahren

Auf das abfallrechtliche Planfeststellungsverfahren finden gem. § 34 Abs.1 S.1 KrW-/AbfG zum einen die Bestimmungen der §§ 72 –78 VwVfG, d.h. die bundesgesetzlichen Regelungen über das Planfeststellungsverfahren Anwendung. Auf die diesbezüglichen Ausführungen zum Verfahren und etwaigen Rechten Dritter, insbesondere

---

[417] vgl. Hellmann-Sieg in Brandt/Ruchay/Weidemann „Kreislauf-wirtschafts- und Abfallgesetz-Kommentar-", Bd. II, § 32 Rn. 101

[418] vgl. Kloepfer „Umweltrecht", § 18 Rn. 166; vgl. Spoerr in Brandt/Ruchay/Weidemann „Kreislauf-wirtschafts- und Abfallgesetz-Kommentar-", Bd. II, § 31 Rn. 188

auch hinsichtlich subjektiver Verfahrens- und Beteiligungsrechte der Betroffenen, wird verwiesen[419].

Darüber hinaus sind aufgrund der Verpflichtung zur Durchführung einer Umweltverträglichkeitsprüfung (§ 31 Abs.1 S.2 KrW-AbfG) auch die Verfahrensbestimmungen des UVPG zu berücksichtigen[420].

Gegenstand der Planfeststellung ist der Plan, der eine Darstellung des geplanten Vorhabens, einschließlich seiner Folgen und der angeordneten Maßnahmen sowie der erforderlichen Entscheidungen über Schutzvorkehrungen, Nebenbestimmungen und Schutzmaßnahmen enthält. Des weitern umfasst die Planfeststellung auch den abfallrechtlichen Betrieb und die naturschutzrechtlichen Ausgleichs- und Ersatzmaßnahmen[421].

Andere behördliche Zulassungsentscheidungen sind neben der abfallrechtlichen Planfeststellung, aufgrund der formellen Konzentrationswirkung der Planfeststellung gem. § 75 Abs.1 S.1 Hs.2 VwVfG[422], nicht erforderlich[423].

Für die Rechtsstellung Dritter von Bedeutung ist dabei die bereits oben genannte Verpflichtung zur Durchführung einer Umweltverträglichkeitsprüfung nach den Bestimmungen des UVPG. Das Bundesverwaltungsgericht hat insofern entschieden, dass sich das Fehlen der Umweltverträglichkeitsprüfung, als Bestandteil des Abwägungsvorgangs, dann als Verletzung einer subjektiven Rechtsposition des durch ein Vorhaben Betroffenen darstellt, „sofern sich dieser Verstoß (d.h. die Verletzung des Abwägungsgebots) auf die subjektive Rechtsstellung des Betroffenen ausgewirkt haben kann“[424].

Unter welchen konkreten Voraussetzungen nun aber ein subjektiv-rechtlicher Anspruch des Dritten besteht, ist - wie auch bereits in Bezug auf das förmliche Genehmigungsverfahrens nach dem BImSchG dargestellt[425] - umstritten. Während das Bundesverwaltungsgericht die Auffassung vertritt, dass das „Fehlen einer förmlichen Umweltverträglichkeitsprüfung nicht ohne weiteres gleichbedeutend mit der Fehlerhaftigkeit der Abwägung“ sei und die gerichtliche Aufhebung eines Planfeststellungsbeschlusses darüber hinaus voraussetze, dass „abwägungserhebliche Umweltbelange außer acht gelassen oder fehlgewichtet worden“ seien[426], wird dies von Teilen der

---

[419] vgl. generell zum Planfeststellungsverfahren unten Zif. VI. 2. u.
[420] vgl. Paetow in Kunig/Paetox/Versteyl „Kreslaufwirtschafts- und Abfallgesetz“, § 34 Rn.1
[421] vgl. Spoerr in Brandt/Ruchay/Weidemann „Kreislauf-wirtschafts- und Abfallgesetz-Kommentar-“, Bd. II, § 31 Rn. 179
[422] vgl. Spoerr in Brandt/Ruchay/Weidemann „Kreislauf-wirtschafts- und Abfallgesetz-Kommentar-“, Bd. II, § 31 Rn. 188
[423] vgl. Kloepfer „Umweltrecht“, § 18 Rn. 166
[424] vgl. BVerwGE 100, 238, 240 im Hinblick auf das straßenrechtliche Planfeststellungsverfahren
[425] vgl. oben Zif. VI. 2. a.
[426] BVerwGE 100, 238, 247

Literatur als zu restriktiv kritisiert. Es begegne Bedenken, wenn der Dritte quasi den Nachweis erbringen müsse, dass „der Verstoß zu einem Fehler in der Sache führe". Darüber hinaus wird darauf hingewiesen, dass die UVP-Richtlinie ausweislich der 11. Begründungserwägung ausdrücklich auch der „menschlichen Gesundheit" diene. Insofern sei es zwingend, dass Personen, die „möglicherweise in ihrer Gesundheit betroffen sein können", den Verfahrensverstoß unabhängig von der materiellen Rechtslage geltend machen können[427].

cccc. Plangenehmigung gem. § 31 Abs.3 KrW-/AbfG

Der Vollständigkeit halber zu erwähnen ist auch das Plangenehmigungsverfahren gem. § 31 Abs.3 KrW-AbfG. Danach besteht für die zuständige Behörde die Möglichkeit, in Bezug auf die Genehmigung der Errichtung, des Betriebs oder der wesentlichen Änderung bestimmter Arten von Deponien, das eigentlich erforderliche Planfeststellungsverfahren auf Antrag oder von Amts wegen, durch eine Plangenehmigung i.S.d. § 74 Abs.6 VwVfG zu ersetzen[428]. Die Plangenehmigungsvoraussetzungen entsprechen denen der Planfeststellung gem. § 32 KrW-/AbfG.

Das bundesgesetzlich nicht geregelte Plangenehmigungsverfahren folgt den allgemeinen Grundsätzen des Verwaltungsverfahrensrechts, wobei aber die Vorschriften über das förmliche Verwaltungs- und das Planfeststellungsverfahren nicht anwendbar sind. Sinn und Zweck des Plangenehmigungsverfahrens bestehen darin, neben dem Planfeststellungsverfahren ein einfaches, weniger aufwendiges Genehmigungsverfahren zur Verfügung zu stellen[429].

Wie die Planfeststellung gibt auch die Plangenehmigung, die der Planfeststellung gem. § 74 Abs.6 S.2 VwVfG in ihren Rechtswirkungen - mit Ausnahme der enteignungsrechtlichen Vorwirkung - umfassend gleichgestellt ist, das konkrete Vorhaben frei[430]. Dies ist bemerkenswert, da insbesondere das für die Planfeststellung charakteristische Verfahren der Öffentlichkeitsbeteiligung sowie auch die Verpflichtung zur

---

[427] vgl. Jarass„Bundesimmissionsschutzgesetz" , 5. Auflage, 2002, § 10 Rn.. 133

[428] Handelt es sich bei der geplanten Anlage um eine Deponie zur Ablagerung besonders überwachungsbedürftiger Abfälle, besteht die Möglichkeit der Plangenehmigung gem. § 31 Abs.3 S.2 Hs.1 KrW-/AbfG grundsätzlich nicht. Eine Plangenehmigung ist aber gem. § 31 Abs.3 S.2 Hs.2 KrW-/AbfG ausnahmsweise zulässig, wenn es sich um eine auf einen Zeitraum von höchstens einem Jahr begrenzte Plangenehmigung gem. § 31 Abs.3 S.1 Nr.3 KrW-/AbfG handelt, die überwiegend der Erprobung und Entwicklung neuer Verfahren dient[428]. Des weitern kann eine Plangenehmigung i.S.d. § 31 Abs.3 S.1 Nr.1 gem. § 31 Abs.3 S.3 Hs.1 KrW-/AbfG auch nicht für Deponien zur Ablagerung von nicht besonders überwachungsbedürftigen Abfällen erteilt werden, wenn die Aufnahmekapazität der Deponie mehr als zehn Tonnen pro Tag oder die Gesamtkapazität von mehr als 250.000 Tonnen beträgt. Dies gilt gem. § 31 Abs.3 S.3 Hs.2 KrW-/AbfG aber nicht für Deponien für sog. "Inertabfälle".

[429] vgl. Spoerr in Brandt/Ruchay/Weidemann „Kreislauf-wirtschafts- und Abfallgesetz-Kommentar-", Bd. II, § 31 Rn. 210

[430] seit Inkrafttreten des Genehmigungsverfahrensbeschleunigungsgesetz vom 12.09.1996 (BGBl. I v. 1996, S. 1354)

Durchführung einer förmlichen Umweltverträglichkeitsprüfung[431], bei der Plangenehmigung entfallen[432]. .

Für die Rechtsstellung Dritter ist die Durchführung eines Plangenehmigungsverfahrens nach wohl überwiegender Auffassung in Rechtsprechung und Lehre in der Regel selbst dann ohne Bedeutung, wenn die Entscheidung der Behörde zur Durchführung des Plangenehmigungsverfahrens rechtsfehlerhaft war und eigentlich ein Planfeststellungsverfahren hätte durchgeführt werden müssen. Begründet wird dies damit, dass die „vom Vorhaben betroffenen Einzelpersonen" gem. § 28 Abs.1 VwVfG auch im Rahmen des Plangenehmigungsverfahrens angehört und ihre materiellen Rechtspositionen ebenso wie bei der Planfeststellung berücksichtigt werden müssen. Mithin sei eine Verletzung subjektiver Rechte dieser Dritten allein durch die „fehlerhafte Wahl" des Genehmigungsverfahrens nicht gegeben. Dies sei nur dann der Fall, wenn die erteilte Plangenehmigung gegen sonstige drittschützende verfahrens- oder materiellrechtliche Normen verstoße[433]. Ein isolierter, einklagbarer Anspruch auf Planfeststellung bestehe hingegen nicht[434].

dd. Zusammenfassung

Den normativen Voraussetzungen der Genehmigung i.S.v. § 31 KrW-/AbfG kommt in einem weiten Maße drittschützender Charakter zu (Anwendung der Bestimmungen des immissionsschutzrechtlichen Genehmigungsverfahrens auf die Errichtung und den Betrieb ortsfester Abfallbeseitigungsanlagen gem. § 31 Abs.1 KrW-/AbfG[435], Voraussetzungen der Planfeststellung gem. § 32 Abs.1 Nr. 3 KrW-/AbfG[436], sonstiges Fachrecht im Einzelfall). Darüber hinaus räumt das Gesetz den Dritten durch die Anwendung der bundesgesetzlichen Regelungen über das Planfeststellungsverfahrens auf Genehmigung von Deponien gem. § 31 Abs.2 S.1 KrW-/AbfG bewusst weitgehende Rechte ein, sich im Verwaltungsverfahren zu beteiligen und Einwendungen geltend zu machen[437].

---

[431] § 31 Abs.2 S.2 Krw-AbfG beschränkt die Verpflichtung zur Durchführung einer Umweltverträglichkeitsprüfung auf Planfeststellungsverfahren

[432] vgl. Spoerr in Brandt/Ruchay/Weidemann „Kreislauf-wirtschafts- und Abfallgesetz-Kommentar-", Bd. II, § 31 Rn. 207; Paetow in Kunig/Paetox/Versteyl „Kreslaufwirtschafts- und Abfallgesetz", 2. Auflage, 2003, § 31 Rn. 129

[433] vgl. Paetow in Kunig/Paetox/Versteyl „Kreslaufwirtschafts- und Abfallgesetz", 2. Auflage, 2003, § 31 Rn. 143, 146;

[434] vgl. VGH München, Beschluss v. 04.07.1995, NVwZ 1996, 1128, 1130; BVerwG, Beschluss v. 13.10.1994, NVwZ 1995, 379, 380, BVerwGE 62, 243, 245 f.; OVG Münster, Urteil v. 18.02.1986, NVwZ 1988, 179, 180

[435] vgl. oben Zif. VI. 2. b. cc. bbb.

[436] vgl. oben Zif. VI. 2. a. cc. ccc. aaaa.

[437] vgl. oben Zif. VI. 2. a. cc. ccc. bbbb.

c. Atomrechtliche Anlagengenehmigung gem. § 7 AtG

aa. Gegenstand der Genehmigungspflicht

Gem. § 7 Abs.1 AtG bedarf derjenige der Genehmigung, der eine ortsfeste Anlage zur Erzeugung, Bearbeitung oder zur Spaltung von Kernbrennstoffen oder zur Aufarbeitung bestrahlter Kernbrennstoffe errichtet, betreibt oder sonst innehat oder eine solche Anlage oder ihren Betrieb wesentlich verändert[438].

bb. Zweck der Genehmigungspflicht

Die Genehmigungspflicht dient als Teil des „lückenlosen Überwachungssystems" des AtG dem Schutz vor den Gefahren, die sich im Zusammenhang mit dem Betrieb einer Anlage i.S.d. § 7 Abs.1 AtG ergeben können und ist Ausdruck der Verpflichtung des Staates, einer möglichen Verletzung des Grundrechts jedes einzelnen auf Leben und körperliche Unversehrtheit aktiv vorzubeugen und entgegenzutreten[439]. Dabei baut die Genehmigungspflicht unmittelbar auf den Schutzzielen gem. § 1 AtG auf.

Primäres Schutzziel des AtG ist der Schutz vor den Gefahren der Kernenergie. Die ursprüngliche Zielsetzung der Förderung der Atomenergienutzung[440] ist durch die Neufassung des AtG im Jahr 2002[441] vollständig weggefallen.

Darüber hinaus dient das AtG nach wie vor dem Schutz der inneren und äußeren Sicherheit und Ordnung sowie der Gewährleistung internationaler Verpflichtungen der BRD auf dem Gebiet der Kernenergie und des Strahlenschutzes[442]. Der Gewährleistung dieser Zielsetzung des AtG dient auch die Genehmigungspflicht des § 7 AtG[443]. Sie dient in erster Linie der Gefahrvermeidung[444]. Darüber hinaus reglementiert sie die Verteilung der für Anlagen in diesem Sinne zur Verfügung stehenden Flächen und erfüllt somit auch eine Bewirtschaftungsfunktion.

---

[438] Vom atomrechtlichen Anlagenbegriff sind zum einen Anlagen zur Herbeiführung der Kernspaltung im eigentlichen Sinne, d.h. der Reaktor als Kern der Anlage, zum anderen aber auch alle mit dem Reaktor in einem räumlichen und betrieblichen Zusammenhang sehenden Einrichtungen, die zur Gewährleistung eines gefahrlosen Betriebes des Reaktors erforderlich sind, umfasst;vgl. dazu die Rechtsprechung des BVerwG in der Wyhlentscheidung (BVerwGE 72, 300, 328 f. - Urteil v. 19.12.1985, BVerwG 7 C 65.82 -) und in der Wackersdorfentscheidung (BVerwGE 80, 21, 25 ff. – Urteil v. 04.07.1988, BVerwG 7 C 88.87); vgl. auch Kloepfer „Umweltrecht", 2. Auflage, 1998, § 15 Rn. 27

[439] vgl. BVerfG, Beschluss v. 04.07.1996, NVwZ 1997, 158, 158

[440] vgl. BverfGE 53, 30, 58 (Beschluss v. 20.12.1979 – 1 BvR 385/77-); vgl. auch BVerwG (Urteil v. 16.03.1972 – I C 49.70 -) in DVBl 1972, 678, 680

[441] Gesetz v. 22.04.2002, BGBl. I S. 1351

[442] vgl. Bender/Sparwasser/Engel „Umweltrecht", Kapitel 9 Rn. 83

[443] vgl. Ehlers/Pünder in Achterberg/Würtenberger „Besonderes Verwaltungsrecht, Bd. 1", § 4, Rn. 104; vgl. Ronellenfitsch „Das atomrechtliche Genehmigungsverfahren", S. 190

[444] vgl. Ehlers/Pünder in Achterberg/Würtenberger „Besonderes Verwaltungsrecht, Bd. 1", § 4, Rn. 104; vgl. Ronellenfitsch „Das atomrechtliche Genehmigungsverfahren", S. 190

Aus Sicht etwaiger Drittbetroffener von Bedeutung ist dabei, dass das Atomrecht - wie schon eingangs erwähnt - seiner Grundkonzeption nach die Aufgabe hat, mit der Zulassung von „Kernenergieanlagen" einen Ausgleich zwischen den Belangen der Allgemeinheit und dabei insbesondere dem grundrechtlich verbürgten Anspruch „jedes einzelnen auf körperliche Unversehrtheit" einerseits und den eigentums- bzw. berufsrechtlichen Positionen der Anlagenbetreiber andererseits herzustellen. Der Schutz der Grundrechte des Einzelnen ist zentrales Ziel des AtG.

So hat insbesondere das Bundesverfassungsgericht für den Bereich des Atomrechts wiederholt entschieden, dass das Grundrecht auf körperliche Unversehrtheit nicht nur eine subjektive Abwehrposition gegenüber dem Staat begründe, sondern diesen auch verpflichte, sich schützend und fördernd vor die im Einzelfall gefährdeten Rechtsgüter zu stellen[445].

cc. Genehmigungsvoraussetzungen

Die Genehmigungsvoraussetzungen ergeben sich aus § 7 Abs.2 AtG.

So ist zunächst erforderlich, dass die Zuverlässigkeit des Antragsstellers bzw. die Zuverlässigkeit und Fachkunde der verantwortlichen Personen (Nr.1) sowie des sonstigen Betriebspersonals (Nr.2) sichergestellt ist. Drittschützende Wirkung kommt dieser Regelung nicht zu. Zwar sind insbesondere die Anforderungen an die „Qualifikation" der verantwortlichen Personen und des Betriebspersonals von erheblicher Bedeutung für die Sicherheit der beantragten Anlage, diese Verpflichtung besteht nach allgemeiner Auffassung aber ausschließlich im Interesse der Allgemeinheit.
Auch hinsichtlich der Bestimmung in § 7 Abs.2 Nr. 4 AtG, nach der eine ausreichende Vorsorge für die Erfüllung der gesetzlichen Schadensersatzverpflichtungen bestehen muss, ist eine drittschützende Wirkung zu verneinen.

Anders verhält sich dies hingegen in Bezug auf die Genehmigungsvoraussetzungen gem. § 7 Abs.2 Nr.3 und Nr.5 AtG, wonach eine dem Stand von Wissenschaft und Technik entsprechende Vorsorge gegen Schäden (Nr. 3) und ausreichende Schutzvorkehrungen gegen Störmaßnahmen oder sonstige Einwirkungen (Nr. 5) getroffen sein müssen. Diese Genehmigungsvoraussetzungen sind nach der Rechtsprechung des Bundesverwaltungsgerichts ausdrücklich (auch) drittschützend[446], so dass sie im Falle ihrer Verletzung Grundlage subjektiv-rechtlicher Ansprüche Dritter sein können. Drittschützende Wirkung kommt hierbei insbesondere den sog. Dosiergrenzwerten gem. § 45 StrSchV zu[447], die hinsichtlich des Gebots der Schadensvorsorge zu beachten sind.

---

[445] vgl. BVerfGE 53, 30, 57, BVerfG, Beschluss v. 04.07.1996, NVwZ 1997, 158, 158
[446] vgl. BVerwG (Urteil v. 09.07.1982 – 7 C 54.79 -) in DÖV 1982, S. 820, 821 f.
[447] vgl. BVerwGE 61, 256. 264 (Urteil v. 22.12.1980 - BVerwG 7 C 84.78 -)

dd. Genehmigungsverfahren

Das atomrechtliche Anlagengenehmigungsverfahren entspricht in seiner Ausgestaltung weitestgehend dem immissionsschutzrechtlichen Genehmigungsverfahren. Es ist wie dieses durch Formalität und Publizität, eine tendenzielle Öffentlichkeitsbeteiligung, eine Verfahrensstufung sowie die Möglichkeit einer materiellen Einwendungspräklusion[448] geprägt. Auch verweist § 7 Abs.4 S.3 AtG ausdrücklich auf die Grundsätze der §§ 8, 10 Abs. 1-4, 6-8, 10 S.2 und § 18 BImSchG.

Nähere Einzelheiten des Genehmigungsverfahrens konkretisiert die Verordnung über das Verfahren bei der Genehmigung von Anlagen nach § 7 des Atomgesetzes (Atomrechtlichen Verfahrensverordnung - AtVfV[449])[450].

Ein maßgeblicher Unterschied zwischen den Genehmigungsverfahren nach dem AtG und dem BImSchG besteht aber darin, dass das AtG dem Antragssteller nur einen Anspruch auf ermessensfehlerfreie Entscheidung über seinen Genehmigungsantrag, nicht aber einen Genehmigungsanspruch zuerkennt[451].

Das Verfahren wird formell durch die Einreichung des Genehmigungsantrags bei der Genehmigungsbehörde (§ 24 Abs.2 AtG) eingeleitet. Diesem Antrag sind die durch § 3 AtVfV vorgegebenen Unterlagen beizufügen, die die Grundlage für die Behörden- und die Öffentlichkeitsbeteiligung bilden.
Gem. § 7 Abs. 4 AtG muss die atomrechtliche Genehmigungsbehörde alle Behörden des Bundes, der Länder, der Gemeinden und der sonstigen Gebietskörperschaften an dem Genehmigungsverfahren beteiligen, deren Zuständigkeitsbereiche berührt werden[452]. Auch wenn im konkreten Einzelfall keine Verfahrenskonzentration besteht, so sind doch die sonstigen, durch die atomrechtliche Genehmigung in ihrem Zuständigkeitsbereich betroffenen Genehmigungsbehörden, bei der Entscheidung über die in ihren Zuständigkeitsbereich fallenden Genehmigungen, in Bezug auf die Beurteilung der atomrechtlichen Aspekte, an die Entscheidung der atomrechtlichen Genehmigungsbehörde gebunden. Dies ist eine direkte Folge der Bindungswirkung des atomrechtlichen Genehmigungsverwaltungsaktes i.V.m. der Kompetenzvertei-

---

[448] vgl. Kloepfer „Umweltrecht", § 15 Rn. 57
[449] Verordnung v. 18. Februar 1977, BGBl. I S. 280;
Inkrafttreten: 01. März 1977;
Ermächtigungsgrundlage: § 7 Abs.4 S.3 und Abs.5, § 7 a Abs.2, § 54 AtG (in der Fassung v. 31.10.1976)
[450] vgl. Kloepfer „Umweltrecht", § 15 Rn. 52
[451] vgl. Kloepfer „Umweltrecht", § 15 Rn. 29; vgl. Winters „Atom- und Strahlenschutzrecht", S. 19; vgl. Haedrich „Atomgesetz mit Pariser Atomhaftungs-Übereinkommen", § 9 AtG, Rn. 1
[452] Die Fälle in denen die atomrechtliche Genehmigung Konzentrationswirkung gegenüber den ansonsten erforderlichen Genehmigungen anderer Behörden aufweist, ergeben sich abschließend aus § 8 AtG.

lung[453]. Könnten erteilte Fachgenehmigungen in abgeschichteten Genehmigungsverfahren demgegenüber jeweils wieder von einer insoweit „inkompetenten" Behörde in Frage gestellt werden, würde der Sinn der Verfahrensschichtung verfehlt[454].

Im übrigen wird das Verfahren, wie bereits zuvor erwähnt, durch die AtVfV nach den Grundsätzen der §§ 8, 10 Abs. 1-4, 6-8, 10 S.2 und § 18 BImSchG geregelt. Auf die diesbezüglichen Ausführungen, insbesondere auch in Bezug auf die Öffentlichkeitsbeteiligung, wird ausdrücklich Bezug genommen[455].

Für die Drittbetroffenen von besonderer Bedeutung ist in diesem Zusammenhang die Durchführung des förmlichen Genehmigungsverfahrens an sich und dabei insbesondere die Verfahrensvorschriften über die Öffentlichkeitsbeteiligung, da diesen nach der Rechtsprechung des Bundesverfassungsgerichts erhebliche (dritt)grundrechtsschützende Bedeutung zukommt[456]. Sofern diese Vorschriften bei der Genehmigungserteilung nicht eingehalten werden, kann dies Grundlage eines Vorgehens Dritter gegen die erteilte Genehmigung sein[457].

Grundsätzlich eröffnet ein Verstoß gegen eine der drittschützenden Verfahrensvorschriften des AtG wegen §§ 45, 46 VwVfG nur dann eine Anfechtungsmöglichkeit für den Dritten, sofern sich der Verfahrensfehler zu „Ungunsten des Klägers auf das Verfahrensergebnis ausgewirkt haben kann"[458]. Hierbei wird aber - wie schon oben bei der Darstellung der immissionsschutzrechtlichen Genehmigung ausgeführt[459] - zu verlangen sein, dass ein Verstoß gegen drittschützende Verfahrensnormen dem konkret betroffenen Dritten immer schon dann einen Anspruch auf Aufhebung der Genehmigung vermittelt, sofern sich der Verfahrensfehler „auf die Einhaltung materieller Normen (mit drittschützendem Charakter) ausgewirkt haben könnte". Dies ist nur dann nicht der Fall, wenn die vom Dritten behauptete Beeinträchtigung seiner Rechte „offensichtlich und eindeutig unmöglich ist"[460].

Insofern ist aber zu erwähnen, dass die §§ 45, 46 VwVfG auch im Bereich des Atomrechts dann keine Anwendung finden, wenn ein Verfahrensfehler vorliegt, der wegen seines „besonderen Gewichts" zur Nichtigkeit der Genehmigung führt[461]. Des weite-

---

[453] vgl. Krause in DÖV 1980, 522, 523 (Besprechung Beschlusses des BVerwG v. 22.11.1979, DÖV 1980, 178); ebenso Haedrich „Atomgesetz mit Pariser Atomhaftungs-Übereinkommen", § 7 AtG, Rn.129

[454] vgl. Krause in DÖV 1980, 522, 523 (Besprechung Beschlusses des BVerwG v. 22.11.1979, DÖV 1980, 178)

[455] vgl. oben Zif. VI. 2. a.

[456] BVerfGE 53, 30, 65 f.

[457] OVG Koblenz, Beschluss v. 28.10.1988, UPR1989, 118, 119

[458] Jankowski in Koch „Umweltrecht", 2002, § 10 Rn. 95; vgl. Ehlers/Pünder in Achterberg/Würtenberger „Besonderes Verwaltungsrecht", Bd. 1, § 4, Rn. 130

[459] vgl. oben Zif. VI. 2. a. dd. bbb. aaaa.

[460] vgl. Jarass „Kommentar zum BImSchG", 5. Auflage, § 10 Rn. 132 unter Berufung auf BVerwGE 85, 368, 375 und BVerwGE 75, 285, 291

[461] vgl. Jarass „Kommentar zum BImSchG", 5. Auflage, § 10 Rn. 134

ren von erheblicher Bedeutung für die Rechtsstellung Dritter ist, dass durch § 7 Abs.4 AtG i.V.m. § 7 Abs.1 S.2 AtVfV - zu ihren Lasten - die Möglichkeit eines Ausschlusses materieller Einwendungen, d.h. eine materielle Präklusion in das atomrechtliche Anlagegenehmigungsverfahren eingeführt wird. Hierdurch wird der „breiten Verfahrensteilhabe"[462] der Betroffen im Rahmen des Genehmigungsverfahrens Rechnung getragen und bewirkt für die Betroffenen im Ergebnis einen Zwang zur Verfahrensbeteiligung, um etwaig bestehender Rechte nicht verlustig zu werden[463].

Hinzuweisen ist in diesem Zusammenhang auch darauf, dass für bestimmte Kernanlagen eine Umweltverträglichkeitsprüfung gesetzlich vorgeschrieben ist (§ 2 a Abs.1 AtG, § 1 a AtVfV). Dies kann, aufgrund der Erwähnung der „menschlichen Gesundheit" in der 11. Begründungserwägung der UVP-Richtlinie, insbesondere für die subjektive Rechtsstellung der Drittbetroffenen relevant werden[464].

ee. Privatrechtsgestaltende Wirkung des Genehmigungsbescheides gem. § 7 Abs. 6 AtG

Durch § 7 Abs.6 AtG werden genehmigte Atomanlagen in sinngemäßer Anwendung des § 14 BlmSchG gegen zivilrechtliche, auf gesetzlicher Grundlage beruhende Ansprüche Dritter, geschützt. Vertragliche Ansprüche sowie Ansprüche aus sonstigen besonderen Titeln bleiben, wie auch i.R.d. § 14 BlmSchG, unberührt[465].

Abweichend von § 14 BlmSchG umfasst der Einwendungsausschluss i.d.S., aufgrund des weiten Verbreitungsgrades radioaktiver Partikel, auch weiter entfernt liegende Grundstücke[466]. Die exakte räumliche Ausdehnung kann nur nach den unter anderem von den räumlichen Standortverhältnissen abhängigen, die Schutznorm berührenden räumlichen Auswirkungen der konkreten Anlage im Einzelfall beurteilt werden[467].

Im übrigen wird in diesem Zusammenhang auf die Ausführungen hinsichtlich des immissionsschutzrechtlichen Genehmigungsverfahrens verwiesen[468].

---

[462] vgl. Kloepfer „Umweltrecht", § 5 Rn. 75
[463] vgl. in diesem Zusammenhang auch die Ausführungen oben unter Zif. VI. 2. a. dd. bbb. aaaa. zur Anlagengenehmigung nach dem BlmSchG
[464] vgl. Jarass „Kommentar zum BlmSchG", 5. Auflage, § 10 Rn. 133; vgl. auch die diesbezüglichen Ausführungen oben unter Zif. VI. 2. b. cc. ccc. bbbb.
[465] vgl. Haedrich „Atomgesetz mit Pariser Atomhaftungs-Übereinkommen", § 7 AtG, Rn. 131
[466] vgl. Fischerhoff „Deutsches Atomgesetz und Strhlenschutzrecht –Kommentar-", Bd. 1, § 7 Rn. 28
[467] vgl. Haederich„Atomgesetz", 1986, Vorbemerkung zum zweiten Abschnitt Rn. 16 (S. 135)
[468] vgl. oben Zif. VI. 2. a. dd. bbb. hhhh."

dd. Zusammenfassung

Den Genehmigungsvoraussetzungen der Anlagengenehmigung gem. § 7 AtG kommt zum Teil drittschützende Bedeutung zu (Verpflichtung zur Vorsorge gegen Schäden gem. § 7 Abs.2 Nr. 3 AtG und zur Einrichtung ausreichender Schutzvorkehrungen gegen Störmaßnahmen und sonstige Einwirkungen gem. § 7 Abs.2 Nr. 5 AtG, Einhaltung Dosiergrenzwerte gem. § 45 StrSchV[469]). Daneben werden den Dritten durch die gesetzliche Verpflichtung zur Durchführung des förmlichen Genehmigungsverfahrens weitreichende Verfahrens- und Einwendungsrechte zuerkannt[470], wobei jedoch die privatrechtsgestaltende Wirkung der Genehmigung gem. § 7 Abs.6 AtG zu beachten ist[471].

d. Atomrechtliche Genehmigung gem. § 9 Abs.1 AtG

aa. Gegenstand der Genehmigungspflicht

Gem. § 9 Abs.1 AtG bedarf derjenige einer Genehmigung, der Kernbrennstoffe außerhalb von Anlagen i.S.d. § 7 AtG bearbeitet, verarbeitet oder verwendet. Das gleiche gilt für denjenigen, der von dem in der Genehmigungsurkunde festgelegten Verfahren für die Bearbeitung, Verarbeitung oder sonstigen Verwendung wesentlich abweicht oder die in der Genehmigungsurkunde bezeichnete Betriebsstätte oder deren Lage wesentlich verändert.

Durch diese Bestimmung wird jeglicher Umgang mit Kernbrennstoffen, der nicht einer anderweitigen atomrechtlichen Genehmigung unterfällt, der Genehmigungspflicht unterstellt[472].

bb. Genehmigungsvoraussetzungen

Die Genehmigungspflicht gem. § 9 AtG dient dem Ziel, das enorme Gefährdungspotential, dass mit dem Umgang mit Kernbrennstoffen generell verbunden ist, im Wege einer staatlichen Präventivkontrolle so weit wie möglich auszuschließen und erfüllt mithin eine Gefahrvermeidungsfunktion. Die diesbezüglich gem. § 9 Abs.2 AtG erforderlichen Genehmigungsvoraussetzungen entsprechen ihrem Wortlaut nach weitestgehend denen der atomrechtlichen Anlagengenehmigung gem. § 7 Abs.2 AtG[473]. Auf die diesbezüglichen Ausführungen wird, insbesondere hinsichtlich der Frage des Be-

---

469 vgl. oben Zif. VI. 2. c. cc.
470 vgl. oben Zif. VI. 2. c. dd."
471 vgl. oben Zif. VI. 2. c. ee."
472 vgl. Winters „Atom- und Strahlenschutzrecht", S. 31
473 vgl. Haedrich,, „Atomgeetz mit Pariser Atomhaftungs-Übereinkommen", § 9 AtG, Rn.7

stehens drittschützender Elemente, verwiesen[474]. Zu beachten ist insofern jedoch, dass das Gefährdungspotential der gem. § 9 AtG genehmigungspflichtigen Anlagen weitaus geringer ist, als das der Anlagen i.S.d. § 7 AtG[475].

Die Genehmigung gem. § 9 AtG wird jeweils beschränkt auf eine bestimmte Betriebsstätte und ein bestimmtes Verwendungsverfahren erteilt und ersetzt auch nicht die nach anderen Vorschriften, wie etwa des Bau-, Gewerbe-, Wasser- oder Immissionsschutzrechtes erforderlichen Genehmigungen für die Errichtung und den Betrieb der Anlage. Auch hat die Genehmigung keine Konzentrationswirkung[476].

cc. Genehmigungsverfahren

Das Genehmigungsverfahren unterliegt den Bestimmungen des Verwaltungsverfahrensgesetzes des Bundes bzw. der Länder[477]. Das Verfahren wird durch einen Genehmigungsantrag des Besitzers bzw. des Verwenders der Kernbrennstoffe oder in Bezug auf den Betrieb von Landessammelstellen für radioaktive Abfälle durch einen Genehmigungsantrag des Betreibers eingeleitet[478]. Zuständig zur Erteilung der Genehmigung ist gem. § 24 Abs.2 AtG die durch die jeweilige Landesregierung bestimmte oberste Landesbehörde.

Infolge der Wechselwirkungen mit anderweitig erforderlichen Genehmigungen ist die zuständige Behörde verpflichtet, sich in analoger Anwendung der Vorschrift des § 7 Abs. 4 AtG mit den übrigen Beteiligten vor der Genehmigungserteilung abzustimmen[479].Dies hat jedoch lediglich eine Kooperation der zu beteiligenden Behörden, nicht aber auch eine Konzentration der Verfahren zur Folge[480].

Für den Rechtsschutz Dritter von Bedeutung ist insofern - gerade auch im direkten Vergleich mit der Genehmigung gem. § 7 AtG - dass in Bezug auf die Erteilung einer Genehmigung gem. § 9 AtG, eine mit § 7 AtG vergleichbare formale Verfahrensausgestaltung nicht besteht, was insbesondere an dem bei § 9 AtG nicht vorgesehenen Verfahren der Öffentlichkeitsbeteiligung deutlich wird. Daraus folgt, dass im Rahmen eines Verfahrens gem. § 9 AtG, eine Vielzahl drittschützender Verfahrenselemente entfallen, aus deren Verletzung sich im Rahmen eines Verfahrens gem. § 7 AtG subjektive Ansprüche Dritter ergeben können.

---

[474] vgl. oben „Teil A V. 3. c."
[475] vgl. Winters „Atom- und Strahlenschutzrecht", S. 31
[476] vgl. Haedrich „Atomgesetz mit Pariser Atomhaftungs-Übereinkommen", § 9 AtG, Rn. 2 und 3
[477] vgl. Winters „Atom- und Strahlenschutzrecht", S. 32
[478] vgl. Haedrich „Atomgesetz mit Pariser Atomhaftungs-Übereinkommen", § 9 AtG, Rn.5
[479] vgl. Haedrich „Atomgesetz mit Pariser Atomhaftungs-Übereinkommen", § 9 AtG, Rn.3
[480] vgl. Fischerhoff „Deutsches Atomgesetz und Strahlenschutzrecht, Kommentar", Bd. 1, § 7 AtG, Rn.22; Haedrich „Atomgesetz mit Pariser Atomhaftungs-Übereinkommen", § 9 AtG, Rn. 2 und 3

Dies wird für die Dritten aber dadurch „ausgeglichen", dass im Rahmen eines Genehmigungsverfahrens gem. § 9 AtG - mangels eines formellen Einwendungsverfahrens - die Möglichkeit einer materiellen Einwendungspräklusion nicht besteht und die Dritten daher nicht befürchten müssen, in Folge der erteilten Genehmigung subjektiv öffentlich-rechtliche Ansprüche formal zu verlieren.

dd. Keine privatrechtsgestaltende Wirkung der Genehmigung

Während sich bei der atomrechtlichen Anlagengenehmigung gem. § 7 AtG - aufgrund der Regelung in § 7 Abs.6 AtG - die privatrechtsgestaltende Wirkung des § 14 BImSchG auf die gesamte „Atomanlage", inklusive der Erzeugung, Bearbeitung, Verarbeitung oder Spaltung von Kernbrennstoffen bezieht und privatrechtliche Abwehransprüche insoweit ausschließt, erstreckt sich diese privatrechtsgestaltende Wirkung bei der Genehmigung gem. § 9 AtG - wenn denn überhaupt eine immissionsschutzrechtliche Genehmigung neben der Genehmigung nach § 9 AtG erforderlich ist - immer nur auf die Errichtung und den Betrieb der Anlage, nicht aber auch auf die Verwendung der Kernbrennstoffe. Privatrechtliche Abwehransprüche Dritter bleiben insofern unberührt[481].

ee. Zusammenfassung

Den normativen Voraussetzungen der Genehmigung gem. § 9 Abs.1 AtG kommt in Teilen drittschützende Wirkung zu[482]. Hingegen findet ein Verfahren der Öffentlichkeitsbeteiligung nicht statt, so dass - etwa im Vergleich zum Verfahren gem. § 7 AtG - eine Vielzahl drittschützender Verfahrenselemente entfallen[483].

e. Die Baugenehmigung

aa. Landesrechtliche Ausformung

Die „Baugenehmigung", d.h. eine bundeseinheitliche Genehmigungspflicht, wie dies die Überschrift vermuten lassen könnte, gibt es bekanntlich nicht. Die baurechtliche Genehmigungspflicht ist in den Landesbauordnungen der jeweiligen Bundesländer und daher landesspezifisch geregelt.

---

[481] vgl. Haedrich „Atomgesetz mit Pariser Atomhaftungs-Übereinkommen", § 9 AtG, Rn.3
[482] vgl. oben Ziff. VI. 2. d. bb."
[483] vgl. oben Ziff. VI. 2. d. cc."

Obwohl daher vergleichbare Sachverhalte durch die jeweiligen landesgesetzlichen Bestimmungen, teilweise unterschiedlich und mehr oder minder stark voneinander abweichend gesetzlich ausgestaltet und geregelt sind, ist das generelle System der verschiedenen landesgesetzlichen Regelungen durchaus miteinander vergleichbar[484].

Die Darstellung des baurechtlichen Genehmigungsverfahrens soll sich daher im Rahmen dieser Untersuchung auch nicht an einer bestimmten Landesbauordnung orientieren, sondern vielmehr eine Übersicht über die Grundstruktur des baurechtlichen Genehmigungssystems vermitteln. Lediglich zum Zweck der Verdeutlichung im Einzelfall, soll beispielhaft auf einzelne landesgesetzliche Ausformungen Bezug genommen werden

bb. Gegenstand der Genehmigungspflicht

Nach allen Landesbauordnungen bedarf die Errichtung, die Änderung, die Nutzungsänderung und der Abbruch einer baulichen Anlage[485] der Genehmigung, sofern gesetzlich nichts anderes bestimmt ist[486].

cc. Zweck der Genehmigungspflicht

Die Genehmigungspflicht dient der Gewährleistung einer präventiven, d.h. vorbeugenden Verwaltungskontrolle hinsichtlich der Realisierung baugenehmigungspflichtiger Vorhaben.

Ziel der Baugenehmigungspflicht ist es zum einen, die Einhaltung öffentlich-rechtlicher Anforderungen an bauliche Vorgänge sicherzustellen. Andererseits dient

---

[484] vgl. insofern Brohm „Öffentliches Baurecht", § 28 1 ff.

[485] Nach der beispielsweise in § 2 Abs.1 S.1, 2 LBauO Rheinland-Pfalz enthaltenen Legaldefinition sind bauliche Anlagen mit dem Erdboden fest verbundene, aus Bauprodukten hergestellte Anlagen, wobei die Verbindung mit dem Erdboden auch dann besteht, wenn die Anlage durch eigene Schwere auf dem Boden ruht oder wenn sie nach ihrem Verwendungszweck dazu bestimmt ist, überwiegend ortsfest benutzt zu werden.
Unter einem Bauprodukt versteht man gem. § 2 Abs.9 LBauO Baustoffe, Bauteile und Anlagen, die hergestellt werden, um dauerhaft in bauliche Anlagen eingesetzt zu werden (Nr.1) sowie aus Baustoffen und Bauteilen vorgefertigte Anlagen, die hergestellt werden, um mit dem Erdboden verbunden zu werden, wie Fertighäuser, Fertiggaragen und Silos.
Den bauliche Anlagen i.d.S. gleich gestellt (sog. fiktive bauliche Anlagen; vgl. Jeromin in Jeromin/Schmid/Lang „Kommentar zur LBauO, Bd. 1", § 1 Rn. 5) sind gem. § 2 Abs.1 S.3 LBauO Aufschüttungen und Abgrabungen (Nr.1), Lager-, Abstell-, Aufstell- und Ausstellungsplätze (Nr.2), Camping- und Wochenendplätze (Nr.3), Stellplätze (Nr.4), Sport- und Spielplätze (Nr.5), Schiffe und sonstige schwimmfähige Anlagen, die ortsfest benutzt werden und dem Wohnen oder gewerblichen, sportlichen oder ähnlichen Zwecken dienen (Nr.6), Gerüste (Nr.7) sowie Hilfseinrichtungen zur statischen Sicherung von Bauzuständen (Nr.8).

[486] vgl. etwa § 61 LBauO Rheinland-Pfalz

sie aufgrund der von der Baugenehmigung ausgehenden Wirkungen, etwa in Form des mit einer bestandskräftigen Baugenehmigung verbundenen Bestandschutzes und der positiven Feststellung der Übereinstimmung des Vorhabens mit dem öffentlichen Recht, dem Interesse des Bauherrn[487]. Da die Baugenehmigung darüber hinaus im Ergebnis auch die „Verteilung" der für bauliche Vorhaben zur Verfügung stehenden „Grundflächen" regelt, kommt der Genehmigungspflicht in besonderem Maße auch eine Bewirtschaftungsfunktion in Bezug auf die konkrete Bodennutzung zu.

Über diese allgemeinwohl- und adressatenorientierten Schutzziele hinaus, dient die Baugenehmigungspflicht aber auch dem Schutz der durch das konkrete Bauvorhaben betroffenen Nachbarn. Die Baugenehmigung dient dem Ausgleich konkurrierender Nachbarinteressen und damit im Ergebnis dem Schutz der jedem einzelnen Grundstückseigentümer, d.h. insbesondere auch dem Nachbarn aus Art. 14GG erwachsenden subjektiven Rechte, die durch das baurechtliche Regelungssystem einfachgesetzlich ausgeformt sind.

Hieraus folgt, dass die zuständige Baugenehmigungsbehörde bei der Erteilung der Baugenehmigung verpflichtet ist darauf zu achten, dass die Baugenehmigung subjektive Rechte Dritter nicht verletzt. Kommt sie dieser Verpflichtung nicht nach, können sich hieraus im Einzelfall subjektiv-rechtliche Ansprüche Dritter ergeben, auf deren Grundlage unter Umständen auch die Aufhebung der erteilten Genehmigung durchgesetzt werden kann. Diese drittschützende Schutzrichtung kommt dabei zum Teil schon unmittelbar im Wortlaut der jeweils bei Erteilung der Baugenehmigung zu berücksichtigenden Normen zum Ausdruck, So sind etwa bei der Befreiung von Festsetzungen eines Bebauungsplans gem. § 31 Abs.2 BauGB die „nachbarlichen Belange" zu berücksichtigen und Gebäude müssen nach den Bestimmungen der Landesbauordnung eine bestimmte Abstandsfläche „zum Nachbargrundstück" einhalten.

Ausdrücklich hinzuweisen ist in diesem Zusammenhang aber auch darauf, dass sich subjektive Rechtspositionen des Dritten in diesem Sinne nicht nur aus materiellrechtlichen Bestimmungen, sondern gerade auch aus Normen des Verfahrensrechts ergeben können. Mithin kann im Einzelfall auch die Nichtberücksichtigung subjektiver Verfahrensrechte im Baugenehmigungsverfahren Grundlage subjektiver, gegen die erteilte Genehmigung gerichteter Ansprüche Dritter sein.

dd. Ausnahmen von der Baugenehmigungspflicht

Die Genehmigungspflicht besteht nach den insofern einschlägigen Bestimmungen der Landesbauordnungen dann, wenn gesetzlich nichts anderes bestimmt ist.

---

[487] vgl. Jeromin in Jeromin/Schmid/Lang „Kommentar zur LBauO, Bd. 1", § 61 Rn. 1 und Rn. 3

Eine Genehmigung ist daher zum einen dann nicht erforderlich, wenn die baurechtliche Genehmigung von der Konzentrationswirkung einer anderweitig erforderlichen Genehmigung umfasst wird, Hierbei ist insbesondere an die Konzentrationswirkungen von Planfeststellungsbeschlüssen oder aber beispielsweise der immissionsschutzrechtlichen Anlagengenehmigung gem. § 4 BImSchG zu denken.

Darüber hinaus ist für ein Vorhaben eine Genehmigung in diesem Sinne dann nicht erforderlich, wenn dies in der jeweiligen Landesbauordnung ausdrücklich so bestimmt ist[488].

Es handelt sich dabei um Vorhaben, die von so geringer baurechtlicher bzw. bodenrechtlicher Relevanz und mithin so geringem Gefährdungspotential sind, dass auf eine präventive Verwaltungskontrolle des Vorhabens in Form der Erteilung einer Baugenehmigung nach Ansicht des Gesetzgebers verzichtet werden kann. Hierunter fallen etwa Wochenendhäuser und Gartenlauben in entsprechenden Anlagen, Gebäude von geringer Größe ohne Aufenthaltsräume, land- und forstwirtschaftliche Nebengebäude, untergeordnete Bauteile sowie etwa Werbeanlagen und Automaten geringer Größe, mithin untergeordnete und unbedeutende bauliche Anlagen[489].

Sinn und Zweck der Genehmigungsfreiheit ist es insbesondere die zuständigen Baubehörden bei diesen weniger bedeutsamen Vorhaben in ihrer Arbeit zu entlasten und dem Bauherrn die Kosten eines Genehmigungsverfahrens zu ersparen[490]. Auch besteht in diesen Fällen nach Ansicht des Gesetzgebers kein Bedürfnis, die grundsätzlich bestehenden Freiheitsrechte des „Bauwilligen“ durch die Normierung eines baurechtlichen präventiven Genehmigungserfordernisses zu beschränken.

Für die Rechte Dritter kann dies unter anderem dann Bedeutung erlangen, wenn ein Bauvorhaben ohne Genehmigung ausgeführt wird, aber fraglich ist, ob das Vorhaben aufgrund der gesetzlichen Bestimmungen in Wahrheit nicht als genehmigungspflichtig einzustufen ist. Sofern dies der Fall ist, können sich hieraus für den betroffenen Dritten bei Verletzung drittschützender Rechte durch das Bauvorhaben subjektive Ansprüche ergeben, aufgrund derer im Einzelfall auch die Stilllegung des Vorhabens durchgesetzt werden kann.

Zu beachten ist in diesem Zusammenhang, dass die Landesgesetzgeber in ihrer Entscheidung über die Freistellung von der Genehmigungspflicht bestimmter Anlagen nicht frei sind, sondern durch die Rechtsprechung des BVerwG gewissen inhaltlichen Beschränkungen unterworfen sind[491]. So hat das BVerwG klargestellt, dass die Landesgesetzgeber „bodenrechtlich bedeutsame Vorhaben“ nur im Hinblick auf

---

488 vgl. beispielsweise: §§ 62, 67, 84 LBauO Rheinland-Pfalz; §§ 65-67, 79 BauONW
489 vgl. Brohm „Öffentliches Baurecht“, § 28 Rn. 4
490 vgl. Jeromin in Jeromin/Schmid/Lang „Kommentar zur LBauO, Bd. 1“, § 62 Rn. 1
491 vgl. BVerwG (Urteil v. 19.12.1985 - 7 C 65/82 -) in NVwZ 1986, 208, 214 f.; vgl. auch BVerwG (Beschluß v. 22.02.1988 - 7 B 28.88 -) in DVBl 1988, 540, 540 f.

die vorherige Überprüfung der landesrechtlichen Vorschriften von der Genehmigungspflicht freistellen dürfen. Im Hinblick auf die Bestimmungen des BauGB muss die landesrechtliche Regelung hingegen nach der Rechtsprechung des BVerwG zwingend gewährleisten, dass eine Prüfung der §§ 30- 37 BauGB durch die zuständige Behörde vor der Errichtung, dem Abbruch oder einer Nutzungsänderung erfolgt.

ee. Genehmigungsvoraussetzungen

Nach den Bestimmungen der Landesbauordnungen ist eine bauliche Anlage zulässig, d.h. die Baugenehmigung für eine solche Anlage ist zu erteilen, wenn die bauliche Anlage im Einklang mit allen einschlägigen öffentlich-rechtlichen Vorschriften und Anforderungen steht.

In erster Linie wird hierbei die Vereinbarkeit des geplanten Vorhabens mit den baurechtlichen Bestimmungen, d.h. mit der jeweiligen Landesbauordnung und mit dem BauGB, darüber hinaus aber auch mit allen anderen, insbesondere auch nicht speziell baurechtlichen öffentlich-rechtlichen Vorschriften überprüft. Die Baugenehmigung stellt insofern eine umfassende rechtliche „Unbedenklichkeitsbescheinigung“ dar.

Die Genehmigungsvoraussetzungen der Baugenehmigung, d.h. die Verpflichtung der Baugenehmigungsbehörde im konkreten Einzelfall zu überprüfen, ob das geplante Vorhaben in Übereinstimmung mit den Bestimmungen des öffentlichen Rechts steht, stellen den Hauptansatzpunkt des baurechtlichen Drittschutzes dar.

Sofern die Baugenehmigung im konkreten Einzelfall unter Verletzung einer dem Schutz Dritter zu dienen bestimmten, d.h. konkret drittschützenden öffentlich-rechtlichen Bestimmung ergeht, steht dem konkret betroffenen Dritten ein subjektiv-rechtlicher Anspruch gegenüber der Baugenehmigungsbehörde auf Aufhebung der Baugenehmigung zu. Hierbei ist aber zu beachten, dass dem Widerspruch und auch der Anfechtung der Baugenehmigung durch den Dritten gem. § 212 a BauGB keine aufschiebende Wirkung zukommt und die tatsächlichen rechtlichen Wirkungen von Widerspruch und Anfechtung mithin nicht unerheblich eingeschränkt sind.

Besondere Bedeutung gewinnt daher für den Dritten die Möglichkeit, im Wege des einstweiligen Rechtsschutzes gem. § 80 a Abs.1 Nr.2 bzw. § 80 Abs. 3 VwGO die Anordnung einstweiliger Maßnahmen, d.h. insbesondere die Stilllegung des Vorhabens oder sofern dieses noch nicht fertig gestellt ist, eine Baueinstellung durchzusetzen, vorausgesetzt es liegt eine Verletzung in einem drittschützenden Recht vor.

Ob eine Verletzung subjektiver Rechte des Dritten durch die Baugenehmigung konkret vorliegt oder ob die Baugenehmigung nicht „lediglich“ im Widerspruch zu öffentlich-rechtlichen Normen ergangen ist, die allein dem Wohl der Allgemeinheit zu dienen bestimmt sind, ist ausschließlich im Einzelfall durch Interpretation der konkret verletzten Norm zu ermitteln.

Nach der herrschenden Schutznormtheorie ist dies - wie oben dargestellt [492] - bei der Verletzung solcher Normen der Fall, die nicht nur dem Wohl der Allgemeinheit zu dienen bestimmt sind, sondern gerade (auch) den Schutz des Dritten bezwecken. Hinsichtlich der Frage, bei welchen bauordnungs- und bauplanungsrechtlichen Bestimmungen eine solche drittschützende Wirkung anzunehmen ist, hat sich eine äußerst umfangreiche - nicht immer widerspruchsfreie - Kasuistik[493] entwickelt, auf die im Rahmen dieser Untersuchung aus Gründen der Übersichtlichkeit nur hingewiesen werden kann.

Für die Rechtsstellung Dritter entscheidend ist, dass dann, wenn einer durch die erteilte Genehmigung verletzten Norm nach diesen Grundsätzen ein drittschützender Charakter zukommt, für den Dritten die Möglichkeit besteht, im Wege des Widerspruchs und eventuell anschließend im Wege der Anfechtungsklage, unmittelbar gegen die erteilte Genehmigung vorzugehen. Sofern in Folge eines solchen Vorgehens die erteilte Genehmigung erst nach Realisierung des Bauvorhabens aufgehoben wird, steht dem Dritten nach zutreffender Auffassung, über die reine Aufhebung der Genehmigung hinaus, ein unter erheblich erleichterten Voraussetzungen durchsetzbarer Anspruch auf Beseitigung des realisierten Vorhabens, d.h. ein sog. Folgenbeseitigungsanspruch zu[494].

ff. Genehmigungsverfahren

aaa. Verfahren der Vollkontrolle

Das Baugenehmigungsverfahren ist als einheitliches Verfahren ausgestaltet, dass sich sowohl auf die landesrechtlichen „baupolizeilichen" Anforderungen, als auch auf die bundes- und kommunalrechtlichen bauplanungsrechtlichen Anforderungen erstreckt. Insbesondere ein speziell bauplanungsrechtliches Vorhabengestattungsverfahren, in dessen Rahmen etwa die Übereinstimmung des geplanten Vorhabens mit einem Bebauungsplan als „kommunalrechtlicher Planungsvorgabe" zu überprüfen wäre, ist nicht vorgesehen[495].

---

[492] vgl. oben Zif. IV. 1. b.
[493] vgl. insofern Brohm „Öffentliches Baurecht", § 30 Rn. 8
[494] vgl. VGH –Mannheim (Urteil v. 04.07.1973 – III 1209/72 -) in BRS 27 Nr.199; vgl. OVG-Bremen (Urteil v. 04.06.1973 – II BA 104/73 -) in BRS 27 Nr. 192; vgl. auch Kübler/Speidel, „Handbuch des Baunachbarrechts", I. Rn. 77 ff.; vgl. insofern auch oben Zif. V. 2. b. bb. aaa.
[495] vgl. Koch/Hendler „Baurecht, Raumordnungs- und Landesrecht", § 24 Rn. 5 (S. 318)

Das Baugenehmigungsverfahren wird durch einen schriftlichen Antrag, dem sog. Bauantrag eingeleitet[496]. Dieser ist - abhängig von der jeweiligen landesrechtlichen Bestimmung - entweder bei der Gemeinde, die den Antrag mit ihrer Stellungnahme an die Bauaufsichtsbehörde - die die Aufgaben der Bauaufsicht als Sonderpolizei- bzw. Sonderordnungsbehörden wahrnehmen[497] - weiterleitet oder direkt bei der Bauaufsichtsbehörde einzureichen[498]. Dem Bauantrag sind alle für die Beurteilung des Vorhabens erforderlichen Unterlagen - die sog. Bauvorlagen - beizufügen[499]. In der Regel handelt es sich bei diesen Unterlagen um einen Lageplan, eine Bauzeichnung, eine Baubeschreibung, einen Standsicherheitsnachweis, sonstige bautechnische Nachweise in Bezug auf den Schall- Wärme- und Brandschutz sowie um eine Beschreibung der Grundstücksentwässerung.
In formaler Hinsicht ist hierbei zu beachten, dass gem. § 64 Abs.1 LBauO alle Bauunterlagen für die genehmigungsbedürftige Errichtung und Änderung von Gebäuden oder Vorhaben, für die das Freistellungsverfahren nach § 67 LBauO durchgeführt wird, von einem bauvorlageberechtigten Entwurfsverfasser unterschrieben werden müssen[500]. Sind die Bauvorlagen in einer Weise mangelhaft oder unvollständig, dass sie eine ausreichende Überprüfung des konkreten Bauantrags nicht zulassen, so kann die Baugenehmigungsbehörde den Bauantrag zurückzuweisen. Ein Nachreichen von Unterlagen ist aber grundsätzlich möglich.

Zu beachten ist auch, dass je nach Lage des Einzelfalls und der landesrechtlichen Ausgestaltung, eine Verpflichtung der Genehmigungsbehörde bestehen kann, andere öffentliche Stellen zu beteiligen[501]. Die Gemeinden sind gem. § 36 Abs.1 BauGB zu beteiligen.

Aus Sicht der Nachbarn des geplanten Vorhabens von besonderer Bedeutung ist in diesem Zusammenhang, dass auch ihnen, je nach Lage des Einzelfalls und je nach Inhalt der jeweiligen landesgesetzlichen Regelung, ein Anspruch auf Beteiligung am Verfahren zustehen kann. Hiervon ist insbesondere dann auszugehen, wenn die konkrete Baugenehmigung Ausnahmen und/oder Befreiungen von einer gerade (auch) den Nachbarn schützenden, d.h. einer für den Nachbarn drittschützenden gesetzlichen Vorschrift oder einer diesbezüglichen Festsetzung eines Bebauungsplans erteilt. Ist dies der Fall, dann hat die Baugenehmigung sog. „rechtsgestaltende Wirkung" i.S.v. § 13 Abs.2 VwVfG, so dass ein Beteiligungsrecht des konkret betroffenen Nachbarn besteht[502]. Wird dieses durch die Genehmigungsbehörde verletzt, d.h. wird z.B. ein Antrag des Nachbarn auf Beteiligung am Verfahren abgelehnt, kann

---

[496] vgl. beispielsweise § 63 LBauO Rheinland-Pfalz
[497] vgl. Grotefels in Hoppe/Grotefels „Öffentliches Baurecht", § 15 Rn. 2
[498] vgl. Koch/Hendler „Baurecht, Raumordnungs- und Landesrecht", § 24 Rn. 6 (S. 318)
[499] vgl. beispielsweise § 63 Abs.2 LBauO Rheinland-Pfalz
[500] vgl. beispielsweise § 64 Abs. 1 LBauO Rheinland-Pfalz; vgl. im übrigen Koch/Hendler „Baurecht, Raumordnungs- und Landesrecht", § 24 Rn. 6 (S. 318)
[501] vgl. beispielsweise; § 65 Abs.5 LBauO Rheinland-Pfalz; § 72 Abs.2 BauO Nordrhein-Westfalen
[502] vgl. Koch/Hendler „Baurecht, Raumordnungs- und Landesrecht", § 24 Rn. 7 (S. 318)

dies Grundlage eines gegen die erteilte Genehmigung, d.h., juristisch korrekt formuliert, gegen die zuständige Baugenehmigungsbehörde gerichteten subjektiven Anspruchs des Nachbarn sein.

bbb. Vereinfachtes Genehmigungsverfahren

Neben dem „herkömmlichen" Baugenehmigungsverfahren, in dessen Rahmen die zuständige Behörde im Ergebnis eine „Vollkontrolle" des geplanten Vorhabens anhand der Planunterlagen durchführt, sehen alle Landesbauordnungen[503] - mit Ausnahme der Landesbauordnungen von Baden-Württemberg und Niedersachsen - ein sog. „vereinfachtes Genehmigungsverfahren" vor[504].

Im Rahmen eines solchen vereinfachten Genehmigungsverfahrens - das nur auf bestimmte in der jeweiligen Landesbauordnung ausdrückliche genannte Vorhaben minderer städtebaulicher und sicherheitsrechtlicher Bedeutung Anwendung findet - ist die Bandbreite der von der Bauaufsichtsbehörde zu prüfenden bauordnungs- wie bauplanungsrechtlichen Vorschriften gegenüber dem „herkömmlichen" Baugenehmigungsverfahren erheblich eingeschränkt. Die Genehmigungsbehörde überprüft in diesem Rahmen im wesentlichen nur noch die planungsrechtliche Zulässigkeit, einzelne bauordnungsrechtliche Anforderungen[505] sowie Ausnahmen und Befreiungen. Im Hinblick auf die Einhaltung der übrigen, von der Genehmigungsbehörde nicht mehr zu überprüfenden Vorschriften, ist darüber hinaus in aller Regel eine Bestätigung der qualifizierten Entwurfsverfasser sowie etwaig erforderlicher Prüfingenieure erforderlich.[506].

Für den durch ein solches, dem vereinfachten Genehmigungsverfahren unterliegendes Vorhaben betroffenen Nachbarn, erlangt das vereinfachte Genehmigungsverfahren dadurch Bedeutung, dass sich die Legalisierungs- und Bindungswirkung einer solchen Genehmigung, dem begrenzten Prüfungsumfang entsprechend, auf die Genehmigungsbestandteile reduziert, hinsichtlich derer die Genehmigungsbehörde die Übereinstimmung des Vorhabens mit den maßgeblichen öffentlich-rechtlichen Normen auch tatsächlich selbst überprüft hat[507].

---

[503] vgl. beispielsweise § 65 Abs.4 LBauO Rheinland-Pfalz
[504] vgl. Koch/Hendler „Baurecht, Raumordnungs- und Landesrecht", § 24 Rn. 35 (S. 318)
[505] vgl. Heintz in Rabe/Heintz „Bau- und Planungsrecht", 5. Auflage, 2002, Abschnitt E, Zif. 7.6 (S. 302 f.)
[506] vgl. Koch/Hendler „Baurecht, Raumordnungs- und Landesrecht", 3. Auflage, 2001, § 24 Rn. 35 (S. 318); Heintz in Rabe/Heintz „Bau- und Planungsrecht", Abschnitt E, Zif. 7.6 (S. 303)
[507] vgl. Koch/Hendler „Baurecht, Raumordnungs- und Landesrecht", § 24 Rn. 37 (S. 330)

gg. Wirkung der Baugenehmigung

Die Baugenehmigung stellt nach herrschender Auffassung zum einen das Bestehen eines baurechtlichen Anspruchs zur Durchführung des beantragten Vorhabens fest. Darüber hinaus hebt sie das auf Grund der Genehmigungspflicht bestehende präventive Bauverbot auf[508].

Hervorzuheben ist hierbei, dass die Baugenehmigung nach allen Landesbauordnungen ausdrücklich „unbeschadet privater Rechte Dritter" ergeht und damit keinen Einfluss auf die Möglichkeiten eines zivilrechtlichen Vorgehens Dritter gegen das genehmigte Vorhaben ausübt. Diese Beschränkung der Wirkungen der Baugenehmigung auf den öffentlich-rechtlichen Bereich, ist eine unmittelbare Folge des Prüfungsumfangs im Baugenehmigungsverfahrens, in dessen Rahmen ebenfalls nur die Vereinbarkeit des Vorhabens mit dem öffentlichen Recht überprüft und festgestellt, private Rechte Dritter aber nicht beachtet werden. Dies wird auch daran deutlich, dass der Anspruch auf Erteilung der Baugenehmigung nicht davon abhängt, ob dem Antragssteller ein zivilrechtliches Nutzungsrecht an dem im Bauantrag bezeichneten Grundstück zusteht. Dies schon deshalb nicht, weil dem Antragssteller auch durch die Baugenehmigung ein solches zivilrechtliches Nutzungsrecht nicht erteilt wird.

Diese Besonderheit der Baugenehmigung unterscheidet die Baugenehmigung deutlich von anderen öffentlich-rechtlichen Genehmigungen, insbesondere von solchen mit „privatrechtsgestaltender Wirkung", wie etwa der oben dargestellten Genehmigung gem. § 14 BImSchG[509].

Diesem Umstand kommt aus Sicht eines durch die Baugenehmigung bzw. durch ein genehmigtes Vorhaben Drittbetroffenen erhebliche Bedeutung zu. Zum einen wird ihm ein Vorgehen gegen eine erteilte Genehmigung und damit im Ergebnis mittelbar auch gegen ein genehmigtes Vorhaben auf dem öffentlichen Rechtsweg ausschließlich unter Berufung auf die Verletzung subjektiv-öffentlich-rechtlicher Positionen eröffnet. Andererseits steht ihm ungeachtet der erteilten Genehmigung die gesamte Bandbreite der zivilrechtlichen Abwehransprüche gegen das (bestandkräftig) genehmigte Vorhaben zur Verfügung.

---

[508] vgl. Finkelnburg/Ortloff „ Öffentliches Baurecht, Bd. II", S. 119
[509] vgl. oben Zif. VI. 2. a. dd. bbb. hhhh.

f. Genehmigungspflicht gem. § 6 LuftVG für nicht planfeststellungspflichtige Flugplätze

aa. Gegenstand der Genehmigungspflicht

Gem. § 6 Abs.1 LuftVG dürfen Flugplätze[510] (Flughäfen, Landeplätze und Segelfluggelände) nur mit Genehmigung angelegt oder betrieben werden.

Im Rahmen dieser Darstellung soll ausschließlich auf die sog. isolierte Flugplatzgenehmigung, d.h. auf die Genehmigung abgestellt werden, der kein luftfahrtrechtliches Planfeststellungsverfahren mehr nachfolgt. Die Genehmigungsverfahren für Flughäfen sowie für Landeplätze gem. § 8 LuftVG werden ausdrücklich nicht behandelt.

bb. Zweck der Genehmigungspflicht

Die Genehmigungspflicht für die Anlage und den Betrieb von Flugplätzen ist eine notwendige Folge des Grundsatzes des Flugplatzzwangs, durch den die Gewährleistung der Sicherheitserfordernisse des Flugbetriebs sichergestellt werden soll.[511]. Neben dem sich hieraus ergebenden Erfordernis der Gefahrenvermeidung, dient die Genehmigung der Verteilung der für den Flugplatzbetrieb zur Verfügung stehende Flächen und hat daher auch eine Bewirtschaftungsfunktion.

Der Genehmigungspflicht kommt nach der Rechtsprechung des BVerwG, eine „Doppelnatur" zu. Sie ist einerseits Unternehmergenehmigung, zum anderen aber auch endgültige Planentscheidung, so dass die isolierte Flugplatzgenehmigung - neben den, im Rahmen dieser Darstellung nicht berücksichtigten Gemeinden - auch von betroffenen privaten Dritten angefochten werden kann[512].

Dabei setzt das Anfechtungsrecht - bei Zugrundelegung der Schutznormtheorie -, wie bereits wiederholt erwähnt, die Verletzung von Normen voraus, die zumindest auch dem Schutz des Dritten zu dienen bestimmt sind[513].

---

[510] Ein Flugplatz ist gem. Anhang 14 zum „International Civil Aviation Organisation" (ICAO)-Abkommen ein festgelegtes Gebiet auf dem Lande oder zu Wasser (einschließlich Gebäude, Anlage und Ausrüstung), das ganz oder teilweise für Ankunft, Abflug und Bewegungen von Luftfahrzeugen bestimmt ist.

[511] vgl. Schwenk „Handbuch des Luftverkehrsrechts", S. 367 f.

[512] vgl. insofern Giemulla in Giemulla/Schmid „Frankfurter Kommentar zum Luftverkehrsrecht", § 6 Rn. 93

[513] vgl. insofern Giemulla in Giemulla/Schmid „Frankfurter Kommentar zum Luftverkehrsrecht", § 6 Rn. 94

cc. Genehmigungsvoraussetzungen

§ 6 Abs.2 S.1 LuftVG enthält zunächst eine sog. Raumordnungsklausel[514]. Danach muss vor Erteilung der Genehmigung besonders geprüft werden, ob die geplante Maßnahme den Erfordernissen der Raumordnung entspricht und ob die Erfordernisse des Naturschutzes und der Landschaftspflege sowie des Städtebaus und der Schutz vor Fluglärm angemessen berücksichtigt sind. Durchaus denkbar ist es dabei, dass im Einzelfall auch die Erfordernisse der Raumordnung, der Landesplanung oder des Städtebaus im Einzelfall durch das konkrete Flughafenprojekt zurückgedrängt werden[515].

Von Bedeutung für die Rechte Dritter ist in diesem Zusammenhang der „Schutz vor Fluglärm", da diesem Merkmal nach allgemeiner Auffassung drittschützende Wirkung zukommt. So besteht für Flugplatznachbarn ein Anspruch darauf, dass der Belang „Schutz vor Fluglärm" im Rahmen der Genehmigungserteilung ordnungsgemäß abgewogen wird. Das subjektive Recht des Dritten auf Abwägung ist gewahrt, wenn die Genehmigungsbehörde die Fluglärmbelange richtig erkannt und angemessen gewichtet hat und daher ausgeschlossen werden kann, dass der Private durch die Auswirkungen des Flugbetriebes mehr als nur unwesentlich i.S.v. §§ 906, 1004 Abs.2 BGB betroffen wird[516].

Den übrigen in § 6 Abs.2 LuftVG genannten Belangen kommt nach allgemeiner Auffassung keine drittschützende Wirkung zu[517], wobei dies hinsichtlich des Merkmals der sog. „Geländeeignung" zum Teil anders gesehen wird[518].

Unabhängig davon muss die Genehmigung gem. § 6 Abs.3 LuftVG versagt werden, wenn Tatsachen die Annahme rechtfertigen, dass die öffentliche Sicherheit oder Ordnung durch das Vorhaben gefährdet wird. Das gleiche gilt dann, wenn durch die Anlegung und den Betrieb des Flughafens öffentliche Interessen in unangemessener Weise beeinträchtigt werden. Eine drittschützende Wirkung kommt diesen allgemeinwohlbezogenen Versagungsgründen aber nicht zu.

---

[514] vgl. Giemulla in Giemulla/Schmid „Frankfurter Kommentar zum Luftverkehrsrecht", § 6 Rn. 13
[515] vgl. Giemulla in Giemulla/Schmid „Frankfurter Kommentar zum Luftverkehrsrecht", § 6 Rn. 13
[516] vgl. Hofmann/Grabherr „LuftVG-Kommentar", Stand Februar 1997, § 6 Rn. 195 f.
[517] vgl. Hofmann/Grabherr „LuftVG-Kommentar", Stand Februar 1997, § 6 Rn. 195
[518] vgl. insofern Giemulla in Giemulla/Schmid, „Frankfurter Kommentar zum Luftverkehrsrecht", § 6 Rn. 96

dd. Genehmigungsverfahren

aaa. Allgemeines

Die Genehmigung wird aufgrund eines Antrags erteilt, der die in § 40 LuftVZO enthaltenen Angaben enthalten muss. Zuständige Genehmigungsbehörde ist gem. §§ 39 Abs.1, 50 S.1 und 55 S.1 LuftVZO[519] die Luftfahrtbehörde des Landes[520], in dem das Gelände, auf dem der Flugplatz errichtet werden soll, liegt.

Das Genehmigungsverfahren gem. § 6 LuftVG unterliegt gem. § 1 Abs. 1 Nr.1 VwVfG grundsätzlich den Vorschriften des VwVfG des Bundes, da die Bundesländer die Genehmigung i.S.d. § 6 LuftVG im Auftrag des Bundes erteilen. Nur in den Fällen, in denen das jeweilige Landes-VwVfG das Verwaltungsverfahren der Landesbehörden regelt, findet gem. § 1 Abs.3 VwVfG das VwVfG des jeweiligen Bundeslandes Anwendung[521].

bbb. Beteiligung Dritter

Regelungen hinsichtlich einer etwaigen Beteiligung Dritter oder gar den Umfang einer solchen Beteiligung am Genehmigungsverfahren, finden sich weder im LuftVG noch in der LuftVZO. Dies hat aber nicht zur Folge, dass deshalb eine Beteiligung Dritter ausgeschlossen ist.

Eine Verpflichtung zur Beteiligung Dritter kann sich insbesondere aus § 13 Abs.2 VwVfG ergeben[522]. Insofern steht dem Dritten, dessen rechtliche Interessen durch den Ausgang des Verfahrens betroffen werden können, zumindest ein subjektiver Anspruch auf ermessensfehlerfreie Entscheidung der Behörde über seine Hinzuziehung als Beteiligter zum Genehmigungsverfahren von Amts wegen oder auf Antrag gem. § 13 Abs.2 S.1 VwVfG zu. Sofern sich das Ermessen der Behörde im Einzelfall auf Null reduziert, kann dem Dritten auch ein Anspruch auf Beteiligung von Amts wegen zustehen[523].

---

[519] Verordnung v. 27. März 1999 (BGBl. I 1999, S. 610)
Inkrafttreten: 01. März 1999
Ermächtigungsgrundlage: vgl. BGBl. 1999, S. 610

[520] In der Regel ist dies der Minister bzw. das Ministerium des Landes für Verkehr, in den Stadtstaaten der Verkehrssenator (vgl. Giemulla in Giemulla/Schmid, „Frankfurter Kommentar zum Luftverkehrsrecht", § 6 Rn. 47)

[521] vgl. insofern Giemulla in Giemulla/Schmid, „Frankfurter Kommentar zum Luftverkehrsrecht", § 6 Rn. 53

[522] vgl. insofern Giemulla in Giemulla/Schmid „Frankfurter Kommentar zum Luftverkehrsrecht", § 6 Rn. 66

[523] vgl. Ramsauer in Kopp/Ramsauer „Verwaltungsverfahrensgesetz", 8. Auflage, 2003, § 13 Rn. 34, 39

Da die Genehmigung gem. § 11 LuftVG i.V.m. § 14 BImSchG darüber hinaus privatrechtsgestaltende Wirkung hat, ist auch von einer „rechtsgestaltenden Wirkung" i.S.v. § 13 Abs.1 S.2 Hs.1 VwVfG auszugehen, so dass insofern ein - nicht vom Ermessen der Behörde abhängiger - Anspruch des Betroffen auf Beteiligung, nach Stellung eines entsprechenden Antrags besteht[524].

Unabhängig davon, wird ein Beteiligungsrecht Dritter damit begründet, dass die Genehmigung für einen ausschließlich genehmigungspflichtigen Flugplatz - entgegen der Situation bei luftfahrtrechtlichen Genehmigungen mit nachfolgendem Planfeststellungsverfahren[525] - die letzte und endgültige Rechtsgrundlage für die Anlage und den Betrieb des Flugplatzes darstelle und eine Beteiligung der von dem Flughafenprojekt betroffenen privaten Dritten daher zwingend erforderlich sei. Dies folge aus der privatrechtsgestaltenden Wirkung der Genehmigung gem. § 11 LuftVG i.V.m. § 14 BImSchG, auf Grund derer zivilrechtliche Ansprüche Dritter auf Einstellung des Flugplatzbetriebes ausgeschlossen seien[526].

Ist eine Beteiligung Dritter (ermessens)fehlerhaft unterblieben, stellt sich die Nichtbeteiligung der „Betroffenen" als Verstoß gegen § 28 VwVfG dar.
Dieser kann wegen § 46 VwVfG unerheblich sein, wenn jede Möglichkeit ausgeschlossen ist, dass die Genehmigungsbehörde bei vorgenommener Beteiligung anders entschieden hätte. Allein die gesetzliche Normierung der Genehmigungspflicht gem. § 6 LuftVG und des entsprechenden Verwaltungsverfahrens sowie der Umstand, dass § 11 LuftVG i.V.m. § 14 BImSchG privatrechtliche Ansprüche auf Einstellung des Betriebs gegenüber einem unanfechtbar genehmigten Flugplatz ausschließt, reichen insofern für einen subjektiven Anspruch des Dritten noch nicht aus. Hinzukommen muss - wie auch schon zuvor wiederholt erwähnt - dass das Bestehen privatrechtlicher Ansprüche, die dem Privaten durch diese Regelung genommen werden könnten, überhaupt möglich erscheint. Dies ist nur dann anzunehmen, wenn nicht ausgeschlossen werden kann, dass der private Dritte durch die Auswirkungen des Flugbetriebs mehr als nur unwesentlich im Sinne der §§ 906, 1004 Abs.2 BGB betroffen wird[527]

---

[524] vgl. Claussen in Knack „Verwaltungsverfahrensgesetz", 7. Auflage, 2000, § 13 Rn. 18; vgl. Ramsauer in Kopp/Ramsauer „Verwaltungsverfahrensgesetz", 8. Auflage, 2003, § 13 Rn. 39

[525] vgl. insofern Giemulla in Giemulla/Schmid „Frankfurter Kommentar zum Luftverkehrsrecht", § 6 Rn. 66

[526] vgl. insofern Giemulla in Giemulla/Schmid „Frankfurter Kommentar zum Luftverkehrsrecht", § 6 Rn. 67

[527] vgl. Hofmann/Grabherr „LuftVG-Kommentar", Stand Februar 1997, § 6 Rn. 195 f.

ee. Zusammenfassung

Den Voraussetzungen der Genehmigung gem. § 6 LuftVG kommt hinsichtlich des Merkmals „Schutz vor Fluglärm" drittschützende Wirkung zu[528]. Darüber hinaus können im Einzelfall Rechte Dritter auf Beteiligung am Genehmigungsverfahren bestehen[529]. Auf die privatrechtsgestaltende Wirkung der Genehmigung gem. § 11 LuftVG i.V.m. § 14 BImSchG[530] wird hingewiesen.

g. Genehmigungspflicht gem. § 20 LuftVG

aa. Gegenstand der Genehmigungspflicht

Gem. § 20 Abs.1 S.1 LuftVG bedürfen juristische oder natürliche Personen sowie Personengesellschaften für gewerbsmäßige Rundflüge in Luftfahrzeugen[531], mit denen eine Beförderung nicht zwischen verschiedenen Punkten verbunden ist (Nr. 1) und für die gewerbsmäßige Beförderung[532] von Personen und Sachen mit Ballonen, einer Betriebsgenehmigung (Luftfahrtunternehmen)[533]. Dies gilt gem. § 20 Abs.1 S.2

---

[528] vgl. oben Zif. VI. 2. e. cc."

[529] vgl. oben Zif. VI. 2. e. dd. bbb."

[530] vgl. oben Zif. VI. 2. e. dd. bbb."

[531] Gem. § 1 Abs.2 S.1 LuftVG sind Luftfahrzeuge Flugzeuge (Nr.1), Drehflügler (Nr.2), Luftschiffe (Nr.3), Segelflugzeuge (Nr.4), Motorsegler (Nr.5), Frei- und Fesselballone (Nr.6), Drachen (Nr.7), Rettungsfallschirme (Nr.8), Flugmodelle (Nr.9), Luftsportgeräte (Nr.10) und sonstige für die Benutzung des Luftraums bestimmten Geräte (Nr.11). Darüber hinaus gelten gem. § 1 Abs.2 S.2 LuftVG Raumfahrzeuge, Raketen und ähnliche Flugkörper solange als Luftfahrzeuge, solange sie sich im Luftraum befinden.

[532] Beförderung ist jede Fortbewegung von Personen oder Sachen ohne Rücksicht auf die Entfernung und den Zweck der Beförderung. Des weitern ist es auch unerheblich, ob die beförderte Person an einen anderen Ort als den Ausgangsort verbracht wird oder nicht.
Gewerbsmäßig ist die Beförderung dann, wenn sie auf Dauer berechnet ist, der Schaffung und Erhaltung einer Lebensgrundlage oder zumindest Erwerbszwecken dient, d.h. also auf Gewinnerzielung und nicht nur auf Ersatz der Selbstkosten, gerichtet ist (vgl. Hofmann/Grabherr „LuftVG-Kommentar", § 20 Rn. 4 u. 5)

[533] Ausnahmen von der Genehmigungspflicht: Genehmigungsfrei zulässig ist gem. § 20 Abs.1 S.2 Hs.2 LuftVG die nichtgewerbsmäßige Beförderung von Fluggästen, wenn es sich um Flüge zum Absetzen von Fallschirmspringern oder um Luftfahrzeuge handelt, die für höchstens vier Personen zugelassen sind. Darüber hinaus sind gewerbsmäßige Rundflüge, mit denen eine Beförderung nicht zwischen verschiedenen Punkten verbunden ist, sowie die nichtgewerbsmäßige Beförderung von Fluggästen, Post und /oder Fracht mit Luftfahrzeugen gegen Entgelt dann genehmigungsfrei zulässig, wenn es sich bei dem eingesetzten Luftfahrzeug um ein Luftsportgerät handelt.

Genehmigungsvoraussetzungen: Die Genehmigungsvoraussetzungen sind in Form einer negativen Abgrenzung in § 20 Abs.2 S. 2 – 3 LuftVG enthalten.
Gem. § 20 Abs.2 S.2 LuftVG ist die Genehmigung zu versagen, wenn Tatsachen die Annahme rechtfertigen, dass die öffentliche Sicherheit oder Ordnung gefährdet werden kann. Dies ist insbesondere dann der Fall, wenn der Antragssteller oder die für die Leitung des Unternehmens verantwortlichen Personen nicht zuverlässig sind.
Darüber hinaus ist die Genehmigung gem. § 20 Abs.2 S.3 LuftVG auch dann zu versagen, wenn die für den sicheren Luftverkehrsbetrieb erforderlichen finanziellen Mittel oder entsprechenden Sicherheiten nicht nachgewiesen sind.

Hs.1 LuftVG auch für die nichtgewerbsmäßige Beförderung von Post bzw. Fracht mit Luftfahrzeugen gegen Entgelt.

Darüber hinaus ist eine solche Betriebsgenehmigung gem. § 20 Abs.4 LuftVG auch für die Beförderung von Fluggästen, Post und /oder Fracht durch Unternehmen im gewerblichen Flugverkehr nach Maßgabe des Rechts der EU erforderlich.

bb. Rechte Dritter

Anfechtungsrechte Dritter werden in diesem Zusammenhang - soweit ersichtlich - allgemein abgelehnt[534]. Zwar soll durch die Genehmigung gerade auch der notwendige Schutz der Fluggäste sichergestellt werden, ein durchsetzbarer Anspruch auf Einhaltung der sich daraus ergebenden Anforderungen besteht aber insbesondere für Fluggäste und sonstige Dritte nicht.

Dies gilt auch im Hinblick auf das Bestehen einer drittschützenden Wirkung der Genehmigungspflicht zugunsten von Konkurrenten des Genehmigungsadressaten und damit für die Möglichkeit einer verwaltungsrechtlichen Konkurrentenklage, die ebenfalls allgemein abgelehnt wird. Zur Begründung wird insofern darauf verwiesen, dass die Bestimmung des § 20 LuftVG nicht dem Schutz der vorhandenen genehmigten

---

Demgegenüber besteht für die zuständige Behörde in den Fällen des § 20 Abs.2 S.4 LuftVG ein Ermessen im Hinblick auf die Genehmigungserteilung. Die Genehmigung kann danach versagt werden, wenn Luftfahrzeuge verwendet werden sollen, die nicht in der deutschen Luftfahrzeugrolle, d.h. im Verzeichnis der deutschen Luftfahrzeuge, eingetragen sind oder nicht im ausschließlichen Eigentum des Antragsstellers stehen.

Genehmigungsverfahren: Das Genehmigungsverfahren für die Erteilung einer Genehmigung gem. § 20 LuftVG ist in den §§ 61 ff. Luftverkehrs-Zulassungs-Ordnung (LuftVzO)[533] geregelt.
Genehmigungsbehörde für die in § 20 Abs.1 LuftVG aufgeführten Luftfahrtunternehmen ist gem. § 61 Abs.2 LuftVZO die Luftfahrtbehörde des Landes, in dem das Luftfahrtunternehmen seinen Sitz hat. Im Einzelfall kann die Genehmigung für die Luftfahrtunternehmen i.S.d. § 20 Abs.1 LuftVG, aber auch durch die Luftfahrtbehörde eines anderen Landes erteilt werden, wenn der Schwerpunkt der beabsichtigten Unternehmertätigkeit in diesem Land liegt und wenn die Luftfahrtbehörde des Landes, in dem das Luftfahrtunternehmen seinen Sitz hat, zustimmt. Dies gilt gem. § 66 LuftVZO auch in Bezug auf die Erteilung der Betriebsgenehmigung für Luftfahrtunternehmen i.S.d. § 20 Abs.1 S.2 LuftVG.
Genehmigungsbehörde für Luftfahrtunternehmen i.S.d. § 20 Abs. 4 LuftVG ist dagegen gem. § 61 Abs.1 Nr. 1 LuftVZO das Bundesministerium für Verkehr.
Eingeleitet wird das Genehmigungsverfahren durch einen Antrag auf Erteilung der Betriebsgenehmigung gem. § 62 LuftVG. Dieser Antrag auf Erteilung einer Betriebsgenehmigung i.S.d. § 20 Abs.1 LuftVG muss die in § 62 Abs.1 LuftVG geforderten Angaben enthalten. Der Antrag auf Erteilung einer Betriebsgenehmigung i.S.d. § 20 Abs.4 LuftVG muss gem. § 62 Abs.2 LuftVZO die Angaben gem. § 62 Abs.1 Nr. 1 – 5 und 7 – 10 LuftVZO enthalten.
Handelt es sich dagegen um die Erteilung einer Betriebsgenehmigung i.S.d. § 20 Abs. 1 S.2 LuftVG, so sind in dem Antrag auf Erteilung der Betriebsgenehmigung die Angaben gem. § 62 Abs.1 Nr. 1, 2, 4, 9 und 10 LuftVZO zusammen mit einem Nachweis über den Abschluss einer Unfallversicherung der Fluggäste durch Vorlage des Versicherungsscheins oder einer Deckungszusage der Versicherung erforderlich.

[534] vgl. Gansfort in Giemulla/Schmid „Frankfurter Kommentar zum Luftverkehrsrecht", § 20 Rn. 22; vgl. auch Hofmann/Grabherr „LuftVG-Kommentar", § 20 Rn. 22

Luftfahrtunternehmen diene, sondern ausschließlich die Einhaltung der deutschen Flugsicherheitsbestimmungen gewährleisten solle[535].

h. Genehmigungspflicht gem. § 24 LuftVG

aa. Gegenstand der Genehmigungspflicht

Gem. § 24 Abs.1 S.1 LuftVG bedürfen öffentliche[536] Veranstaltungen von Wettbewerben oder Schauvorstellungen, an denen Luftfahrzeuge beteiligt sind (Luftfahrtveranstaltungen), der Genehmigung[537].

bb. Zweck der Genehmigungspflicht

Zweck der Genehmigungspflicht des § 24 LuftVG ist es planlose Luftfahrtveranstaltungen, von denen Gefährdungen für die Teilnehmer oder die Allgemeinheit ausgehen könnten, zu verhindern[538]. Sie dient damit der Gefahrenvermeidung.

Gem. § 24 Abs.2 LuftVG ist die Genehmigung zu versagen, wenn Tatsachen die Annahme rechtfertigen, dass die öffentliche Sicherheit oder Ordnung durch die Veranstaltung gefährdet werden können.

Als „drittschutzrelevant" wird in diesem Zusammenhang das bei der Genehmigungserteilung zu berücksichtigende Merkmal des Fluglärms[539] angesehen. Sofern die Behörde die für die Nachbarn zu erwartenden „Fluglärmbelästigungen" nicht ordnungsgemäß in die Abwägung eingestellt hat, kann sich hieraus ein subjektiver Anspruch des Nachbarn ergeben, auf Grundlage dessen er sich gegen die Genehmigung zur Wehr setzen kann[540].

cc. Genehmigungsverfahren

Das Genehmigungsverfahren ist in den §§ 73 – 75 LuftVZO geregelt.

---

[535] vgl. Gansfort in Giemulla/Schmid „Frankfurter Kommentar zum Luftverkehrsrecht", § 20 Rn. 22

[536] Die Veranstaltung ist dann öffentlich, wenn am Wettbewerb nicht beteiligte Dritte durch Veröffentlichung oder Bekanntmachung in Presse, Rundfunk usw. auf die Veranstaltung hingewiesen werden oder wenn die Veranstaltung auf Grund einer Ausschreibung erfolgt (vgl. Hofmann/Grabherr „LuftVG-Kommentar", § 24 Rn. 6)

[537] vgl. Hofmann/Grabherr „LuftVG-Kommentar", § 24 Rn. 2

[538] vgl. Hofmann/Grabherr „LuftVG-Kommentar", § 24 Rn. 12

[539] vgl. Hofmann/Grabherr „LuftVG-Kommentar", § 24 Rn. 16

[540] vgl. Hofmann/Grabherr „LuftVG-Kommentar", § 24 Rn. 20

Handelt es sich um eine Luftfahrtveranstaltung, die nicht über ein Bundesland hinausgeht, so ist gem. § 73 Abs.1 Nr.1 LuftVZO die Luftfahrtbehörde des Bundeslandes zur Erteilung der Genehmigung zuständig, in dem die Veranstaltung stattfinden soll. Handelt es sich hingegen um eine länderübergreifende Luftfahrtveranstaltung, liegt die Zuständigkeit gem. § 73 Abs.1 Nr.2 LuftVZO beim Luftfahrt-Bundesamt.

Gem. § 74 Abs. 1 LuftVZO muss der Genehmigungsantrag acht Wochen vor der Veranstaltung in doppelter Ausführung bei der Genehmigungsbehörde gestellt werden. Der Genehmigungsantrag muss grundsätzlich die aus § 74 Abs. 2 LuftVZO hervorgehenden Angaben enthalten. Dies gilt nicht, wenn die Luftfahrtveranstaltung auf Grund einer Ausschreibung stattfindet und die zuständige Genehmigungsbehörde gestattet hat, dass die danach erforderlichen Angaben durch die Ausschreibung ersetzt werden können.

Drittschützender Charakter kommt diesen verfahrensrechtlichen Bestimmungen nicht zu.

i. Genehmigungspflicht gem. § 9 WaStrG

aa. Gegenstand der Genehmigungspflicht

Gem. § 9 Abs.1 S.1 WaStrG bedürfen Maßnahmen in Landflächen an Bundeswasserstraßen[541], die notwendig sind, um für die Schifffahrt nachteilige Veränderungen des Gewässerbettes zu verhindern oder zu beseitigen, der vorherigen Planfeststellung.

bb. Zweck der Genehmigungspflicht

Der Zweck der Genehmigungspflicht des § 9 WaStrG besteht in der Bekämpfung der Erosion in den Bundeswasserstraßen, d.h. der abtragenden Tätigkeit des fließenden

---

[541] Bundeswasserstraßen i.S.d. WaStrG sind gem. § 1 Abs.1 WaStrG die Binnenwasserstraßen des Bundes, die dem allgemeinen Verkehr dienen (Nr. 1) und die Seewasserstraßen (Nr. 2).
Als Binnenwasserstraßen i.S.d. § 1 Abs.1 Nr.1 WaStrG gelten gem. § 1 Abs.1 Nr.1 WaStrG die in der Anlage zum WaStrG aufgeführten Wasserstraßen sowie die Gewässerteile, die mit der Bundeswasserstraße in ihrem Erscheinungsbild als natürliche Einheit anzusehen sind (Nr. 1 a), mit der Bundeswasserstraße durch einen Wasserzu- oder –abfluß in Verbindung stehen (Nr. 1 b), einen Schiffsverkehr mit der Bundeswasserstraße zulassen (Nr. 3) und im Eigentum des Bundes stehen (Nr. 1 d).
Seewasserstraßen i.S.d. § 1 Abs.1 Nr.2 WaStrG sind demgegenüber gem. § 1 Abs.2 S.1 WaStrG die Flächen zwischen der Küstenlinie bei mittlerem Hochwasser oder der seewärtigen Begrenzung der Binnenwasserstraßen und der seewärtigen Begrenzung des Küstenmeeres. Nicht zu den Seewasserstraßen gehören gem. § 1 Abs.2 S.2 WaStrG die Hafeneinfahrten, die von Leitdämmen oder Moolen ein- oder beidseitig begrenzt sind, die Außentiefs, die Küstenschutz-, Entwässerungs- und Landgewinnungsbauwerke, die Badeanlagen und der trockenanfallende Badestrand.

Wassers auf der Gewässersohle durch Stoßkraft und Geschiebeführung, da durch eine solche Erosion eine Senkung des Wasserspiegels herbeigeführt wird, die sich nachteilig auf die Schifffahrt auswirken kann.

Einer solchen Erosion kann unter anderem dadurch entgegengewirkt werden, dass Landflächen an einer Bundeswasserstraße niedriger gelegt werden und dadurch bessere, d.h. erosionsmindernde Abflussverhältnisse bei höheren Wasserständen bewirkt werden. Da solche Maßnahmen in aller Regel einen erheblichen räumlichen Umfang haben und sich in vielen Fällen auch auf Rechte Dritter auswirken, unterstellt sie das WaStrG einer vorherigen Planfeststellung[542].

Die Genehmigungspflicht gem. § 9 WaStrG dient zum einen der Gefahrenvermeidung, sowie der Sicherstellung der insofern bestehenden Bewirtschaftungsinteressen. Darüber hinaus sind aber gerade auch die individuellen Rechte Dritter ausdrücklich vom Schutzbereich des § 9 WaStrG umfasst.

cc. Planfeststellungsvoraussetzungen

Gem. § 9 Abs.1 S.2 WaStrG i.V.m. § 18 WaStrG ist die Planfeststellung zu versagen, wenn von dem Ausbau oder Neubau eine Beeinträchtigung des Wohls der Allgemeinheit zu erwarten ist, die nicht durch Auflagen verhütet oder ausgeglichen werden kann (Nr. 1) oder nachteilige Wirkungen auf das Recht eines anderen oder der in §

[542] vgl. Friesecke „Bundeswasserstraßengesetz-Kommentar", § 9 Rn. 1; vgl. auch Begründung 22 zum Entwurf eines Bundeswasserstraßengesetzes (BT-Drucksache V/352, S. 2 ff.)
Anmerkung:
Es gibt auch Situationen, in denen für ein wasserstraßenrechtliches Vorhaben gem. § 9 WaStrG keine vorherige Planfeststellung erforderlich ist. Obwohl im Rahmen dieser Darstellung auf diese Konstellationen nicht näher eingegangen werden soll, sollen die Voraussetzungen der Ausnahme von der Planfeststellung in der gebotenen Kürze dargelegt werden.
Gem. § 14 Abs.1 a S.1 WaStrG kann an Stelle eines Planfeststellungsbeschlusses eine, gem. § 14 Abs.1 a S.2 WaStrG in ihren Rechtswirkungen mit der Planfeststellung identische Plangenehmigung erteilt werden, wenn es sich bei dem Vorhaben nicht um ein Vorhaben handelt, für das nach dem Gesetz über die Umweltverträglichkeitsprüfung eine Umweltverträglichkeitsprüfung durchzuführen ist (Nr. 1), mit den Trägern der öffentlichen Belange, deren Aufgabenbereich berührt wird, das Benehmen hergestellt worden ist (Nr. 2) und Rechte anderer nicht beeinträchtigt werden oder die Betroffenen sich mit der Inanspruchnahme ihres Eigentums oder eines anderen Rechts schriftlich einverstanden erklärt haben (Nr. 3). Der Unterschied zur Planfeststellung besteht in erster Linie darin, dass die Vorschriften über das Planfeststellungsverfahren – mit Ausnahme von § 75 Abs.4 VwVfG - gem. § 14 Abs.1 a S.2 WaStrG auf die wasserstraßenrechtliche Plangenehmigung keine Anwendung finden.
Eine weitere Ausnahme von der Planfeststellung ist in § 14 Abs. 1 b WaStrG enthalten. Danach entfallen sowohl die Planfeststellung als auch die Plangenehmigung, wenn es sich bei dem Vorhaben nicht um ein Vorhaben handelt, für das nach dem Gesetz über die Umweltverträglichkeitsprüfung eine Umweltverträglichkeitsprüfung durchzuführen ist (Nr. 1), andere öffentliche Belange nicht berührt sind oder die erforderlichen behördlichen Entscheidungen vorliegen und sie dem Plan nicht entgegenstehen (Nr. 2) und Rechte anderer nicht beeinflusst werden oder mit den vom Plan Betroffenen entsprechende Vereinbarungen getroffen werden (Nr. 3).

19 Nr.1 WaStrG bezeichneten Art[543] zu erwarten sind, die nicht durch Auflagen i.S.d. § 74 Abs.2 S.2 VwVfG verhütet oder ausgeglichen werden können, der Berechtigte Einwendungen erhoben hat und der Ausbau oder Neubau nicht dem Wohl der Allgemeinheit dient (Nr. 2).

Für die Rechtstellung Dritter ist dabei von Bedeutung, dass in § 9 Abs.1 S.2 Nr. 2 WaStrG das „Recht eines anderen" ausdrücklich als Schutzgut erwähnt ist und sich daher der drittschützende Charakter der Norm bereits unmittelbar aus ihrem Wortlaut ergibt.

dd. Planfeststellungsverfahren

Das wasserrechtliche Planfeststellungsverfahren dient dem Ziel, in Bezug auf den zur Planfeststellung beantragten Plan, d.h. in Bezug auf ein bestimmtes Vorhaben, private und öffentliche Belange in einem Akt planender Gestaltung durch Abwägung zum Ausgleich zu bringen[544].

Zuständige Behörde in diesem Rahmen ist gem. § 14 Abs.1 S.3 WaStrG, sowohl als Anhörungs- als auch als Planfeststellungsbehörde[545], die Wasser- und Schifffahrtsdirektion[546].

Das Verfahren wird dadurch eingeleitet, dass der Träger des Vorhabens bei der zuständigen Behörde einen zur Auslegung bestimmten Plan des Vorhabens einreicht, der von den Gemeinden, in denen sich das Vorhaben nach Ansicht der Planfeststellungsbehörde auswirken kann, gem. § 17 Nr. 2 S.1 WaStrG, § 73 Abs.2 S.1 VwVfG innerhalb von drei Wochen nach Zugang für einen Zeitraum von einem Monat zur Einsicht öffentlich ausgelegt werden muss. Ziel der Auslegung ist es dabei insbesondere den durch das Vorhaben etwaig betroffenen Dritten die Möglichkeit zu eröffnen, gem. § 73 Abs.4 VwVfG innerhalb einer Frist von sechs Wochen ab Auslegung, die gem. § 17 Nr.2 S.2 WaStrG öffentlich bekannt zu machen ist, Einwendungen gegen den Plan zu erheben. Hinsichtlich weiterer Einzelheiten in diesem Zusammenhang wird auf die Ausführungen zum Planfeststellungsverfahren nach dem VwVfG verwiesen[547].

---

[543] § 19 Abs.1 Nr.1 WaStrG bezeichnet erhebliche Nachteile durch eine Veränderung des Wasserstandes (lit.a) oder durch eine Beeinträchtigung der, auf einer Erlaubnis oder einer anderen Befugnis, im konkreten Fall bestehenden Gewässerbenutzung (lit. b).
[544] vgl. Friesecke „Bundeswasserstraßengesetz-Kommentar", § 14 Rn. 2
[545] vgl. insofern auch die Ausführungen zum Planfeststellungsverfahren nach dem VwVfG, unten Zif. VI. 2. u.
[546] vgl. Friesecke „Bundeswasserstraßengesetz-Kommentar", § 14 Rn. 25
[547] vgl. unten Zif. VI. 2. u.

Für den Drittschutz von erheblicher Bedeutung ist hierbei, dass die Auslegung in Folge ihrer Anstoßfunktion insbesondere dem Rechtsschutz der durch die Planung Betroffenen dient und diesen die eigenverantwortliche Wahrung ihrer Belange im Verfahren ermöglicht[548]. Auch gewährt das Verfahren der Öffentlichkeitsbeteiligung den Betroffenen umfangreiche subjektive Rechte auf Beteiligung am Verfahren. Dem trägt auch die Verpflichtung der Planfeststellungsbehörde gem. § 73 Abs. 6 S.1 VwVfG zur Erörterung der rechtzeitig erhobenen Einwendungen mit den Beteiligten Rechnung.

Hinsichtlich weiterer Einzelheiten wird auch insofern auf die Ausführungen zum Planfeststellungsverfahren nach dem VwVfG verwiesen[549].

Zu beachten ist aber auch hier, dass durch das Verfahren der Öffentlichkeitsbeteiligung und dabei insbesondere durch das Einwendungsrecht, für die von der Planung betroffenen Dritten eine nicht unerhebliche Mitwirkungslast erzeugt wird. Diese kommt darin zum Ausdruck, dass gem. § 17 Nr.5 WaStrG Einwendungen, die von betroffenen Dritten nicht innerhalb der Einwendungsfrist im Planfeststellungsverfahren erhoben worden sind, nach Ablauf der Einwendungsfrist nicht mehr gegen das Vorhaben erhoben werden können, sondern das diese der sog. materiellen Präklusion unterfallen[550]. Auf die umfänglichen Ausführungen zu den Folgen der materiellen Präklusion im Rahmen der Darstellung des immissionsschutzrechtlichen Anlagegenehmigungsverfahrens[551] und des Planfeststellungsverfahrens nach dem VwVfG wird insofern verwiesen[552].

Aus Sicht der durch die Planung Betroffenen ist des weiteren von Bedeutung, dass für den Ausbau, den Neubau und die Beseitigung einer Bundeswasserstraße, die gem. § 14 WaStrG der Planfeststellung unterliegt, gem. Nr. 12 der Anlage zu § 3 UVPG eine Umweltverträglichkeitsprüfung erforderlich ist. Hieraus können sich, wie schon bei der Darstellung der abfallrechtlichen Anlagengenehmigung ausgeführt, im Einzelfall subjektive Rechte der durch die Planung betroffenen Dritten ergeben[553].

ee. Wirkungen der Planfeststellung

Der wasserrechtliche Planfeststellungsbeschluss entscheidet als Verwaltungsakt über Zulässigkeit, Art und Umfang des Vorhabens und schließt das Planfeststellungs-

---

[548] vgl. Friesecke „Bundeswasserstraßengesetz-Kommentar", § 14 Rn. 27
[549] vgl. unten Zif. VI. 2. u.
[550] vgl. Friesecke „Bundeswasserstraßengesetz-Kommentar", § 19 Rn. 17, § 17 Rn. 7
[551] vgl. oben Zif. VI. 2. a. dd. bbb. dddd.
[552] vgl. unten Zif. VI. 2. u. bb. aaa.
[553] vgl. oben Zif. VI. 2. b. cc. ccc. bbbb.

verfahren ab. Dabei ist zu beachten, dass dem Planfeststellungsbeschluss gem. § 75 Abs.1 S.1 Hs.2 VwVfG. Konzentrationswirkung[554] zukommt.

Die Planfeststellungsbehörde muss im Rahmen der planerischen Abwägung ausdrücklich auch die materiell-rechtlichen Anforderungen berücksichtigen, die bei den ansonsten erforderlichen, lediglich aufgrund der Konzentrationswirkung der Planfeststellung entfallenden, anderweitigen behördlichen Entscheidungen, von den dann zuständigen Fachbehörden zu berücksichtigen wären[555]. Dies ist wiederum aus Sicht der durch die Planung betroffenen Dritten dann von Bedeutung, wenn es sich bei diesen „sonstigen", von der wasserrechtlichen Planfeststellungsbehörde zu beachtenden materiell-rechtlichen Bestimmungen, um solche mit drittschützender Wirkung handelt. Ist dies der Fall, ist insofern auch im Rahmen der wasserrechtlichen Planfeststellung von einer drittschützenden Wirkung, mit der Folge eventuell daraus resultierender subjektiver Ansprüche Dritter auszugehen.

Von Bedeutung ist darüber hinaus, dass dem Planfeststellungsbeschluss gem. § 21 WaStrG i.V.m. § 11 WHG unmittelbar privatrechtsgestaltende Wirkung zukommen kann, sofern der Ausbau oder der Neubau dem Wohl der Allgemeinheit dient, d.h. wenn er im Hinblick auf die öffentliche Zweckbestimmung der Bundeswasserstraße zur Erfüllung der im WaStrG geregelten Aufgaben durchgeführt wird[556]. Ist dies der Fall, greift die Ausschlusswirkung des § 21 WaStrG i.V.m. § 11 WHG ein, d.h. alle Ansprüche, die auf Beseitigung der von dem Vorhaben ausgehenden Störungen, auf Unterlassung des Vorhabens, auf die Herstellung von Schutzeinrichtungen oder auf Schadensersatz gerichtet sind, gehen unter[557].

Dies ist für die Rechte der durch die Planung betroffenen Dritten von erheblicher Bedeutung.

Zusammenfassend kann festgehalten werden, dass den Dritten im Verfahren zur Erteilung der Genehmigung gem. § 9 WaStrG zum einen weitgehende Beteiligungsrechte eingeräumt sind, die Rechte der Dritten durch die erteilte Genehmigung und dabei insbesondere durch die privatrechtsgestaltende Wirkung der Genehmigung, aber auch maßgeblich betroffen werden.

---

[554] vgl. Friesecke „Bundeswasserstraßengesetz-Kommentar", § 14 Rn. 38
[555] vgl. Friesecke „Bundeswasserstraßengesetz-Kommentar", § 14 Rn. 38
[556] vgl. Friesecke „Bundeswasserstraßengesetz-Kommentar", § 21 Rn. 3
[557] vgl. Friesecke „Bundeswasserstraßengesetz-Kommentar", § 21 Rn. 6 u. 7

j. Die wasserrechtliche Genehmigung gem. § 2 Abs. 1 WHG i.V.m. §§ 7 und 8 WHG

aa. Gegenstand der Genehmigungspflicht

Gem. § 2 Abs.1 WHG bedarf die Benutzung der Gewässer[558] im Sinne des WHG [559], soweit sich aus dem WHG oder den im Rahmen des WHG erlassenen landesrechtlichen Bestimmungen nichts Gegenteiliges ergibt, der Genehmigung in Form der Erlaubnis gem. § 7 WHG oder der Bewilligung gem. § 8 WHG.

Sofern das WHG im übrigen gewässerspezifische Regelungen enthält, auf Grund derer sowohl gewässerspezifische Ausnahmen von der grundsätzlich bestehenden Genehmigungspflicht für Gewässerbenutzungen, als auch gewässerspezifische Vorschriften über die Reinhaltung der Gewässer in der Form genereller Benutzungsverbote bestehen, sind diese im Rahmen der vorliegenden Darstellung, aus Gründen der Übersichtlichkeit, bewusst nicht berücksichtigt.

bb. Zweck der Genehmigungspflicht

Die Genehmigungspflicht des WHG dient der Verwirklichung der dem WHG zu Grunde liegenden wasserwirtschaftlichen Ziele[560].

---

[558] Auf welche Arten von Gewässern das WHG Anwendung findet ist in § 1 Abs.1 WHG festgelegt. Danach unterfallen oberirdische Gewässer, d.h. das ständig oder zeitweilig in Betten fließende oder stehende oder aus Quellen wild abfließende Wasser (Nr. 1), Küstengewässer, d.h. das Meer zwischen der Küstenlinie bei mittlerem Hochwasser oder der seewärtigen Begrenzung der oberirdischen Gewässer und der seewärtigen Begrenzung des Küstenmeeres (Nr. 2) sowie das Grundwasser (Nr. 3) dem Anwendungs- und Regelungsbereich des WHG. Dies gilt nicht für kleine Gewässer von wasserwirtschaftlich untergeordneter Bedeutung sowie für Quellen, die zu Heilquellen erklärt worden sind, wenn die Länder diese Gewässer, aufgrund ihrer Befugnis gem. § 1 Abs. 2 WHG, dem Anwendungsbereich des WHG entziehen.

[559] Eine Gewässerbenutzung ist gem. § 3 Abs.1 WHG das Entnehmen und Ableiten von Wasser aus oberirdischen Gewässern (Nr. 1), das Aufstauen und Absenken von oberirdischen Gewässern (Nr. 2), das Entnehmen fester Stoffe aus oberirdischen Gewässern, soweit dies auf den Zustand des Gewässers oder auf den Wasserablauf einwirkt (Nr. 3), das Einbringen und Einleiten von Stoffen in oberirdische Gewässer (Nr. 4), das Einbringen und Einleiten von Stoffen in Küstengewässer (Nr. 4 a), das Einleiten von Stoffen in das Grundwasser (Nr. 5) sowie das Entnehmen, Zutagefördern, Zutageleiten und Ableiten von Grundwasser.
Darüber hinaus werden gem. § 3 Abs.2 WHG auch das Aufstauen, Absenken und Umleiten von Grundwasser durch Anlagen, die hierzu bestimmt oder hierfür geeignet sind (Nr. 1), sowie Maßnahmen, die geeignet sind, dauernd oder in einem nicht nur unerheblichen Ausmaß schädliche Veränderungen der physikalischen, chemischen oder biologischen Beschaffenheit des Wassers herbeizuführen (Nr. 2) als Gewässerbenutzung i.d.S. behandelt.
Demgegenüber sind Maßnahmen die dem Ausbau eines oberirdischen Gewässers dienen sowie Maßnahmen, die ohne den Einsatz chemischer Mittel, zur Unterhaltung eines oberirdischen Gewässers erfolgen gem. § 3 Abs. 3 WHG keine Gewässerbenutzung i.S.d. WHG.

[560] vgl. Knopp in Sieder/Zeitler/Dahme „Wasserhaushaltsgesetz und Abwasserabgabengesetz-Kommentar", Vorb. WHG Rn. 8

Durch § 2 WHG werden die Gewässer i.S.d. WHG für die Zwecke des gemeinnützig zu bewirtschaftenden Wasserhaushalts in Anspruch genommen[561] und dem öffentlichen Sachenrecht unterstellt. Gleichzeitig wird den aus Sicht des Gemeinwohls zulässigen wasserrechtlichen Sondernutzungen der ansonsten bestehende Vorrang vor dem Gemeingebrauch aberkannt. Dadurch trägt das WHG dem Umstand Rechnung, dass es sich bei Wasser um ein äußerst knappes, aber gleichzeitig für den menschlichen und wirtschaftlichen Gebrauch und Verbrauch quasi unentbehrliches Gut handelt und mithin eine wirtschaftliche, d.h. sparsame und gemeinwohlorientierte effiziente Nutzung durch ein wirkungsvolles behördliches Überwachungs- und Lenkungsinstrumentarium geboten ist[562].

Die Genehmigungspflicht in diesem Sinne erfüllt mithin sowohl eine Gefahrenvermeidungs-, als auch eine Bewirtschaftungsfunktion, da sie zum einen eine frühzeitige, d.h. vorbeugende Kontrolle und zum anderen eine Reglementierung der Benutzung der bestehenden Gewässer bewirkt.

Aus Sicht Dritter von grundlegender Bedeutung ist insofern, dass nach der Rechtsprechung des Bundesverwaltungsgerichts auch diejenigen zu dem Kreis der geschützten Personen gehören, deren „private Belange nach Lage der Dinge von der Benutzung betroffen werden und deren Beeinträchtigung nach dem Gesetz tunlichst zu vermeiden ist“[563]. Dies hat zur Folge, dass diesem Personenkreis nach der vorgenannten Rechtsprechung „ein Anspruch auf ermessensgerechte - d.h. insbesondere rücksichtnehmende - Beachtung und Würdigung seiner Belange zusteht“[564].

Fühlt sich ein Dritter durch eine erteilte Erlaubnis oder Bewilligung in seinen Rechten betroffen, so besteht für ihn grundsätzlich die Möglichkeit, im Wege der Anfechtungsklage gegen die jeweilige Genehmigung vorzugehen. Voraussetzung eines solchen Anspruchs ist aber auch hier, dass der Dritte die Verletzung einer ihn drittschützenden Norm durch die Genehmigung geltend machen kann. Dies ist nach der Rechtsprechung des BVerwG ausschließlich bei solchen Normen des WHG der Fall, „die das individuell geschützte private Interesse Dritter und die Art der Verletzung dieser Interessen hinreichend deutlich erkennen lassen“[565].

---

[561]vgl. BGHZ 69, 1, 18
[562]vgl. Knopp in Sieder/Zeitler/Dahme „Wasserhaushaltsgesetz und Abwasserabgabengesetz-Kommentar“, § 2 WHG Rn. 1
[563]BVerwGE 78, 40, 43
[564]BVerwGE 78, 40, 45
[565] vgl. BVerwGE 78, 40, 41 f. (Urteil v. 15. 07.1987 - 4 C 56.83 -)

cc. Wasserrechtliche Erlaubnis gem. § 7 WHG / Wasserrechtliche Bewilligung gem. § 8 WHG

Gemein ist den beiden „Genehmigungstypen" des WHG, dass sie dem Antragssteller jeweils das Recht vermitteln, ein Gewässer i.S.d. WHG zu benutzen[566]. Es handelt sich bei der „wasserrechtlichen Genehmigung" um einen für den Adressaten begünstigenden Verwaltungsakt mit dinglicher, d.h. auf das Grundstück oder die Wasserbenutzungsanlage, nicht aber auf die Person des Genehmigungsadressaten bezogener Wirkung.

Der Antragssteller hat ein Wahlrecht, ob er eine Erlaubnis gem. § 7 WHG oder eine Bewilligung gem. § 8 WHG beantragt[567]. Die letztendliche Entscheidung aber, ob eine Erlaubnis oder eine Bewilligung erteilt wird, steht im Ermessen der Genehmigungsbehörde[568]. Diese kann insbesondere auch anstatt einer beantragten Bewilligung eine Erlaubnis erteilen, da darin ein „Weniger" gegenüber dem Antrag zu sehen ist. Der Genehmigungsbehörde ist es hingegen untersagt, anstatt der beantragten Erlaubnis eine Bewilligung zu erteilen, da darin ein „Mehr" gegenüber dem Antrag zu sehen wäre[569].

Zu beachten ist auch, dass gem. § 5 WHG sowohl die Erlaubnis, als auch die Bewilligung unter dem Vorbehalt nachträglicher Anforderungen erlassen werden.

Erhebliche Unterschiede zwischen Erlaubnis und Bewilligung bestehen im Hinblick auf ihre Zielrichtung und die durch sie jeweils vermittelte Rechtsposition[570].

Während dem Bewilligungsadressaten durch die wasserrechtliche Bewilligung ein subjektives öffentliches Recht auf die beantragte Gewässerbenutzung und damit eine gesicherte Rechtsposition eingeräumt wird - insbesondere werden durch die wasserrechtliche Bewilligung gem. § 11 WHG privatrechtliche Ansprüche Dritter ausgeschlossen - ist der durch die wasserrechtliche Erlaubnis eingeräumte Schutz als vergleichsweise gering zu bewerten. Die wasserrechtliche Erlaubnis gem. § 7 WHG kann, im Gegensatz zur wasserrechtlichen Bewilligung gem. § 8 WHG, jederzeit entschädigungslos widerrufen werden und weist keine privatrechtsgestaltende Wirkung auf.

---

[566] vgl. Hofmann in v. Lersner / Berendes „Handbuch des Deutschen Wasserrechts", Bd. 1, C 10 E, § 2 WHG Rn.5; vgl. Knopp in Sieder / Zeitler / Dahme „Kommentar zum Wasserhaushaltsgesetz und Abwasserabgabengesetz", Bd. 1, Erläuterungen zu § 2 WHG, Rn. 6a

[567] vgl. Knopp in Sieder / Zeitler / Dahme „Kommentar zum Wasserhaushaltsgesetz und Abwasserabgabengesetz", Bd. 1, Erläuterungen zu § 2 WHG, Rn. 6a

[568] vgl. Hofmann in v. Lersner / Berendes „Handbuch des Deutschen Wasserrechts", Bd. 1, C 10 E, § 2 WHG Rn.4

[569] vgl. Knopp in Sieder / Zeitler / Dahme „Kommentar zum Wasserhaushaltsgesetz und Abwasserabgabengesetz", Bd. 1, Erläuterungen zu § 2 WHG, Rn. 6a

[570] vgl. Knopp in Sieder / Zeitler / Dahme „Kommentar zum Wasserhaushaltsgesetz und Abwasserabgabengesetz", Bd. 1, Erläuterungen zu § 2 WHG, Rn. 6 a

Die Wirkungen der wasserrechtlichen Bewilligung hat der Gesetzgeber demgegenüber lediglich insofern beschränkt, als die Bewilligung gem. § 8 Abs.5 WHG längstens auf max. 30 Jahre befristet erteilt werden kann.

dd. Genehmigungsvoraussetzungen

aaa. Gemeinsame Genehmigungsvoraussetzungen gem. § 6 WHG

Gem. § 6 WHG sind die Erlaubnis und die Bewilligung zu versagen, sofern von der beabsichtigten Benutzung eine Beeinträchtigung des Wohls der Allgemeinheit, insbesondere eine Gefährdung der öffentlichen Wasserversorgung zu erwarten ist, die nicht durch Auflagen oder durch Maßnahmen einer Körperschaft des öffentlichen Rechts i.S.d. § 4 Abs.2 Nr.3 WHG verhütet oder ausgeglichen wird.

Ob hinsichtlich des Begriffs des „Wohls der Allgemeinheit" ausschließlich wasserrechtliche Gesichtspunkte zu berücksichtigen sind oder ob insofern auch andere, außerhalb des Wasserrechts liegende Gesichtspunkte zur Versagung der wasserrechtlichen Erlaubnis herangezogen werden können, ist in Literatur und Rechtsprechung umstritten.

Nach der früher vom Bundesverwaltungsgericht vertretenen Ansicht[571] war der Allgemeinwohlbegriff des § 6 WHG ausschließlich wasserrechtlich geprägt und daher allein auf die Verletzung wasserrechtlicher Belange zu überprüfen. Darüber hinausgehende Belange waren nach dieser Ansicht nur bei ausdrücklicher gesetzlicher Normierung im WHG in die Prüfung mit einzubeziehen. Die Frage, ob ein geplantes wasserrechtliches Vorhaben das Allgemeinwohl auch noch unter anderen, nicht rein wasserrechtlichen Gesichtspunkten beeinträchtigt, konnte nach Ansicht des Bundesverwaltungsgerichts zwar u.U. für die Frage seiner endgültigen Zulässigkeit und Realisierbarkeit entscheidend sein. Die materiellrechtliche Prüfung und Entscheidung durfte nach Ansicht des Bundesverwaltungsgerichts aber ausschließlich auf Grundlage der jeweiligen Fachgesetze durch die dafür gesetzlich bestimmten Fachbehörden erfolgen. Dies folge zwingend aus der gesetzlichen Kompetenzverteilung[572], nach der jede Fachbehörde abschließend und mit bindender Wirkung für andere Fachbehörden die Beeinträchtigung derjenigen Gesichtspunkte, die kraft gesetzlicher Festlegung ihrem Fachbereich unterfallen, überprüfe.

---

[571] vgl. BVerwGE 55, 220, 229 (Urteil v. 10. Februar 1978– BVerwG 4 C 25.75 -)
[572] vgl. BVerwGE 55, 220, 229 (Urteil v. 10. Februar 1978 – BVerwG 4 C 25.75 -); vgl. auch Hoppe/Beckmann/Kauch „Umweltrecht", §18 Rn. 65

In Abwandlung dieser Rechtssprechung hat das Bundesverwaltungsgericht in einer späteren Entscheidung[573] die Frage ausdrücklich offen gelassen, ob der Allgemeinwohlbegriff des § 6 WHG auch solche Gesichtspunkte umfasst, die außerhalb der wasserrechtlichen Zielsetzung liegen. Jedenfalls sei der Allgemeinwohlbegriff in umfassender Weise auf all die Regelungen bezogen, die dem Ziel des WHG zu dienen bestimmt sind[574]. Daher müsse die wasserrechtliche Erlaubnis dann versagt werden, wenn zwar die engeren wasserrechtlichen Bestimmungen nicht entgegenstehen, das Vorhaben aber gleichwohl auf Grund anderer gesetzlicher Vorschriften, etwa solche des Natur- und Landschaftsschutz- oder des Gesundheitsschutzrechtes[575], ausdrücklich untersagt sei[576].

Nach einer in der Literatur weit verbreiteten Ansicht ist dem Bundesverwaltungsgericht darin zuzustimmen, dass der Allgemeinwohlbegriff n § 6 WHG in erster Linie funktionsbezogen und daher wasserrechtlich zu beurteilen ist. Gleichwohl lehnt diese Ansicht die vom Bundesverwaltungsgericht jedenfalls früher vorgenommene strikte Beschränkung der Prüfung der Allgemeinwohlbeeinträchtigung auf rein wasserrechtliche Gesichtspunkte als zu eng ab. Der Allgemeinwohlbegriff müsse unter allen im konkreten Einzelfall gegebenen Gesichtspunkten einer umfassenden und abschließenden Würdigung unterzogen werden, die sich nicht an der wasserrechtlichen Ausrichtung der einzelnen in Frage kommenden Gesichtspunkte orientieren dürfe[577].

Unabhängig vom Ausgang dieses Streits ist die wasserrechtliche Erlaubnis nur dann zu versagen, wenn eine Beeinträchtigung des Wohls der Allgemeinheit zu erwarten ist. Die zuständige Behörde ist daher verpflichtet, auf der Grundlage technisch-wissenschaftlich anerkannter Regeln festzustellen, in welcher Weise sich die geplante Gewässerbenutzung und das in § 6 WHG angesprochene Wohl der Allgemeinheit im konkreten Einzelfall zueinander verhalten und ob eine nachteilige Beeinflussung der Allgemeinwohlbelange durch das geplante Vorhaben zu erwarten ist. Rein geringfügige Beeinträchtigungen sind dabei nach herrschender Ansicht wohl zu vernachlässigen[578].

Aus Sicht der durch eine wasserrechtliche Erlaubnis oder Bewilligung betroffenen Dritten ist insofern von Bedeutung, dass im Hinblick auf den Begriff des „Wohls der Allgemeinheit", nach heute herrschender Auffassung, im Rahmen der Abwägung

---

[573] vgl. BVerwGE 81, 347,351 (Urteil v. 17.03.1989 – BVerwG 4 C 30.88 -)
[574] vgl. BVerwGE 81, 347,350, 351 (Urteil v. 17.03.1989 – BVerwG 4 C 30.88 -)
[575] vgl. BVerwGE 81, 347,348, 351 (Urteil v. 17.03.1989 – BVerwG 4 C 30.88 -)
[576] vgl. Hofmann in v. Lersner / Berendes „Handbuch des Deutschen Wasserrechts", Bd. 1, C 10 E, § 6 WHG Rn. 5
[577] vgl. Knopp in Sieder / Zeitler / Dahme „Kommentar zum Wasserhaushaltsgesetz und Abwasserabgabengesetz", Bd. 1, Erläuterungen zu § 6 WHG, Rn. 7; vgl. Czychowski „Kommentar zum Wasserhaushaltsgesetz", § 6 Rn. 21
[578] vgl. Knopp in Sieder / Zeitler / Dahme „Kommentar zum Wasserhaushaltsgesetz und Abwasserabgabengesetz", Bd. 1, Erläuterungen zu § 6 WHG, Rn. 10, 11; vgl. Hofmann in v. Lersner / Berendes „Handbuch des Deutschen Wasserrechts", Bd. 1, C 10 E, § 6 WHG Rn. 6

auch die möglicherweise betroffenen privaten Rechte Dritter zu berücksichtigen sind[579]. Insofern kann von einem generellen wasserrechtlichen Rücksichtnahmegebot gesprochen werden. Dem konkret Betroffenen steht insofern „ein Anspruch auf ermessensgerechte – d.h. insbesondere rücksichtnehmende - Beachtung und Würdigung"[580] seiner Belange zu.

Ein solcher Belang kann beispielsweise dann gegeben sein, wenn der Dritte selbst Inhaber einer wasserrechtlichen Genehmigung ist und die Gefahr besteht, dass das geplante Vorhaben mit dem Inhalt der ihm bereits erteilten Genehmigung in Konflikt gerät. § 4 Abs.1 S.2 WHG verlangt insofern, dass sowohl bei der Erlaubnis- als auch bei der Bewilligungserteilung auf die individuellen Interessen Dritter Rücksicht zu nehmen ist[581]. Insofern wird im übrigen darauf verwiesen, dass das Privateigentum i.S.d. Art. 14 Abs.2 GG auch dem Wohl der Allgemeinheit zu dienen bestimmt ist.

In Bezug auf die wasserrechtliche Bewilligung ist darüber hinaus zu beachten, dass diese gem. § 8 Abs.3 WHG nur erteilt werden darf, wenn mögliche nachteilige Wirkungen der geplanten Benutzung für Rechte Dritter durch Auflagen verhütet oder ausgeglichen werden oder zumindest eine Entschädigung des betroffenen Dritten erfolgt.

Für den Bereich der wasserrechtlichen Erlaubnis ist dieses Erfordernis durch die obergerichtliche Rechtsprechung[582] entwickelt worden, nach der kollidierende Rechte Dritter bei jeder wasserrechtlichen Genehmigung zu beachten sind.

bbb. Besondere Voraussetzungen der wasserrechtlichen Bewilligung gem. § 8 WHG

aaaa. § 8 Abs. 2 WHG

Die Erteilung einer wasserrechtlichen Bewilligung gem. § 8 WHG ist neben den, auch für die Erteilung einer wasserrechtlichen Erlaubnis geltenden Genehmigungsvoraussetzungen gem. § 8 Abs.2 WHG, noch von weiteren Voraussetzungen abhängig.

Gem. § 8 Abs.2 S.1 WHG darf die Bewilligung nur erteilt werden, wenn dem Unternehmer die Durchführung seines Vorhabens ohne eine gesicherte Rechtsstellung nicht zugemutet werden kann (Nr. 1) und die Benutzung einem bestimmten Zweck dient, der nach einem bestimmten Plan verfolgt wird (Nr. 2). Mit der „gesicherten

---

[579] vgl. Czychowski „Kommentar zum Wasserhaushaltsgesetz", § 6 Rn. 36
[580] BVerwGE 78, 40, 45
[581] vgl. Laskowski/ Ziehm in Koch „"Umweltrecht", § 5 Rn.116
[582] vgl. insbesondere BVerwGE 78, 40, 42 f. (Urteil v. 15. Juli 1987 - 4 C 56.83 -)

Rechtsstellung" (Nr. 1) ist hierbei gerade diejenige gemeint, die der Inhaber einer wasserrechtlichen Bewilligung nach den Vorschriften des WHG, der maßgeblichen Landeswassergesetze (LWG) und den Bestimmungen des bürgerlichen Rechts sowohl in privatrechtlicher als auch in öffentlich-rechtlicher Hinsicht innehat und die bei einer wasserrechtlichen Erlaubnis gem. § 7 WHG nicht gegeben ist[583]. Zwar ist auch die durch eine wasserrechtliche Bewilligung vermittelte Rechtssicherheit auf Grund der Möglichkeit des Vorbehaltes nachträglicher Auflagen gem. § 5 WHG, die Zulässigkeit nachträglicher Entscheidungen gem. § 10 WHG sowie des wasserrechtlichen Ausgleiches gem. § 18 WHG erheblich eingeschränkt, im Vergleich zu einer wasserrechtlichen Erlaubnis vermittelt sie ihrem Inhaber jedoch eine erheblich stärkere Rechtsposition.

Ob nun im Einzelfall die Voraussetzungen des § 8 Abs.2 Nr.1 WHG vorliegen, d.h. ob dem Antragssteller im Einzelfall die Durchführung des geplanten Vorhabens nicht ohne die durch die Bewilligung erteilte Rechtsstellung zugemutet werden kann, ist von der zuständigen Behörde im konkreten Einzelfall nach pflichtgemäßem Ermessen[584] anhand der wirtschaftlichen Verhältnissen des Antragsstellers zu entscheiden[585]. Die Zumutbarkeitsgrenze für den Antragssteller ist dann überschritten, wenn dieser bei einer Verwirklichung des geplanten Vorhabens ohne die vorherigeErteilung einer Bewilligung und mithin ohne die damit verbundene Rechtsstellung, ein Risiko eingehen würde, dass ihn „bei einer verständigen Würdigung seiner wirtschaftlichen Lage dazu bestimmen müsste, von der Durchführung seines Vorhabens abzusehen"[586]. Ob dies der Fall ist, muss im Einzelfall durch die zuständige Behörde ermittelt werden. In die Abwägung einzubeziehen sind dabei insbesondere der für das Vorhaben erforderliche Kapitalaufwand, das Bestehen zumutbarer Alternativlösungen die keine gesicherte Rechtsposition des Antragsstellers erfordern würden, die Wahrscheinlichkeit von privatrechtlichen Ansprüchen Dritter gegen das Vorhaben, die durch die Bewilligung ausgeschlossen würden, sowie die geplante Dauer der Gewässerbenutzung[587].

Demgegenüber bestimmt § 8 Abs.2 S.2 WHG einen generellen Ausschluss der wasserrechtlichen Bewilligung für die Fälle, in denen es um das Einbringen oder um das Einleiten von Stoffen in ein Gewässer sowie für Benutzungen i.S.d. § 3 Abs.2 Nr.2 WHG, d.h. um Maßnahmen geht, die geeignet sind, dauernd oder in einem nicht nur unerheblichen Ausmaß schädliche Veränderungen der physikalischen, chemischen oder biologischen Beschaffenheit des Wassers herbeizuführen.

---

583 vgl. Czychowski „Kommentar zum Wasserhaushaltsgesetz", § 8 Rn. 24
584 vgl. Czychowski „Kommentar zum Wasserhaushaltsgesetz", § 8 Rn.35
585 vgl. Czychowski „Kommentar zum Wasserhaushaltsgesetz", § 8 Rn.25
586 vgl. OVG-Münster (Urteil v. 27.04.1967 - VII A 1064/65 -) in ZfW 1968, 195, 197; vgl. VG-Freiburg (Urteil v. 27.10.1994 – 9 K 755/94 -) in ZfW 1996, 340, 341; vgl. inhaltlich auch VG-Hamburg (Urteil v. 24.02.1972 – VI VG 535/71 -) in ZfW 1973, 122, 123;vgl. OVG-Münster (Urteil v. 24.04.1975 – XI A 794/72 -) in ZfW 1976, 243, 246 mit Anmerkungen Wiedemann ab S. 253
587 vgl. Czychowski „Kommentar zum Wasserhaushaltsgesetz", § 8 Rn.26-29

Sofern es um das Einbringen und das Einleiten von Stoffen in ein Gewässer geht, darf eine Bewilligung nicht für das Einbringen fester sowie das Einleiten flüssiger oder gasförmiger Stoffe in oberirdische Gewässer gem. § 3 Abs.1 Nr. 4 WHG und in Küstengewässer gem. § 3 Abs.1 Nr. 4a WHG sowie für das Einleiten flüssiger oder gasförmiger Stoffe in das Grundwasser gem. § 3 Abs.1 Nr. 5 WHG erteilt werden[588]. Dies gilt auch unabhängig von der Größe der geplanten Anlage und des in Frage stehenden Investitionsvolumens.

Drittschutzrelevante Aspekte werden in diesem Zusammenhang nicht berührt, die Regelungsziele sind ausschließlich allgemeinwohlbezogener Natur.

bbbb. Berücksichtigung der Rechte Dritter bei der wasserrechtlichen Bewilligung gem. § 8 Abs. 3 WHG

Umfassend drittschützenden Charakter hat indes § 8 Abs.3 WHG. Danach darf die Bewilligung, sofern zu erwarten ist, dass die geplante Benutzung auf das Recht eines anderen, d.h. eines Dritten nachteilig einwirkt und dieser Dritte Einwendungen gegen das Vorhaben erhebt, nur dann erteilt werden, wenn die nachteiligen Wirkungen durch Auflagen verhütet oder ausgeglichen werden. Ist dies nicht möglich, so darf die Bewilligung gem. § 8 Abs.3 S.2 Hs.1 WHG gleichwohl aus Gründen des Wohls der Allgemeinheit, dann aber gem. § 8 Abs.3 S.2 Hs.2 WHG nur gegen eine Entschädigung erteilt werden.

ee. Verfahren zur Erteilung der wasserrechtlichen Erlaubnis gem. § 7 WHG und zur Erteilung der wasserrechtlichen Bewilligung gem. § 8 WHG

aaa. Allgemeines

Grundsätzlich sind sowohl das Erlaubnis- als auch dass Bewilligungsverfahren in erster Linie durch die Landeswassergesetze geregelt, wobei ergänzend die Verwaltungsverfahrensgesetze der Länder zur Anwendung kommen[589].

Aus Gründen der Übersichtlichkeit und der Thematik der vorliegenden Untersuchung soll ungeachtet dessen ausschließlich die Grundstruktur des Erlaubnis- und des Bewilligungsverfahrens aufgezeigt werden, ohne hierbei die unterschiedlichen landesgesetzlichen Ausformungen näher zu vertiefen.

---

588 vgl. Czychowski „Kommentar zum Wasserhaushaltsgesetz", § 8 Rn. 39
589 vgl. insofern Hoppe/Beckmann/Kauch„Umweltrecht", 2. Auflage, § 18 Rn. 104

bbb. Die wasserrechtliche Erlaubnis gem. § 7 WHG

Voraussetzung der Erteilung einer wasserrechtlichen Erlaubnis ist ein Antrag, aus dem der Zweck des Unternehmens sowie dessen Art und Maß hervorgehen muss. Weitere gesetzliche Vorgaben bestehen insofern nicht.
Indes wird eine weitere Substantiierung des Antrags aus rein praktischen Gesichtspunkten in den allermeisten Fällen erforderlich sein, da es der zuständigen Behörde ansonsten kaum möglich sein dürfte, das geplante Vorhaben hinsichtlich Zweck, Art und Maß zu überprüfen. Dann könnte aber mangels eines „entscheidungsreifen" Antrags die begehrte Erlaubnis nicht erteilt werden[590].

Die wasserrechtliche Erlaubnis wird grundsätzlich in einem formlosen Verwaltungsverfahren nach dem VwVfG erteilt, in dessen Rahmen die Prüfung der materiellen Erlaubnisvoraussetzungen grundsätzlich nach Antragsstellung durch die zuständige Behörde von Amts wegen erfolgt[591]. Überprüft wird dabei insbesondere die Übereinstimmung des geplanten Vorhabens mit den Bestimmungen der §§ 6 und 7 WHG[592]. Hinsichtlich der Drittschutzmöglichkeiten gegenüber einer wasserrechtlichen Erlaubnis wird auf die oben gemachten Ausführung verwiesen.

Eine Ausnahme vom Grundsatz der Formfreiheit besteht nur für den Fall, dass es sich um die Erteilung einer Erlaubnis für ein Vorhaben handelt, das gem. § 3 UVPG die Durchführung einer Umweltverträglichkeitsprüfung erfordert. Ist dies der Fall, dann kann gem. § 7 Abs.1 S.2 WHG auch die wasserrechtliche Erlaubnis nur in einem Verfahren erteilt werden, das den Anforderungen des UVPG entspricht. Dies kann aus Sicht des Nachbarn relevant werden, sofern man vom (auch) drittschützenden Charakter der Umweltverträglichkeitsprüfung ausgeht[593].

ccc. Die wasserrechtliche Bewilligung gem. § 8 WHG

Im Gegensatz zur Erteilung der wasserrechtlichen Erlaubnis muss die wasserrechtliche Bewilligung gem. § 9 S.1 WHG in einem Verfahren erteilt werden das gewährleistet, dass die Betroffenen und die beteiligten Behörden Einwendungen geltend machen können.

---

[590] vgl. Knopp in Sieder / Zeitler / Dahme „Kommentar zum Wasserhaushaltsgesetz und Abwasserabgabengesetz", Bd. 1, Erläuterungen zu § 7 WHG, Rn.12
[591] vgl. Knopp in Sieder / Zeitler / Dahme „Kommentar zum Wasserhaushaltsgesetz und Abwasserabgabengesetz", Bd. 1, Erläuterungen zu § 7 WHG, Rn. 12
[592] vgl. Knopp in Sieder / Zeitler / Dahme „Kommentar zum Wasserhaushaltsgesetz und Abwasserabgabengesetz", Bd. 1, Erläuterungen zu § 7 WHG, Rn.12
[593] vgl. oben Zif. VI. 2. b. cc. ccc. bbbb.

Unterliegt das geplante Vorhaben darüber hinaus gem. § 3 UVPG einer Umweltverträglichkeitsprüfung, so muss gem. § 9 S.2 WHG auch das Verfahren zur Erteilung der wasserrechtlichen Bewilligung den Anforderungen des UVPG entsprechen.

Diese Anforderungen an das wasserrechtliche Bewilligungsverfahren resultieren unmittelbar aus den Rechtsfolgen der Bewilligung selbst. Werden dem Betroffenen durch die wasserrechtliche Bewilligung gem. § 11 WHG private Rechte abgesprochen und wird gleichzeitig durch § 8 Abs. 3 und 4 WHG gefordert, dass die durch die wasserrechtliche Bewilligung Betroffenen ihre Rechte im Verfahren zur Erteilung der Bewilligung selbst verteidigen müssen, so muss auch das Bewilligungsverfahren selbst gewährleisten, dass die Betroffenen von der beabsichtigten Gewässerbenutzung ausreichend Kenntnis erlangen und ihnen durch die Ausgestaltung des Verfahrens ausreichend Gelegenheit gegeben wird, ihre Bedenken, Wünsche und Anregungen vor der Bewilligungsentscheidung in angemessener Form in das Verfahren einzubringen[594]. Dies ist bei der wasserrechtlichen Bewilligung nicht anders zu sehen, als im Rahmen sonstiger „formalisierter" öffentlicher Genehmigungsverfahren, auf deren Darstellung in diesem Zusammenhang ausdrücklich Bezug genommen wird[595].

Nähere Bestimmungen zur Ausgestaltung des Bewilligungsverfahrens enthält das WHG nicht[596]. Diese ergeben sich aus den einschlägigen landesrechtlichen Bestimmungen[597].

Insofern ist aber festzustellen, dass die einzelnen Bundesländer das Verfahren weitestgehend übereinstimmend geregelt haben[598]. Insbesondere ist das Verfahren - mangels entsprechender landesgesetzlicher Anordnung - in keinem Bundesland als förmliches Verwaltungsverfahren i.S.d. §§ 63 ff VwVfG ausgestaltet[599].

Um aber dennoch zu gewährleisten, dass, entsprechend den Bestimmungen des WHG, alle Betroffenen und alle beteiligten Behörden ausreichend Gelegenheit erhalten, ihre Einwendungen im Rahmen des Bewilligungsverfahren geltend zu machen, muss durch die Verfahrensbestimmungen gewährleistet sein, dass das Vorhaben allen Betroffenen und allen beteiligten Behörden auch tatsächlich in einer Weise zur Kenntnis gelangt, die eine Beurteilung des Vorhabens durch den jeweils Betroffenen gewährleistet.

---

[594] vgl. Knopp in Sieder / Zeitler / Dahme „Kommentar zum Wasserhaushaltsgesetz und Abwasserabgabengesetz", Bd. 1, Erläuterungen zu § 9 WHG, Rn.1
[595] vgl. insofern etwa oben Ziff. VI. 2. a. cc. aaa."
[596] vgl. Czychowski „Kommentar zum Wasserhaushaltsgesetz", § 9 Rn. 5
[597] vgl. Hofmann in v. Lersner / Berendes „Handbuch des Deutschen Wasserrechts", Bd. 1, C 10 E, § 9 WHG Rn.3
[598] vgl. Hofmann in v. Lersner / Berendes „Handbuch des Deutschen Wasserrechts", Bd. 1, C 10 E, § 9 WHG Rn.5
[599] vgl. Knopp in Sieder / Zeitler / Dahme „Kommentar zum Wasserhaushaltsgesetz und Abwasserabgabengesetz", Bd. 1, Erläuterungen zu § 9 WHG, Rn.1 a

Somit ist, mit Ausnahme der Fälle in denen der Kreis der Betroffenen von der zuständigen Behörde im Vorhinein mit Sicherheit und umfassend erkennbar ist, eine öffentliche Bekanntmachung des geplanten Vorhabens erforderlich. Die Pläne und die sonstigen zur Information erforderlichen Unterlagen, die der Antragssteller verpflichtet ist vorzulegen, müssen zur Einsicht bereitliegen und die zuständige Behörde muss, zum Zwecke der Gewährleistung der Effektivität des Einwendungsrechtes, zeitnah zur Entgegennahme der konkreten Einwendungen zur Verfügung stehen. Auch müssen alle Behörden, deren Aufgabenbereiche durch das Vorhaben betroffen werden, an dem Bewilligungsverfahren beteiligt werden[600].

Unterfällt der Gegenstand des Bewilligungsverfahrens gem. § 3 UVPG einer Umweltverträglichkeitsprüfung, muss das Verfahren des weiteren den Anforderungen der §§ 5-14 UVPG entsprechen, auf die im Rahmen der vorliegenden Darstellung aber nicht näher eingegangen werden soll.

Hierbei ist aus Sicht des Dritten von besonderer Bedeutung, dass der wasserrechtlichen Bewilligung gem. § 11 WHG privatrechtsgestaltende Wirkung zukommt, durch die private Rechte Dritter ausgeschlossen werden. Von diesem Ausschluss privater Rechte sind - insofern weitergehend als etwa bei § 14 BImSchG[601] - nicht nur Ansprüche auf Störungsbeseitigung oder Benutzungsunterlassung betroffen, sondern darüber hinaus auch Ansprüche auf Herstellung von Schutzeinrichtungen und Schadensersatz, sofern diese nicht auf einem Verstoß gegen Schutzauflagen beruhen.

Dabei ist zu beachten, dass gem. § 10 Abs.2 WHG dann eine spätere Entscheidung über Auflagen und Entschädigungen zugunsten der potentiell Betroffen vorbehalten werden muss, sofern Unsicherheit darüber besteht, ob in Zukunft nachteilige Wirkungen des genehmigten Vorhabens eintreten können.

ff. Zusammenfassung

Es hat sich erwiesen, dass sowohl den normativen Regelungen hinsichtlich der Erteilung einer wasserrechtlichen Erlaubnis als auch einer wasserrechtlichen Bewilligung drittschützende Wirkung zukommt. So sind nach h.M. in beiden Fällen etwaig betroffene Rechte Dritter, zumindest über das Merkmal des "Wohls der Allgemeinheit" in § 6 WHG, zu berücksichtigen[602]. Hinsichtlich der wasserrechtlichen Bewilligung ist darüber hinaus § 8 Abs.3 WHG zu beachten[603]. In Bezug auf die Erteilung einer wasserrechtlichen Bewilligung ist für die Rechte Dritter im übrigen von Bedeutung, dass die wasserrechtliche Bewilligung gem. § 8 WHG in einem Verfahren erteilt werden muss,

---

[600] vgl. Knopp in Sieder / Zeitler / Dahme „Kommentar zum Wasserhaushaltsgesetz und Abwasserabgabengesetz“, Bd. 1, Erläuterungen zu § 9 WHG, Rn. 4 ff.
[601] vgl. oben Zif. VI. 2. a. dd. bbb. hhhh.
[602] vgl. oben Zif. VI. 2. j. dd. aaa.
[603] vgl. oben Zif. VI. 2. j. dd. bbb. bbbb.

durch das die Geltendmachung von Einwendungen durch Dritte gewährleistet ist. Auf den Ausschluss privater Rechte in Folge der Erteilung einer wasserrechtlichen Bewilligung wird hingewiesen[604]

k. Genehmigungspflicht gem. § 4 a Abs.2 Nr.2 TierSchG - Schächten eines warmblütigen Tieres -

aa. Gegenstand der Genehmigungspflicht

Gem. § 4 a Abs.2 Nr.2 Hs.1 TierSchG darf ein warmblütiges Tier nur dann ohne Betäubung vor Beginn des Blutentzugs geschlachtet werden, wenn die zuständige Behörde eine Ausnahmegenehmigung für ein Schlachten ohne Betäubung (Schächten) erteilt hat.

bb. Zweck der Genehmigungspflicht und Rechte Dritter

Die Ausnahmegenehmigung zum Schächten eines warmblütigen Tieres darf gem. § 4 Abs.2 Nr.2 Hs.2 TierSchG auf Antrag ausschließlich dann erteilt werden, sofern dies erforderlich ist, um den Bedürfnissen von Angehörigen bestimmter Religionsgemeinschaften im Geltungsbereich dieses Gesetzes zu entsprechen, denen zwingende Vorschriften ihrer Religionsgemeinschaft das Schächten vorschreiben oder den Genuss von Fleisch nicht geschächteter Tiere untersagen.

Durch die Genehmigungspflicht soll eine den Belangen des Tierschutzes entsprechende Schlachtung von Tieren gewährleistet werden. Damit verfolgt der Gesetzgeber einen im Allgemeininteresse des Staates liegenden Ansatz, der seine Grundlage in der ethischen Verantwortung des Menschen, insbesondere auch gegenüber Tieren hat. Regelungszweck ist es hingegen nicht, dem individuellen Wunsch Einzelner nach einem ausreichenden Tierschutz Genüge zu tun

Durch die Möglichkeit, im Einzelfall eine Genehmigung erteilen zu können wird sichergestellt, dass in bestimmten Ausnahmesituationen begründete Abweichungen von diesen Grundsätzen zugelassen werden können. Der Genehmigungspflicht des § 4 a Abs.2 Nr.2 TierSchG kommt mithin eine Gefahrenvermeidungsfunktion zu.

Für Dritte besteht in diesen Fällen keine Möglichkeit, sich gegen die erteilte Genehmigung, etwa im Wege einer Anfechtungsklage zur Wehr zu setzen, da den für die

[604] vgl. oben Zif. VI. 2. j. ee. ccc.

Genehmigungserteilung maßgeblichen Bestimmung keine drittschützende Wirkung zukommt.

Die Normen des Tierschutzrechts dienen zum einen dem Wohl der betroffenen Tiere und sollen darüber hinaus den in der Gesellschaft bestehenden Grundkonsens und die diesem zu Grunde liegende ethische Verpflichtung zum Schutz der Tiere sicherstellen. Individualinteressen oder gar moralische Befindlichkeiten Einzelner werden nicht geschützt. Mithin besteht auch keine Möglichkeit des direkten Vorgehens gegen die einem anderen erteilte Genehmigung. Dritten verbleibt allein die Möglichkeit, die zuständige Ordnungs- oder Polizeibehörde zum Einschreiten aufzufordern und gegebenenfalls auch zu versuchen dies klageweise durchzusetzen.

I. Genehmigungspflicht gem. § 8 TierSchG - Tierversuche -

aa. Gegenstand der Genehmigungspflicht

Gem. § 8 TierSchG bedarf derjenige einer Genehmigung der zuständigen Behörde, der Versuche an Wirbeltieren durchführen will[605]. Bei Tierversuchen handelt es sich

[605] Ausnahmen vom Genehmigungserfordernis:
Vom Erfordernis der Genehmigungserteilung befreit sind gem. § 8 Abs.7 S.1 Hs.1 TierSchG solche Versuchsvorhaben, deren Durchführung ausdrücklich durch Gesetz Rechtsverordnung, durch das Arzneibuch oder durch unmittelbar anwendbaren Rechtsakt eines Organs der EG vorgeschrieben (Nr. 1 a) oder in einer von der Bundesregierung oder einem Bundesminister mit Zustimmung des Bundesrates im Einklang mit § 7 Abs.2 und 3 TierSchG erlassenen allgemeinen Verwaltungsvorschrift vorgesehen (Nr. 1 b) oder auf Grund eines Gesetzes oder einer Rechtsverordnung oder eines unmittelbar anwendbaren Rechtsaktes eines Organs der EG von einem Richter oder einer Behörde angeordnet oder im Einzelfall als Voraussetzung für den Erlass eines Verwaltungsaktes gefordert (Nr. 1 c) ist.
Genehmigungsfrei zulässig sind gem. § 8 Abs.7 S.1 Hs.1 TierSchG auch solche Versuchsverfahren, die als Impfungen, Blutentnahmen oder sonstige diagnostische Maßnahmen nach bereits erprobten Verfahren an Tieren vorgenommen werden und der Erkennung insbesondere von Krankheiten, Leiden, Körperschäden oder körperlichen Beschwerden bei Mensch und Tier (Nr. 2 a) oder der Prüfung von Seren, Blutzubereitungen, Impfstoffen, Antigenen oder Testallergenen[605] im Rahmen von Zulassungsverfahren oder Chargenprüfungen dienen.
Gem. § 8 Abs.2 S.2 TierSchG sind auch Änderungen bereits genehmigter Versuchsvorhaben dann genehmigungsfrei zulässig, wenn der Zweck des Versuchsvorhabens beibehalten wird (Nr. 1), bei den Versuchstieren keine stärkeren Schmerzen, Leiden oder Schäden entstehen (Nr. 2), die Zahl der Versuchstiere nicht wesentlich erhöht wird (Nr. 3) und diese Änderungen vorher der zuständigen Behörde unter Beachtung der Bestimmungen des § 8a Abs.2 und 5 TierSchG angezeigt worden sind (Nr. 4).
Genehmigungsvoraussetzungen:
Gem. § 8 Abs.3 Nr.1 TierSchG ist zunächst wissenschaftlich begründet darzulegen, dass die Voraussetzungen des § 7 Abs.2 und 3 TierSchG vorliegen (Nr.1a) und dass das angestrebte Versuchsergebnis, trotz Ausschöpfung der zugänglichen Informationsmöglichkeiten, nicht hinreichend bekannt ist oder die Überprüfung eines hinreichend bekannten Ergebnisses durch einen Doppel- oder Wiederholungsversuch unerlässlich ist (Nr.1b).
Grundvoraussetzung der Durchführung von Tierversuchen ist gem. § 7 Abs.2, dass sie zum Vorbeugen, Erkennen oder Behandeln von Krankheiten, Leiden, Körperschäden, körperlichen Beschwerden oder zum Erkennen oder Beeinflussen physiologischer Zustände oder Funktionen bei Mensch oder Tier (Nr.1), zum Erkennen von Umweltgefährdungen (Nr.2), zur Prüfung von Stoffen oder Produkten

gem. § 7 Abs.1 TierSchG um Eingriffe und Behandlungen zu Versuchszwecken an Tieren, soweit diese mit Schmerzen, Leiden oder Schäden für die Tiere (Nr. 1) oder am Erbgut der Tieren, soweit diese mit Schmerzen, Leiden oder Schäden für die erbgutveränderten Tiere oder deren Trägertiere verbunden sein können.

bb. Zweck der Genehmigungspflicht und Rechte Dritter

Wie schon die Genehmigungspflicht gem. § 4 a Abs.2 Nr.2 Hs.1 TierSchG, dient auch die Genehmigung gem. § 8 TierSchG dem Schutz der Tiere, und damit einem ausschließlich allgemeinwohlbezogen Gesamtkonzept.

---

auf ihre Unbedenklichkeit für die Gesundheit von Mensch oder Tier oder auf ihre Wirksamkeit gegen tierische Schädlinge (Nr.3) oder für die Grundlagenforschung (Nr. 4), unter Zugrundelegung des jeweiligen Stands der wissenschaftlichen Erkenntnisse, unerlässlich sind.
Darüber hinaus ist für die Genehmigung von Tierversuchen an Wirbeltieren gem. § 7 Abs.3 S.1 TierSchG erforderlich, dass die für das Versuchstier zu erwartenden Schmerzen, Leiden oder Schäden im Hinblick auf den Versuchszweck ethisch vertretbar sind. Sind länger anhaltende oder sich wiederholende erhebliche Schmerzen oder Leiden für das Versuchstier zu erwarten, so sind Tierversuche gem. § 7 Abs.3 S.2 TierSchG nur zulässig, wenn zu vermuten ist, dass die angestrebten Ergebnisse für wesentliche Bedürfnisse von Mensch und Tier, einschließlich der Lösung wissenschaftlicher Probleme, von hervorragender Bedeutung sein werden.
Auch darf die Genehmigung gem. § 8 Abs.3 Nr.1 TierSchG nur dann erteilt werden, wenn sichergestellt ist, dass der verantwortliche Leiter des Versuchsvorhabens und sein Stellvertreter die fachliche Eignung insbesondere hinsichtlich der Überwachung der Tierversuche haben und keine Tatsachen vorliegen, aus denen sich Bedenken gegen ihre Zuverlässigkeit ergeben (Nr. 2), die erforderlichen Anlagen, Geräte und anderen sachlichen Mittel vorhanden sowie die personellen und organisatorischen Voraussetzungen für die Durchführung der Tierversuche, einschließlich der Tätigkeit des Tierschutzbeauftragten, gegeben sind (Nr. 3), eine den Anforderungen des § 2 TierSchG entsprechende Unterbringung und Pflege einschließlich der Betreuung der Tiere sowie ihre medizinische Versorgung sichergestellt ist (Nr. 4) und die Einhaltung der Vorschriften des § 9 Abs. 1 und 2 und des § 9 a TierSchG erwartet werden kann.
Genehmigungsverfahren:
Das Verfahren beginnt mit einem Genehmigungsantrag bei der gem. § 15 Abs.1 S.1 TierSchG i.V.m. dem jeweiligen Landesrecht zuständigen Behörde. Der Antrag muss gem. § 8 Abs.4 S.1 TierSchG Angaben in Bezug auf den Leiter des Versuchsvorhabens und dessen Stellvertreter enthalten.
Gem. § 15 Abs.1 S.2, 3 TierSchG sind die nach Landesrecht zuständigen Behörden verpflichtet, zu ihrer Unterstützung bei der Genehmigungsentscheidung eine oder mehrere Kommissionen zu berufen, deren Mitglieder mehrheitlich die für die Beurteilung von Tierversuchen erforderlichen Fachkenntnisse der Veterinärmedizin, der Medizin oder einer naturwissenschaftlichen Fachrichtung besitzen.
Darüber hinaus müssen in diese Kommissionen gem. § 15 Abs.1 S.4 TierSchG auch Vertreter von Tierschutzorganisationen berufen werden, die in dementsprechenden Vorschlaglisten der Tierschutzorganisationen verzeichnet sind und die auf Grund ihrer Erfahrungen zur Beurteilung von Tierschutzfragen geeignet sind.
Geht nun ein Genehmigungsantrag bei der zuständigen Behörde ein, so ist diese gem. § 15 Abs.1 S.5 TierSchG verpflichtet, die entsprechende Kommission unverzüglich zu unterrichten und ihr Gelegenheit zur Stellungnahme zu geben. Darüber hinaus soll gem. § 15 Abs.2 TierSchG der beamtete Tierarzt als Sachverständiger beteiligt werden.
In Fällen grundsätzlicher Bedeutung, insbesondere dann, wenn die Tierversuchsgenehmigung wegen Nichterfüllung der Bestimmungen des § 7 Abs.3 TierSchG versagt worden ist oder diesbezügliche Bedenken durch die Kommission oder den Tierschutzbeauftragten geäußert worden sind, soll gem. § 15 a TierSchG das zuständige Bundesministerium informiert werden.
Entscheidet die zuständige Behörde über den Genehmigungsantrag nicht innerhalb einer Frist von zwei Monaten durch schriftlichen Bescheid und ist diese Frist auch nicht gem. § 8 Abs. 5 a S.2 TierSchG verlängert worden, so tritt gem. § 8 Abs.5 a S.1 TierSchG eine Genehmigungsfiktion ein.

Dahinter steht die Grundauffassung, dass in einer ethisch und moralisch gefestigten Gesellschaft, die sich ihrer Verantwortung für Natur und Umwelt bewusst ist, dem Schutz von Tieren eine besondere Bedeutung zukommen muss. Die Genehmigungspflicht dient daher auch der Erhaltung und Gewährleistung von gesellschaftlichen Grundwerten und damit im Ergebnis der Gefahrenvermeidung.

Subjektiv-rechtliche Positionen Einzelner werden insofern hingegen nicht begründet, so dass ein unmittelbarer Rechtsschutz Dritter gegen die erteilte Genehmigung, mangels einer Verletzung drittschützender Normen, nicht möglich ist.

Die Normen des Tierschutzrechts dienen ausschließlich dem Wohl der betroffenen Tiere und darüber hinaus der Gewährleistung des in der Gesellschaft bestehenden Grundkonsens und der diesem zu Grunde liegende ethische Verpflichtungen zum Schutz der Tiere. Individualinteressen oder gar moralische Befindlichkeiten Einzelner sollen hingegen nicht geschützt werden.

Für den Einzelnen besteht allein die Möglichkeit, von der zuständigen Ordnungs- oder Polizeibehörde ein Einschreiten zu verlangen und gegebenenfalls auch zu versuchen, dies klageweise durchzusetzen.

m. Der Waffenschein gem. § 35 WaffG

aa. Gegenstand der Genehmigungspflicht

Gem. § 35 Abs.1 S.1 WaffG bedarf derjenige, der eine Schusswaffe führen[606] will, einer Erlaubnis, die gem. § 35 Abs.1 S.2 WaffG in Form eines Waffenscheins erteilt wird[607].

---

[606] Eine Schusswaffe führt gem. § 4 Abs.4 WaffG derjenige, der außerhalb seiner Wohnung, Geschäftsräume oder seines befriedeten Besitztums, die tatsächliche Gewalt über die Schusswaffe ausübt.

[607] Ausnahmen von der Waffenscheinpflicht i.S.d. § 35 Abs.1 S.1 WaffG:
§ 35 Abs.4 WaffG normiert Ausnahmen von der grundsätzlichen Waffenscheinpflicht. Danach bedürfen Personen zum Führen einer Schusswaffe keiner Erlaubnis der zuständigen Behörde, wenn sie eine Schusswaffe, deren Bauart nach § 22 Abs.1 WaffG zugelassen ist und die das vorgeschriebene Zulassungszeichen trägt, oder Schussapparate (Nr. 1), sonstige Schusswaffen zur befugten Jagdausübung, zum Jagdschutz, Forstschutz oder im Zusammenhang damit (Nr. 2 lit.a) führen.
Zum Führen einer sonstigen Schusswaffe ist auch dann keine Erlaubnis erforderlich, wenn dies mit Zustimmung eines anderen in dessen Wohnung, Geschäftsräumen, befriedetem Besitztum oder in dessen Schießstätte (Nr. 2 lit.b) erfolgt, die sonstige Schusswaffe nicht schussbereit und nicht zugriffsbereit lediglich von einem Ort an einen anderen verbracht wird, sofern an beiden Orten eine Erlaubnis nach § 35 Abs.1 WaffG nicht erforderlich ist (Nr. 2 lit.c) oder sonstige Schusswaffen mit einer Ermächtigung nach § 2 Abs.3 des Versammlungsgesetzes (VersG) oder mit einer Erlaubnis nach § 39 WaffG geführt werden, soweit diese Ermächtigung oder Erlaubnis reicht (Nr. 2 lit.d).
Voraussetzungen zur Erteilung eines Waffenscheins:

bb. Zweck der Genehmigungspflicht und Recht Dritter

Durch die Waffenscheinpflicht soll ein effektiver und umfassender Kontrollmechanismus geschaffen werden, durch den im Interesse des Wohls der Allgemeinheit und der öffentlichen Sicherheit die unkontrollierte Ausbreitung von Schusswaffen i.d.S. unterbunden werden soll.

Dieser Grundentscheidung liegt die besondere Gefahrenlage zu Grunde, die mit einer staatlich nicht reglementierten, d.h. freien Ausbreitung und Zugänglichkeit von Schusswaffen verbunden wäre. Darüber hinaus dient die Erlaubnispflicht der Gewährleistung des staatlichen Gewaltmonopols, das durch eine freie Verfügbarkeit von Schusswaffen in Gefahr geraten könnte.

Die Genehmigungspflicht gem. § 35 WaffG dient mithin ausschließlich der Gefahrenvermeidung und dem Schutz des öffentlichen Wohls. Da subjektiv-rechtliche Positionen insofern hingegen nicht begründet werden, ist ein unmittelbarer Rechtsschutz Dritter gegen die Erteilung eines Waffenscheins nicht möglich. Ein solcher Anspruch würde im übrigen wohl auch schon an der nicht hinreichenden Bestimmtheit des Kreises der geschützten Personen scheitern.

In § 36 Abs.1 S.1, Abs.2 WaffG konkretisiert das WaffG die Erlaubnisvoraussetzungen durch einen umfänglichen Verweis auf die Negativkataloge gem. § 30 Abs.1 und Abs.3 WaffG für die Versagung einer Waffenbesitzkarte bzw. eines Munitionserwerbsscheins.
Gem. § 30 Abs.1 WaffG ist die Erlaubnis dann zu versagen, wenn der Antragssteller das achtzehnte Lebensjahr noch nicht vollendet hat (Nr. 1), Tatsachen die Annahme rechtfertigen, dass der Antragssteller die erforderliche Zuverlässigkeit i.S.d. § 5 WaffG, die erforderliche Sachkunde oder die körperliche Eignung i.S.d. § 31 WaffG nicht besitzt (Nr. 2) oder ein Bedürfnis i.S.d. § 32 WaffG nicht nachgewiesen ist (Nr. 3).
Gem. § 9 der 1. WaffV darf eine Waffenbesitzkarte i.S.d. § 28 WaffG an Personen mit einem Wohnsitz in einem anderen Mitgliedstaat der EG nur erteilt werden, wenn der Antragssteller die vorherige Einwilligung oder eine Erklärung des anderen Mitgliedstaates vorlegt, dass eine vorherige Einwilligung nicht erforderlich ist.
Darüber hinaus ist der Waffenschein gem. § 36 Abs.1 S.2 WaffG zu versagen, wenn der Antragssteller nicht den Abschluss einer angemessenen Haftpflichtversicherung (500.000 DM für Personen- und 50.000 für Sachschäden) nachweist.
Im konkreten Einzelfall kann die zuständige Behörde gem. § 36 Abs.1 S.3 WaffG Ausnahmen von den Versagungsgründen i.S.d. § 30 Abs.1 S.1 Nr.1 WaffG oder der Versicherungspflicht gem. § 36 Abs.1 S.2 WaffG zulassen, wenn öffentliche Interessen nicht entgegenstehen.
Verfahren zur Erteilung eines Waffenscheins:
Das Verfahren wird durch einen Antrag bei der zuständigen Behörde eingeleitet.
Sachlich zuständig ist gem. § 50 Abs.1 WaffG die Behörde, die durch die jeweilige Landesregierung oder durch eine von dieser bestimmte Stelle bestimmt worden ist. Handelt es sich um die Erteilung eines Waffenscheins für ausländische Diplomaten, sonstige bevorrechtigte Personen, Personen, die zum Schutz ausländischer Luftfahrzeuge und Seeschiffe eingesetzt werden oder für Deutsche i.S.d. Art. 116 GG, die ihren Wohnsitz oder gewöhnlichen Aufenthalt außerhalb des Geltungsbereiches des WaffG haben, so ist gem. § 50 Abs.2 WaffG das Bundesverwaltungsamt sachlich zuständig.
Örtlich zuständig ist gem. § 52 Abs.1 S.1 WaffG die Behörde, in deren Bezirk der Antragssteller oder derjenige, der nach diesem Gesetz verpflichtet ist oder gegen den nach diesem Gesetz Anordnungen getroffen werden sollen, seinen gewöhnlichen Aufenthalt oder bei Fehlen eines gewöhnlichen Aufenthalts seinen jeweiligen Aufenthaltsort hat. Liegt dieser Aufenthaltsort nicht im Geltungsbereich des WaffG, so ist die Behörde zuständig, in deren Bezirk sich der Antragssteller aufhalten will.

Drittbetroffenen verbleibt mithin auch in diesen Fällen nur die Möglichkeit, von der zuständigen Ordnungs- oder Polizeibehörde ein Einschreiten gegen das Führen der Schusswaffe durch einen anderen zu verlangen - selbst wenn dies auf Grundlage einer Genehmigung i.S.d. § 35 WaffG erfolgt - und gegebenenfalls zu versuchen, diese Forderung klageweise durchzusetzen.

n. Schießstättenerlaubnis gem. § 44 WaffG

aa. Gegenstand der Genehmigungspflicht

Gem. § 44 Abs.1 S.1 WaffG bedarf derjenige der Erlaubnis der zuständigen Behörde[608], der eine Schießstätte[609] betreiben oder in ihrer Beschaffenheit oder der Art ihrer Benutzung wesentlich verändern will. Keine Erlaubnispflicht besteht gem. § 44 Abs.2 WaffG hingegen für Schießanlagen der in der BRD stationierten ausländischen Streitkräfte (Nr.1), für Schießanlagen die der Veranstaltung eines anderen Spiels i.S.d. § 33 d Abs.1 S.1 GewO dienen oder für die eine Genehmigung nach § 33 i GewO erforderlich ist (Nr. 2) sowie für Schießanlagen, für deren erstmalige Aufstellung und Ingebrauchnahme eine Baugenehmigung (Ausführungsgenehmigung) erforderlich ist, weil sie geeignet und dazu bestimmt sind, wiederholt aufgestellt und zerlegt zu werden (fliegende Bauten) (Nr. 3).

bb. Zweck der Genehmigungspflicht und Rechte Dritter

Durch die Schießstättenerlaubnispflicht soll der besonderen Gefährlichkeit begegnet werden, die in verschiedenster Hinsicht von einer solchen Einrichtung ausgeht.

Darin, dass sich die Erlaubnispflicht an die Person des Betreibers richtet, kommt zum Ausdruck, dass die Erlaubnispflicht auch dem Zweck dient zu überprüfen, wer eine solche Anlage betreibt und ob der Antragssteller über die dafür notwendige Zuverlässigkeit verfügt. Dies soll durch die präventive Prüfpflicht gewährleistet werden.

Dabei ist zu beachten, dass dieser Schutz nicht allein dem Wohl der Allgemeinheit zu dienen bestimmt ist, sondern dass gerade auch der Nachbar einer solchen Schieß-

---

608 Örtlich zuständig zur Erteilung der Erlaubnis ist gem. § 52 Abs.3 Nr. 5 WaffG die Behörde, in deren Bezirk die Schießstätte betrieben wird oder betrieben oder geändert werden soll. Sachlich zuständig ist gem. § 50 Abs.1 WaffG die Behörde, die durch die jeweilige Landesregierung oder durch eine von dieser bestimmten Stelle bestimmt worden ist.

609 Gem. § 44 Abs.4 WaffG ist eine Schießstätte eine ortsfeste oder ortsveränderliche Anlage, die ausschließlich oder neben anderen Zwecken dem Schießen oder sonstigen Schießübungen mit Schusswaffen, der Erprobung von Schusswaffen oder dem Schießen mit Schusswaffen zur Belustigung dient.

stätte in den Schutzbereich der Erlaubnispflicht mit einbezogen ist. So ist die Erlaubnis zum Betrieb einer Schießstätte gem. § 44 Abs.1 S.3 WaffG zu versagen, wenn der Antragssteller nicht zuverlässig ist oder erhebliche Belästigungen durch Auflagen i.S.d. § 44 Abs.1 S.2 WaffG nicht verhindert werden können. Man wird dem Nachbarn daher mit guten Gründen ein subjektives Recht dahingehend zusprechen können, dass der Adressat der Erlaubnis auf Grund seiner charakterlichen Eigenschaften oder etwa seines bisherigen Lebenswandels die Gewähr dafür bietet, dass die grundlegenden Lärmschutz- oder sonstigen Sicherheitsstandards in Bezug auf die Schießstätte erfüllt werden.

Ob sich hieraus auch ein subjektiver Anspruch des Nachbarn im Hinblick auf eine konkret erteilte Erlaubnis ergibt, ist eine Frage des Einzelfalls.

o. Genehmigungspflicht gem. § 31 WaStrG

aa. Gegenstand der Genehmigungspflicht

Gem. § 31 Abs.1 WaStrG bedürfen Benutzungen einer Bundeswasserstraße[610] im Sinne von § 3 WHG[611] (Nr. 1) sowie die Errichtung, Veränderung und der Betrieb von Anlagen in, über oder unter einer Bundeswasserstraße oder an ihrem Ufer (Nr. 2), wenn durch die beabsichtigte Maßnahme eine Beeinträchtigung des für die Schifffahrt erforderlichen Zustandes der Bundeswasserstraße oder der Sicherheit und Leichtigkeit des Verkehrs zu erwarten ist, einer sog. strom- und schifffahrtspolizeilichen Genehmigung[612].

---

[610] Zum Begriff der „Bundeswasserstraße" vgl. oben Fn. 541

[611] Benutzungen einer Bundeswasserstraße i.S.d. § 3 WHG sind Benutzungen die nicht der Schifffahrt dienen, wie z.B. das Einleiten von Abwässern oder die Entnahme von Wasser sowie Einrichtungen und der Betrieb von Anlagen die, wie z.B. Landebrücken, Stege oder Fährrampen, im Bereich einer Bundeswasserstraße belegen sind (vgl. Friesecke, „Bundeswasserstraßengesetz-Kommentar", § 31 Rn. 1).

[612] Ausnahmen von der Genehmigungspflicht:
Gem. § 31 Abs.1 a S.1 und S.2 WaStrG bedürfen Anlagen, die am 31. Dezember 1994 im Bereich der Erweiterung des Küstenmeeres i.S.d. des Beschlusses (Proklamation) der Bundesregierung vom 19. Oktober 1994 (BGBl. I v. 1994, S. 3428 (Inkrafttreten der Proklamation am 1. Januar 1995) vorhanden sind, grundsätzlich keiner Genehmigung, sondern sind dem Wasser- und Schifffahrtsamt lediglich anzuzeigen. Dies gilt gem. § 31 Abs.1 a S.2, S.3 WaStrG nicht in den Fällen, in denen das Wasser- und Schifffahrtsamt dem Anzeigepflichtigen binnen eines Monats nach Eingang der Anzeige etwas Gegenteiliges mitteilt. Gem. § 31 Abs.1 a S.3 WaStrG ersetzt in diesen Fällen die Anzeige den Antrag auf Erteilung der Genehmigung.
Darüber hinaus bedarf die Benutzung einer Bundeswasserstraße oder die Errichtung, Veränderung oder der Betrieb von Anlagen in, über oder unter einer solchen Wasserstraße gem. § 31 Abs.2 S.1, S.2 WaStrG keiner Genehmigung, wenn das Wasser- und Schifffahrtsamt nicht binnen eines Monats nach der Anzeige des Vorhabens die Genehmigungsbedürftigkeit des Vorhabens mitteilt. In diesem Fall gilt die Anzeige des Vorhabens als Antrag auf Erteilung der Genehmigung.
Generell ohne vorherige Erteilung einer strom- und schifffahrtspolizeilichen Genehmigung zulässig, sind gem. § 31 Abs.3 WaStrG das Einbringen von Stoffen zu Zwecken der Fischerei (Nr. 1), Benutzungen, die beim In-Kraft-Treten des WaStrG in zulässiger Weise ausgeübt werden (Nr. 2), Anlagen,

bb. Zweck der Genehmigungspflicht und Rechte Dritter

Durch die Genehmigungspflicht des § 31 WaStrG sollen Vorhaben, die in Verbindung mit einer Bundeswasserstraße stehen, aber gleichwohl keine Nutzung der Bundeswasserstraße darstellen, an die Erfordernisse angepasst werden, die sich aus dem Charakter der Bundeswasserstraße als Verkehrsträger und der Sicherheit und Leichtigkeit des Verkehrs ergeben.
Die Genehmigungspflicht dient der dauerhaften Gewährleistung des Widmungszwecks[613] und damit sowohl der Gefahrenvermeidung, als auch der Umsetzung der diesbezüglich bestehenden Bewirtschaftungsinteressen. Ihr Ansatz allgemeinwohlbezogenen.

Da subjektiv-rechtliche Positionen Dritter insofern hingegen nicht bestehen, ist Rechtsschutz Drittbetroffener unmittelbar gegen die Genehmigung nicht möglich. Dies wäre auch problematisch, da der Kreis der geschützten Dritten nicht hinreichend abgegrenzt werden kann. Schutzgut ist die Sicherheit und Leichtigkeit des Verkehrs auf der Bundeswasserstrasse, nicht aber die Möglichkeit Einzelner, an diesem Verkehr teilzunehmen.

Drittbetroffenen bleibt nur die Möglichkeit, von der zuständigen Ordnungs- oder Polizeibehörde ein Einschreiten zu verlangen und gegebenenfalls auch zu versuchen, dieses klageweise durchzusetzen.

---

die beim In-Kraft-Treten des WaStrG rechtmäßig vorhanden sind (Nr. 3) und Maßnahmen im Rahmen des Gemeingebrauchs (Nr. 4).
Genehmigungsvoraussetzungen- und verfahren:
Gem. § 31 Abs.5 S.1 WaStrG darf die strom- und schifffahrtspolizeiliche Genehmigung nur versagt werden, wenn durch die beabsichtigte Maßnahme eine Beeinträchtigung des für die Schifffahrt erforderlichen Zustands der Bundeswasserstraße oder der Sicherheit und Leichtigkeit des Verkehrs zu erwarten ist, die durch Bedingungen und Auflagen weder verhütet noch ausgeglichen werden kann.
Auch wenn Bedingungen und Auflagen im konkreten Einzelfall nicht möglich sind, darf die Genehmigung aber aus Gründen des Wohls der Allgemeinheit gem. § 31 Abs.5 S.2 WaStrG trotzdem erteilt werden.
Die strom- und schifffahrtspolizeiliche Genehmigung wird durch das Wasser- und Schifffahrtsamt erteilt.
Wirkung der Genehmigung:
Die Genehmigung i.S.d. § 31 Abs.1 WaStrG begründet für den Adressaten im Wege der Gestattung, einen rechtlich erheblichen Vorteil und stellt daher einen diesen begünstigenden Verwaltungsakt dar, auf dessen Erteilung bei Nichtvorliegen von Versagungsgründen ein Rechtsanspruch besteht (vgl. Friesecke, „Bundeswasserstraßengesetz-Kommentar“, § 31 Rn. 3). Zu beachten ist aber, dass durch die strom- und schifffahrtspolizeiliche Genehmigung kein subjektives öffentliches Recht begründet wird und auch keine drittschützende Wirkung besteht. Es handelt sich um eine Sondernutzungserlaubnis für die öffentliche Bundeswasserstraße (vgl. Friesecke „Bundeswasserstraßengesetz-Kommentar“, § 31 Rn. 3).
Darüber hinaus entfaltet die Genehmigung auch ausschließlich öffentlich-rechtliche aber keine privatrechtliche Wirkung und begründet mithin auch keinen privatrechtlichen Anspruch auf Inanspruchnahme. In jedem Fall ist neben der Genehmigung auch noch eine Gestattung des Bundes als Gewässereigentümer für die Benutzung erforderlich (vgl. Friesecke „Bundeswasserstraßengesetz-Kommentar“, § 31 Rn. 3).

[613] vgl. Friesecke „Bundeswasserstraßengesetz-Kommentar“, § 31 Rn. 1

p. Fahrerlaubnis gem. § 2 Abs.1 S.1 StVG

aa. Gegenstand der Genehmigungspflicht

Gem. § 2 Abs.1 S.1 StVG bedarf derjenige der Erlaubnis der zuständigen Behörde, der auf öffentlichen Straßen ein Kraftfahrzeug[614] führt.

Die Fahrerlaubnis wird gem. § 2 Abs.1 S.2 StVG in bestimmten Klassen erteilt und berechtigt nur zum Führen von Kraftfahrzeugen, die der in der Fahrerlaubnis genannten Klasse zuzuordnen sind[615].

---

[614] Der Begriff des Kraftfahrzeugs i.S.d. StVG, umfasst gem. § 1 Abs.2 StVG jedes Landfahrzeug, das durch Maschinenkraft bewegt wird und nicht an Bahngleise gebunden ist.

[615] Voraussetzungen zur Erteilung der Fahrerlaubnis:
Die Erlaubnisvoraussetzungen ergeben sich aus § 3 Abs.2 StVG i.V.m. der auf § 2 Abs.2 S.2 i.V.m. § 6 Abs.1 Nr. 1 StVG beruhenden Verordnung über die Zulassung von Personen zum Straßenverkehr (Fahrerlaubnis-Verordnung, FeV) (Verordnung v. 18.08.1998 (BGBl. I S. 2214), Inkrafttreten: 01. Januar 1999, Ermächtigungsgrundlage:§ 6 Abs.1 Nr.1 StVG (vgl. auch BGBl. aaO.)).
Die Fahrerlaubnis muss für die jeweilige Klasse gem. § 3 Abs.2 StVG dann erteilt werden, wenn der Bewerber seinen ordentlichen Wohnsitz i.S.d. Art. 9 der Richtlinie 91/439EWG des Rates vom 29. Juli 1991 über den Führerschein (ABl. EG r. L 237 S.1) im Inland hat (Nr.1) (vgl. § 7 FeV), das erforderliche Mindestalter erreicht hat (Nr. 2) (vgl. § 10 FeV), zum Führen von Kraftfahrzeugen geeignet (Nr. 3) (vgl. §§ 11, 12, 13, 14 FeV) und dazu nach dem Fahrlehrergesetz und den auf ihm beruhenden Rechtsvorschriften ausgebildet worden ist (Nr. 4), die Befähigung zum Führen von Kraftfahrzeugen in einer theoretischen und praktischen Prüfung nachgewiesen hat (Nr. 5) (§§ 16, 17 FeV), die Grundzüge der Versorgung Unfallverletzter im Straßenverkehr beherrscht oder Erste Hilfe leisten kann (Nr. 6) (vgl. § 19 FeV) und keine in einem Mitgliedsstaat der EU oder einem anderen Vertragsstaat des Abkommens über den Europäischen Wirtschaftsraum erteilte Fahrerlaubnis dieser Klasse besitzt (Nr. 7).
In der FeV ist darüber hinaus festgelegt, dass für den Erwerb des Führerscheins in einigen Klassen der Vorbesitz des Führerscheins in einer anderen Klasse Voraussetzung ist.
Geeignet zum Führen von Kraftfahrzeugen i.S.d. § 2 Abs.2 S.1 Nr.3 StVG ist gem. § 2 Abs. 4 S.1 StVG derjenige, der die notwendigen körperlichen und geistigen Anforderungen erfüllt und nicht erheblich oder nicht wiederholt gegen verkehrsrechtliche Vorschriften oder gegen Strafgesetze verstoßen hat.
Die Befähigung zum Führen von Kraftfahrzeugen i.S.d. § 2 Abs.2 S.1 Nr. 5 StVG ist gem. § 2 Abs.5 StVG gegeben, wenn der Antragssteller ausreichende Kenntnisse der für das Führen von Kraftfahrzeugen maßgebenden gesetzlichen Vorschriften hat (Nr. 1), mit den Gefahren des Straßenverkehrs und den zu ihrer Abwehr erforderlichen Verhaltensweisen vertraut ist (Nr. 2), die zum sicheren Führen eines Kraftfahrzeugs, gegebenenfalls mit Anhänger, erforderlichen technischen Kenntnisse (Nr. 3) sowie ausreichende Kenntnisse einer umweltbewussten und energiesparenden Fahrweise besitzt (Nr. 4) und zu ihrer praktischen Anwendung in der Lage ist.
Verfahren zur Erteilung der Fahrerlaubnis:
Eingeleitet wird das Verfahren zur Erteilung der Fahrerlaubnis durch einen Antrag des Bewerbers um die Fahrerlaubnis bei der zuständigen Behörde.
Im Rahmen des Fahrerlaubniserteilungsverfahrens hat die Fahrerlaubnisbehörde gem. § 2 Abs.7 S.1 StVG zu ermitteln, ob der Antragssteller zum Führen von Kraftfahrzeugen, gegebenenfalls mit Anhänger, geeignet und befähigt ist und ob er bereits eine in- und ausländische Fahrerlaubnis oder einen entsprechenden Führerschein besitzt. Zu diesem Zweck holt die Fahrerlaubnisbehörde gem. § 2 Abs.7 S.2 StVG Auskünfte aus dem Verkehrszentralregister und dem Zentralen Fahrerlaubnisregister nach den Vorschriften der StVG ein und ist gem. § 2 Abs.7 S.3 StVG insbesondere auch berechtigt, diesbezügliche Auskünfte aus ausländischen Registern oder von ausländischen Stellen einzuholen sowie die Beibringung eines Führungszeugnisses zur Vorlage bei der Verwaltungsbehörde nach den Vorschriften des Bundeszentralregistergesetzes von dem jeweiligen Bewerber zu verlangen.
Für den Fall, dass Tatsachen bekannt werden, die Bedenken gegen die Eignung oder Befähigung des Bewerbers begründen, kann die zuständige Behörde gem. § 2 Abs. 8 StVG zusätzlich anordnen, dass der Antragssteller ein Gutachten oder Zeugnis eines Facharztes oder Amtsarztes, ein Gutachten

bb. Zweck der Genehmigungspflicht und Rechte Dritter

Durch die Erlaubnispflicht zum Führen von Kraftfahrzeugen soll im Interesse der Allgemeinheit und der öffentlichen Sicherheit gewährleistet werden, dass jeder Verkehrsteilnehmer über die praktischen und theoretischen Fähigkeiten verfügt, die erforderlich sind, um an diesem Verkehr teilzunehmen. Zielsetzung der Genehmigungspflicht gem. § 2 Abs.1 S.1 StVG ist es, dem Staat, im Vorfeld der Teilnahme des Einzelnen am Straßenverkehr, die Überprüfung seiner Fähigkeiten auf diesem Gebiet zu ermöglichen.

Die Genehmigungspflicht dient der Gefahrenvermeidung, subjektiv-rechtliche Positionen Dritter werden hingegen nicht begründet. Rechtsschutz Dritter unmittelbar gegen die einem anderen erteilte Fahrerlaubnis ist nicht möglich, da Normen, die dem individuellen Schutz Dritter dienen, bei der Entscheidung über die Erteilung der Fahrerlaubnis ersichtlich keine Rolle spielen. Einzig ausschlaggebend ist der Nachweis der praktischen und theoretischen Kenntnisse und Fähigkeiten, die zur Teilnahme am Straßenverkehr erforderlich sind.

Ein Drittbetroffener kann lediglich ein Einschreiten der Polizei- oder Ordnungsbehörde gegen die Teilnahme eines anderen am Straßenverkehr verlangen bzw. anregen, wobei die Erfolgsaussichten im Hinblick auf eine streitige Durchsetzung in aller Regel als äußerst gering zu beurteilen sind.

---

einer amtlich anerkannten Begutachtungsstelle für Fahreignung oder eines amtlich anerkannten Sachverständigen oder Prüfers für den Kraftfahrzeugverkehr beibringen muss, das geeignet ist, die bestehenden Bedenken auszuräumen.
Zu beachten ist in diesem Zusammenhang aber, dass die von der Fahrerlaubnisbehörde beigezogenen Registerauskünfte, Führungszeugnisse, Gutachten und Gesundheitszeugnisse gem. § 2 Abs.9 S.1, S.2 StVG nur zur Feststellung oder Überprüfung der Eignung oder Befähigung zum Führen eines Kraftfahrzeugs im Rahmen des Straßenverkehrs verwendet werden dürfen und i.d.R. spätestens nach zehn Jahren vernichtet werden müssen.
Gem. § 2 Abs.12 StVG ist darüber hinaus die Polizei verpflichtet, Informationen über Tatsachen, die aus ihrer Sicht nicht nur auf vorübergehende Mängel des Bewerbers im Hinblick auf seine Eignung oder Befähigung zum Führen von Kraftfahrzeugen im Straßenverkehr schließen lassen, an die Fahrerlaubnisbehörden zu übermitteln.
Die Fahrerlaubnis wird durch die Aushändigung eines Führerscheins erteilt. Handelt es sich um die erstmalige Aushändigung einer Fahrerlaubnis, so wird diese gem. § 2 a Abs.1 S.1 StVG für zwei Jahre auf Probe erteilt .
Inhalt und Wirkung der Fahrerlaubnis:
Die Fahrerlaubnis berechtigt ihren Inhaber dazu, ein Kraftfahrzeug der in der Fahrerlaubnis genannten Klasse im öffentlichen Straßenverkehr entsprechend den Straßenverkehrsregeln zu führen. Es handelt sich um eine personenbezogene Erlaubnis, die nach Ablauf der Probezeit von zwei Jahren auf unbegrenzte Dauer erteilt wird.
Gem. § 2 Abs.4 S.2 StVG kann die Fahrerlaubnis mit Beschränkungen oder unter Auflagen erteilt werden, wenn dadurch das sichere Führen von Kraftfahrzeugen gewährleistet wird. Welche Auflagen und Beschränkungen im einzelnen bei der Erteilung der Fahrerlaubnis auferlegt werden können, ergibt sich aus der FeV.

q. Erlaubnispflicht gem. § 2 Abs.1 GastG

aa. Gegenstand der Genehmigungspflicht

Gem. § 2 Abs.1 GastG bedarf derjenige, der ein Gaststättengewerbe betreiben[616] will, der Erlaubnis[617].

bb. Zweck der Genehmigungspflicht

Die Gaststättenerlaubnis gem. § 2 Abs.1 GastG fügt sich in ihrer Ausrichtung in die für das gesamte Gaststättenrecht prägende Grundintention des GastG ein.

Diente das Gaststättenrecht bei seiner erstmaligen sondergesetzlichen Regelung im GastG des Jahres 1930 in erster Linie der Bekämpfung des Alkoholmissbrauchs, so haben sich die Schwerpunkte zwischenzeitlich verschoben. Zwar spielt die Bekämpfung des Alkoholmissbrauchs nach wie vor eine bedeutende Rolle in der Zielsetzung des GastG. Im Mittelpunkt steht aber heutzutage der Schutz der Gäste und der in dem Gaststättenbetrieb Beschäftigten vor Ausbeutung und gegen Gefahren für Leben, Gesundheit oder Sittlichkeit sowie der Schutz der Nachbarschaft und der Allgemeinheit vor den von einem Gaststättenbetrieb ausgehende Nachteilen, Gefahren und Belästigungen[618].

Die Genehmigungspflicht des § 2 GastG dient daher, als Instrument der präventiven Verwaltungskontrolle, dem Zweck, Gefahren für die Allgemeinheit, die sich insbe-

---

[616] Unter dem Betrieb eines Gaststättengewerbes i.S.d. GastG versteht man gem. § 1 Abs.1 GastG das Verabreichen von Getränken -sog. Schankwirtschaft- (Nr. 1) und das Zubereiten von Speisen – Speisewirtschaft- (Nr. 2) zum Verzehr an Ort und Stelle sowie das Beherbergen von Gästen – Beherbergungsbetrieb- (Nr. 3) im stehenden Gewerbe, wenn der Betrieb jedermann oder bestimmten Personenkreisen zugänglich ist. Darüber hinaus fällt unter diesen Begriff gem. § 1 Abs.2 GastG auch die Verabreichung von Getränken und Speisen zum Verzehr an Ort und Stelle, von einer für die Dauer der Veranstaltung ortsfesten Betriebsstätte aus, durch einen selbständigen Gewerbetreibenden im Reisegewerbe, wenn der Betrieb jedermann oder einem bestimmten Personenkreis zugänglich ist.

[617] Ausnahmen von der Erlaubnispflicht:
Eine Erlaubnis ist gem. § 2 Abs.2 GastG nicht erforderlich, wenn lediglich Milch, Milcherzeugnisse oder alkoholfreie Milchmischgetränke (Nr. 1), unentgeltliche Kostproben (Nr. 2) oder alkoholfreie Getränke aus Automaten (Nr. 3) verabreicht werden. Dies gilt gem. § 2 Abs.3 GastG auch für das Verabreichen von alkoholfreien Getränken oder das Zubereiten von Speisen, wenn dies, ohne dass Sitzgelegenheiten bereitgestellt werden, in räumlicher Verbindung mit einem Ladengeschäft des Lebensmitteleinzelhandels oder des Lebensmittelhandwerks durch den Inhaber während der Ladenöffnungszeiten geschieht. Handelt es sich um einen Beherbergungsbetrieb i.S.d. § 1 Abs.1 S.1 Nr. 3 GastG, so ist dieser Betrieb, wenn er nicht gem. § 2 Abs.4 S.3 GastG in Verbindung mit einer Schank- oder Speisewirtschaft i.S.d. § 1 Abs.1 Nr.1 oder Nr.2 GastG ausgeübt wird, gem. § 2 Abs.4 S.1 Hs.1 GastG dann erlaubnisfrei zulässig, wenn er darauf gerichtet ist, nicht mehr als acht Gäste gleichzeitig zu beherbergen. In diesem Fall dürfen gem. § 2 Abs.4 S.1 Hs.2 GastG auch Getränke und zubereitete Speisen ohne gesonderte Erlaubnis an Hausgäste verabreicht werden.

[618] vgl. Stober „Besonderes Wirtschaftsverwaltungsrecht“, § 47 „I.1.“

sondere aus der Aufnahme des Gaststättengewerbes unter unzureichenden persönlichen und sachlichen Voraussetzungen ergeben, bereits im Vorfeld bestmöglich zu unterbinden und abzuwehren[619].

Unter Berufung auf dieses Schutzziel, wurde das Bestehen subjektiver öffentlicher Rechte Dritter insofern früher übereinstimmend und nachhaltig mit dem Verweis auf das Fehlen sog. drittschützender Normen im GastG abgelehnt. Dies wir heutzutage überwiegenden anders beurteilt[620].

Insbesondere durch die Einbeziehung des „Schutzes der Nachbarschaft" in den grundsätzlichen Schutzbereich des Gaststättengesetzes, ist grundsätzlich auch eine „individualrechtsschützende" Zielsetzung des GastG zu bejahen, deren Gewährleistung auch die Genehmigungspflicht des § 2 Abs.1 GastG zu dienen bestimmt ist.

cc. Voraussetzungen zur Erteilung einer Erlaubnis gem. § 2 Abs.1 GastG

Die Erlaubnisvoraussetzungen ergeben sich im Umkehrschluss aus § 4 Abs.1 Nr. 1 bis 4 GastG, in dem die zwingenden Versagungsgründe in Bezug auf die Erteilung einer gaststättenrechtlichen Erlaubnis aufgeführt sind. Die in § 4 Abs.1 GastG aufgeführten Versagungsgründe stellen auf die Persönlichkeit des Antragstellers (Nr.1), den Zustand der Betriebsräume (Nr.2), die örtliche Lage des Gewerbebetriebes (Nr.3) sowie auf die notwendigen lebensmittelrechtlichen Kenntnisse des Bewerbers (Nr.4) ab[621]. Liegen keine der genannten Versagungsgründe vor, so hat der Antragsteller einen Rechtsanspruch auf Erteilung der Erlaubnis[622].

Ob insofern eine drittschützende Wirkung für die von der Genehmigung betroffenen Dritten, insbesondere für Nachbarn des geplanten Vorhabens gegeben ist, wird hinsichtlich des Merkmal der „örtlichen Lage des Gewerbebetriebes" gem. § 4 Abs.1 Nr.3 GastG diskutiert, da insofern - im Unterschied zu § 4 Abs.1 Nr. 2 GastG[623] - nicht auf die Beschaffenheit der Räumlichkeiten, sondern auf die äußeren Auswirkungen des Gaststättenbetriebes abgestellt wird[624]. Die Erlaubnis ist danach zu versagen, wenn der Gewerbebetrieb im Hinblick auf seine örtliche Lage oder auf die Verwendung der Räume dem öffentlichen Interesse widerspricht, insbesondere schädliche Umwelteinwirkungen im Sinne des BImSchG oder sonst erhebliche Nachteile, Gefahren oder Belästigungen für die Allgemeinheit befürchten lässt. Öf-

---

[619] vgl. Pauly in Michel/Kienzle „Das GastG-Kommentar", § 2 Rn. 1; vgl. Metzner „GastG-Kommentar", § 2 Rn. 1
[620] vgl. Pauly in Michel / Kienzle „Das Gaststättengesetz -Kommentar-", § 4 Rn. 89
[621] vgl. BVerwG v. 26. Februar 1974 –I C 27.72-, GewArch. 1974, 201 (202)
[622] vgl. Metzner „Gaststättengesetz -Kommentar-", § 4 Rn. 1
[623] vgl. Pauly in Michel / Kienzle „Das Gaststättengesetz -Kommentar-", § 4 Rn.36, 37 ff
[624] vgl. Pauly in Michel / Kienzle „Das Gaststättengesetz -Kommentar-", § 4 Rn. 36, 49

fentliche Interessen in diesem Sinne sind all diejenigen Interessen, die im konkreten Einzelfall, nach einer Abwägung mit dem Interesse des Antragstellers an der ungehinderten Ausübung seines Berufs, als vorzugswürdig erscheinen[625].

Ob hierdurch subjektive Rechte Dritter, insbesondere der Nachbarn begründet werden, ist umstritten[626].

Betrachtet man die historische Entwicklung, so fällt auf, dass die Vorläufernormen des § 4 Abs.1 Nr. 3 GastG, d.h. § 2 Abs.1 Nr. 3 u. 4 GastG von 1930 und § 4 Abs.1 Nr. 3 GastG von 1970, nach übereinstimmender Auffassung keinen Drittschutz vermittelten, sondern ausschließlich dem Wohl der Allgemeinheit zu dienen bestimmt waren[627].

Ein Umschwung in der diesbezüglichen Diskussion ist erst in Folge der Änderung des BImSchG im Jahre 1974 eingetreten, da ab diesem Zeitpunkt der Schutz der „Nachbarschaft" ausdrücklich im BImSchG als Schutzziel erwähnt wird.

Die Befürworter der drittschützenden Funktion des § 4 Abs.1 Nr.3 GastG verweisen nunmehr darauf, dass aufgrund des Verweises in § 4 Abs.1 Nr.3 GastG auf das insofern nachbarschützende BImSchG, auch die Nachbarn selbst zum Schutzgut des GastG würden[628]. Die Vertreter der Gegenansicht lehnen diese Schlussfolgerung ab und stufen den Schutzzweck des GastG, auch nach der Änderung des BImSchG, ausschließlich als allgemeinwohlbezogen ein[629].

Den sonstigen Genehmigungsvoraussetzungen gem. § 4 Abs.1 Nr.1[630], Nr. 2[631], und Nr.4[632] GastG kommt nach allgemeiner Ansicht kein drittschützender Charakter zu.

---

[625] vgl. Pauly in Michel / Kienzle „Das Gaststättengesetz -Kommentar-", § 4 Rn. 49
[626] vgl. Metzner „Gaststättengesetz -Kommentar-", § 4 Rn. 121
[627] vgl. Metzner „Gaststättengesetz -Kommentar-", § 4 Rn. 125
[628] vgl. Pauly in Michel / Kienzle „Das Gaststättengesetz -Kommentar-", § 4 Rn. 89
[629] vgl. Heinrich in GewArch. 1975, S. 1, 3 ff., 7; vgl. v. Ebner in GewArch 1975, S. 108, 110 f.
[630] Gem. § 4 Abs.1 Nr.1 GastG ist die Erlaubnis zu versagen, wenn Tatsachen die Annahme rechtfertigen, dass der Antragssteller die für den Gewerbebetrieb erforderliche Zuverlässigkeit nicht besitzt, insbesondere dem Trunke ergeben ist oder befürchten lässt, dass er Unerfahrene, Leichtsinnige oder Willensschwache ausbeuten wird oder dem Alkoholmissbrauch, verbotenem Glücksspiel, der Hehlerei oder der Unsittlichkeit Vorschub leisten wird oder die Vorschriften des Gesundheits- oder Lebensmittelrechts, des Arbeits- oder Jugendschutzes nicht einhalten wird. Der Begriff der Zuverlässigkeit i.d.S. muss gewerbebezogen im Hinblick auf die Person des Antragsstellers verstanden werden (vgl. Pauly in Michel / Kienzle „Das Gaststättengesetz -Kommentar-", § 4 Rn. 3 und 34). Danach fehlt die zum Betrieb des Gaststättengewerbes erforderliche Zuverlässigkeit, wenn der Gewerbetreibende nach dem Gesamteindruck seines Verhaltens nicht die Gewähr dafür bietet, dass er sein Gewerbe in Zukunft ordnungsgemäß, d.h. in Übereinstimmung mit dem geltenden Recht, betreiben wird (vgl. Pauly in Michel / Kienzle „Das Gaststättengesetz -Kommentar-", § 4 Rn. 1 und 2). Die Gewähr der Zuverlässigkeit ist dagegen gegeben, wenn bei verständiger Würdigung aller Umstände des Einzelfalls und der Person des Antragsstellers eine gewisse Wahrscheinlichkeit für die ordnungsgemäße Gewerbeausübung sprich (vgl. Pauly in Michel / Kienzle „Das Gaststättengesetz -Kommentar-", § 4 Rn. 2). Was das geltende Recht anbelangt, so sind nur solche Bestimmungen heranzuziehen, in denen typische Berufspflichten enthalten sind (vgl. Pauly in Michel / Kienzle „Das Gaststättengesetz -Kommentar-", § 4 Rn. 2).

r. Erlaubnispflicht gem. § 33 a Abs.1 S.1 GewO

aa. Gegenstand der Genehmigungspflicht

Gem. § 33 a Abs.1 S.1 GewO bedarf derjenige der Erlaubnis, der gewerbsmäßig Schaustellungen von Personen in seinen Geschäftsräumen veranstalten oder seine Geschäftsräume für solche Schaustellungen zur Verfügung stellen will.

Die Erlaubnis ist gem. § 33 a Abs.1 S.2 GewO nicht erforderlich, wenn es sich um Darbietungen mit überwiegend künstlerischem, sportlichem, akrobatischem oder ähnlichem Charakter handelt.

bb. Zweck der Genehmigungspflicht

Will man den Zweck der Genehmigungspflicht des § 33 a GewO bestimmen, so bietet sich ein Verweis auf die Begründung des Regierungsentwurfs zum Gesetz betreffend die Änderung der Gewerbeordnung vom 01.07.1883[633] an[634]. Dort heißt es u.a. wie folgt:

„ ... Es handelt sich um die Herstellung der Möglichkeit, dem Unwesen der sogenannten Singspielhallen ... mit Erfolg entgegenzutreten. Die Ausschreitungen dieses Gewerbes werden von der öffentlichen Meinung und in der Presse zur Genüge und mit vollem Recht gebrandmarkt. Sie sind der Moral in höchstem Grade schädlich und bereiten insbesondere solchen Aufführungen und Vorstellungen, bei denen ein wirkliches Interesse der Kunst oder Wissenschaft obwaltet, eine im öffentlichen Interesse in hohem Grade unerwünschte Konkurrenz. Diesem Unwesen kann nur dann

---

[631] Gem. § 4 Abs.1 Nr.2 GastG ist die Erlaubnis zu versagen, wenn die zum Betrieb des Gewerbes oder zum Aufenthalt der Beschäftigten bestimmten Räume wegen ihrer Lage, Beschaffenheit, Ausstattung oder Einteilung für den Betrieb nicht geeignet sind, insbesondere den notwendigen Anforderungen zum Schutz der Gäste und der Beschäftigten gegen Gefahren für Leben, Gesundheit oder Sittlichkeit oder den sonst zur Aufrechterhaltung der öffentlichen Sicherheit oder Ordnung notwendigen Anforderungen nicht genügen. Die Vorschrift stellt auf die Beschaffenheit der Betriebs- und Arbeitnehmerräume des Gaststättenbetriebs ab, um insoweit die Einhaltung der Anforderungen des öffentlichen Ordnungsrechtes zu gewährleisten (vgl. Pauly in Michel / Kienzle „Das Gaststättengesetz -Kommentar-", § 4 Rn.36, 37 ff).

[632] Gem. § 4 Abs.1 Nr.4 GastG ist die Erlaubnis zu versagen, wenn der Antragssteller nicht durch eine Bescheinigung der Industrie- und Handelskammer nachweist, dass er oder sein Stellvertreter i.S.d. § 9 GastG über die Grundzüge der für den in Aussicht genommenen Betrieb notwendigen lebensmittelrechtlichen Kenntnisse unterrichtet worden sind und mit ihnen als vertraut gelten kann. Durch diese Unterrichtung über die Grundzüge der für den in Aussicht genommenen Betrieb notwendigen lebensmittelrechtlichen Kenntnisse soll ebenfalls dem öffentlichen Interesse am ordnungsgemäßen Betrieb des Gaststättengewerbes Genüge getan werden (vgl. Pauly in Michel / Kienzle „Das Gaststättengesetz -Kommentar-", § 4 Rn. 74).

[633] RGBl. 1883, S. 159

[634] vgl. RT-Drucksache Nr.5, S. 3 und 4, 20 - 22

wirksam entgegen gesteuert werden, wenn solche Unternehmungen auch da, wo sie als stehendes Gewerbe in festen Lokalen betrieben werden, von der polizeilichen Erlaubnis abhängig sind. Selbst bei der strengsten polizeilichen Überwachung ist es nach dem Zeugnis städtischer Polizeiverwaltungen äußerst schwierig, Unsittlichkeiten und anderen Unzuträglichkeiten, welche sich an diesen Gewerbebetrieb anknüpfen, an Hand der allgemeinen gesetzlichen Bestimmungen mit Erfolg entgegenzutreten. Werden aber derartige Unternehmungen als solche allgemein von der polizeilichen Erlaubnis abhängig gemacht, so kann bei deren Konzessionierung den Interessen der öffentlichen Sicherheit, Sittlichkeit und Ordnung Rechnung getragen werden ...".

Die Genehmigungspflicht gem. § 33 a Abs.1 S.1 GewO dient mithin der Gefahrenvermeidung.

cc. Voraussetzungen der Erlaubniserteilung

Grundsätzliche Voraussetzung für das Bestehen der Erlaubnispflicht ist, dass es sich um eine Darbietung handelt, in der zumindest auch Personen unmittelbar, d.h. ohne Vermittlung durch ein technisches Medium, wie etwa des Films oder des Fernsehens, in ihrer äußeren Erscheinung zur Schau gestellt werden sollen. Führt die betreffende Person etwas vor, bei dem ihre Person und ihre äußere Beschaffenheit vollkommen hinter den Gegenstand der Vorführung zurücktritt, so handelt es sich nicht um eine Schaustellung von Personen in diesem Sinne[635].

Die sonstigen Voraussetzungen zur Erteilung der Erlaubnis ergeben sich im Umkehrschluss aus § 33 a Abs.2 GewO. Danach ist die Erlaubnis zu versagen, wenn Tatsachen die Annahme rechtfertigen, dass der Antragssteller die für den Gewerbebetrieb erforderliche Zuverlässigkeit nicht besitzt (Nr. 1), zu erwarten ist, dass die Schaustellungen den guten Sitten zuwiderlaufen werden (Nr. 2) oder dass der Gewerbebetrieb im Hinblick auf seine örtliche Lage oder auf die Verwendung der Räume dem öffentlichen Interesse widerspricht, insbesondere schädliche Umwelteinwirkungen i.S.d. BImSchG oder sonst erhebliche Nachteile, Gefahren oder Belästigungen für die Allgemeinheit befürchten lässt (Nr. 3).

Die Rechtsprechung hat insofern das Bestehen subjektiver Rechte Dritter, d.h. insbesondere von Nachbarn, im Einzelfall durchaus bejaht.

Dies kommt insbesondere dann in Betracht, wenn es sich bei dem Dritten um den Eigentümer des Nachbargrundstücks handelt und er sich durch die konkret erteilte Erlaubnis in seinen Rechten betroffen fühlt. Eine solche Betroffenheit kann aus der

---

[635] vgl. Dickersbach in Friauf (Hrsg.) „Kommentar zur GewO (§ 1-34c GewO)", § 33 a Rn. 7

nicht erfolgten Befristung der Erlaubnis oder der nicht erfolgten Beifügung von Auflagen (§ 33 a Abs.1 S.3 GewO) und den daraus resultierenden Gefahren herrühren[636].

Hierbei ist zu beachten, dass § 33 a Abs.2 Nr.3 GewO auf den Begriff der schädlichen Umwelteinwirkungen i.S.d. § 3 BImSchG Bezug nimmt. Da § 3 Abs.1 BImSchG aber gerade auch den Schutz der Nachbarschaft bezweckt, entfaltet die Vorschrift des § 33 a Abs.2 Nr.3 GewO in dieser Hinsicht drittschützende Wirkung und eröffnet für die betroffenen Nachbarn den Weg zur Einlegung eines Widerspruchs bzw. zur Erhebung einer Anfechtungsklage[637].

s. Erlaubnispflicht gem. § 33 i Abs.1 S.1 GewO

aa. Gegenstand der Genehmigungspflicht

Gem. § 33 i Abs.1 S.1 GewO bedarf derjenige, der gewerbsmäßig eine Spielhalle[638] oder ein ähnliches Unternehmen[639] betreiben will, das ausschließlich oder überwiegend der Aufstellung von Spielgeräten oder der Veranstaltung anderer Spiele i.S.d. § 33 c Abs.1 S.1 GewO[640] oder des § 33 d Abs.1 S.1 GewO[641] oder der gewerbsmäßi-

---

[636] vgl. Marcks in Landmann/Rohmer „GewO-Kommentar, Bd. 1", § 33 a Rn. 11; vgl. in Tettinger in Tettinger/Wank „GewO-Kommentar", § 33 a Rn. 16

[637] vgl. in Tettinger in Tettinger/Wank „GewO-Kommentar", § 33 a Rn. 69

[638] Früher war umstritten, ob der Begriff raum- oder betriebsbezogen zu verstehen ist. Nach mehreren grundsätzlichen Entscheidungne des BVerwG hat sich jedoch mittlerweile die Auffassung durchgesetzt, dass das Merkmal der Spielhalle immer dann erfüllt ist, wenn ein speziell für die Spielgeräte bzw. die Spiele vorgesehener Raum existiert.
Ein solcher Raum ist auch dann eine Spielhalle, wenn neben den Spielgeräten i.d.S. noch weitere Einrichtungen vorhanden sind (vgl. Tettinger in Tettinger/Wank, „GewO-Kommentar", § 33 i Rn. 5 ff.).

[639] Durch die Gleichstellung der ähnlichen Unternehmen mit den Spielhallen, soll eine Umgehung der Erlaubnispflicht verhindert werden, die ansonsten insbesondere bei Spielkasinos, in denen Spiele i.S.d. § 33 d GewO im Vordergrund stehen, möglich wäre (vgl. Tettinger in Tettinger/Wank „GewO-Kommentar", § 33 i Rn. 14 ff.).

[640] Bei einem Spielgerät i.S.d. § 33 c Abs.1 S.1 GewO handelt es sich um eine künstlich hergestellte Apparatur, die nach ihrem Ingangsetzen, unter Einsatz von Energie, durch technische Einrichtungen Spielabläufe bewirkt (vgl. Hahn in Friauf (Hrsg.) „Kommentar zur GewO (§ 1-34c GewO)", § 33 c Rn. 4).
Darüber hinaus muss das Spielgerät mit einer technischen Vorrichtung ausgestattet sein, durch die sich der Spielablauf steuern lässt. Erforderlich ist eine technische, d.h. mechanische, elektrische oder elektronische Vorrichtung, die neben den allgemein wirkenden physikalischen Kräften, einen eigenständigen und für den Spielausgang ausschlaggebenden Einfluss auf das Spielgeschehen hat, auf Grund dessen das Spielergebnis wesentlich vom sog. „technisch gesteuerten Zufall" abhängt. Hängt das Spielergebnis demgegenüber auf Grund der technischen Vorrichtung zur Beeinflussung des Spielablaufs entscheidend vom Geschick des jeweiligen Spielers ab, so unterfällt das entsprechende Gerät nicht mehr dem Anwendungsbereich des § 33 c GewO, da sich dieser ausschließlich auf sog. Glücksspiele bezieht (vgl. Hahn in Friauf (Hrsg.), „Kommentar zur GewO (§ 1-34c GewO)", § 33 c Rn. 5).

[641] Unter einem anderen Spiel mit Gewinnmöglichkeit i.S.d. § 33 d Abs.1 S.1 GewO versteht die GewO ein Spiel mit Gewinnmöglichkeit, dass nicht vom Anwendungsbereich des § 33 c GewO umfasst ist. Erfasst sind manipulationssichere Geschicklichkeitsspiele mit Gewinnmöglichkeit, die nicht als Glücksspiele anzusehen sind. Voraussetzung für den Anwendungsbereich des § 33 d GewO ist dar-

gen Aufstellung von Unterhaltungsspielen ohne Gewinnmöglichkeit[642] dient, der Erlaubnis.

bb. Zweck der Genehmigungspflicht

Die Erlaubnispflicht des § 33 i Abs.1 S.1 GewO ist durch das 4. Gesetz zur Änderung der Gewerbeordnung v. 05.02.1960[643] eingeführt worden. Bis zu diesem Zeitpunkt war für die Eröffnung oder den Betrieb einer Spielhalle im allgemeinen keine eigene Erlaubnis erforderlich[644].

Der Grund für die Einführung der gewerberechtlichen Erlaubnispflicht lag in der zur damaligen Zeit zu beobachtenden steigenden Zahl von Spielhallen in den Großstädten und dem damit zusammenhängenden zunehmenden Spielbetrieb der Jugend. In der Begründung der Gesetzesänderung wurde darüber hinaus auch ausdrücklich darauf hingewiesen, dass sich in dem der Erlaubnispflicht zu unterstellenden Bereich in besonderem Maße solche Personen als Unternehmer betätigen würden, gegen deren Zuverlässigkeit in einer Vielzahl von Fällen erhebliche Bedenken bestünden[645].

Die Erlaubnispflicht dient der präventiven Verhinderung von Gefahren für die Allgemeinheit durch die unkontrollierte Ausbreitung von Spielhallen, und erfüllt insofern auch eine Verteilungs- bzw. Bewirtschaftungsfunktion.

cc. Erlaubnisvoraussetzungen

Die Erlaubnisvoraussetzungen ergeben sich im Umkehrschluss aus § 33 i Abs.2 GewO. Danach ist die Erlaubnis zu versagen, wenn die in § 33 c Abs.2 GewO oder § 33 d Abs.3 GewO genannten Versagungsgründe vorliegen (Nr. 1), die zum Betrieb des Gewerbes bestimmten Räume wegen ihrer Beschaffenheit oder Lage den polizeilichen Anforderungen nicht genügen (Nr. 2) oder der Betrieb des Gewerbes eine Gefährdung der Jugend, eine übermäßige Ausnutzung des Spielbetriebs, schädliche Umwelteinwirkungen i.S.d. BImSchG oder sonst eine nicht zumutbare Belästigung der Allgemeinheit oder der Nachbarn oder einer im öffentlichen Interesse bestehenden Einrichtung befürchten lässt (Nr. 3).

über hinaus, dass das Spiel nicht mit entscheidenden technischen Vorrichtungen i.S.d. § 33 c GewO ausgestattet ist (vgl. Hahn in Friauf (Hrsg.), „Kommentar zur GewO (§ 1-34c GewO § 33 d Rn. 1).

642 Unterhaltungsspiele ohne Gewinnmöglichkeit sind z.B. Flipper, Videospiele oder Tischfußballspiele (vgl. Tettinger in Tettinger / Wank „Gewerbeordnung –Kommentar-", § 30 Rn. 23)

643 BGBl. 1960 I, S. 61, 91

644 vgl. insofern etwa OVG-Münster (Beschluss v. 01.02.1956 - IV A 928/55 -) in GewA 55/56, S. 146

645 vgl. Marcks in Landmann/Rohmer „GewO-Kommentar, Bd. 1", § 33 i Rn. 1

Ob den vorgenanten Genehmigungsvoraussetzungen drittschützender Charakter zukommt ist in Bezug auf das Schutzgut des § 33 Abs.2 Nr.3 GewO umstritten.

In der Literatur wird dies mit der Begründung abgelehnt, das Schutzgut der „Jugend" sei nicht ausreichend individualisierbar und der in dieser Hinsicht im Zeitpunkt der Erlaubniserteilung begünstigte Personenkreis nicht ausreichend abgrenzbar[646]. Dem wird jedoch von anderer Seite entgegengehalten, dass dieses Ergebnis allein auf Grund der abstrakten Formulierung in § 33 i Abs.2 Nr.3 GewO nicht gerechtfertigt sei, da der in Art. 5 Abs.2 GG als Grenze der Kommunikationsfreiheiten ausdrücklich genannte Jugendschutz Verfassungsrang genieße[647]. Mithin könne der drittschützende Charakter insoweit nicht generell verneint werden[648].

Dem Merkmal des „übermäßigen Ausnutzens des Spieltriebes" in § 33 i Abs.2 Nr.3 GewO kommt hingegen nach wohl herrschender Auffassung keine drittschützende Wirkung zu, sondern es kommt dem einzelnen Spieler nur als Rechtsreflex zugute[649].

Drittschutz vermittelt aber - wie auch im Rahmen des § 33 a GewO - das Schutzgut der „schädlichen Umwelteinwirkung i.S.d. BImSchG" in § 33 i Abs.2 Nr. 3 GewO.

Mithin kann den durch die Spielhalle betroffenen Nachbarn, d.h. den betroffenen Dritten, im Einzelfall eine Anfechtungsrecht gegen die erteilte Genehmigung zustehen[650].

t. Erlaubnispflicht gem. § 3 Abs.1 GüKG

aa. Gegenstand der Genehmigungspflicht

Gem. § 3 Abs.1 GüKG ist für den gewerblichen Güterkraftverkehr[651] - unabhängig davon, um welche konkrete Verkehrsart es sich im Einzelfall handelt - eine Erlaubnis erforderlich[652].

---

[646] vgl. Tünnesen-Harmes in Jarass „Wirtschaftverwaltungsrecht", § 9 Rn. 50
[647] vgl. BVerfGE 83, 130, 139 (Beschluss v. 27.11.1990 - 1 BvR 402/87 -)
[648] vgl. Tettinger in Tettinger / Wank „Gewerbeordnung –Kommentar-", § 33 i Rn. 59
[649] vgl. Tettinger in Tettinger / Wank „Gewerbeordnung –Kommentar-", § 33 i Rn. 63
[650] vgl. Tettinger in Tettinger / Wank „Gewerbeordnung –Kommentar-", § 33 i Rn. 66
[651] Güterkraftverkehr ist gem. § 1 Abs.1 GüKG die geschäftsmäßige oder entgeltliche Beförderung von Gütern mit Kraftfahrzeugen, die einschließlich Anhänger ein höheres zulässiges Gesamtgewicht als 3,5 Tonnen haben. Handelt es sich bei dem Güterkraftverkehr nicht um Werkverkehr i.S.d. § 1 Abs.2 GüKG, so handelt es sich gem. § 1 Abs.4 GüKG um gewerblichen Güterkraftverkehr.
[652] Ausnahmen von der Erlaubnispflicht:
Nicht unter den Anwendungsbereich des GüKG fallen gem. § 2 Abs.1 GüKG die gelegentliche, nicht gewerbsmäßige Beförderung von Gütern durch Vereine für ihre Mitglieder für gemeinnützige Zwecke (Nr.1), die Beförderung von Gütern durch Körperschaften, Anstalten und Stiftungen des öffentlichen Rechts im Rahmen ihrer öffentlichen Aufgaben (Nr.2), die Beförderung von beschädigten oder reparaturbedürftigen Fahrzeugen aus Gründen der Verkehrssicherheit oder zum Zweck der Rückführung (Nr.3), die Beförderung von Gütern bei der Durchführung von Verkehrsdiensten, die nach dem Perso-

nenbeförderungsgesetz genehmigt wurden (Nr.4), die Beförderung von Medikamenten, medizinischen Geräten und Ausrüstungen sowie anderen zur Hilfeleistungen in dringenden Notfällen bestimmten Gütern (Nr.5), die Beförderung von Milch und Milcherzeugnissen für andere zwischen landwirtschaftlichen Betrieben, Milchsammelstellen und Molkereien durch landwirtschaftliche Unternehmer i.S.d. Gesetzes über die Alterssicherung der Landwirte (Nr.6), die in land- und forstwirtschaftlichen Betrieben übliche Beförderung von land- und forstwirtschaftlichen Bedarfsgütern oder Erzeugnissen für eigene Zwecke (Nr.7 a) sowie für andere Betreibe dieser Art im Rahmen der Nachbarschaftshilfe (Nr.7 b aa) oder im Rahmen eines Maschinenrings oder eines vergleichbaren wirtschaftlichen Zusammenschlusses, sofern die Beförderung innerhalb eines Umkreises von 75 km in der Luftlinie um den Mittelpunkt des Standorts des Kraftfahrzeugs i.S.d. § 23 Abs.1 S.1 der Straßenverkehrszulassungs-Ordnung mit Zugmaschinen oder Sonderfahrzeugen durchgeführt wird, die nach § 3 Nr.7 des Kraftfahrzeugsteuergesetzes von der Kraftfahrzeugsteuer befreit sind (Nr. 7 b bb), die im Rahmen der Gewerbeausübung erfolgende Beförderung von Betriebseinrichtungen für eigene Zwecke (Nr.8).
Infolge dessen ist für Beförderungen dieser Art auch keine Beförderungserlaubnis gem. § 3 Abs.1 GüKG erforderlich.
Eine weitere Ausnahme von der Erlaubnispflicht besteht gem. § 6 S.1 GüKG in Bezug auf den grenzüberschreitenden gewerblichen Güterkraftverkehr für diejenigen Unternehmer, deren Unternehmen ihren Sitz nicht im Inland haben und die über die jeweils erforderlichen Berechtigungen verfügen.(Als Berechtigungen i.d.S., neben denen eine Erlaubnis gem. § 3 Abs.1 GüKG nicht mehr erforderlich ist, gelten gem. § 6 S.2 GüKG die Gemeinschaftslizenz gem. Art. 3 der Verordnung Nr. 881/92 des Rates vom 26. März 1992 in der jeweils geltenden Fassung (Nr. 1), die Genehmigung auf Grund der Resolution des Rates der Konferenz der Europäischen Verkehrsminister (CEMT) vom 14. Juni 1973 (BGBl. 1974 II S. 298) nach Maßgabe der Verordnung über den grenzüberschreitenden Güterkraftverkehr mit CEMT-Genehmigungen vom 17. Juli 1974[652] in der jeweils geltenden Fassung (Nr. 2), die CEMT-Umzugsgenehmigung (Nr. 3) sowie die Drittstaatengenehmigung (Nr. 4))..
Voraussetzungen zur Erteilung der Erlaubnis:
Die Erlaubniserteilungsvoraussetzungen ergeben sich aus § 3 Abs.2, Abs.3 GüKG i.V.m. der auf § 3 Abs.6 GüKG beruhenden Berufszugangsverordnung über den Güterkraftverkehr (GBZugV) (Verordnung v. 21.06.2000 (BGBl. I S. 918), Inkrafttreten: §§ 3- 8 am 01. Januar 2001, im übrigen am 01. Juli 2000).
Gem. § 3 Abs.2 GüKG wird die Erlaubnis gem. § 3 Abs.1 GüKG einem Unternehmer, der sein Unternehmen im Inland hat, erteilt, wenn der Unternehmer und die zur Führung der Güterkraftverkehrsgeschäfte bestellte Person zuverlässig ist (Nr.1), die finanzielle Leistungsfähigkeit des Unternehmens gewährleistet ist (Nr. 2) und der Unternehmer oder die zur Führung der Güterkraftverkehrsgeschäfte bestellte Person fachlich geeignet ist.

Zuverlässigkeit gem. § 3 Abs.2 Nr.1 GüKG:
Die erforderliche Zuverlässigkeit des Unternehmers und der zur Führung des Güterkraftverkehrgeschäftes bestellten Person ist gem. § 3 Abs.3 Nr.1 GüKG gegeben, wenn diese die Gewähr dafür bieten, dass das Unternehmen den gesetzlichen Bestimmungen entsprechend geführt wird und die Allgemeinheit bei dem Betrieb des Unternehmens vor Schäden oder Gefahren bewahrt bleibt.
Dies ist gem. § 1 Abs.1 GBZugV dann der Fall, wenn keine hinreichenden Anhaltspunkte dafür vorliegen, dass bei der Führung des Unternehmens die für den Güterkraftverkehr geltenden Vorschriften missachtet oder die Allgemeinheit bei dem Betrieb des Unternehmens geschädigt oder gefährdet werden. Anhaltspunkte für eine Unzuverlässigkeit i.d.S. sind gem. § 1 Abs.2 GBZugV insbesondere eine rechtskräftige Verurteilung wegen schwerer Verstöße gegen strafrechtliche Vorschriften (Nr.1) sowie schwere Verstöße gegen Vorschriften des GüKG oder der darauf beruhenden Rechtsverordnungen (Nr. 2 a), gegen arbeits- oder sozialrechtliche Pflichten, insbesondere gegen die Vorschriften über die Lenk- und Ruhezeiten des Fahrpersonals (Nr. 2 b), gegen Vorschriften, die im Interesse der Verkehrs-Betriebs- und Lebensmittelsicherheit erlassen wurden, insbesondere gegen die Vorschriften des StVG, der StVO oder der StVZVO (Nr. 2 c), gegen die abgabenrechtlichen Pflichten, die sich aus unternehmerischer Tätigkeit ergeben (Nr. 2 d), gegen § 1 PfVG (Nr. 2 e), gegen die besonderen Regelungen für die Beförderung lebender Tiere (Nr. 2 f) sowie gegen umweltschützende Vorschriften, insbesondere des Abfall- und Emissionsschutzrechts sowie des Rechts der Beförderung gefährlicher Güter (Nr. 2 g).

Finanzielle Leistungsfähigkeit gem. § 3 Abs.2 Nr.2 GüKG:
Die finanzielle Leistungsfähigkeit des Unternehmens ist gem. § 3 Abs.3 Nr.2 GüKG dann gewährleistet, wenn die zur Aufnahme der ordnungsgemäßen, insbesondere verkehrssicheren Führung des Unternehmens, erforderlichen finanziellen Mittel verfügbar sind.

Gem. § 2 Abs.1 S.2 GBZugV liegt die finanzielle Leistungsfähigkeit demgegenüber nicht vor, wenn die Zahlungsfähigkeit des Unternehmens nicht gewährleistet ist oder erhebliche Rückstände an Steuern oder Beiträgen zur Sozialversicherung bestehen, die aus unternehmerischer Tätigkeit geschuldet werden (Nr. 1) oder wenn das Eigenkapital des Unternehmens, zuzüglich Reserven i.S.d. § 2 Abs.3 GBZugV, weniger als 9.000 Euro für das erste Fahrzeug oder weniger als 5.000 Euro für jedes weitere Fahrzeug beträgt (Nr. 2).
Zum Nachweis der finanziellen Leistungsfähigkeit i.d.S. können gem. § 2 Abs.2 GBZugV Unbedenklichkeitsbescheinigungen (Stichtag der Bescheinigung bei Antragsstellung nicht länger als drei Monate zurück (§ 2 Abs.2 Nr.1 GBZugV)) des Finanzamts der Gemeinde, der Träger der Sozialversicherung und der Berufsgenossenschaft (Nr. 1) sowie die Eigenkapitalbescheinigung (Der Stichtag der Eigenkapitalbescheinigung darf zum Zeitpunkt der Antragstellung nicht länger als ein Jahr zurückliegen (§ 2 Abs.2 Nr.2 S.3 GBZugV) eines Wirtschaftsprüfers, eines vereidigten Buchprüfers, eines Steuerberaters, eines Steuerbevollmächtigten, eines Fachanwalts für Steuerrecht, einer Wirtschaftsprüfungs-, Buchprüfungs- oder Steuerberatungsgesellschaft oder eines Kreditinstituts nach dem Muster der Anlage 1 der GBZugV (Nr.2) vorgelegt werden (Bei Unternehmen, die gem. § 316 Abs.1 HGB von einem Abschlussprüfer geprüft worden sind, ist die Bescheinigung des Abschlussprüfers erforderlich, der den Jahresabschluss geprüft hat (§ 2 Abs.2 Nr.2 S.2 GBZugV)).

Fachliche Eignung gem. § 3 Abs.2 Nr.3 GüKG:
Verfügen der Unternehmer oder die zur Führung der Güterkraftverkehrsgeschäfte bestellte Person gem. § 3 Abs.3 Nr.3 GüKG über die zur Führung des Unternehmens erforderlichen Fachkenntnisse, so ist von der erforderlichen fachlichen Eignung dieser Personen i.S.d. § 3 Abs.2 Nr.3 GüKG auszugehen. In welchen Sachgebieten diese Fachkenntnisse vorliegen müssen, ergibt sich gem. § 3 GBZugV aus Anhang I, Ziffer I der Richtlinie 96/26/EG des Rates vom 29. April 1996 (ABl. EG Nr. L 124 S.1, in der jeweils gültigen Fassung, zuletzt geändert durch Richtlinie 98/76/EG des Rates vom 01. Oktober 1998 (ABl. EG Nr. L 277 S. 17)) über den Zugang zum Beruf des Güter- und Personenkraftverkehrsunternehmers im innerstaatlichen und grenzüberschreitenden Verkehr, sowie über die gegenseitige Anerkennung der Diplome, Prüfungszeugnisse und sonstigen Befähigungsnachweise für die Beförderung von Personen im Straßenverkehr und über Maßnahmen zur Förderung der tatsächlichen Inanspruchnahme der Niederlassungsfreiheit der betroffenen Verkehrsunternehmer.
Der Nachweis der erforderlichen Fachkenntnisse erfolgt durch die Ablegung einer sog. Fachkundeprüfung gem. §§ 4 ff GBZugV.

Verfahren zur Erteilung der Erlaubnis:
Das Erlaubnisverfahren wird durch einen Antrag auf Erlaubniserteilung gegenüber der zuständigen Behörde eingeleitet. Welche Behörde sachlich zuständig zur Erteilung der Erlaubnis ist, bestimmt gem. § 3 Abs.7 S.1 GüKG die Landesregierung oder die von dieser dazu ermächtigte Stelle. Örtlich zuständig ist gem. § 3 Abs.7 S.2 GüKG die Behörde, in deren Zuständigkeitsbereich das Unternehmen des Antragsstellers seinen Sitz hat. Der Antrag bei der Genehmigungsbehörde muss gem. § 9 Abs.1 GBZugV Angaben enthalten über den Namen und die Rechtsform des Unternehmens (Nr.1), das zuständige Registergericht (Nr.2), die Anschrift des Sitzes des Unternehmens (Nr.3), die für den Sitz des Unternehmens maßgeblichen Telefon- und Telefaxnummern (Nr.4), die Anschrift der Niederlassungen des Unternehmens (Nr.5), die zur Vertretung des antragsstellenden Unternehmens ermächtigten Personen unter Nachweis ihrer Vertreterstellung sowie die zur Führung der Güterkraftverkehrsgeschäfte bestellten Personen (Nr.6), die Anzahl der benötigten Ausfertigungen der Erlaubnis (Nr.7), die Anzahl und die Art der eingesetzten Fahrzeuge (Nr. 8) sowie, bei Inhabern einer Lizenz i.S.d. Verordnung Nr. 881/92 des Rates vom 26. März 1992 (ABl. EG Nr. L 95 S.1)in der jeweils geltenden Fassung, über die zuständige Erteilungsbehörde, die Lizenznummer, das Datum der Erteilung und den Gültigkeitszeitraum sowie über die Anzahl der ausgegebenen beglaubigten Abschriften dieser Lizenz (Nr.9). Darüber hinaus müssen dem Erlaubnisantrag gem. § 9 Abs.2 S.1 Nr.1 GBZugV, in Bezug auf das antragsstellende Unternehmen, ein Auszug aus dem Handels- oder Genossenschaftsregister in beglaubigter Abschrift (wenn eine entsprechende Eintragung besteht) (lit. a), der Nachweis der Vertretungsberechtigung (lit. b), ein Führungszeugnis und eine Auskunft aus dem Gewerbezentralregister für die zur Vertretung ermächtigte Person (lit. c), die Unterlagen gem. § 3 Abs.2 u. 3 GBZugV (lit. d) und der Nachweis der fachlichen Eignung gem. § 3 GBZugV (lit. e) beigefügt werden. Was die Personen anbelangt, die zur Führung der Güterkraftverkehrsgeschäfte bestellt sind, so muss dem Erlaubnisantrag ein Führungszeugnis (lit. a), eine Auskunft aus dem Gewerbezentralregister (lit. b), der Nachweis der fachlichen Eignung gem. § 4 ff GBZugV (lit. c) sowie der Nachweis des konkreten Beschäftigungsverhältnisses (lit. d) beigefügt werden. Was das Führungszeugnis und die Auskunft aus dem Gewerbezentralregister anbelangt, so ist zu beachten, dass diese gem. § 9 Abs. 2 S.2

bb. Zweck der Genehmigungspflicht und Rechte Dritter

Durch die Genehmigungspflicht soll sichergestellt werden, dass der Staat zum Schutze der Allgemeinheit vor den Gefahren eines unkontrollierten Güterkraftverkehrswesens eine präventive Kontrolle dieses Verkehrs- und Wirtschaftszweiges gewährleisten kann[653].

Drittschützende Wirkung kommt der Genehmigungspflicht hingegen nicht zu. Insbesondere besteht nach dem Wegfall der Kontingentierungsbestimmungen im Bereich des Güterkraftverkehrs kein Drittschutzbedürfnis mehr im Hinblick auf etwaige Konkurrentenklagen. Ein subjektives öffentliches Recht auf Schutz vor Wettbewerb oder auf Einhaltung der dem Allgemeinwohl dienenden Genehmigungsvoraussetzungen des § 3 GüKG existiert nicht.

Der Vollständigkeit halber ist hierbei darauf hinzuweisen, dass sich die Situation Drittbetroffener im Bereich einer Genehmigung nach dem GüKG insofern erheblich von der im Bereich anderer öffentlich-rechtlicher, aber kontingentierter „Verkehrsgenehmigungen" - etwa nach dem PBefG - unterscheidet. In den kontingentierten „Verkehrsbereichen" werden den durch die Genehmigung betroffenen Dritten, d.h. den Mitbewerbern und Konkurrenten, in vielfältiger Weise subjektive Rechtspositionen zugestanden, die im Einzelfall die Grundlage eines Vorgehens gegen die erteilte Genehmigung bilden können. So kann nach Auffassung der Rechtsprechung für Inhaber bereits erteilter Genehmigungen etwa dann ein Klagerecht gegen die einem anderen neu erteilte Genehmigung bestehen, wenn ihre Anhörungsrechte nach dem PBefG von der zuständigen Behörde nicht beachtet worden sind oder keine ausreichende Prüfung dahingehend erfolgt ist, ob der mit dem Antrag auf Genehmigungserteilung beantragte Verkehr nicht auch schon durch die vorhandenen Verkehrsmittel in befriedigender Weise bedient werden kann[654]. Einem Mitbewerber kann ein solches Klagerecht dann zustehen, wenn die Erteilung der entsprechenden Genehmigung an einen anderen, beispielsweise unter Missachtung seiner „Rangstelle" auf einer sog. Vormerkliste erfolgt und das diesbezügliche Kontingent erschöpft ist[655].

GBZugV im Zeitpunkt der Antragsstellung nicht älter als drei Monate sein dürfen. Rechtzeitig vor der Entscheidung über den Erlaubnisantrag ist die Erlaubnisbehörde gem. § 3 Abs. 5 a GüKG verpflichtet, dem Bundesamt für Güterverkehr, den beteiligten Verbänden des Verkehrsgewerbes, der fachlich zuständigen Gewerkschaft und der zuständigen Industrie- und Handelskammer Gelegenheit zur Stellungnahme zu geben.

Wirkung und Inhalt der Erlaubnis:
Gem. § 10 GBZugV wird die Erlaubnis i.S.d. § 3 Abs.1 GüKG nach den Mustern der Anlage 5 zum GBZugV erteilt und ist nicht übertragbar.
Die Erlaubnis kann gem. § 3 Abs.4 GüKG befristet und unter Bedingungen und Auflagen oder mit verkehrsmäßigen Beschränkungen erteilt werden.

[653] vgl. insofern auch Hein/Eichhoff/Pukall/Krien „Güterkraftverkehrsrecht, 3. Bd.", N § 3 Zif. 3 a ff.

[654] vgl. Fielitz/Meier/Montigel/Müller „PBefG-Kommentar", § 14 Rn. 5

[655] vgl. Fielitz/Meier/Montigel/Müller „PBefG-Kommentar", § 14 Rn. 14

Mangels Kontingentierung ist diese Rechtsprechung aber auf den Bereich der Genehmigung nach dem GüKG nicht übertragbar.

u. Das Planfeststellungsverfahren gem. § 72 ff. VwVfG

aa. Allgemeines

Zu den für die Rechte Dritter besonders bedeutsamen Verwaltungsverfahren gehört das verwaltungsrechtliche Planfeststellungsverfahren gem. § 72 ff. VwVfG. Dieses ist im Rahmen der Untersuchung bereits wiederholt bei der Darstellung spezialgesetzlicher Genehmigungsverfahren angesprochen worden.

Beim Planfeststellungsverfahren handelt es sich um ein gesetzlich streng formalisiertes[656] besonderes Verwaltungsverfahren im Sinne von § 9 VwVfG, in dessen Rahmen über ein regelmäßig im öffentlichen Interesse liegendes raumbezogenes Planungsvorhaben und seine öffentlich-rechtliche Zulässigkeit, im Wege einer einheitlichen Sachentscheidung durch Planfeststellungsbeschluss, d.h. durch Verwaltungsakt, mit „umfassender Rechtswirkung und Problembewältigung“ entschieden wird[657].

Die „Planentscheidung“ ist dadurch gekennzeichnet, dass der Planfeststellungsbehörde kraft ausdrücklicher gesetzlicher Bestimmung die Befugnis übertragen ist, auf Grundlage des vom Vorhabensträger vorgelegten Plans, im Hinblick auf bestimmte, der Allgemeinheit dienende gesetzlich definierte Vorhaben (sowohl überörtliche Streckenvorhaben wie Straßen, Schienenbahnen etc. oder örtliche Punktvorhaben wie Verkehrsflughäfen, Abfallbeseitigungsanlagen etc.), die konkurrierenden privaten und öffentlichen Belange in einem Akt planender Gestaltung durch Abwägung zum Ausgleich zu bringen und erforderlichenfalls zu überwinden[658]. Der Planfeststellungsbeschluss hat eine vorhabensbezogene, das grundsätzlich bestehende öffentlich-rechtliche Verbot beseitigende Gestattungs- und Feststellungswirkung, durch die die Zulässigkeit des Vorhabens - einschließlich der notwendigen Folgemaßnahmen im Hinblick auf die öffentlichen Belange - festgestellt wird[659].

Die Bestimmungen der §§ 72 ff. VwVfG kommen unmittelbar immer dann zur Anwendung, wenn die Durchführung eines Planfeststellungsverfahrens gesetzlich an-

---

[656] vgl. Maurer „Allgemeines Verwaltungsrecht“, 14. Auflage, 2002, § 19, Rn. 5

[657] vgl. Bonk in Stelkens/Bonk/Sachs „Verwaltungsverfahrensgesetzt“, 5. Auflage, 1998, § 72, Rn. 4; Maurer „Allgemeines Verwaltungsrecht“, 14. Auflage, 2002, § 19, Rn. 5; Spoerr in Brandt/Ruchay/Weidemann „Kreislauf-wirtschafts- und Abfallgesetz-Kommentar-“, Bd. II, § 31 Rn. 173

[658] vgl. Bonk in Stelkens/Bonk/Sachs „Verwaltungsverfahrensgesetzt“, 5. Auflage, 1998, § 72, Rn. 6; zum Wesen von Planungsentscheidungen vgl. auch BVerwGE 74 , 124, 133

[659] vgl. Spoerr in Brandt/Ruchay/Weidemann, „Kreislauf-wirtschafts- und Abfallgesetz-Kommentar-“, Bd. II, § 31 Rn. 187

geordnet ist und in spezialgesetzlichen Bestimmungen, wie z.B. in. § 85 LuftVG im Hinblick auf den Bau von Verkehrsfughäfen, keine Sonderregeln enthalten sind.

Ungeachtet derartiger spezialgesetzlicher Sonderregelungen, soll das Planfeststellungsverfahren und dabei insbesondere seine Auswirkungen auf die Rechte Dritter, im Rahmen dieser Untersuchung auf Grundlage der §§ 72 ff. VwVfG dargestellt werden. Die §§ 72 ff. VwVfG regeln und bestimmen die typischen Merkmale des Planfeststellungsverfahrens und haben daher jedenfalls Modellcharakter[660].

Dabei soll dieser Darstellung bewusst die Feststellung vorangestellt werden, dass ein „klagbarer Anspruch" auf Durchführung eines Planfeststellungsverfahrens - mangels einer eigenständigen drittschützenden Wirkung eines solchen Verfahrens - nach ständiger Rechtsprechung nicht existiert. Vielmehr ist immer die Verletzung einer speziell drittschützenden materiell- oder verfahrensrechtlichen Norm erforderlich. Die Bestimmungen über das Planfeststellungsverfahren an sich vermitteln insofern keine eigenen subjektiv-öffentlichen Rechte[661].

bb. Verfahren

aaa. Einreichen der Planunterlagen / Anhörungsverfahren

Das Planfeststellungsverfahren wird - wie jedes andere „Genehmigungsverfahren" auch - durch einen Antrag im Sinne des § 22 S.2 Nr. 2 VwVfG eingeleitet, wobei der Antrag auf Planfeststellung in Form des Einreichens der Planunterlagen durch den Träger des Vorhabens gem. § 73 Abs.1 VwVfG erfolgt[662].

Einzureichen sind die Planunterlagen nicht bei der Planfeststellungsbehörde, sondern bei der von dieser formal getrennten Anhörungsbehörde[663], wobei Planfeststellungs- und Anhörungsbehörde im Einzelfall auch identisch sein können[664].

Diese Regelung ist Ausdruck einer Besonderheit des Planfeststellungsverfahrens, dass zwar ein einheitliches Verwaltungsverfahren gem. § 9 VwVfG darstellt, sich aber unabhängig davon in zwei unselbständige Verfahrensabschnitte, d.h. in das Anhörungsverfahren gem. § 73 VwVfG und das daran anschließende Planfeststellungs-

---

[660] vgl. Maurer „Allgemeines Verwaltungsrecht", 14. Auflage, 2002, § 19, Rn. 5
[661] vgl. VGH München, Beschluss v. 04.07.1995, NVwZ 1996, 1128, 1130; BVerwG, Beschluss v. 13.10.1994, NVwZ 1995, 379, 380, BVerwGE 62, 243, 245 f.; OVG Münster, Urteil v. 18.02.1986, NVwZ 1988, 179, 180
[662] vgl. Bonk in Stelkens/Bonk/Sachs „Verwaltungsverfahrensgesetzt", § 72, Rn.. 109; Ramsauer in Kopp „Verwaltungsverfahrensgesetz",, § 73 Rn. 11
[663] Wer Anhörungsbehörde ist, wird durch die jeweiligen Spezialgesetze geregelt (vgl. insofern auch Bonk in Stelkens/Bonk/Sachs „Verwaltungsverfahrensgesetz", § 73 Rn. 21)
[664] Ramsauer in Kopp „Verwaltungsverfahrensgesetz", 7. Auflage, 2000, § 73 Rn. 8

verfahren im engeren Sinne gem. §§ 74, 75 VwVfG, gliedert[665]. Das Anhörungsverfahren dient im Hinblick auf den regelmäßig sehr weiten, durch ein Planfeststellungsverfahren berührten Interessenkreises, dem Zweck, bereits im Vorfeld der Entscheidung sämtliche Interessenträger in einem formalisierten Verfahren zu hören[666].

Die sich hieraus für die, von einem solchen Planvorhaben betroffenen Dritten ergebenden Folgewirkungen, bedürfen einer differenzierten Betrachtung.

Unbestreitbar ist, dass dem durch das zur Planfeststellung beantragte Vorhaben „Betroffenen", durch die in § 73 VwVfG enthaltenen formalen Anforderungen an das Anhörungsverfahrens in erheblichem Umfang die Möglichkeit eröffnet wird, sich frühzeitig und umfassend ein recht exaktes Bild über das geplante Vorhaben zu verschaffen[667]. So bestimmt § 73 Abs.1 S.2 VwVfG, dass der durch den Träger des Vorhabens einzureichende Plan - der gem. § 73 Abs.2, Abs.3 VwVfG grundsätzlich für die Dauer eines Monats in den Gemeinden (öffentlich) ausgelegt werden muss, in denen sich das Vorhaben auswirkt[668] - aus „Zeichnungen und Erläuterungen" bestehen muss, „die das Vorhaben, seinen Anlaß und die von dem Vorhaben betroffenen Grundstücke und Anlagen erkennen lassen". Es besteht mithin für den Vorhabensträger eine ausdrückliche gesetzliche Verpflichtung im Vorfeld der Planfeststellung objektiv zu überprüfen, ob und wenn ja in welchem Umfang sich das geplante Vorhaben voraussichtlich auf die Rechtsgüter „Dritter" auswirken wird und das Ergebnis dieser objektiven Prüfung zeichnerisch und im Wege der Erläuterung ausdrücklich in den, auf Veranlassung der Behörden in den Gemeinden auszulegenden Planunterlagen kenntlich zu machen. Voraussetzung ist dabei, dass die Planunterlagen dem sog. Informationszweck genügen und für die Betroffenen die Möglichkeit besteht, sich anhand der ausgelegten Unterlagen einen genauen Überblick über Anlass, Größe und voraussichtliche Auswirkungen der Planung zu verschaffen[669].

Daran anschließend ist gem. § 73 Abs.4 VwVfG jeder, dessen Belange durch das Vorhaben berührt werden berechtigt, bis zwei Wochen nach Ablauf der Auslegungsfrist, Einwendungen gegen den Plan bei der Anhörungsbehörde zu erheben. Werden solche Einwendungen erhoben, ist die Anhörungsbehörde gem. § 73 Abs.6 VwVfG verpflichtet diese - gemeinsam mit den Stellungnahmen der Behörden, deren Aufgabenbereich durch das Vorhaben berührt wird (§ 73 Abs.2 VwVfG) – mit dem Träger des Vorhabens, den Behörden, den Betroffenen sowie den Personen, die Einwendungen erhoben haben, zu erörtern.

---

665 vgl. Bonk in Stelkens/Bonk/Sachs „Verwaltungsverfahrensgesetzt", § 73 Rn. 3

666 vgl. Dürr in Knack „Verwaltungsverfahrensgesetz", § 73 Rn. 6

667 vgl. Dürr in Knack „Verwaltungsverfahrensgesetz", § 73 Rn. 8

668 Auf die Bestimmung in § 73 Abs.3 S.2 VwVfG, wonach unter den dort bestimmten Voraussetzungen auf die Auslegung verzichtet werden kann, soll hier, aus Gründen der Übersichtlichkeit, bewusst nicht eingegangen werden. Dies scheint im übrigen entbehrlich, da auch in diesen Fällen aufgrund der gegebenen Einsichtnahmemöglichkeit in den Plan, nachteilige Auswirkungen für die von dem geplanten Vorhaben Betroffen nach dem Wortlaut des Gesetzes nicht zu erwarten sind.

669 vgl. Bonk in Stelkens/Bonk/Sachs „Verwaltungsverfahrensgesetzt", § 73 Rn. 17

Nach Abschluss der Erörterung ist die Anhörungsbehörde gem. § 73 Abs.9 VwVfG verpflichtet, zum Ergebnis des Anhörungsverfahrens eine Stellungnahme abzugeben und diese, möglichst innerhalb eines Monats, zusammen mit den Stellungnahmen der Behörden und den nicht erledigten Einwendungen der Planfeststellungsbehörde zuzuleiten.

Festzuhalten ist, dass das Anhörungsverfahren - mit der Möglichkeit sich frühzeitig über das geplante Vorhaben zu informieren und Einwendungen vorzutragen und zu erörtern - in besonderer Weise der Wahrung des rechtlichen Gehörs der Betroffenen dient. Dadurch wird eine Erleichterung und Vorverlagerung des Rechtsschutzes bewirkt und zugunsten der Beteiligten, d.h. insbesondere auch zugunsten der von der Planung Betroffenen, ein Rechtsanspruch auf faire Verfahrensgestaltung und eine unparteiische, sachbezogene Abwägung durch die zuständigen Behörden gesetzlich festgeschrieben[670]. Hervorzuheben ist dabei, dass das Einwendungsrecht der Betroffenen nicht lediglich dazu dient einem rein formalen „Beteiligungsbedürfnis" zu genügen, sondern dass insbesondere das Einwendungsrecht bewusst darauf ausgerichtet ist, eine substantielle Konfliktlösung bereits im Vorfeld der eigentlichen Planfeststellung zu ermöglichen. Damit dient das Anhörungsverfahren mit seinem Einwendungsrecht nicht lediglich einem „öffentlichen Interesse" an der Unterrichtung über den Sachverhalt, sondern gerade auch der Sicherung des subjektiven Rechtsschutzes Dritter[671]. Es entspricht aus Sicht der durch die Planung Betroffenen, sowohl der Forderung nach Rechtsschutz bereits im Verwaltungsverfahren, als auch der Forderung nach „Grundrechtsschutz durch Verfahrensrecht"[672].

Unabhängig von den vorgenanten, aus Sicht der durch das Planvorhaben Betroffenen durchweg positiven, d.h. „rechtsschutzerweiternden" Wirkungen des Anhörungsverfahrens, darf aber auch nicht übersehen werden, dass durch die Zubilligung von Verfahrensrechten dieses Umfanges auch eine erhebliche „Mitwirkungslast" für die potentiell Betroffenen[673] erzeugt wird, die unter Umständen auch den Verlust eigentlich bestehender materieller Rechte eines tatsächlich Betroffenen nach sich ziehen kann. So bestimmt § 73 Abs.4 S. 3 VwVfG ausdrücklich, dass mit Ablauf der Einwendungsfrist des § 73 Abs.4 S.1 VwVfG alle Einwendungen gegen den Plan ausgeschlossen sind, die nicht auf „besonderen privat-rechtlichen Titeln" beruhen. Hierbei ist besonders zu beachten, dass die Betroffenen in Folge dieser „materiellen Verwirkungspräklusion" nicht nur im laufenden Planfeststellungsverfahren, sondern gerade auch in einem nachfolgenden gerichtlichen Verfahren mit der Geltendmachung von Einwendungen und Abwehransprüchen ausgeschlossen sind. Darüber hinaus sind, im Falle rein „privater Belange", auch die Planfeststellungsbehörde und die Gerichte an einer entsprechenden inhaltlichen Prüfung des Planfeststellungsbe-

---

[670] vgl. Dürr in Knack „Verwaltungsverfahrensgesetz", § 73 Rn. 8; Bonk in Stelkens/Bonk/ Sachs „Verwaltungsverfahrensgesetzt", § 73 Rn. 11

[671] vgl. Bonk in Stelkens/Bonk/Sachs „Verwaltungsverfahrensgesetzt", § 73 Rn. 11, 57

[672] vgl. oben Zif. III. 7.

[673] vgl. Bonk in Stelkens/Bonk/Sachs „Verwaltungsverfahrensgesetzt", § 73 Rn. 38

schlusses gehindert. Die entsprechenden Belange sind bei der planerischen Abwägung vollumfänglich auszuklammern, da sie in Folge materieller Präklusion untergegangen sind. Dabei bezieht sich die Präklusion sowohl auf rechtliche als auch auf tatsächliche Bedenken gegen die Rechtmäßigkeit des Planfeststellungsbeschlusses[674].

Voraussetzung für den Eintritt der materiellen Präklusionswirkung, deren Verfassungsmäßigkeit durch das Bundesverwaltungsgericht in ständiger Rechtsprechung bejaht wird[675], ist allein die Nichterhebung von Einwendungen, bei gleichzeitig ordnungsgemäßer Auslegung der Planunterlagen und Hinweis auf den Einwendungsausschluss gem. § 73 Abs.4 S.4 VwVfG. Weitere Voraussetzungen sind nicht erforderlich. Insbesondere ist es ohne Bedeutung, wie schwerwiegend die Folgen der Präklusion im Einzelfall für den Betroffenen sind[676]. Insofern ist auch dann, wenn Einwendungen erhoben werden, genau darauf zu achten, in welcher „Form" bzw. mit welcher inhaltlichen Begründung dies geschieht. Zu fordern ist mindestens, dass die Einwendungen hinreichend konkret und substantiiert vorgebracht werden, wobei eine rein pauschale Bezugnahmen allein nicht ausreicht. Die Einwendungen müssen dem Grunde nach jedenfalls so erhoben werden, dass das bedrohte Rechtsgut aus der Einwendung heraus erkennbar wird. Einzelheiten können nachgetragen werden[677].

Allein der Vollständigkeit halber soll in diesem Zusammenhang erwähnt werden, dass nach Ablauf der Einwendungsfrist die einzige rechtliche Möglichkeit zur Abwehr der materiellen Präklusionswirkung in einem Antrag auf Wiedereinsetzung in den vorigen Stand gem. § 32 VwVfG besteht, wobei die Wiedereinsetzung begrifflich aber grundsätzlich nur bis zum Erlass des Planfeststellungsbeschlusses möglich ist. Nach Erlass des Planfeststellungsbeschlusses wandelt sich der Anspruch auf Wiedereinsetzung in einen Anspruch auf Berücksichtigung der Belange im gerichtlichen Verfahren[678]. Auf nähere Einzelheiten soll in diesem Zusammenhang nicht eingegangen werden.

bbb. Planfeststellungsverfahren im engeren Sinne

Zum Abschluss des Anhörungsverfahrens gibt die Anhörungsbehörde gem. § 73 Abs. 9 VwVfG eine abschließende Stellungnahme ab und leitet diese möglichst innerhalb eines Monats nach Abschluss der Erörterung, zusammen mit dem Plan, den Stellungnahmen der Behörden und den nicht erledigten Einwendungen, der Planfeststellungsbehörde zum Zwecke der Planfeststellung zu (§ 74 Abs.1 VwVfG).

---

[674] vgl. Dürr in Knack „Verwaltungsverfahrensgesetz", § 73 Rn. 70, 74
[675] vgl. Urteil BVerwG v. 24.05.1996, NVwZ 97, 489
[676] vgl. Dürr in Knack „Verwaltungsverfahrensgesetz", § 73 Rn. 71
[677] vgl. Dürr in Knack „Verwaltungsverfahrensgesetz", § 73 Rn. 69
[678] vgl. Dürr in Knack „Verwaltungsverfahrensgesetz", § 73 Rn. 75

Die Planfeststellungsbehörde entscheidet gem. § 74 Abs.2 VwVfG im Planfeststellungsbeschluss über die Einwendungen, über die bei der Erörterung vor der Anhörungsbehörde keine Einigung erzielt worden ist. Dabei ist die Planfeststellungsbehörde gem. § 74 Abs.2 VwVfG unter anderem berechtigt, dem Träger des Vorhabens solche Vorkehrungen aufzuerlegen, die „zur Vermeidung nachteiliger Wirkungen auf Rechte anderer erforderlich sind". Durch den Planfeststellungsbeschluss wird zum einen gem. § 75 Abs.1 VwVfG die Zulässigkeit des Vorhabens im Hinblick auf alle von ihm berührten öffentlichen Belange festgestellt. Darüber hinaus regelt der Plan gem. § 75 Abs.1 S. 2 alle öffentlich-rechtlichen Beziehungen zwischen dem Träger des Vorhabens und den durch den Plan Betroffenen.

Von Bedeutung für die Rechtsschutzmöglichkeiten der durch die Planung Betroffenen ist insofern, dass der Planfeststellungsbeschluss gem. § 74 Abs.4 S.1 VwVfG grundsätzlich[679] auch den bekannten Betroffenen zuzustellen ist. Darüber hinaus ist der Beschluss gem. § 74 Abs. 4 S.2 VwVfG zusammen mit einer Rechtsbehelfsbelehrung und einer Ausfertigung des festgestellten Plans in den von der Planung betroffenen Gemeinden für zwei Wochen zur Einsicht auszulegen, wobei die Zustellung des Beschluss gem. § 74 Abs.4 S.3 VwVfG mit dem Ende der Auslegungsfrist gegenüber den „übrigen Betroffenen" als bewirkt gilt. Dies insbesondere auch gegenüber Personen, die ohne Verschulden verhindert waren, die Bekanntmachung zur Kenntnis zu nehmen[680].

Daraus folgt, dass die vierwöchige Rechtsbehelfsfrist gegen den als Verwaltungsakt zu qualifizierenden Planfeststellungsbeschluss[681] für die „bekannten Betroffenen" ab dem Zeitpunkt der Zustellung, für die „übrigen, d.h. für die „unbekannten"[682] Betroffenen ab dem in § 74 Abs.4 S.3VwVfG bestimmten Zeitpunkt zu laufen beginnt. In Folge dessen entfaltet der Planfeststellungsbeschluss gem. §§ 41, 43 VwVfG gegenüber solchen „bekannten Betroffenen", denen gegenüber keine persönliche Zustellung erfolgt, mangels Bekanntgabe keine Wirksamkeit, da die Zustellung Ihnen gegenüber auch nicht durch die öffentliche Auslegung bewirkt wird[683]. Dies ist, insbesondere im Vergleich mit sog. „übrigen Betroffenen", die ohne eigenes Verschulden keine Kenntnis der erfolgten öffentlichen Auslegung genommen haben, von erheblicher Bedeutung für die insofern verbleibenden Rechtsschutzmöglichkeiten.

---

[679] Sonderbestimmungen gelten dann, sofern außer an den Träger des Vorhabens mehr als 50 Zustellungen erforderlich sind. In diesem Fall können die „Einzelzustellungen" gem. § 74 Abs. 5 durch „öffentliche Bekanntmachung" ersetzt werden. Hierauf soll aber aus Gründen der Übersichtlichkeit vorliegend bewusst nicht näher eingegangen werden.
[680] vgl. Dürr in Knack „Verwaltungsverfahrensgesetz", § 74 Rn. 39
[681] vgl. Dürr in Knack „Verwaltungsverfahrensgesetz", § 74 Rn. 55; Bonk in Stelkens/Bonk/Sachs „Verwaltungsverfahrensgesetz", § 74 Rn. 19
[682] vgl Bonk in Stelkens/Bonk/Sachs „Verwaltungsverfahrensgesetz", § 74 Rn. 121
[683] vgl Bonk in Stelkens/Bonk/Sachs „Verwaltungsverfahrensgesetzt", § 74 Rn. 122

bb. Rechtswirkungen des Planfeststellungsbeschlusses

Unabhängig von der grundsätzlichen Möglichkeit gegen den Planfeststellungsbeschluss im Wege der Anfechtungsklage ohne Vorverfahren vorzugehen (§ 74 Abs.1 S.2 VwVfG i.V.m. § 70 VwVfG), sind die erheblichen materiell-rechtlichen Wirkungen des Planfeststellungsbeschlusses zu beachten.

Der Planfeststellungsbeschluss hat Genehmigungs- (§ 75 Abs.1 S.1 Hs.1 VwVfG), Konzentrations- (§ 75 Abs.1 S.1 Hs.2 VwVfG), Rechtsgestaltungs- (§ 75 Abs.1 S.2 VwVfG), Duldungs- (§ 75 Abs.2 S.1 VwVfG) sowie Ausgleichswirkung (§ 74 Abs.2 S.2, 3; § 75 Abs.2 S.2, 3 VwVfG)[684].

aaa. Genehmigungswirkung

Genehmigungswirkung bedeutet, dass durch den Planfeststellungsbeschluss die Zulässigkeit des Planvorhabens umfassend und verbindlich festgestellt wird. Dem Träger des Vorhabens wird im Falle der Bestandskraft des Planfeststellungsbeschlusses, bzw. sofern - wie etwa in § 17 Abs.6 a S.1 FStrG bestimmt - die aufschiebenden Wirkung von Rechtsmitteln, die gegen den Planfeststellungsbeschluss eingelegt werden wegfällt, die Möglichkeit eröffnet, unmittelbar auf Grundlage des Planfeststellungsbeschlusses mit dem Vorhaben zu beginnen[685].

Für etwaig durch die Planung betroffene Dritte ist insofern von Bedeutung, dass, abhängig vom Einzelfall, unter Umständen ein subjektiv-öffentlicher Anspruch des Dritten dahingehend bestehen kann, dass unmittelbar im Planfeststellungsbeschluss sog. Folgemaßnahmen festgesetzt werden, durch die beispielsweise die Auswirkungen des Vorhabens auf private Grundstücke ausgeglichen werden[686]

bbb. Konzentrationswirkung

Aufgrund der Konzentrationswirkung werden alle behördlichen Zuständigkeiten auf die Planfeststellungsbehörde verlagert. Weitere öffentliche Genehmigungen, Verleihungen, Erlaubnisse, Bewilligungen, Zustimmungen und Planfeststellungen sind neben dem Planfeststellungsbeschluss nicht erforderlich.

Es erfolgt eine umfassende Verfahrenskonzentration auf die zuständige Fachplanungsbehörde[687].

---

[684] vgl. Dürr in Knack „Verwaltungsverfahrensgesetz", § 75 Rn. 5
[685] vgl. Dürr in Knack „Verwaltungsverfahrensgesetz", § 75 Rn. 6
[686] so im Ergebnis BVerwG 57, 297, 299 ff.
[687] vgl. Dürr in Knack „Verwaltungsverfahrensgesetz", § 75 Rn. 11

ccc. Rechtsgestaltungswirkung

Die Gestaltungswirkung hat zu Folge, dass die öffentlich-rechtliche Beziehung zwischen dem Träger des Vorhabens und den durch das Vorhaben Betroffenen, nach Bestandskraft des Planfeststellungsbeschlusses, ausschließlich durch diesen geregelt werden. Dies wirkt sich für die Betroffenen dahingehend aus, dass sie nach Bestandkraft des Beschlusses mit dem Einwand ausgeschlossen sind, ihre Rechte seien im Rahmen der Planfeststellung nicht bzw. nicht in erforderlichem Umfang berücksichtigt worden.

Darüber hinaus entfaltet der Planfeststellungsbeschluss eine sog. „enteignungsrechtliche Vorwirkung", d.h. er ist Grundlage eines der Planfeststellung etwaig nachfolgenden Enteignungsverfahrens, wobei dies in einigen Fachplanungsgesetzen, wie etwa in § 19 FStrG, auch ausdrücklich spezialgesetzlich normiert ist[688].

ddd. Duldungswirkung

Von besonderer Bedeutung für die Rechte der durch das Vorhaben Betroffenen ist ferner, dass Ansprüche auf Unterlassung des Vorhabens bzw. auf Beseitigung oder Änderung der Anlagen oder Unterlassung ihrer Benutzung, gem. § 75 Abs.2 S.1 VwVfG nach Bestandskraft des Planfeststellungsbeschlusses ausgeschlossen sind. Hierbei ist jedoch zu beachten, dass hiervon Entschädigungsansprüche gem. § 74 Abs.2 S.3 und § 75 Abs.2 S.4 VwVfG sowie privatrechtliche Ansprüche, die auf im Zusammenhang mit der Planfeststellung geschlossenen Vereinbarungen beruhen, nicht berührt werden[689].

eee. Ausgleichswirkung

Durch die Ausgleichswirkung wird den durch die Planung Betroffenen, auch nach Bestandskraft des Planfeststellungsbeschlusses, ein Anspruch auf Ausgleich für solche Wirkungen der Planung gewährt, die aufgrund der Planunterlagen nicht voraussehbar waren. Ausgleich bedeutet in diesem Zusammenhang die Herstellung von Vorkehrungen oder die Errichtung oder Unterhaltung von Anlagen, durch die die nachteiligen Wirkungen der Planung ausgeschlossen werden. Ist dies nicht möglich, steht dem Betroffenen ein Anspruch auf angemessene Entschädigung in Geld zu.

Eine nachteilige Wirkung in diesem Sinne besteht nach der Rechtsprechung des Bundesverwaltungsgerichts immer dann, wenn eine erhebliche Beeinträchtigung vorliegt, die nicht mehr „zumutbar" ist. Dabei bezeichnet der Begriff des Zumutbaren

---

[688] vgl. Dürr in Knack „Verwaltungsverfahrensgesetz", § 75 Rn. 18
[689] vgl. Dürr in Knack „Verwaltungsverfahrensgesetz", § 75 Rn. 38

aber „nicht etwa die Schwelle, jenseits derer sich ... ein Eingriff in das Eigentum als schwer und unerträglich und deshalb im enteignungsrechtlichen Sinn als unzumutbar erweist". Unzumutbarkeit ist vielmehr bereits dann gegeben, „wenn dem Betroffenen eine nachteilige Einwirkung ... auf seine Rechte ... billigerweise nicht mehr zugemutet werden soll"[690].

Dem konkret Planbetroffenen kann insofern ein subjektiver Anspruch auf Anordnung der erforderlichen Schutzauflagen zustehen. Möchte er eine solche Auflage durchsetzen, ist der Betroffene auch nicht in jedem Fall gezwungen, den gesamten Planfeststellungsbeschluss anzufechten. Vielmehr kann er dann, wenn insofern die „Ausgewogenheit der Gesamtplanung" nicht beeinträchtigt wird, die Anordnung einer solchen Schutzauflage auch im Wege einer Verpflichtungsklage, unter Beibehaltung des Plans im übrigen, durchsetzen[691]

cc. Rechte der Planbetroffenen bei Abwägungsmängeln

Von Bedeutung für die Rechte der durch die Planung Betroffenen ist, dass Mängel der Abwägung mit öffentlichen oder privaten Belangen gem. § 75 Abs.1a VwVfG nur dann erheblich sind, wenn sie offensichtlich und auf das Abwägungsergebnis von Einfluss gewesen sind.

Nach der Rechtsprechung des Bundesverwaltungsgerichtes ist in diesen Fällen bei einer Klage eines Betroffenen, die Rechtswidrigkeit des Planfeststellungsbeschlusses und dessen Nichtvollziehbarkeit festzustellen. Der Planfeststellungsbehörde verbleibt insofern die Wahl, ein ergänzendes Verfahren oder ein völlig neues Planfeststellungsverfahren durchzuführen oder das Verfahren vollständig aufzugeben[692]. Ist der Planfeststellungsbeschluss unanfechtbar, sind Ansprüche auf Unterlassung des Vorhabens, auf Beseitigung oder Änderung der Anlagen oder auf Unterlassung ihrer Benutzung ausgeschlossen.

3. Rechtmäßigkeit der Folgewirkungen aus Sicht des Dritten

Wie zuvor dargestellt, wirkt sich das Bestehen eines Verbotes mit Erlaubnisvorbehalt in nicht unerheblichem Umfang auf die materiell-rechtliche Rechtsposition des rechtsschutzsuchenden Drittbetroffenen aus. Dies gilt unabhängig von der Erkenntnis, dass die Frage des Rechtsschutzes Dritter von der ursprünglichen Zielsetzung des Rechtsinstituts des Verbotes mit Erlaubnisvorbehalt wohl nicht umfasst gewesen

[690] vgl. BVerwGE 51, 15, 29; BVerwGE 56, 110, 132; BVerwGE 57, 297, 304; BVerwGE 58, 154, 161
[691] vgl. Dürr in Knack „Verwaltungsverfahrensgesetz", § 75 Rn. 64
[692] vgl. Dürr in Knack „Verwaltungsverfahrensgesetz", § 75 Rn. 32

ist, sondern dass die dahingehende Entwicklung erst unter dem Einfluss des Grundgesetzes eingesetzt hat.

In der Realität wird dem Drittbetroffenen, beim Vorliegen einer Erlaubnis für das seiner Ansicht nach störende Vorhaben, nach recht großzügigen Maßstäben die Möglichkeit eröffnet, sich im Wege eines Anfechtungswiderspruchs bzw. einer Anfechtungsklage direkt gegen die erteilte Erlaubnis selbst zu wenden. Sofern sich dabei die Rechtswidrigkeit des (genehmigten) Vorhabens ergibt, kann er auch mit einiger Sicherheit davon ausgehen, dass er auf diesen Weg eine effektive und ausreichende Sicherung seiner Rechtspositionen erreicht.

Darüber hinaus wird dem Drittbetroffenen in den Fällen, in denen ein erlaubnispflichtiges Vorhaben im Einzelfall ohne die vorgeschriebene Erlaubnis, d.h. formell rechtswidrig realisiert worden ist, von einem beachtlichen Teil in Literatur und Rechtsprechung, ein direktes Vorgehen gegen das störende Vorhaben im Wege der Geltendmachung eines Anspruchs auf behördliches Einschreiten, unter erheblich erleichterten Voraussetzungen als bei den erlaubnisfreien Vorhaben zugestanden. Insofern wird unter dem Gesichtspunkt der „Wiedergutmachung der Nachbarrechtsverletzung“ vertreten, der Anspruch auf Einschreiten gegen die Behörde sei grundsätzlich gegeben[693].

Betrachtet man dieses Ergebnis unter dogmatischen Gesichtspunkten, so mehren sich die Zweifel, ob diese materiell- und verfahrens-rechtlichen Folgewirkungen der Einführung eines Verbotes mit Erlaubnisvorbehalt, d.h. einer formellen Verfahrensregelung in Bezug auf die Zulässigkeit eines Vorhabens, für den von einem solchen Vorhaben in seinen subjektiven Rechten betroffenen Dritten, insbesondere im Vergleich mit seiner rechtlichen Stellung bei einem erlaubnisfrei zulässigen Vorhaben, gerechtfertigt und mit der ursprünglichen Intention dieser Rechtsfigur in Einklang stehen.

Ging es ursprünglich darum, mit dem Rechtsinstitut des Verbotes mit Erlaubnisvorbehalt einer allgemeinwohlorientierten Gefahrenabwehrverpflichtung Genüge zu tun, werden heute die Rechtsschutzmöglichkeiten des Dritten maßgeblich dadurch mitbestimmt, ob im konkreten Fall ein Verbot mit Erlaubnisvorbehalt besteht oder nicht.

So ist insbesondere im Zusammenhang mit den Auswirkungen der baurechtlichen Deregulierung der letzten Jahre, d.h. in Folge der Freistellung einer Vielzahl ursprünglich genehmigungspflichtiger baulicher Anlagen von der Baugenehmigungspflicht, die Frage aufgeworfen worden, ob Änderungen der materiellen Rechtsordnung, die sich ihrem Inhalt nach ausschließlich auf verfahrensrechtliche Aspekte der

---

[693] vgl. Finkelnburg/Ortloff „Öffentliches Baurecht II“, S. 257, 259 f.

Zulässigkeit eines bestimmten Vorhabens richten, tatsächlich eine tragfähige Grundlage für Anpassungen des materiellen Rechts sein können[694].

Problematisch sind die Auswirkungen auf die Rechtstellung des Drittbetroffenen und die Modifikation seiner Rechte immer dann, wenn mit der Einführung der Genehmigungspflicht eigentlich ein anderer Regelungszweck erreicht werden sollte. Ist dies nämlich der Fall, dann hat es den Anschein, als handele es sich bei den beschriebenen Auswirkungen der konkreten Erlaubnispflicht um eine mehr zufällige, quasi unvermeidbare Nebenerscheinung des eigentlichen Regelungszwecks. Ob dies mit Blick auf die beschriebenen erheblichen Auswirkungen auf die Rechtsposition Dritter aus grundlegender gesetzesdogmatischer Sicht vertretbar ist, erscheint zumindest zweifelhaft.

Insofern ist auffallend, dass eine Vielzahl der heute existierenden Genehmigungspflichten ihrer ursprünglichen und grundsätzlichen Konzeption nach dazu bestimmt gewesen sind, der Verwaltung ein präventives Überwachungsinstrumentarium an die Hand zu geben, durch das eine effektive Überwachung und Reglementierung gefahrträchtiger Vorhaben ermöglicht wird. Dem öffentlich-rechtlichen Gesetzgeber ging es in erster Linie um die Normierung staatlicher Schutzpflichten, die er zur Gewährleistung und Aufrechterhaltung der öffentlichen Sicherheit im Allgemeininteresse für erforderlich hielt. Ein darüber hinausgehender gesetzgeberische Wille, durch die Einführung einer Genehmigungspflicht insbesondere auch oder gar ausschließlich den Schutz der Rechtsposition eventueller Drittbetroffner zu bezwecken, ist hingegen nur vereinzelt zu verzeichnen und war jedenfalls nicht primäres Regelungsziel.

Insofern kommen insbesondere die Genehmigungspflichten in Betracht, bei denen der Gesetzgeber ein streng formalistisch ausgestaltetes Genehmigungsverfahren normiert hat und in dessen Rahmen in besonderem Maße gerade auch die Rechte Dritter zu berücksichtigen sind. Ist eine solche gesetzgeberische „Konzeption" der Genehmigungspflicht feststellbar, liegt es nahe, den Sinn der Genehmigungspflicht gerade auch in dem dadurch bewirkten Schutz der Drittbetroffenen zu sehen.

Betrachtet man in diesem Kontext die reale Ausformung des Drittschutzes und die, insbesondere in Folge der Diskussion über den baurechtlichen Deregulierungsprozess aufgekommene Forderung, ungeachtet der entfallenden baurechtlichen Genehmigungserfordernisse die Drittschutzmöglichkeiten möglichst in gleichem Maße aufrechtzuerhalten, so stellt sich die Frage nach der Berechtigung der erhobenen Forderungen.

Es hat den Anschein, als hätten weite Teile von Lehre und Rechtsprechung den der Normierung gesetzlicher Erlaubnispflichten zu Grunde liegenden Willen des Gesetz-

---

[694] vgl. Mampel in UPR, 1997, S. 267, 268

gebers, zu Gunsten der Schaffung eines besonders umfänglichen Drittschutzes bewusst weit ausgedehnt, obwohl entsprechende Schutzziele seitens des Gesetzgebers in vielen Fällen offensichtlich gar nicht bestanden haben. Wenn dies aber so ist, ist dogmatisch eigentlich auch nicht einzusehen, weshalb in Folge des Wegfalls einer öffentlichen Erlaubnispflicht, nicht auch die „allein" aufgrund dieser Erlaubnispflicht bestehenden Rechte Dritter entfallen sollen. Dies erscheint indes sogar zwingend, insbesondere dann, wenn der Gesetzgeber mit der Einführung der Erlaubnispflicht subjektive Rechte Dritter nicht begründen wollte und sich solche im Laufe der Zeit allein in Verbindung mit der Erlaubnispflicht und unabhängig vom Willen des Gesetzgebers entwickelt haben.

Dehnt man solche Rechte Dritter in Folge der Abschaffung der Erlaubnispflicht noch weiter aus, um einer angeblich bestehenden Drittschutzverpflichtung zu entsprechen, besteht die Gefahr, die maßgebliche Intention des Gesetzgebers bewusst zu ignorieren.

VII. Folgen der Erlaubniserteilung für einen Dritten

Legt man die bisherigen Ausführungen zu Grunde, erscheint der durch ein erlaubnispflichtiges Vorhaben oder der durch eine erlaubnispflichtige Tätigkeit Drittbetroffene als großer Nutznießer der Erlaubnispflicht und damit des Rechtsinstituts des Verbotes mit Erlaubnisvorbehalt. Der Drittbetroffene erhält in Form der öffentlichrechtlichen Genehmigung in einer Vielzahl von Fällen einen rechtlichen Ansatzpunkt, über den es ihm ermöglicht wird, effektiv gegen das ihn in seinen subjektiven Rechten beeinträchtigende Vorhaben vorzugehen und insbesondere auch die öffentliche Verwaltung in dieses Verfahren mit einzubeziehen.

Da in Folge des Bestehens der öffentlichen Erlaubnispflicht auch der Schwerpunkt der eigentlich privat-rechtlichen Auseinandersetzung zwischen dem Drittbetroffenen und dem Erlaubnisadressaten in das Verhältnis zwischen dem Drittbetroffenen und der die Erlaubnis erteilenden Verwaltung verlagert wird, verschiebt sich die Auseinandersetzung in beträchtlichem Umfang aus dem privatrechtlichen in den verwaltungsrechtlichen Bereich. Dies hat zur Folge, dass neben die, im Verhältnis zum ansonsten einschlägigen Privatrecht rein materiell-rechtlichen Vorteile des Verwaltungsrechts, auch die verfahrensrechtlichen Vorteile des Verwaltungsrechts (geringere Verfahrenskosten, Amtsermittlungsgrundsatz) hinzutreten.

So sehr die Position des Drittbetroffenen daher in Folge eines Verbotes mit Erlaubnisvorbehalt in einer Vielzahl von Fällen auch gestärkt wird, so sehr müssen aber auch die Gefahren und Risiken beachtet werden, die sich für den Drittbetroffenen unter Umständen aus dem Bestehen der Erlaubnispflicht und insbesondere eines streng formalisiert ausgestalteten Erlaubnisverfahrens ergeben können.

Dabei muss sehr genau danach unterschieden werden, um was für eine Erlaubnispflicht es sich im konkreten Einzelfall handelt, da es viele Erlaubnispflichten gibt, die sich in keiner Weise negativ auf den durch das erlaubte Vorhaben Drittbetroffenen auswirken, sondern die dem Drittbetroffenen ausschließlich einen zusätzlichen rechtlichen Ansatzpunkt für die Verteidigung seiner Rechte bieten.

Nicht zu gering bewertet werden darf aber auch in diesen Fällen der Umstand, dass durch eine erteilte Erlaubnis, auch wenn sich diese im Ergebnis als rechtswidrig herausstellen sollte, zunächst einmal immer auch eine - nicht zu gering zu bewertende - Legalisierungswirkung des Vorhabens bewirkt wird. Es handelt sich dann eben um ein durch die zuständige Fachbehörde genehmigtes, d.h. im Einzelfall als rechtmäßig befundenes Vorhaben, gegenüber dem die Behauptung der Rechtswidrigkeit in der praktischen Umsetzung einen erhöhten Darlegungsaufwand erfordert. Die sich daraus ergebenden Auswirkungen dürfen zwar nicht zu hoch bewertet werden, da dem Drittbetroffenen in diesen Fällen grundsätzlich die Möglichkeit offen steht, seine

Rechte nach Abschluss des Erlaubnisverfahrens geltend zu machen, sie sind aber existent.

Anders verhält sich dies dann, wenn eine Erlaubnispflicht etwa mit einem streng formalisierten Genehmigungsverfahren verbunden ist, das insbesondere auch auf die Mitwirkung der eventuell Drittbetroffenen angelegt ist. In diesen Fällen ergeben sich die Gefahren und Risiken für den Drittbetroffenen oftmals als direkte Folge der konkreten gesetzlichen Ausgestaltung des materiellrechtlichen Erlaubnis- bzw. Genehmigungsverfahrens selbst.

So kommt insbesondere der Frage der sog. materiellen Präklusion[695] oder einer eventuellen „privatrechtsgestaltenden" Wirkung der Genehmigung [696] eine wichtige, wenn nicht gar eine überragende Rolle zu, da der Drittbetroffene insofern Gefahr läuft, bestimmte, ihm eigentlich zustehende materiell-rechtlich Einwendungen zu verlieren, falls er sich nicht in der gesetzlich festgelegten Weise an dem Erlaubnisverfahren beteiligt, bzw. seine Einwendungen nicht bereits während des laufenden Erlaubnisverfahrens, in der gesetzlich bestimmten Art und Weise vorbringt.

Dies heißt dann aber im Klartext, dass für jeden potentiell Drittbetroffenen ein mittelbarer Zwang besteht, in seinem eigenen Interesse die Zulassungs- und Erlaubnistätigkeit der öffentlichen Verwaltung zu beobachten und zu überwachen und gegebenenfalls auch selbst auf diese einzuwirken. Versäumt er dies, läuft er Gefahr, seiner legitimen Rechte im konkreten Einzelfall verlustig zu werden und in der Folge ein ihn tatsächlich in seinen subjektiven Rechten verletzendes Vorhaben eines anderen anstandslos dulden zu müssen.

Konsequenterweise muss man mithin in diesen Fällen auch anerkennen, dass ein Verbot mit Erlaubnisvorbehalt für den Drittbetroffenen, neben den unbestreitbaren Vorteilen im Zusammenhang mit der Durchsetzung und Behauptung seiner Rechte, auch eine objektive Gefährdung bestehender Rechtspositionen zur Folge hat und sich damit in dieser Hinsicht auch zum Vorteil des Erlaubnisempfängers auswirken kann. Der Erlaubnisempfänger erhält durch die erteilte Erlaubnis eine öffentliche rechtliche „Unbedenklichkeitsbescheinigung" zur Realisierung eines bestimmten Vorhabens oder zur Durchführung einer bestimmten Tätigkeit, die ihm, insbesondere nach Eintritt der Bestandkraft, ein erhebliches Maß an Rechts- und gegebenenfalls an Investitionssicherheit gewährt. Möchte man dies, insbesondere auch unter Berücksichtigung der Vorgaben des Grundgesetzes rechtfertigen, so wird man fordern müssen, dass den mit der Erlaubnispflicht teilweise verbundenen Gefahren für die Rechtsposition des Drittbetroffenen zumindest auch auf Seiten des Erlaubnisverfahrens, bzw. seines verfahrensmäßigen Ablaufs Rechnung getragen wird.

---

[695] vgl. oben Zif. VI. 2. a. cc. aaa. dddd.
[696] vgl. oben Zif. VI. 2. a. dd. bbb. hhhh.

Durch die Ausgestaltung des Erlaubnisverfahrens muss in diesen Fällen für den Drittbetroffenen sichergestellt sein, dass er von dem geplanten, der Erlaubnispflicht unterliegenden Vorhaben und den von diesem ausgehenden Beeinträchtigungen, überhaupt Kenntnis erlangt. Darüber hinaus muss das Verfahren gewährleisten, dass für den Drittbetroffenen die Möglichkeit besteht, seine Rechte in effektiver Art und Weise, etwa durch das Vorbringen von Einwendungen gegen das Vorhaben, verteidigen und durchsetzen zu können. Der Drittbetroffene muss mithin die Möglichkeit und auch einen rechtlichen Anspruch haben, bereits im Rahmen des Erlaubnisverfahrens die Rechtspositionen geltend zu machen, mit denen er ansonsten nach Erteilung der konkreten Erlaubnis ausgeschlossen wäre. Nur wenn dies durch die Ausgestaltung des konkreten Verfahrens tatsächlich gewährleistet wird, erscheint es, auch mit Blick auf das Verfassungsrecht gerechtfertigt, dem Drittbetroffenen die für ihn zum Teil negativen Folgewirkungen der Erlaubnispflicht und damit des konkreten Verbotes mit Erlaubnisvorbehalt anzulasten. Ist dies aber der Fall und hat der Dritte mithin die Möglichkeit sich effektiv im Rahmen des Erlaubnisverfahrens in den behördlichen Entscheidungsprozess einzuschalten, erscheint es auch legitim, ihm die Folgen der Erlaubniserteilung zuzumuten.

Hierbei muss insbesondere auch beachtet werden, dass dem berechtigten Interesse des Drittbetroffenen in diesen Fällen oftmals das Interesse eines Investors an einer gesicherten Investitionsgrundlage gegenübersteht. Dieses „Investoreninteresse" wird in vielen Fällen auch noch durch ein Interesse der Allgemeinheit an dem geplanten Vorhaben begleitet, so dass sich die Entscheidung über die Erlaubniserteilung im Ergebnis als Abwägung zwischen vorwiegend privaten Interessen einerseits und vorwiegend öffentlichen Interessen andererseits darstellt.

Diesen Entscheidungsprozess bzw. das Ergebnis dieses Entscheidungsprozesses gegen sich wirken zu lassen, ist aber rechtlich nur dann vertretbar und auch dem Drittbetroffenen nur dann zumutbar, wenn die Wahrung seiner Rechte sichergestellt ist. Ob dies bereits im Rahmen des Erlaubnisverfahrens selbst oder erst nach dessen Abschluss geschieht, obliegt der Ausgestaltung und Entscheidung des Gesetzgebers.

VIII. Aufhebung bestehender Verbote mit Erlaubnisvorbehalt

Wie schon bei der Frage nach der Zulässigkeit der Einführung eines Verbotes mit Erlaubnisvorbehalt erwähnt, ist auch hier zu beachten, dass der Schutz der Rechte Dritter von der ursprünglichen Zielsetzung des Rechtsinstituts des Verbotes mit Erlaubnisvorbehalt wohl nicht umfasst gewesen ist. Ausgehend von der ursprünglichen rechtlichen und dogmatischen Konstruktion liegt es mithin nahe, dass auch in Bezug auf die Aufhebung eines bestehenden Verbotes mit Erlaubnisvorbehalt, die Auswirkungen auf die Rechte Dritter ursprünglich keine Rolle gespielt haben.

Führt man sich indes die doch erheblichen Auswirkungen vor Augen, die von einem Verbot mit Erlaubnisvorbehalt für die rechtliche Stellung und die Möglichkeiten effektiven Rechtsschutzes eines eventuell durch das Vorhaben Drittbetroffenen tatsächlich ausgehen, so gewinnt die Fragestellung an Bedeutung, unter welchen Voraussetzungen die Aufhebung eines Verbotes mit Erlaubnisvorbehalt als gerechtfertigt angesehen werden kann.

Immerhin wird dem Dritten durch die Aufhebung der Erlaubnispflicht die Möglichkeit genommen, sich unter verhältnismäßig geringen Voraussetzungen dadurch gegen die Auswirkungen eines bestimmten Vorhabens zur Wehr zu setzen, dass er gegen die in diesem Zusammenhang einem anderen erteilte Erlaubnis vorgeht. Für den Drittbetroffenen verbleibt in diesen Fällen nunmehr lediglich die Möglichkeit, von der Verwaltung ein unmittelbares Einschreiten gegen das erlaubnisfrei zulässige Vorhaben, d.h. mithin quasi ein verwaltungsrechtliches Vorgehen im originär privatrechtlichen Bereich, zu verlangen.

Insofern erscheint es daher durchaus erforderlich, sich mit der Frage auseinander zu setzen, welche Anforderungen an die Entscheidung über die Aufhebung eines solchen Rechtsinstituts zu stellen sind.

Hierbei wird auch zu beachten sein, welchem gesetzgeberischen Zweck die Einführung der konkreten Erlaubnispflicht gedient hat. Sofern sich dieser in rein verfahrensrechtlichen und allgemeinwohlorientierten Erwägungen beschränkt hat, erscheint fraglich, aus welchem Grund darüber hinausgehende, im Laufe der Zeit entwickelte, aber vom ursprünglichen gesetzgeberischen Willen nicht umfasste Folgewirkungen der Erlaubnispflicht, nun bei der Aufhebung der Erlaubnispflicht von Bedeutung sein sollten.

Jedenfalls dann aber, wenn sich Sinn und Zweck der Erlaubnispflicht nicht in rein verfahrensrechtlichen Schutzzielen erschöpfen, wird zu fordern sein, dass es sich um eine bewusste gesetzgeberische Entscheidung handelt, die sich in ihrer Zielrichtung nicht ausschließlich auf die Aufhebung der Erlaubnispflicht beschränkt. Gerade auch die Auswirkungen der Aufhebung eines Verbotes mit Erlaubnisvorbehalt auf die eventuell durch ein bislang erlaubnispflichtiges Vorhaben betroffenen Dritten, müssen dann in den Entscheidungsprozeß des Gesetzgebers einfließen und mitbedacht werden. Die beschriebenen Auswirkungen dagegen lediglich als quasi unvermeidbare Nebeneffekte einer grundsätzlich anders ausgerichteten Zielrichtung, etwa der Deregulierung, der Entlastung von Behörden oder gar der Vereinfachung von Vorhabensrealisierungen zu akzeptieren, erscheint, je nach Ziel und Zweck der Erlaubnispflicht, als unbefriedigend. Im Fall einer solchen Zielrichtung müsste dann wohl zumindest darüber nachgedacht werden, auf welche Weise ein Ausgleich für die verschlechterte Position des Drittbetroffenen geschaffen werden könnte.

Im Bereich des öffentlichen Baurechts, werden die Auswirkungen der baurechtlichen Deregulierung für den Dritten[697] - wie bereits wiederholt erwähnt - hierüber hinausgehend, von einem Teil der Lehre als Ausdruck eines grundsätzlich und originär defizitären Drittschutzsystems angesehen. Danach liege die Schwäche dieses Systems darin, dass etwa der baurechtlicher Nachbarschutz, d.h. also Drittschutz im Sinne eines Abwehranspruchs gegenüber der Verwaltung, von einem behördlichen Ermessensspielraum abhängig ist. Erforderlich sei demgegenüber ein strikter gesetzlich normierter Abwehranspruch des Drittbetroffenen, der unabhängig vom Bestehen etwaiger Erlaubnispflichten und anderer Rahmenbedingungen geltend gemacht werden könne. Hierdurch würden insbesondere auch die mit der Aufhebung einer Erlaubnispflicht für die „materiellrechtliche Beurteilung eines bestimmten Vorhabens" verbundenen Folgewirkungen vermieden[698].

Diese Auffassung verkennt jedoch - wie auch schon zuvor ausgeführt - dass das öffentliche Recht seiner Natur nach nicht darauf angelegt ist, subjektive Rechte des Einzelnen zu normieren, sondern dass es gerade die Besonderheit des öffentlichen Rechts darstellt, dass nicht jeder objektiven Schutzpflicht ein subjektives Recht des Einzelnen korrespondiert. Sofern dies aber so ist, verkennt die Forderung nach Schaffung eines umfassenden öffentlich-rechtlichen Drittschutzsystems zum einen die grundlegende Zielsetzung des öffentlichen Rechts. Auch verkennt sie, dass effektiver Rechtsschutz zwischen Privaten im Rahmen des existierenden Rechtsschutzsystems in erster Linie über den Weg des Privatrechts gewährleistet wird und daher eine diesbezügliche Ausweitung des öffentlich-rechtlichen Rechtsschutzsystems auch aus Rechtsschutzgesichtspunkten nicht erforderlich erscheint.

Zusammenfassend kann insofern festgehalten werden, dass sich die Aufhebung eines Verbotes mit Erlaubnisvorbehalt als Spiegelbild der Einführung eines solchen Rechtsinstituts darstellt. Sofern für die Einführung der Erlaubnispflicht drittschützen-

[697] vgl. oben Zif. III. 8.
[698] vgl. Mampel in UPR, 1997, S. 267, 268

de Gründe (zumindest auch) ausschlaggebend waren, erscheint es konsequent zu fordern, diese auch im Hinblick auf die Aufhebung der Erlaubnispflicht angemessen zu berücksichtigen. Dies hat dann aber insbesondere auch zur Folge, dass es im Ergebnis der „freien" Entscheidung des Gesetzgebers obliegt, eine Erlaubnispflicht zu begründen, diese aber auch wieder abzuschaffen. Die hiermit verbundenen rechtlichen Folgewirkungen sind ebenso Teil der gesetzgeberischen Entscheidung und damit Ausdruck der Gesetzgebungskompetenz, wie die Einführung oder die Abschaffung der Erlaubnispflicht selbst und daher - sofern ihr verfassungsrechtliche Gründe nicht entgegenstehen - verbindlich.

IX. Schlussbetrachtung

Zusammenfassend kann als Ergebnis festgehalten werden, dass das Rechtsinstitut des Verbotes mit Erlaubnisvorbehalt in erheblichem Umfang auf die rechtliche Stellung der Drittbetroffenen einwirkt.

Kann der Drittbetroffene in den Fällen der erlaubnisfreien Vorhaben effektiven Rechtsschutz insbesondere vor den ordentlichen Gerichten und mithin auf Grundlage des Privatrechts erlangen, so verlagert sich dieser bei den erlaubnispflichtigen Verfahren in erheblichem Umfang in den Bereich der Verwaltungsgerichte und des Verwaltungsrechts.

Kann der Drittbetroffene in den Fällen der erlaubnisfreien Vorhaben mit seinen Einwendungen effektiv regelmäßig nur gegen den Vorhabensträger, d.h. in der Regel nur gegen eine störende Privatperson direkt vorgehen, so besteht für ihn bei den erlaubnispflichtigen Vorhaben in verstärktem Umfang die Möglichkeit, neben dem Vorhabensträger auch gegen die zur Erlaubniserteilung zuständige Behörde vorzugehen. Der Schwerpunkt der Streitigkeit wird dadurch in erheblichem Umfang in den Bereich des Verwaltungsrechts und der Verwaltungsgerichtsbarkeit verlagert.

Besondere Auswirkungen hat dies auf den einstweiligen Rechtsschutz. Ist der zivilrechtliche einstweilige Rechtsschutz immer mit der Schadensersatzgefahr gem. § 945 ZPO verbunden, so besteht diese Gefahr nach ganz herrschender Meinung im Bereich des verwaltungsgerichtlichen einstweiligen Rechtsschutzes schon deshalb nicht, da Antragsgegner des einstweiligen Rechtsschutzes in diesen Fällen immer die Verwaltung ist und mithin der beim Antragssteller, d.h. bei dem im verwaltungsgerichtlichen Verfahren Beigeladenen entstandene Schaden insofern nicht zu berücksichtigten ist. Dass dies allgemein als unproblematisch und gerechtfertigt eingestuft wird, begegnet unter Gerechtigkeits- und Gleichheitsgesichtspunkten erheblichen Bedenken und verstärkt die Zweifel hinsichtlich der Angemessendheit der Auswirkungen des Rechtsinstituts des Verbotes mit Erlaubnisvorbehalt.

Es stellt sich dann konsequenterweise aber auch die Frage, woran sich denn die grundlegende gesetzgeberische Entscheidung orientiert, ob in Bezug auf einen bestimmten Lebenssachverhalt ein Verbot mit Erlaubnisvorbehalt normiert wird oder ob der Vorhabens- bzw. Tätigkeitsbeginn ohne vorherige Erlaubnis zugelassen wird und mithin für die zuständige Behörde lediglich im konkreten Einzelfall die Möglichkeit besteht, gegen das Vorhaben oder von diesem ausgehende Störungen vorzugehen, d.h. einzugreifen.

Zum einen ist festzuhalten, dass sich die Entscheidung über die Einführung eines Verbotes mit Erlaubnisvorbehalt in einer Vielzahl von Fällen ausschließlich an einem öffentlichen Bedürfnis nach Reglementierung und präventiver Überwachung bestimmter Tätigkeiten und Vorhaben orientiert. Dieses öffentliche Bedürfnis kann sich etwa aus der besonderen abstrakten Gefährlichkeit eines bestimmten Vorhabens für die Umwelt und den Menschen, aber auch aus einem Bedürfnis der Verwaltung ergeben, über bestimmte Vorhaben oder Tätigkeiten vor ihrer Realisierung informiert zu werden.

Mit Blick auf die dargestellten erheblichen Auswirkungen der Verbote mit Erlaubnisvorbehalt auf den Drittbetroffenen und die durch sie hervorgerufenen massiven Veränderungen seiner rechtlichen Möglichkeiten, erscheint dies aus dogmatischer Sicht aber nicht als ausreichend. Sollen die beschriebenen Auswirkungen der Verbote mit Erlaubnisvorbehalt für die rechtliche Situation der Drittbetroffenen tatsächlich eine Berechtigung haben, so ist - gerade auch im Hinblick auf die Rechtsposition des insofern mittelbar beschwerten Erlaubnisempfängers - zu verlangen, dass die der Einführung eines solchen Rechtsinstituts zu Grunde liegenden Motivationen und Gesichtspunkte eine darauf gerichtete Zielsetzung aufweisen.

Ist dies nicht der Fall, so muss entweder über die Berechtigung des konkreten Verbotes mit Erlaubnisvorbehalt oder aber über die Berechtigung der konkret in Folge eines solchen Verbotes mit Erlaubnisvorbehalt entstehenden Rechte der Drittbetroffenen nachgedacht werden.

Keine Bedenken gegen die beschriebenen Auswirkungen bestehen dann, wenn gerade auch der insofern hervorgerufene verstärkte Schutz des individualisierbaren Drittbetroffenen Sinn und Zweck der gesetzgeberischen Regelung gewesen ist. In diesen Fällen beruhen dann nämlich gerade auch diese Auswirkungen auf der Entscheidung des Gesetzgebers und haben ihre Grundlage daher im Ergebnis in der verfassungsrechtlichen Kompetenzverteilung und der Gesetzgebungsbefugnis.

Anders stellt sich die Situation aber dann dar, wenn mit der Einführung eines Verbotes mit Erlaubnisvorbehalt vorwiegend andere, d.h. von etwaigen Rechten Dritter unabhängige Ziele verfolgt werden und sich die Auswirkungen der gesetzlich eingeführten Erlaubnispflicht auf die Rechte Dritter bei näherer Betrachtung lediglich als quasi unbeabsichtigte, aber nicht vermeidbare Nebenfolge des eigentlichen Regelungsziels darstellen. Ist dies der Fall, dann sind Zweifel an der Rechtfertigung der beschriebenen Auswirkungen durchaus angebracht.

Insofern wird die These aufrecht erhalten, dass der Gesetzgeber, zumindest in der ganz überwiegenden Zahl der Fälle, die Rechte Dritter bei der gesetzlichen Normierung eines Verbotes mit Erlaubnisvorbehalt nicht im Blick hat und daher die beschriebenen Auswirkungen dieses Rechtsinstituts auf die Rechte des Einzelnen bei objektiver Betrachtung nicht vom Willen und der ursprünglichen Intention des Gesetzgebers umfasst sind. Die gesetzliche Normierung eines Verbotes mit Erlaubnisvorbehalt erfolgt in den allermeißten Fällen mit dem alleinigen Ziel eine präventive Kontrollmöglichkeit für die Verwaltung zu schaffen und daher im Ergebnis aus Gründen des Wohls der Allgemeinheit. Dies entspricht auch dem ursprünglichen Regelungsziel dieses Rechtsinstitutes.

Konstatiert man diese Realität der bundesrepublikanischen Rechtssetzung, dann zeigt sich aber auch, dass - objektiv betrachtet – aus Sicht des Gesetzgebers gar kein so großer Unterschied im Hinblick darauf besteht, ob er sich im Einzelfall für die Einführung eines Verbotes mit Erlaubnisvorbehalt entscheidet oder ob er ein bestimmtes Verhalten generell ohne die vorherige Erteilung einer Erlaubnis für zulässig erachtet, um dann gegebenenfalls im Einzelfall bei konkret vorliegenden Störungen einschreiten zu können. Zwar besteht hinsichtlich der praktischen Auswirkungen einer solchen gesetzgeberischen Entscheidung ein großer Unterschied für den Drittbetroffenen darin, in welcher Art und Weise und vor allem mit welchen tatsächlichen Erfolgsaussichten er sich im konkreten Einzelfall gegen ein bestimmtes Vorhaben zur Wehr setzen kann. Dem Gesetzgeber selbst geht es aber in beiden Konstellationen in der überwiegenden Zahl der Fälle primär um die möglichst effektive Gewährleistung und Durchsetzung der öffentlich-rechtlichen Anforderungen an ein Vorhaben, d.h. letztendlich um den Schutz des Allgemeinwohls. Erreicht werden kann dieser Schutz sowohl im Wege der gesetzlichen Normierung genereller Erlaubnispflichten, als auch durch die Möglichkeit des Einschreitens im konkreten Einzelfall bei generell erlaubnisfreien Vorhaben. Welche konkrete Entscheidung im Einzelfall erfolgt, hängt in erster Linie vom konkreten Gefährdungsgrad des Vorhabens und dem Bedürfnis nach präventiver Kontrolle ab. Ob - und wenn ja in welchem Umfang - sich die Entscheidung für den einen oder den anderen Weg aber auf die rechtliche Stellung des durch ein solches Vorhaben Drittbetroffenen auswirkt und ob diese Auswirkungen gerechtfertigt und vertretbar erscheinen, spielt in der überwiegenden Zahl der Fälle für die tatsächliche gesetzgeberische Entscheidung, wenn überhaupt nur eine untergeordnete Rolle.

FSC
www.fsc.org
MIX
Papier | Fördert
gute Waldnutzung
FSC® C083411

Kolibri 360 GmbH
Ferdinand-Jühlke-Straße 7
99095 Erfurt, Deutschland
produktsicherheit@kolibri360.de

Druck:
CPI Druckdienstleistungen GmbH
im Auftrag der
Kolibri 360 GmbH
Ferdinand-Jühlke-Str. 7
99095 Erfurt